R语言
统计分析与机器学习

微课视频版

薛 震 孙玉林 著

中国水利水电出版社
www.waterpub.com.cn
·北京·

内 容 提 要

R语言是全球热门的统计语言之一，也是一款优秀的数据分析和数据可视化软件，它最大的一个优点就是自由、开源。随着R语言的不断发展，它在机器学习和深度学习等领域受到了众多学者和企业的应用，并且提供了很多丰富的R语言包。

《R语言统计分析与机器学习（微课视频版）》理论介绍言简意赅，分析过程可视化，注重实战操作，是R语言统计分析与机器学习的一本入门教材。本书涵盖了R语言的使用、基于R语言的数据预处理、可视化及统计分析，基于R语言实现的机器学习、深度学习等内容。

《R语言统计分析与机器学习（微课视频版）》可作为高等院校统计学、计算机科学、数据分析、数据挖掘、人工智能等方向的本科生或研究生教材，也可供对数据分析和机器学习感兴趣的研究人员和工程技术人员阅读参考。

图书在版编目（CIP）数据

R语言统计分析与机器学习:微课视频版/薛震，孙玉林著.
—北京：中国水利水电出版社，2020.2（2021.11重印）

ISBN 978-7-5170-7955-2

Ⅰ.①R… Ⅱ.①薛… ②孙… Ⅲ.①统计分析-统计程序
Ⅳ.①C819

中国版本图书馆CIP数据核字(2019) 第189384号

书　　名	R语言统计分析与机器学习（微课视频版） R YUYAN TONGJI FENXI YU JIQI XUEXI（WEIKE SHIPINBAN）
作　　者	薛震　孙玉林　著
出版发行	中国水利水电出版社 （北京市海淀区玉渊潭南路1号D座 100038） 网址：www.waterpub.com.cn E-mail：zhiboshangshu@163.com 电话：（010）62572966-2205/2266/2201（营销中心）
经　　售	北京科水图书销售中心（零售） 电话：（010）88383994、63202643、68545874 全国各地新华书店和相关出版物销售网点
排　　版	北京智博尚书文化传媒有限公司
印　　刷	河北文福旺印刷有限公司
规　　格	170mm×230mm　16开本　27.5印张　509千字　2插页
版　　次	2020年2月第1版　2021年11月第3次印刷
印　　数	7001—9000册
定　　价	89.80元

凡购买我社图书，如有缺页、倒页、脱页的，本社营销中心负责调换
版权所有·侵权必究

前言 Preface

  人工智能的浪潮正在席卷全球，机器学习是人工智能领域中最能够体现智能的一个分支。随着计算机性能的提升，机器学习在各个领域大放光彩。人们在惊叹机器学习带来便利的同时，更应该加强其算法基础——统计分析的研究。正因为有数理统计、多元统计分析、时间序列分析等统计理论的支撑，才促进了机器学习的快速兴起。《R语言统计分析与机器学习（微课视频版）》将统计分析方法与机器学习算法结合起来进行介绍，希望读者能够对理论和应用获取更基础、更深层次的理解，同时认识到将它们连接在一起的重要工具就是R语言。

  《R语言统计分析与机器学习（微课视频版）》一书在简要介绍统计分析和机器学习理论知识的基础上，重点阐述如何使用R语言可视化分析实际场景中的数据，以增强读者的动手能力，促进读者对理论知识的深刻理解。

  《R语言统计分析与机器学习（微课视频版）》一共分为三个部分：R语言基础、统计分析、机器学习，共12章。其中R语言基础为后面的统计分析和机器学习的实现做铺垫，统计分析又是机器学习的基础，它们的相互结合是大数据分析与人工智能的完美呈现。

  《R语言统计分析与机器学习（微课视频版）》利用了最新、最流行的R语言包，内容新颖，理论介绍与分析过程可视化相结合，将统计分析与机器学习统一起来，使用现实场景数据，注重实战操作，帮助读者深刻理解基础理论，快速掌握利用R语言进行统计分析和数据挖掘，可视化数据背后隐藏的信息。

R语言统计分析与机器学习(微课视频版)

《R语言统计分析与机器学习（微课视频版）》的另一个特色是，以大型真实案例为主线，贯穿于数据准备、模型建立和结果分析的整个过程，将相关知识点嵌入相应的操作过程中，使读者在掌握理论知识的同时，轻松获得一个真实的R语言实验环境。

《R语言统计分析与机器学习（微课视频版）》各章都提供了实现所有实证结果的R语言程序和操作视频，并给出了详细注释和介绍，以便于读者自己动手练习。

在编写本书的过程中，得到了张亮亮老师和雷英杰老师的无私帮助，以及中国水利水电出版社秦甲编辑的指导和帮助，在此致以深深的谢意。

由于作者水平有限，编写时间仓促，书中难免存在疏漏和错误，敬请读者不吝指正，我们会在适当的时间进行修订和补充。欢迎加入QQ群一起交流，QQ群号617493715。

薛　震

目录

Contents

第 1 篇　R 语言基础

第 1 章　R 语言入门 3

1.1　R 与 RStudio 4
1.1.1　什么是 R 语言 4
1.1.2　使用 RStudio 界面 5

1.2　R 的数据结构 9
1.2.1　向量 9
1.2.2　矩阵 14
1.2.3　高维数组 19
1.2.4　数据框 20
1.2.5　列表 23

1.3　控制和函数 25
1.3.1　条件语句 26
1.3.2　循环语句 26
1.3.3　函数 28

1.4　R 中的常用包 30

1.5　本章小结 33

习题 1 34

第 2 章　数据管理和探索 35

2.1　数据获取 36
2.1.1　从文件中获取数据 36
2.1.2　网络爬虫 40

2.2　缺失值处理 43
2.2.1　缺失值的判别 43
2.2.2　缺失值的简单处理 45
2.2.3　处理缺失值的复杂方法 48

2.3　数据操作 50
2.3.1　长宽型数据转换 51
2.3.2　数据分类汇总 53

        2.3.3　数据属性转换 54
        2.3.4　数据切分 57
　　2.4　数据描述 59
        2.4.1　数据的集中位置 59
        2.4.2　数据的离散程度 60
        2.4.3　数据的偏度和峰度 62
　　2.5　数据相似性度量 64
        2.5.1　变量的相关系数 64
        2.5.2　样本间的距离 66
　　2.6　本章小结 68
　　习题 2 71

第3章　数据可视化 73
　　3.1　R 基础的数据可视化 74
　　3.2　ggplot2 系列包的可视化 78
        3.2.1　ggplot2 的基础绘图 78
        3.2.2　基于 ggplot2 的拓展包 83
　　3.3　其他数据可视化包 92
        3.3.1　树图可视化 92
        3.3.2　地图可视化 94
        3.3.3　社交网络可视化 96
        3.3.4　韦恩图 98
　　3.4　R 可视化 3D 图像 102
　　3.5　本章小结 104
　　习题 3 105

第2篇　统计分析

第4章　数理统计基础 109
　　4.1　随机数模拟 110
        4.1.1　一元随机数 110
        4.1.2　多元随机数 114

4.2 假设检验 117
    4.2.1 数据分布检验 118
    4.2.2 均值的检验 122
    4.2.3 方差齐性检验 123
    4.2.4 相关性检验 126
4.3 方差分析 129
    4.3.1 单因素方差分析 129
    4.3.2 双因素方差分析 132
4.4 列联表分析 135
    4.4.1 简单列联表分析 136
    4.4.2 高维列联表分析 138
4.5 本章小结 141
习题 4 142

第 5 章 回归分析 145

5.1 一元回归模型 146
    5.1.1 一元线性回归 146
    5.1.2 多项式回归 149
5.2 多元线性回归分析 151
    5.2.1 多元线性回归的预测 152
    5.2.2 多元线性回归结果检验 155
5.3 逐步回归进行变量选择 157
    5.3.1 逐步回归进行预测 158
    5.3.2 逐步回归模型结果检验 162
5.4 Logistic 回归模型 163
    5.4.1 Logistic 回归进行分类 165
    5.4.2 逐步逻辑变量筛选过程 168
5.5 泊松回归模型 169
5.6 Ridge 和 Lasso 回归分析 172
    5.6.1 使用 R 进行 Ridge 回归 173
    5.6.2 使用 R 进行 Lasso 回归 177
    5.6.3 使用 R 进行 Lasso 分类 179
5.7 本章小结 181
习题 5 183

第6章 多元统计分析 185

6.1 主成分分析 186
6.1.1 提取特征主成分 187
6.1.2 提取样本主成分 190

6.2 聚类分析 193
6.2.1 系统聚类 194
6.2.2 k-means 聚类 196
6.2.3 密度聚类 200

6.3 对应分析 204
6.3.1 简单对应分析 206
6.3.2 多重对应分析 208

6.4 典型相关分析 210
6.4.1 数据的典型相关分析 211
6.4.2 典型相关分析可视化 213

6.5 判别分析 214
6.5.1 线性判别 215
6.5.2 非线性判别 217

6.6 关联规则分析 219
6.6.1 发现频繁项集 221
6.6.2 发现关联规则 223
6.6.3 关联规则可视化 226

6.7 本章小结 227
习题 6 228

第7章 时间序列分析 231

7.1 时间序列的相关检验 232
7.1.1 白噪声检验 232
7.1.2 平稳性检验 234

7.2 自回归移动平均模型 237
7.2.1 ARMA 数据准备 238
7.2.2 可视化 ACF 和 PACF 239
7.2.3 建立 ARMA 模型 240

7.3 季节 ARIMA 模型 242
7.3.1 SARIMA 数据准备 244

         7.3.2 数据平稳性分析 245
         7.3.3 SARIMA 模型建立 246
   7.4 多元时间序列 ARIMAX 模型 248
         7.4.1 ARIMAX 数据准备 248
         7.4.2 ARIMAX 模型建立 250
   7.5 prophet 预测时间序列 251
         7.5.1 prophet 数据准备 252
         7.5.2 使用 prophet 包建立预测模型 253
   7.6 本章小结 255
   习题 7 256

第 3 篇　机器学习

第 8 章　K- 近邻和朴素贝叶斯 261
   8.1 KNN 算法 262
         8.1.1 KNN 分类识别图像 263
         8.1.2 KNN 回归预测房价 267
   8.2 朴素贝叶斯方法 269
         8.2.1 垃圾邮件数据预处理和探索 272
         8.2.2 朴素贝叶斯分类器 276
   8.3 本章小结 277
   习题 8 278

第 9 章　决策树和集成学习 281
   9.1 决策树模型 282
         9.1.1 数据准备和预处理 285
         9.1.2 决策树模型建立 288
         9.1.3 决策树优化 289
   9.2 随机森林模型 293
         9.2.1 随机森林分类 294
         9.2.2 随机森林回归 297
         9.2.3 优化随机森林回归 299

9.3　梯度提升机 302
    9.3.1　GBM 分类 303
    9.3.2　优化 GBM 分类 306
    9.3.3　GBM 回归 307
9.4　本章小结 311
习题 9 312

第 10 章　文本挖掘和社交网络分析 315
10.1　文本数据预处理 317
    10.1.1　多个文本文件读取 317
    10.1.2　英文文本预处理 319
    10.1.3　中文文本预处理 326
10.2　文本主题模型挖掘 334
    10.2.1　影评数据准备 336
    10.2.2　lda 包分析影评数据 338
    10.2.3　topicmodels 包文本聚类 339
10.3　文本情感分析 343
    10.3.1　影评情感分类 343
    10.3.2　《红楼梦》情感分析 347
10.4　网络数据可视化及描述 349
    10.4.1　网络数据可视化 350
    10.4.2　网络图的描述 353
10.5　网络图的分割 356
10.6　本章小结 358
习题 10 360

第 11 章　支持向量机和神经网络 361
11.1　支持向量机分类 363
    11.1.1　数据降维 364
    11.1.2　SVM 识别癌症 367
11.2　SVM 识别异常值 372
    11.2.1　常用异常值识别方法 373
    11.2.2　SVM 识别垃圾邮件 375
11.3　支持向量回归 377

11.3.1 数据预处理 378
11.3.2 SVR 预测房价 381
11.4 MLP 神经网络分类 384
11.4.1 单隐藏层 MLP 识别癌症 387
11.4.2 多隐藏层 MLP 识别图像 390
11.5 MLP 神经网络回归 395
11.6 本章小结 398
习题 11 400

第 12 章 深度学习入门 401

12.1 卷积神经网络 403
12.1.1 常见卷积神经网络结构 404
12.1.2 LeNet-5 网络识别图像 406
12.2 循环神经网络 414
12.2.1 常见循环神经网络结构 415
12.2.2 LSTM 中文文本分类 416
12.3 使用预训练好的模型 422
12.3.1 keras 包中的预训练模型 423
12.3.2 使用 VGG16 模型 424
12.4 本章小结 427
习题 12 427

参考文献 **429**

第 1 篇
R 语言基础

　　R语言是一套完整的数据准备、处理、分析和绘图的系统，可以完成数据科学、机器学习工作中几乎所有的任务。现如今，无论在国内还是国外，R语言的使用都非常火热，数据科学网站KDnuggets发布的历年数据科学和机器学习工具调查结果显示，R语言名列前茅。熟练掌握R语言的使用，将会在统计分析和机器学习的应用中更加主动，可以尽情驰骋在大数据的海洋中。

Chapter 01

第1章

R语言入门

1.1 R与RStudio

扫一扫，看视频

1.1.1 什么是R语言

R语言（简称R）是一款优秀的数据分析和数据可视化软件，主要用于统计分析、绘图、数据挖掘、机器学习等。1995年，由新西兰奥克兰大学（The University of Auckland）统计系的罗伯特·杰特曼（Robert Gentleman）和罗斯·伊哈卡（Ross Ihaka）基于S语言的源代码，编写了一套能执行S语言的软件，并将该软件的源代码全部公开，这就是R软件，其命令统称为R语言。现在R语言由约20人的核心团队负责开发。R语言是基于S语言的一个GNU计划项目，通常用S语言编写的代码都可不作修改直接在R语言环境下运行。

R语言诞生后，受到了众多使用者的青睐，数据科学网站KDnuggets发布的2018年数据科学和机器学习工具调查结果显示，R语言排名第3位。在超过2000人对自己"过去12个月内在项目开发中使用过的数据挖掘、机器学习工具和编程语言"投票中，超过48%的投票者将票投给了R语言；在2017年的TIOBE编程语言排名中，R语言排名第11位；2018年的PYPL编程语言排名中，R语言排名第7位，这些都说明了R语言是当前最火热的数据科学编程语言之一。

R语言拥有一套完整的数据准备、处理、分析、建模和可视化的系统，可以完成一整套数据科学、机器学习等工作中几乎所有任务，它具有如下优点。

（1）R语言开源免费。R语言是开源的软件，相比于其他商业数据分析软件（如SPSS、SAS），在使用时可以节省一笔不小的费用。作为开源的软件，R语言可以吸引更多的用户来丰富其功能和应用。R使用者可以编写自己的分析包发布到CRAN平台，供其他用户下载和使用。除了R之外，没有任何新的统计方法是利用SAS或SPSS等软件产生的。

（2）R语言可跨平台。R的源代码可自由下载使用，也有已编译的可执行文件版本可以下载，可在多种操作系统下运行，包括UNIX、Windows、Mac OS等。

（3）R语言编程简单。R语言是一种解释性的高级语言，在程序编写时非常简单方便。无论是否具有语言编程基础，在了解一些基础函数和语法后，就可以快速上手使用R语言。而且R语言作为命令行操作的可交互的语言，在输入命令后即可输出结果，方便使用者进行程序的调试。

（4）R语言数据分析功能强大。R是专门为统计和数据分析开发的语言。基于免费开源的特点，R语言已经形成了强大的社区，各行各业的优秀研究者们在无时无刻地贡献自己编写的功能强大的包，这些包涵盖了各行各业最前沿的分析方法，用户使用时就像站在巨人的肩膀上。从统计分析到机器学习再到深度学习，从金融分析到生物分析，从文本挖掘到社交网络分析再到并行计算等，R语言无所不"包"。

（5）R语言的数据可视化能力强大。R语言的绘图能力非常强大，尤其是ggplot2及其扩展包包含了各种各样方便实用的绘图方法，便于研究者更清楚地理解自己所面对的数据。R还包括多重可交互的数据可视化包，如plotly可直接将ggplot2的图像进行可交互的呈现。

（6）R语言可拓展能力强。R语言可以通过相应的接口和包与其他编程语言或者数据库进行连接。比如，能够和Python、C等语言相互调用，可以连接MySQL等数据库，可以读取其他统计软件所保存的数据等。

（7）R语言实现了可重复性分析。R语言在使用时，利用knit包可以直接生成可重复性分析报告，可以更加方便分享使用者的研究成果。

当然，由于R第三方包非常多，难免会存在一些低质量的包，且有些包的更新跟不上R版本的更新。作为一种解释性的高级语言，使用者有时会认为它的计算速度较慢。随着计算机硬件不断提升、R并行计算包的出现以及apply函数族强大的并行计算能力，会逐渐满足使用者在运行速度上的需求。

R语言相关软件和资料的一些常用网址如下：
R语言官方网站，其网址为https://www.r-project.org。
RStudio官方网站，其网址为https://www.rstudio.com。
R语言官方资源站点CRAN，其网址为https://cran.r-project.org。
统计之都R语言模块，其网址为https://d.cosx.org/t/r。
R语言博客，其网址为https://www.r-bloggers.com。
Stackoverflow的R语言问答模块，其网址为https://stackoverflow.com/questions/tagged/r。
RStudio文档分享网站，其网址为https://rpubs.com。

1.1.2　使用RStudio界面

在安装好R之后，R会有自带的IDE界面，但是它并不常用。接下来介绍一款R

语言的IDE界面——RStudio，它被认为是R的"翅膀"。

RStudio是一款非常好用的R语言的IDE界面，通过RStudio可以非常方便地编写、检查、调试、发布自己的R程序和分析结果。可以直接到RStudio官方网站（网址是https://www.rstudio.com）下载RStudio，它的安装简单方便。

下面就如何方便、高效地使用RStudio进行简单的介绍。

1. RStudio 界面

在安装好R和RStudio后，打开RStudio可以看到如图1-1所示的界面。

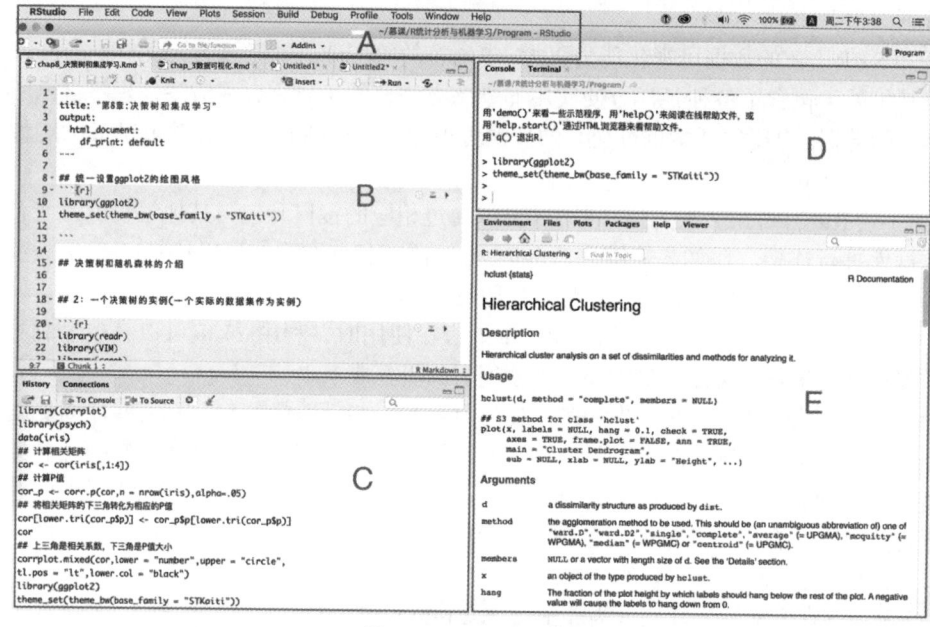

图1-1 RStudio 界面

图1-1中将RStudio界面切分为5个部分，除了A以外，其他4个部分的内容都可以根据自己的喜好自定义，这5个部分的主要功能如下。

A区域：可以看作软件菜单区，该区域主要有文件、编辑、工具、帮助等菜单，该区域在保存文件、发布程序及结果、安装包时使用，在该界面内还会显示当前的工作路径。

B区域：可以称为程序编写区，可以编写R脚本、Rmd文档、R Notebook等不同的文件类型，且可以进行程序运行和调试等操作。B区域的上方还有文件保存、查找、运行等快捷方式。

C区域：可以看作历史区域，这里包含所有运行过的命令，方便用户对历史记录的检查。

D区域：该区域是命令行控制台，可以运行脚本程序并且输出相应的结果，方便用户对程序的调试和结果的检查。

E区域：该区域包含的内容非常丰富，主要有环境、文件、绘图、包、帮助、查看等窗口，其中环境（Environment）窗口下包含所有程序运行后得到的变量，以方便检查程序是否正确输出；文件（Files）窗口下是当前工作路径下的文件夹；绘图（Plots）窗口将会显示程序得到的所有静态图像；包（Packages）包含所有已安装的R包，以方便包的管理和导入；帮助（Help）窗口用于显示相应函数的帮助文档；查看（Viewer）窗口用于显示动态图像、可交互图像、Knitr发布的文档等。

> **说明**：在R语言的学习中，熟练掌握帮助的使用方法是至关重要的。R语言及其各种包的帮助功能非常强大，通常可以通过查看R语言中的PDF手册，或利用它的HTML帮助文档，也可以使用命令的方式查看帮助。比如，查看假设检验中的t检验的相关帮助内容，可使用如下的命令。
>
> ```
> help("t.test")        ## 查看 R 文档中函数 t.test 的帮助
> ?t.test               ## 查看 R 文档中 t.test 的帮助，问号 "?" 和 help 的意义一样
> help.search("t.test") ## 搜索有关 t.test 的帮助
> ??t.test              ## 搜索有关 t.test 的帮助
> apropos("t.test")     ## 通过关键字 t.test 查找相关帮助内容
> ```

2. 使用 RStudio 安装包

可以通过RStudio的Tools菜单栏下的操作进行安装包，过程如下。

（1）执行Tools→Install Packages命令，得到如图1-2所示的对话框。

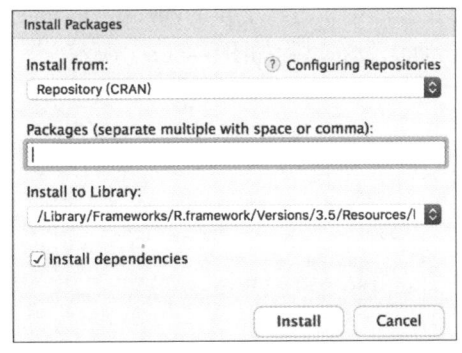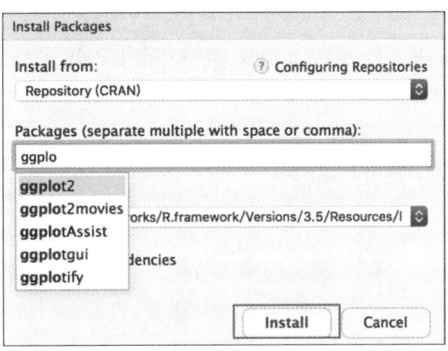

图1-2　使用RStudio安装包

（2）在Packages下输入想要安装的包，然后单击Install按钮，系统将会自动安装指定的包和相关依赖包。

3. 使用 Knit 生成文档并将其发布到 RPubs 平台

在R中编写完程序后，可以将其和结果一起发布到RPubs平台，通过网络分享

自己的研究成果，其操作过程如图1-3所示。

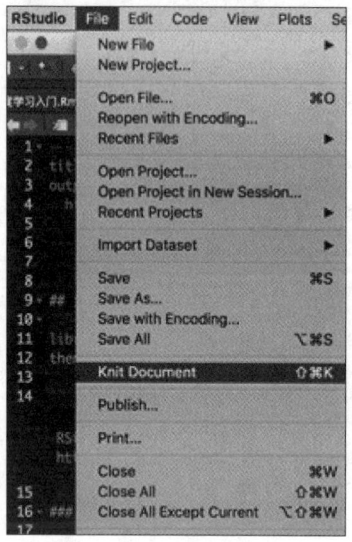

图 1-3　使用 Knit 生成文档

（1）选择File菜单下的Knit Document选项，可以将已经保存好的程序在新的环境中运行，并将所有的程序和对应的输出结果保存为HTML文件（或是PDF、docx等格式），输出文件会在Viewer界面中显示（也可以在单独界面显示，可自行设置）。

（2）使用Knit生成HTML文档后，在HTML文件中单击右上角的Publish Document按钮，就可进入将文档发布到RPubs平台的界面，发布过程如图1-4（a）所示。

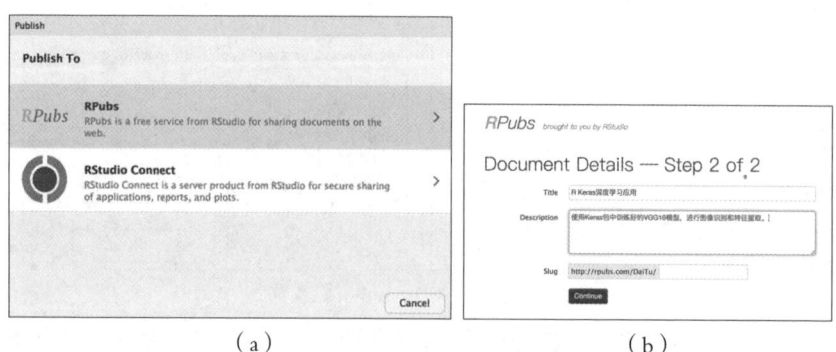

（a）　　　　　　　　　　　　　（b）

图 1-4　文档发布到 RPubs 平台

（3）选择RPubs选项，登录RPubs平台后，会得到如图1-4（b）所示界面，填写发布内容的名称和描述等信息，单击Continue按钮即可成功地将HTML文档发布到

RPubs平台，这样就可以和全世界的Rusers分享自己的学习经验。

本书所有程序的编写都是在RStudio中完成，所使用的软件版本和平台信息如下所示。

```
R version 3.6.0 (2019-04-26) -- "Planting of a Tree)"
Copyright (C) 2019 The R Foundation for Statistical Computing
Platform: x86_64-apple-darwin15.6.0 (64-bit)
```

1.2 R的数据结构

扫一扫，看视频

在使用一门编程语言时，最先需要了解的就是该语言的数据结构（对象）。在R语言中包含多种常用的数据结构，主要有向量、矩阵、数组、数据框、列表等。其中向量是最基本的数据结构，矩阵、数组和数据框都可以由向量构成，列表中也可以包含向量。

1.2.1 向量

向量是R中的最基本的数据对象，把只有一个元素的标量认为是长度为1的向量。

在R中，向量有多种类型，如向量的每个元素可以是字符串、逻辑值，也可以是一个因子向量等。

1. 向量的生成

向量的生成方法有很多，也比较灵活。向量生成的方法有如下7种。

（1）通过":"生成向量。

```
A <- 1:5
A
## [1] 1 2 3 4 5
```

上面的程序通过1:5来生成一个长度为5的向量A，在系统输出结果前面会出现[1]来表示向量的第一个位置，使用":"生成向量时，步长默认为1。

（2）通过c()函数生成向量。

如果需要的向量不是每次增加1的序列，而是随意的数值时，可以使用c()函数将它们连接起来。

```
A <- c(1,3,5,7,9)
```

```
A
## [1] 1 3 5 7 9
```

（3）通过seq()函数生成向量。

```
B = seq(from=2,to=10,by=2)
B
## [1] 2 4 6 8 10
B = seq(from=2,to=10,length.out = 5)
B
## [1] 2 4 6 8 10
```

上面的程序是使用seq()函数生成向量的两种方式。第一种：从2开始步长为2依次增加到10（可以不包括to指定的数值）结束，得到向量B；第二种：在2和10之间（包括2和10）生成等间隔的长度为5的向量，得到向量B。

（4）通过rep()函数生成具有重复元素的向量。

```
C <- rep(1:2,5)
C
## [1] 1 2 1 2 1 2 1 2 1 2
C <- rep(1:2,c(2,3))
C
## [1] 1 1 2 2 2
```

上面的程序是使用rep()函数生成向量的两种方式：①将序列1:2重复5次；②序列1:2中的两个元素分别重复2次和3次。

（5）生成字符串向量。

```
v_char <- c("A","B","C","D","E")
class(v_char)
## [1] "character"
```

上面的程序是通过c()函数来生成一个由字符串组成的向量。在R中由英文模式下的双引号" "（也可以是单引号）包裹的内容为字符串。class()函数可以获取向量v_char的数据类型，系统输出的结果为character，说明该向量为字符串向量。

（6）生成逻辑值向量。

```
v_log <- rep(c(T,F),c(2,3))
v_log
## [1]  TRUE  TRUE FALSE FALSE FALSE
class(v_log)
## [1] "logical"
```

在R中逻辑值"真"使用TRUE（T）、"假"使用FALSE（F）来表示。从

class()函数的输出结果logical可知,v_log为一个逻辑值向量。

(7) 生成因子向量。

```
v_fac <- factor(x=c("A","B","C","A","C"),levels = c("A","B","C"),
                labels = c("A","B","C"))
v_fac
## [1] A B C A C
## Levels: A B C
levels(v_fac)
## [1] "A" "B" "C"
```

上面的程序是通过factor()函数将一个字符串向量转化为因子向量。从输出结果中可以发现,系统还输出了向量的水平(levels表示因子向量中包含的所有不相同的类别)为ABC。获取因子向量的水平可以使用levels(v_fac)函数获得。

2. 向量的运算

向量进行四则运算有以下两种情况。

```
vec <- seq(1,7)
vec / 2
## [1] 0.5 1.0 1.5 2.0 2.5 3.0 3.5
vec / (2*vec)
## [1] 0.5 0.5 0.5 0.5 0.5 0.5 0.5
```

第一种:一个向量和元素2进行除法运算,即向量中的每个元素除以2,得到一个新的向量;第二种:两个等长的向量进行除法运算,则两个向量中的对应位置元素进行除法运算,得到一个新的向量。如果两个向量的长度不等(其中一个长度为1的情况除外)进行四则运算将会出错。

```
## 计算向量的累乘
cumprod(1:5)
## [1]   1   2   6  24 120
## 计算向量的累加
cumsum(vec)
## [1]  1  3  6 10 15 21 28
## 计算向量的长度
length(vec)
## [1] 7
```

上面的程序中cumprod()为向量的累计乘积函数,cumsum()为向量的累计加和函数,length()为计算向量长度的函数。

3. 向量中元素的获取

从向量中获取元素有以下4种方式。

（1）通过在中括号（[]）中指定元素的位置来获取。

```
vec[c(1,3,5,7,9)]
## [1]  1  3  5  7 NA
```

上面的程序是要获取vec向量中的第1、3、5、7、9几个位置的元素，由于vec向量只有7个元素，则超出索引的第9个位置元素输出为NA，表示该位置为缺失值。

（2）通过与向量等长的逻辑值向量获取需要的元素。

```
vec %% 3 == 0
## [1] FALSE FALSE  TRUE FALSE FALSE  TRUE FALSE
vec[vec %% 3 == 0]
## [1] 3 6
```

上面的程序首先是获取和向量等长的逻辑值向量，即向量是否能够被3整除，可以发现结果的取值均为TRUE和FALSE。第3行语句是将逻辑值和中括号（[]）结合起来获取向量中能够被3整除的元素。

（3）在中括号中使用负号"-"代表删除。

```
vec[c(-1:-5)]
## [1] 6 7
```

上面的程序中使用负号删除向量中的前5个元素。

（4）使用rev()函数获取向量的逆序。

```
rev(vec)
## [1] 7 6 5 4 3 2 1
```

4. 不同类型向量之间的转换

可以使用as.character()函数将一个数值向量转化为字符串向量。

```
vec_num <- seq(from=2,to=10,by=2)
str(vec_num)
##  num [1:5] 2 4 6 8 10
vec_char <- as.character(vec_num)
str(vec_char)
##  chr [1:5] "2" "4" "6" "8" "10"
```

上面的程序中str()函数可以获取向量的内容和属性，num代表向量为数值向量，chr代表向量为字符串向量，字符串使用双引号（""）包裹。

如果字符串向量的字符串为数字，可以使用as.numeric()函数将其转化为数值向量。

```
vec_num <- as.numeric(vec_char)
```

```
is.numeric(vec_num)
## [1] TRUE
```

上面的程序首先使用as.numeric()函数将向量转化为数值向量,然后使用is.numeric()函数判断向量是否为数值向量,输出结果TRUE说明向量vec_num为数值向量。

5. 因子向量

因子向量可以看作向量中包含了几种类别数据。使用factor()函数可将其他类型的向量转化为一个因子向量。

```
vec_fac <- factor(c("A","B","C","A","C"))
str(vec_fac)
##  Factor w/ 3 levels "A","B","C": 1 2 3 1 3
vec_fac2char <- as.character(vec_fac)
str(vec_fac2char)
##  chr [1:5] "A" "B" "C" "A" "C"
```

上面的程序首先使用factor()函数将字符串向量转化为因子向量,然后使用as.character()函数将因子向量转化为字符串向量。

6. 查看向量的取值内容

可使用unique()函数和table()函数查看向量的取值内容。

```
unique(vec_fac2char)
## [1] "A" "B" "C"
table(vec_fac2char)
## vec_fac2char
## A B C
## 2 1 2
```

其中unique()函数可以获取向量的所有不同取值,table()函数不仅能够得到取值的内容,还能计算出相应取值出现的次数。

与unique()函数相似,union()等函数可以对向量进行集合运算。

```
union(c(1:5),seq(2,10,2))
## [1]  1  2  3  4  5  6  8 10
setdiff(c(1:5),seq(2,10,2))
## [1] 1 3 5
intersect(c(1:5),seq(2,10,2))
## [1] 2 4
is.element(c(1:5),seq(2,10,2))
## [1] FALSE  TRUE FALSE  TRUE FALSE
c(1:5) %in% seq(2,10,2)
```

```
## [1] FALSE  TRUE FALSE  TRUE FALSE
```

上面的程序中用union()函数计算两个向量的并集,setdiff()函数计算两个向量的差集,intersect()函数计算两个向量的交集,is.element()函数和%in%用于判断前面向量的元素是否出现在第二个向量中。

1.2.2 矩阵

矩阵可以看作向量的扩充,矩阵的类型包括数值型、字符串型、逻辑型等。

1. 矩阵的生成

矩阵的生成主要有以下5种方式。

(1) 使用matrix()函数生成。

```
vec <- seq(1,12)
mat <- matrix(vec,nrow = 2)
mat
##      [,1] [,2] [,3] [,4] [,5] [,6]
## [1,]   1    3    5    7    9   11
## [2,]   2    4    6    8   10   12
mat <- matrix(vec,ncol = 4)
mat
##      [,1] [,2] [,3] [,4]
## [1,]   1    4    7   10
## [2,]   2    5    8   11
## [3,]   3    6    9   12
```

上面的程序是通过matrix()函数将向量转化为矩阵的程序,其中nrow、ncol分别表示指定矩阵的行、列数,系统默认情况下矩阵的生成是按照列优先排列的。

如果想要按照行优先排列生成矩阵,可以使用参数byrow = TRUE。

```
mat <- matrix(vec,nrow = 2,ncol = 4,byrow = TRUE)
mat
##      [,1] [,2] [,3] [,4]
## [1,]   1    2    3    4
## [2,]   5    6    7    8
```

(2) 使用cbind()函数和rbind()函数生成矩阵。

```
mat <- cbind(c(1,3,5,7),c(2,4,6,8),c(1:4))
mat
##      [,1] [,2] [,3]
## [1,]   1    2    1
```

```
## [2,]    3    4    2
## [3,]    5    6    3
## [4,]    7    8    4
mat <- rbind(c(1,3,5,7),c(2,4,6,8),c(1:4))
mat
##      [,1] [,2] [,3] [,4]
## [1,]    1    3    5    7
## [2,]    2    4    6    8
## [3,]    1    2    3    4
```

cbind()函数可以将向量按照列连接成矩阵，rbind()函数可以将向量按照行连接成矩阵。

（3）使用diag()函数。

```
diag(4)
##      [,1] [,2] [,3] [,4]
## [1,]    1    0    0    0
## [2,]    0    1    0    0
## [3,]    0    0    1    0
## [4,]    0    0    0    1
diag(c(1:4))
##      [,1] [,2] [,3] [,4]
## [1,]    1    0    0    0
## [2,]    0    2    0    0
## [3,]    0    0    3    0
## [4,]    0    0    0    4
```

diag(4)可生成一个4×4的单位方阵，diag(c(1:4))可指定方阵的对角线的元素取值。

（4）定义矩阵的行名和列名。

```
colnames(mat) <- c("A","B","C","D")
rownames(mat) <- c("a","b","c")
mat
##   A B C D
## a 1 3 5 7
## b 2 4 6 8
## c 1 2 3 4
```

使用colnames()函数和rownames()函数可以获取矩阵的列名和行名，或者给矩阵的列和行定义新的名称。

(5) 获取矩阵的维度、行数、列数以及元素数。

```
dim(mat)
## [1] 3 4
nrow(mat)
## [1] 3
ncol(mat)
## [1] 4
length(mat)
## [1] 12
```

使用dim()函数可以获取矩阵的维度（行数和列数），nrow()函数可以获取矩阵的行数，ncol()函数可以获取矩阵的列数，length()函数获取矩阵一共有多少元素。

2. 矩阵元素的获取

矩阵中元素的获取和向量类似，主要有以下两种方式。

（1）通过中括号中的行列索引。

```
mat <- rbind(c(1,3,5,7),c(2,4,6,8),c(1:4))
colnames(mat) <- c("A","B","C","D")
rownames(mat) <- c("a","b","c")
mat
##   A B C D
## a 1 3 5 7
## b 2 4 6 8
## c 1 2 3 4
mat[2,3]
## [1] 6
```

上面的程序中通过mat[2,3]获取矩阵中第2行第3列位置的元素。

① 如果只要获取某行或者某列的元素，可以使用如下方式。

```
## 获取矩阵第2列的元素
mat[,2]
## a b c
## 3 4 2
## 获取矩阵第1行的元素
mat[1,]
## A B C D
## 1 3 5 7
```

② 如果矩阵拥有列名，可以指定列名获取所需要的列。例如，获取矩阵第"A","C"列的元素。

```
mat[,c("A","C")]
##   A C
## a 1 5
## b 2 6
## c 1 3
```

（2）通过逻辑值获取矩阵中的元素。

```
mat %% 2 == 0
##       A     B     C     D
## a FALSE FALSE FALSE FALSE
## b  TRUE  TRUE  TRUE  TRUE
## c FALSE  TRUE FALSE  TRUE
mat[mat %% 2 == 0]
## [1] 2 4 2 6 8 4
```

上面的程序是获取矩阵中的偶数，其中mat %% 2 == 0可以获取和mat相对应的只包含逻辑值的矩阵。

3. 矩阵的转置

使用t()函数来获取矩阵的转置。

```
mat <- matrix(c(1:12),nrow = 3)
mat
##      [,1] [,2] [,3] [,4]
## [1,]    1    4    7   10
## [2,]    2    5    8   11
## [3,]    3    6    9   12
t(mat)    ## 矩阵的转置
##      [,1] [,2] [,3]
## [1,]    1    2    3
## [2,]    4    5    6
## [3,]    7    8    9
## [4,]   10   11   12
```

4. 矩阵的计算

矩阵的计算有如下6类。

（1）计算矩阵的行和与列和。

计算矩阵的行和可以使用rowSums()和apply()函数。

```
rowSums(mat)
## [1] 22 26 30
apply(mat, 1, sum)
```

```
## [1] 22 26 30
```

rowSums()函数可以直接输出矩阵中每一行所有元素的和。apply()函数是对矩阵的指定维度使用指定的函数,其第一个参数指定所要计算的矩阵,其第二个参数指定所要计算的行或列,1表示行、2表示列,其第三个参数指定对行或列所应用的函数。sum()函数为求和函数。

计算矩阵的列和可以使用colSums()和apply()函数。

```
colSums(mat)
## [1]  6 15 24 33
apply(mat,2,sum)
## [1]  6 15 24 33
```

(2)计算矩阵的行平均值与列平均值。

计算矩阵的行平均值和列平均值可以使用rowMeans()和colMeans()函数。

```
rowMeans(mat)
## [1] 5.5 6.5 7.5
colMeans(mat)
## [1]  2  5  8 11
```

(3)计算矩阵的乘法。

矩阵和矩阵相乘共有两种方式:一种是矩阵对应位置元素相乘,使用*计算;另一种是矩阵乘法,使用%*%计算。

```
mat * mat
##      [,1] [,2] [,3] [,4]
## [1,]    1   16   49  100
## [2,]    4   25   64  121
## [3,]    9   36   81  144
mat %*% t(mat)
##      [,1] [,2] [,3]
## [1,]  166  188  210
## [2,]  188  214  240
## [3,]  210  240  270
```

(4)计算矩阵的下三角矩阵。

利用lower.tri()函数可计算矩阵的下三角矩阵。

```
mat2[lower.tri(mat2)] <- 0
mat2
##      [,1] [,2] [,3]
## [1,]  166  188  210
```

```
## [2,]    0   214  240
## [3,]    0    0   270
```

上面的程序是将矩阵的下三角位置重新赋值为0。

（5）计算方阵的行列式。

可以使用det()函数计算方阵的行列式。

```
mat3 <- cbind(1, 2:4, c(2,4,1))
mat3
##      [,1] [,2] [,3]
## [1,]   1    2    2
## [2,]   1    3    4
## [3,]   1    4    1
det(mat3)
## [1] -5
```

（6）计算逆矩阵。

可使用solve()函数计算矩阵的逆矩阵。

```
set.seed(123)
solve(matrix(runif(16),4,4))
##             [,1]       [,2]       [,3]       [,4]
## [1,] -2.4929039 -0.7028084  0.7092411  2.243294
## [2,] -0.7010475 -1.8601293  0.5082957  1.653505
## [3,]  1.1783881  1.1148475  0.6243494 -1.668214
## [4,]  2.5479423  1.9728375 -1.5146544 -1.889510
```

solve()函数是求解AX=b中X的值，如果不指定b时系统默认b=I（单位矩阵），这时计算的即为矩阵的逆矩阵。set.seed()函数用于生成随机数种子，保证runif()函数每次都能生成同样的均匀分布的随机数。

1.2.3 高维数组

比二维矩阵维度更高的数组称为高维数组，可以使用array()函数生成。程序如下。

```
arr <- array(1:24,dim = c(3,4,2))
arr
## , , 1
##      [,1] [,2] [,3] [,4]
## [1,]   1    4    7   10
## [2,]   2    5    8   11
```

```
## [3,]    3    6    9   12
## , , 2
##      [,1] [,2] [,3] [,4]
## [1,]   13   16   19   22
## [2,]   14   17    0   23
## [3,]   15   18   21   24
```

上面的程序中生成了3行4列2层的数组，其中每层都是一个3×4的矩阵。

要获取矩阵第2层第2行的元素，可以使用中括号（[]）和相应位置的索引来获取。

```
arr[2,,2]
## [1] 14 17 20 23
```

与向量和矩阵类似，也可通过位置索引来获取满足条件的元素。

```
arr[which(arr %% 5 == 0)]
## [1]  5 10 15 20
```

上面的程序中which()函数表示获取数组arr中能够被5整除的数值在数组中所在的位置。

使用dim()函数可以获取高维数组的维度信息。

```
dim(arr)
## [1] 3 4 2
```

对高维数组同样可以运用apply()函数。例如，分别计算数组arr每层的平均值和数据每列的和的程序如下。

```
apply(arr,3,mean)
## [1]  6.5 18.5
apply(arr, 2,sum)
## [1]  48  66  84 102
```

1.2.4 数据框

在R中，最常用的数据格式就是数据框（表）。

数据框和矩阵很相似，都是为了更好地管理更多的变量，所不同的是整个矩阵中所有元素只有一种数据类型，而数据框的每一列都可以是一种数据类型，如字符串向量、数值向量、因子向量等。

数据框非常便于数据分析，且易于对数据框中的每列进行操作。在数据框中，每列作为一个特征（变量），每行作为一个样本。

1. 数据框的生成

使用data.frame()函数可构建数据框。

```
df <- data.frame(id = c("A","B","C","D"),
                 age = c(0,15,9,12),
                 sex = c("F","M","M","F"),
                 score = (17:20),
                 stringsAsFactors = FALSE)
df
##   id age sex score
## 1  A  10   F    17
## 2  B  15   M    18
## 3  C   9   M    19
## 4  D  12   F    20
```

上面的程序中使用data.frame()函数构建含有4个变量（id、age、sex、score）的数据框，其中参数stringsAsFactors = FALSE表示不把字符串向量转化为因子向量。

2. 查看数据框的内容

查看数据框的内容的方法如下。

（1）使用head()函数查看数据框的前5行内容。

```
head(df)
##   id age sex score
## 1  A  10   F    17
## 2  B  15   M    18
## 3  C   9   M    19
## 4  D  12   F    20
```

由于该数据框只有4行，所以输出结果中只有4行样本。

（2）可以使用summary()函数查看数据的类型和内容。

该函数会针对字符串变量输出变量的长度和类型，对数值变量会输出变量的最小值、平均值、最大值等内容。

```
summary(df)
##       id                age            sex               score
## Length:4           Min.   : 9.00    Length:4          Min.   :17.00
## Class :character   1st Qu.: 9.75    Class :character  1st Qu.:17.75
## Mode  :character   Median :11.00    Mode  :character  Median :18.50
##                    Mean   :11.50                      Mean   :18.50
##                    3rd Qu.:12.75                      3rd Qu.:19.25
##                    Max.   :15.00                      Max.   :20.00
```

3. 对数据框的变量进行操作

对数据框变量的操作方法如下。

（1）使用$符号来操作数据框中的变量。

例如，将数据框中的字符串变量转化为因子。

```
df$sex <- factor(df$sex)
## 查看数据的汇总
str(df)
## 'data.frame':    4 obs. of  4 variables:
##  $ id    : chr  "A" "B" "C" "D"
##  $ age   : num  10 15 9 12
##  $ sex   : Factor w/ 2 levels "F","M": 1 2 2 1
##  $ score : int  17 18 19 20
```

上面的程序中通过df$sex来操纵数据框df的sex变量，str()函数可以输出数据框的汇总信息，其中主要有数据框的类型、特征数量、样本数量、每个特征的主要信息等。

（2）使用with()函数操作对应的变量。

例如，判断数据框中的变量age取值是否大于10。

```
with(df,age > 10)
## [1] FALSE  TRUE FALSE  TRUE
```

（3）对数据框添加新的变量。

```
df$newvar <- df$score * 2
```

4. 转化为数据框

可以通过as.data.frame()函数将矩阵转化为数据框。

```
mat <- rbind(c(1,3,5,7),c(2,4,6,8),c(1:4))
mat2df <- as.data.frame(mat)
colnames(mat2df) <- c("A","B","C","D")
mat2df
##   A B C D
## 1 1 3 5 7
## 2 2 4 6 8
## 3 1 2 3 4
```

colnames()函数不仅可以操作矩阵的列名，还能操作数据框的列名。colnames(mat2df)就是用于为数据框的每一列添加列名的。

5. 获取数据框中的内容

获取数据框中内容的方法如下。

（1）使用中括号（[]）和对应的行列索引获取数据框的列。

```
df[,2]
## [1] 10 15  9 12
```

（2）通过$符号来选择特定的变量。

```
df$id
## [1] "A" "B" "C" "D"
```

（3）将$符号和[]结合起来获取数据框中的元素。

```
df$id[3]
## [1] "C"
```

（4）通过中括号（[]）和变量的名称选择数据框的列。

```
df[c("id","age")]
##   id age
## 1  A  10
## 2  B  15
## 3  C   9
## 4  D  12
```

（5）通过满足某些条件的逻辑值来选择数据。

例如，选择age>10的样本。

```
df[df$age > 10,]
##   id age sex score
## 2  B  15   M    18
## 4  D  12   F    20
```

（6）通过逻辑值作为索引来获取数据框中的内容。

例如，获取id的取值是"B","D","F"之一的前三列数据。

```
df[df$id %in% c("B","D","F"),1:3]
##   id age sex
## 2  B  15   M
## 4  D  12   F
```

1.2.5 列表

在R中，列表是最灵活的数据结构。列表可以包含R的所有对象，如向量、字符串、矩阵、高维数据、数据框，甚至列表中还可以包含列表。

1. 列表的生成

列表通常由list()函数生成。

```
A <- factor(c("A","B","C","C","B"))
B <- matrix(seq(1:8),nrow = 2)
C <- "Type"
D <- data.frame(id = c("A","B","C","D"),
                age = c(10,15,9,12))
## 使用A,B,C,D生成一个列表
mylist <- list(A,B,C,D)
mylist
## [[1]]
## [1] A B C C B
## Levels: A B C
## [[2]]
##      [,1] [,2] [,3] [,4]
## [1,]   1    3    5    7
## [2,]   2    4    6    8
## [[3]]
## [1] "Type"
## [[4]]
##   id age
## 1  A  10
## 2  B  15
## 3  C   9
## 4  D  12
```

上面的程序生成的列表中包含了A—因子向量、B—矩阵、C—字符串、D—数据框4种数据类型。

2. 获取列表的内容

获取列表内容的方法如下。

（1）使用str()函数获取列表的汇总信息。

```
str(mylist)
## List of 4
##  $ : Factor w/ 3 levels "A","B","C": 1 2 3 3 2
##  $ : int [1:2, 1:4] 1 2 3 4 5 6 7 8
##  $ : chr "Type"
##  $ :'data.frame':    4 obs. of  2 variables:
##   ..$ id : Factor w/ 4 levels "A","B","C","D": 1 2 3 4
##   ..$ age: num [1:4] 10 15 9 12
```

（2）通过[]或者[[]]来获取列表中的内容。

```
mylist[1]
## [[1]]
## [1] A B C C B
## Levels: A B C
mylist[[1]]
## [1] A B C C B
## Levels: A B C
mylist[[2]][2,1:3]
## [1] 2 4 6
```

由上面的程序和执行结果可以发现，使用[]和[[]]获取的结果是一样的，其中[[2]][2,1:3]表示首先获取列表中的第二个元素，获取的是一个矩阵，然后再获取矩阵中的第2行的第1:3列的内容（如果首先使用[[]]获取的内容不支持继续使用[]，使用[[]][]时会出现错误）。

（3）将[]或者[[]]和$符号结合在一起获取列表中的内容。

例如，获取列表中数据框的age变量下的前三个取值。

```
mylist[[4]]$age[1:3]
## [1] 10 15  9
```

（4）通过列表中每个元素的名字来获取相应的内容。

```
## 给列表中的内容添加名字
names(mylist) <- c("one","two","three","four")
names(mylist)
## [1] "one"   "two"   "three" "four"
## 通过$来提取数据
mylist$one
## [1] A B C C B
## Levels: A B C
```

上面的程序首先通过names()函数给列表中的元素命名，然后通过$符号来提取对应名称下的内容。

1.3 控制和函数

扫一扫，看视频

R提供了容易使用的控制语句和函数，以方便用户实现更复杂的操作。

控制语句主要有条件语句和循环语句两大类。

1.3.1 条件语句

条件语句,主要包含if相关的语句和switch语句,有如下三种方式。

1. if(条件) 表达式 1 else 表达式 2

该语句可以简单地理解为,如果需要判断的条件得到满足(即条件取值为真),则执行表达式1,否则执行表达式2。

例如,判断一个数能否被3整除。

```
num <- 9
if(num %% 3 == 0) print("数值可以被3整除") else print("数值不能被3整除")
## [1] "数值可以被3整除"
```

很显然9能够被3整除,所以系统执行print("数值可以被3整除")语句(即执行表达式1)。

2. 使用 ifelse(test, yes, no)

该语句是上面"if(条件) 表达式1 else 表达式2"语句的一个简化版本。语句中如果test结果是正确的,则输出yes代表的内容,否则输出no所代表的内容。

例如,判断一个数能否被3整除。

```
num <- 10
ifelse(num %% 3 == 0,num,NA)
## [1] NA
```

3. 使用 switch() 语句进行判断

该语句会将需要判断的表达式和后面的参数精确匹配,然后输出相应的内容。

例如,输出"B"的取值。

```
id = c("A","B","C","D")
switch(id[2],
       A = 10,
       B = 15,
       C = 9,
       D = 12)
## [1] 15
```

在编写程序时,要根据不同的情况采取合适的条件执行方法,这样可以提高程序执行的效率。

1.3.2 循环语句

在R中,常用的循环语句有for循环和while循环。

下面通过具体的例子来介绍它们的用法。
1. for 循环找出向量的奇数和偶数

```
vec <- seq(1:20)
result1 <- result2 <- vector()
for (ii in 1:length(vec)) {
  ## 偶数
  if(vec[ii] %% 2 == 0){
    result1 <- c(result1,vec[ii])
  }else{
    result2 <- c(result2,vec[ii])
  }
}
result1
##  [1]  2  4  6  8 10 12 14 16 18 20
result2
##  [1]  1  3  5  7  9 11 13 15 17 19
```

> **说明**：在 for 循环中，终止的条件是执行次数，常用的结构为 for(var in seq) expr，即如果 var 在 seq 中，则执行 expr。

在上面的程序中将for循环和条件语句结合了起来，首先定义需要的向量，然后在for循环中使用if(vec[ii] %% 2 == 0)判断语句来确定vec向量中的第ii个元素是不是偶数，如果是偶数则保存在result1中，否则就保存在result2中。从输出的结果可以发现，通过执行for循环语句，系统已经正确地将奇数和偶数进行了划分。

2. while 循环找出向量的前 5 个偶数

```
set.seed(12)
vec <- sample(seq(1:100),40)
ii <- 1
result1 <- vector()
while(ii){
  ## 保存偶数
  if(vec[ii] %% 2 == 0) result1 <- c(result1,vec[ii])
  ## 满足条件，跳出循环
  if (length(result1) == 5){
    break
  }
  ii <- ii + 1
}
```

27

```
result1
## [1]  4 96 60 36 34
```

> 说明：while 循环将会重复地执行一个语句，直到条件不为真或者在语句中跳出循环，常用的格式为 while(cond) expr。

上面的程序是通过满足result1中包含5个偶数的条件后跳出while循环，使用break可以提前跳出当前循环，否则程序将会永远地执行下去，因为在while(ii)中的ii永远为真（即ii永远不会等于0）。

1.3.3 函数

在R中，比条件语句和循环语句更高级的就是函数，它通常包含这两种语句来实现更复杂的功能。

R允许用户根据需要解决的问题编写自己的函数，这一点是R与其他统计软件的最大差别，也是R语言的优势。事实上，R语言提供的绝大多数内置函数均由专业人员编写，与用户自己编写的函数没有本质上的差别。

用户自己编写函数有很多优点。首先，自编函数运行环境与其他脚本环境不同，即使它们有相同的变量名，也不会影响脚本运行空间下的变量取值；其次，对一些烦琐的重复操作编写函数，可以使代码简洁明了，实现可重复使用；最后，函数内部还可以嵌套函数，可以完成更加复杂的计算。

在R中，用户可以很方便地编写自己的函数，学习编写函数是R语言的主要任务之一。

1. 函数的定义

编写函数时常用的格式如下：

```
functionname <- function(arg1,arg2,arg3,...){
    statements
    return(result)
}
```

在上面的结构中，functionname是函数的名称，使用function()来定义函数，arg1,arg2,arg3,...等表示在函数中使用的参数，statements表示函数的语句，在函数的最后通常使用return()函数输出需要输出的内容，函数的主体使用大括号（{}）包裹。函数返回的结果可以是向量、数据框、列表等数据结构。

例1.1 编写一个通过二分法计算非线性方程 $x^3 - 2x^2 - 1 = 0$ 根的函数。

解：首先定义函数。

```
solvefunction <- function(x){
```

```
    x^3-2*x^2-1
}
```

上面的程序是一个计算单个变量 *x* 非线性函数取值的函数，该函数并没有使用 return() 来输出结果，因为在 R 中系统默认输出函数中最后一条语句计算出的结果。

接下来编写一个使用二分法计算方程根的函数。

```
# 编写二分法求解方程
twosol <- function(a,b,ee=10^(-5)){
  # a: 左边界, b: 右边界, ee=10^(-5): 精度
  if (solvefunction(a)*solvefunction(b) > 0 | a > b)
    print("请更改边界")
  else
    while(abs(a-b)>=ee) {
      c <- (a+b)/2
      if (solvefunction(c) == 0)
        return(c)
      if (solvefunction(a)*solvefunction(c)<0)
        b <- c
      if (solvefunction(c)*solvefunction(b)<0)
        a <- c
    }
  return(c)
}
```

上面编写的函数是求解在指定范围 [a,b] 内精度在 ee=10^(-5) 范围内的根。函数首先判断根是否在 [a,b] 内，如果不在，则会输出提示语句，否则就会执行 while 循环语句，直到得到满足指定精度的输出结果。

2. 函数的调用

函数调用时可使用 functionname (arg1,arg2,arg3,...) 的方式。

例 1.2 将例 1.1 中编写的函数进行保存，文件名为 erfenfa.R，并将该文件放到当前工作目录下，调用该自编函数求解方程的根。

解：可使用 source() 函数调用自编函数，若文件不在当前目录下需指定路径。

```
source("erfenfa.R")
answ <- twosol(0,3,ee=10^(-5))
answ
## [1] 2.205568
```

该例子中使用了两个函数，其中在 twosol() 函数中调用了 solvefunction() 函

数。从程序输出的结果可以看出，该单变量非线性方程在[0,3]之间存在一个根2.205568。

1.4 R中的常用包

包（Package）是R语言功能的扩展，它是由一系列函数、帮助文档和数据文件组成的文件束，类似于C++中的库或Java中的类。

R之所以功能强大，是因为它具有功能丰富的扩展包。截至2019年6月，R中的扩展包超过15000个。

如果想要在R中安装已经发布在CRAN上的扩展包，除了前面使用RStudio安装包的方式外，还可使用install.packages()函数完成包的安装。例如：

```
install.packages("dplyr")
library(dplyr)
```

上面的程序首先是安装dplyr包，然后通过library()函数将包加载到R的运行环境中。

有些好用的R语言扩展包是发布在Github上的，若想使用这些包可通过devtools包提供的工具进行安装。

```
install.packages("devtools")
library(devtools)
devtools::install_github('thomasp85/gganimate')
library(gganimate)
```

上述程序首先是安装并导入devtools包，然后利用该包的install_github()函数从Github上安装所需的R扩展包。

> 说明：发布在Github上的包并没有经过R语言核心小组的审核，需要谨慎使用，尽量使用口碑较好的R包。

下面根据不同的应用领域，对R中一些高质量和常用的包进行简单介绍，这些包在后面的章节中都会经常使用。

1. 数据读写

readr：该包能够提供快速友好的方式来读取规则的数据结构（如csv、tsv和fwf格式的）。

readxl：该包能够方便地读取Excel文件。

foreign：该包能够读取和写入其他统计分析软件的文件，如Minitab、S、SAS、SPSS、Stata、Weka等统计分析软件。

haven：该包能够导入和导出SPSS、Stata和SAS等统计分析软件的文件。

R.matlab：该包可以读写mat文件并从R内部调用MATLAB。

imager：该包提供了众多传统的图像处理函数（过滤、形态、转换等），能够让R轻松分析图像数据。

2. 数据处理

VIM：该包提供多种可视化数据缺失值的方式，以及多种填补数据缺失值的方法。

Hmisc：该包含有许多数据分析、高级可视化图像、变量聚类、数据框处理等分析方法的函数。

mice：该包提供缺失值多重插补的函数。

dplyr：该包提供处理数据的快速、一致的解决方法，常用于数据框等对象，主要用于数据清洗和整理。

tidyr：该包专门为数据整理而设计，常和dplyr包配合使用。

stringr：该包包含多种字符串处理的函数，使用非常方便。

3. 数据可视化

ggplot2：该包使用图形语法来创建优雅的数据可视化图像。它提供了多种绘图单元，是R中数据可视化常用、简单、高效的可视化包。

gridExtra：该包提供了许多用户级函数来处理"网格"图形，特别是在一幅图像页面上排列多个基于网格的子图，方便网格数据可视化。

GGally：该包是基于ggplot2图形语法的拓展绘图系统，有矩阵散点图、平行坐标图、生存图以及绘制网络图像的若干函数。

gganimate：该包是基于ggplot2的拓展包，主要用于绘制动态图等。

treemap：该包主要用于树形图的可视化处理，树形图是层次结构的空间填充，该包为绘制树图提供了简便快捷的方法。

d3heatmap：该包可用于可交互的热力图可视化。

maps：该包主要用于地图数据可视化。

leaflet：该包使用JavaScript的Leaflet库创建交互式Web地图。

igraph：该包用于图形可视化和网络分析，可以很好地处理大型图形，并提供生成随机和常规网络可视化图像的方法。

plotly：该包可以轻松地将ggplot2图形转换为基于Web的交互式图像。

wordcloud2：该包是一种快速的可交互可视化图像绘制工具，常用于词云的可视化。

ggcorrplot：该包基于ggplot2包来轻松可视化相关矩阵。
ggfortify：该包是用于统计分析结果的可视化包。

4. 统计分析

MVN：该包包含单变量和多变量正态性检验的方法。

psych：该包是心理测量理论和实验心理学的通用工具箱，主要用于因子分析、主成分分析、聚类分析、可靠性分析等模型的构建，同时还提供了基本的描述性统计功能。

vcd：该包主要用于分类数据的可视化与分析。

car：该包含有一些分析方法函数，常与回归分析的相关包一起使用。

glmnet：该包提供Lasso、弹性网等广义线性回归模型的函数。

cluster：该包是R中常用的聚类分析包。

fpc：该包是灵活的聚类分析包，提供了多种聚类分析方法的函数和可视化方法，如DBSCAN聚类等。

ca：该包常用于对应分析及其可视化。

CCA：该包是典型相关分析包。

candisc：该包是可视化广义典型判别和典型相关分析包。

arules：该包常用于频繁项集和关联规则分析。

arulesViz：该包常用于可视化arules包得到的关联规则等。

tseries：该包是时间序列分析及计算金融包。

zoo：该包定义了一个名为zoo的S3类型对象，用于描述规则和不规则的有序时间序列数据，是常用的时间序列分析包。

forecast：时间序列和线性模型的预测函数，常用于ARIMA等时间序列模型。

5. 机器学习

caret：该包主要用于训练和可视化回归模型与分类模型。

Metrics：该包主要用于方法性能的评估和度量，可实现回归、时间序列、二分类、多分类、信息检索等问题的性能度量。

ROCR：该包用于可视化和评估分类器性能，如可视化ROC曲线等。

rpart：该包包含决策树分类、回归和生存分析等方法。

rpart.plot：该包主要用于将rpart包得到的决策树等结果进行可视化。

randomForest：该包主要使用随机森林进行分类和回归分析。

tm：该包提供了文本挖掘中的综合处理功能，如数据载入、语料库处理、数据预处理、元数据管理、建立"文档-词项"矩阵等。

jiebaR：该包主要用于中文分词，以及建立"文档-词项"矩阵等。常用于中文文本挖掘的数据预处理阶段。

parallel：在R中提供并行计算的包。

lda：该包主要实现了LDA主题模型及其相关模型。

LDAvis：该包主要是将lda得到的主题模型可视化为可交互式图像。

text2vec：该包是快速且内存友好的文本分析工具，用于文本向量化，主题建模（LDA、LSA），单词嵌入等模型的应用。

e1071：该包是包含众多算法的机器学习包，如支持向量机、聚类分析、朴素贝叶斯等。

DMwR：该包包含众多使用R进行数据挖掘的数据和函数。

RSNNS：斯图加特神经网络模拟器（SNNS）是一个包含许多神经网络标准实现的库，RSNNS包装了SNNS功能，使其可以在R内部使用。

neuralnet：该包是常用的神经网络模型分析包，实现了多种网络结构的神经网络模型，使用时非常方便。

NeuralNetTools：该包主要是用于将neuralnet包得到的结果进行可视化等。

h2o：该包是可扩展的开源机器学习平台，提供许多有监督和无监督机器学习算法的并行实现，如广义线性模型、梯度提升机、随机森林、深度神经网络（深度学习）等。

keras：该包是非常简单易用的深度学习包，它能够以TensorFlow等深度学习框架作为后端运行，提供高级神经网络API。

1.5 本章小结

本章主要介绍了什么是R语言及其基本使用方法。R作为最流行的统计分析和机器学习语言之一，在各个方面都有其显著的优点。

在R语言的使用方面主要介绍了以下几个方面的内容。

（1）R中的数据类型有向量、矩阵、高维数组、数据框、列表。

（2）R中的控制函数以及如何编写函数。

（3）R强大的扩展包机制及常用的扩展包等。

习 题 1

1.1 生成一个包含100个元素的向量A，元素的取值范围为0～1000，并且该向量中前40个元素是偶数，第41～80位置的元素为5的倍数，最后20个元素是3的倍数。

1.2 针对习题1.1中生成的向量A，计算其中有多少个偶数和奇数。

1.3 将习题1.1中生成的向量A转化为一个10×10的矩阵B，并且计算矩阵中每列的和、每行的和。

1.4 将习题1.1中生成的向量A转化为三维数组C，即10×5×2的数组，并计算每层矩阵的和。

1.5 针对习题1.3中生成的矩阵B将其转化为数据框D，其中，数据框D的列名为a, b, c, …, j，并输出D的前两行进行查看。

1.6 通过for循环，输出习题1.1中生成的向量A中所有的偶数和奇数，并且计算出偶数的和、奇数的和。

Chapter

02

第2章

数据管理和探索

数据的探索性分析,在统计分析和机器学习中非常重要。人们常说,数据科学家的主要工作是:花费80%的时间准备数据,对数据进行预处理,而剩下20%的时间才是用于应用具体的统计分析或机器学习算法,尝试解决相应的问题。由此可见,数据的探索性分析非常重要。

面对一组已经读取的数据,首要的问题就是检查数据是否完整,数据中是否含有缺失值。如果数据是不完整的,就需要针对不同的缺失情况,使用正确的缺失值处理方法来填补缺失值。在得到完整的数据后,又需要对数据进行描述统计等操作,进一步全面认识数据的形式和内容。在探索数据时,一些数据的相似性度量方法将会得到应用,用于发现数据的潜在模式。

本章重点介绍R语言中的数据管理和探索的相关操作,介绍如何利用R中的向量化计算方法加速对数据的处理。

数据管理主要有数据的读取和保存,本章主要介绍R读取其他格式数据的一些好用的包，以及如何通过爬虫从网络上获取数据。

数据的探索性分析包含缺失值处理、数据描述统计、数据相似性度量等内容。在缺失值处理方面，会利用VIM、mice等包进行缺失值检查、可视化、填补等操作；在数据操作部分，将会介绍数据变换的一些有效方法和对应的包；在数据描述和相似性度量方面，会介绍如何使用R中相关的函数清晰地认识、比较、分析数据所蕴含的有用信息。

2.1 数据获取

扫一扫，看视频

数据的搜集方法有很多种，可以通过问卷调查、实验、公开信息及整理等方式获取。

在R中，有很多包可以读取已有非Rdata格式的数据。例如，可以使用readr包读取csv格式的数据，使用readxl包读取Excel保存的数据，使用png、imager包读取图片数据等。

上述从文件中读取数据是最常见的数据获取方法。随着互联网的发展，网络爬虫渐渐兴起，它已成为一种流行的高效数据获取方法。

本节主要介绍在R中如何应用相应的包读取现有的数据文件，如何使用网络爬虫工具从互联网上获取数据。

2.1.1 从文件中获取数据

1. 读取 csv 格式的数据

csv（comma-separated values，逗号分隔值）是最常见的一种数据保存方式，该格式数据一般使用逗号分隔符将数据隔开。

在R中，可以通过多种方式读取csv数据，如自带包中的read.csv()、read.table()函数和readr包中的read_csv()函数。

例2.1 读取整理后的鸢尾花数据集（Iris.csv，与R自带的iris数据集增加了一列ID），并将其再次保存为csv格式的文件。

解： 使用3种读取csv数据的方法，分别为是read.csv()、read.table()函数和read_csv()函数。程序如下：

```
csvdata <- read.csv("data/chap2/Iris.csv",header = TRUE)
csvdata <- read.table("data/chap2/Iris.csv",header = TRUE,sep = ",")
```

```
library(readr)
csvdata <- read_csv("data/chap2/Iris.csv",col_names = TRUE,
                    col_types = list("d","d","d","d","c"))
```

在read.csv()、read.table()函数中，参数header = TRUE表示数据文件中的第一行为变量的列名，因为read.table()的默认分隔符不是逗号，所以需要使用参数sep = ","。在使用readr包的read_csv()函数读取数据时，col_names = TRUE表示数据集的第一行为变量的列名，col_types = list("d","d","d","d","c")参数是指定每列数据的数据格式，d代表相应的列为dobule类型数据，c表示相应的列为字符串。

在文件正确读取后，如果想将数据保存为csv格式，只需要使用readr包中的write_csv()函数，或者R自带的write.csv()函数。程序如下。

```
write_csv(csvdata,"data/chap2/IrisWrite_1.csv")
write.csv(csvdata,"data/chap2/IrisWrite_2.csv",quote = FALSE)
```

程序中的quote = FALSE表示在写入数据时，不保存数据框的行名。

2. 读取 Excel 保存的数据

在数据分析过程中，很多时候需要读取Excel保存的数据集，这时可以使用readxl包中的read_excel()函数读取数据。

例2.2 读取Excel保存的鸢尾花数据集（Iris.xlsx）。

解：使用read_excel()函数读取Excel保存的数据。程序如下。

```
library(readxl)
exceldata <- read_excel("data/chap2/Iris.xlsx",sheet = "Iris")
```

上面的程序可正确读取指定位置的xlsx格式数据集，其中参数sheet = "Iris"表示读取Excel文件中名为Iris的表格。

3. 读取 SPSS 保存的数据集

SPSS是广泛应用的界面式统计分析软件，可以使用R中的多个包读取SPSS保存的数据，如foreign包中的read.spss()函数、haven包中的read_sav()函数等。

例2.3 读取SPSS保存的鸢尾花数据集（Iris_spss.sav）。

解：分别使用read.spss()函数和read_sav()函数读取SPSS保存的数据。程序如下。

```
library(foreign)
spssdata <- read.spss("data/chap2/Iris_spss.sav",to.data.frame = TRUE)
library(haven)
spssdata <- read_sav("data/chap2/Iris_spss.sav")
```

需要注意的是，在使用read.spss()函数时需要指定to.data.frame = TRUE来确保读入的数据为数据框的形式。

4. 读取 SAS 保存的数据

haven包中还包含读取SAS保存的数据集，可以通过函数read_sas()读取SAS保存的数据。

例2.4 读取SAS软件保存的鸢尾花数据集（iris.sas7bdat）。

解：使用read_sas()函数读取数据。程序如下。

```
library(haven)
sasdata <- read_sas("data/chap2/iris.sas7bdat")
```

5. 读取 Stata 保存的数据

Stata是常见的统计分析软件，haven包中还包含read_dta()函数和read_stata()函数，可用于读取stata格式的数据集。

例2.5 读取Stata软件保存的鸢尾花数据集（iris.dta）。

解：使用read_dta()和read_stata()函数完成数据读取。程序如下。

```
library(haven)
dtadata <- read_dta("data/chap2/iris.dta")
dtadata <- read_stata("data/chap2/iris.dta")
```

6. 读取 MATLAB 保存的数据文件

MATLAB又叫矩阵运算实验室，是功能强大的数学软件，它保存的数据格式为mat，使用R.matlab包中的readMat()函数可以读取该格式的数据。

例2.6 读取MATLAB软件保存的测试数据集（ABC.mat）。

解：使用readMat()函数完成数据读取。程序如下。

```
library(R.matlab)
matdata <- readMat("data/chap2/ABC.mat")
```

7. 读取图片

在机器学习的应用中，有很多是计算机视觉的相关应用，例如图像去噪、分割、分类等，这时就需要处理图像数据。

在R中，有很多读取图像数据的包，如png包可以读取png格式的数据、imager包可以读取多种格式的数据。

例2.7 读取两种格式的图像文件（Rlogo.png和image.jpg），并将它们进行可视化。

解：使用readPNG()函数读取图像文件Rlogo.png，并使用rasterImage()函数显示图像内容；使用load.image()函数读取图像文件image.jpg，并使用plot()函数显示其内容。程序如下。

```
library(png)
impng <- readPNG("data/chap2/Rlogo.png")
```

```
r <- nrow(impng) / ncol(impng) # image ratio
plot(c(0,1), c(0,r), type = "n", xlab = "", ylab = "", asp=1)
rasterImage(impng, 0, 0, 1, r)
```

上面的程序是通过png包中的readPNG()函数来读取png格式的图片，然后使用包中的rasterImage()函数显示图像，得到的图像如图2-1所示。

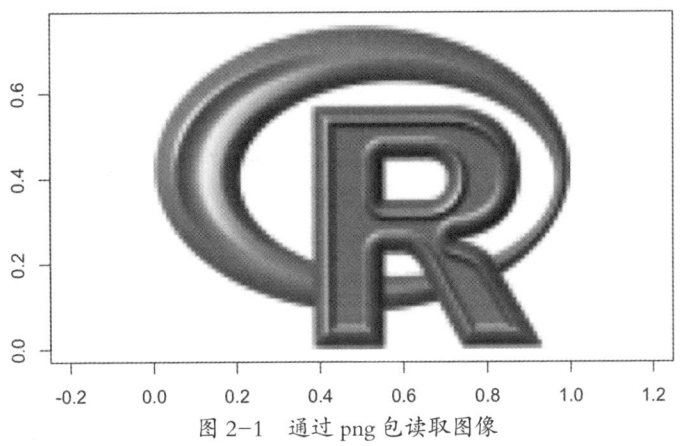

图2-1　通过 png 包读取图像

```
library(imager)
imjpg <- load.image("data/chap2/image.jpg")
imdim <- dim(imjpg)
plot(imjpg,xlim = c(1,width(imjpg)),ylim = c(1,height(imjpg)))
```

程序中使用imager包中的load.image()函数读取jpg格式图像，然后使用plot()函数将图像进行可视化，得到的结果如图2-2所示。

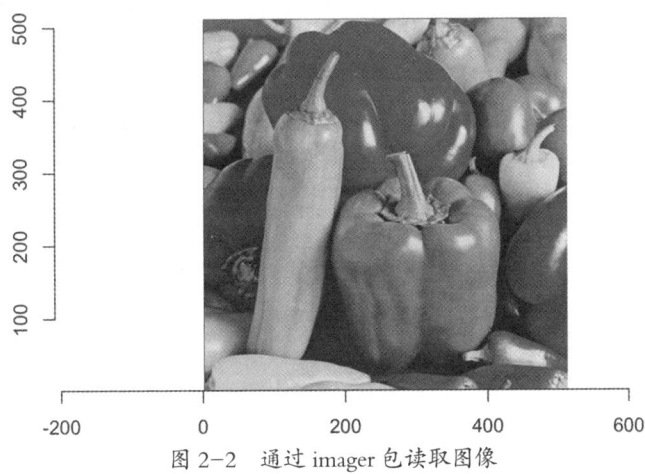

图2-2　通过 imager 包读取图像

2.1.2 网络爬虫

2.1.1小节讨论了如何将现有的不同类型的数据文件读入R环境中，但是在数据分析中，数据的获取还有很多新的方式。本小节将会介绍如何使用R中的相关包，从网页上获取数据，也就是网络爬虫技术。

网络爬虫（Web Crawle）就是从网页中获取需要的信息，它是搜索引擎中的一项重要的技术，针对数据分析与数据挖掘，爬虫是一种非常有效的数据收集手段。

在R中，常用的从网页中获取信息的包有RCurl、XML、rvest等，还可以利用RSelenium包或者Rwebdriver模拟浏览器爬取异步加载等较难爬取的网页信息。

1. 使用 XML 包从网页中获取链接和表格

在XML包中，getHTMLLinks()函数能够从网页中获取所有的链接信息，readHTMLTable()函数能够从网页中获取所有的数据表格。

例2.8 获取R语言官方网站（网址是https://www.r-project.org）中的可点击的链接数量。

解：使用getHTMLLinks()函数获取指定网址包含的链接数量。程序如下。

```
library(XML)
## 获取网页中的链接，检查R官网都有哪些链接
fileURL <- "https://www.r-project.org/"
fileURLnew <- sub("https", "http", fileURL)
links <- getHTMLLinks(fileURLnew)
length(links)
## [1] 36
```

在使用XML包时，需要将https格式的网页链接调整为http式，以防有不能正确链接的网页。从程序输出的结果可知，R官网首页一共有36个可以点击的网络链接。

例2.9 美国NBA技术统计网站（网址是http://www.stat-nba.com）包含NBA比赛和球队的信息数据，数据大都是通过表格的形式给出的，请针对公牛队球员的数据信息（网址为http://www.stat-nba.com/team/CHI.html），使用readHTMLTable()函数读取网页下的数据表格。

解：获取表格的程序如下。

```
## 从网页中读取数据表格，公牛队球员的数据
fileURL <- "http://www.stat-nba.com/team/CHI.html"
Tab <- readHTMLTable(fileURL)
length(Tab)
```

```
## [1] 2
NBAmember <- Tab[[1]]
head(NBAmember,3)
##          球员   出场 首发 时间  投篮  命中 出手  三分   命中 出手 罚球  命中
## 1    扎克-拉文   28   28  35.2 45.0%  8.4 18.7 32.6%  1.7  5.1 86.9% 5.2
## 2    贾巴里-帕克 29   17  30.1 45.5%  6.1 13.3 29.3%  0.9  3.2 72.4% 2.2
## 3    劳里-马尔卡宁 9    8  28.8 37.8%  5.3 14.1 36.1%  2.4  6.8 75.0% 1.3
##    出手 篮板 前场 后场 助攻 抢断 盖帽 失误 犯规 得分
## 1   6.0  4.9  0.4  4.5  4.8  1.1  0.5  4.0  2.2 23.8
## 2   3.0  6.9  1.2  5.7  2.3  0.6  0.3  2.6  2.3 15.2
## 3   1.8  7.1  1.4  5.7  0.9  1.3  0.9  1.6  2.2 14.4
```

从程序输出结果可以看出，从指定的网页中获取了两个数据表格，其中第一个数据表格是每个球员的比赛信息。

2. 从网页中获取文本

R中的rvest包从网页获取文本数据更加方便。

例2.10 豆瓣电影Top 250（网址是https://movie.douban.com/top250）的部分页面如图2-3所示，请从该页面获取电影名称（第一个中文名）、评分、描述三项信息。

图2-3 豆瓣电影Top 250的部分页面

解： 使用rvest包的相关函数从网页中爬取感兴趣的内容，并将内容保存为表格。

(1) 获取电影的名字

```
library(rvest);library(stringr)
## 读取网页,获取电影的名称
top250 <- read_html("https://movie.douban.com/top250")
title <-top250 %>% html_nodes("span.title") %>% html_text()
head(title)
## [1] "肖申克的救赎"     " / The Shawshank Redemption"
## [3] "霸王别姬"         "这个杀手不太冷"
## [5] " / Léon"          "阿甘正传"
```

在程序中首先使用read_html()函数读取网页的信息,并保存为top250,接着使用html_nodes()函数从top250中定位 span.title 指定的节点,最后使用html_text()函数获取相应位置的文本。

从输出结果汇总可以发现,信息的提取并不完全是用户希望的那样,还提取了电影的第二个名字(即以"/"开头的结果),这是因为在该网页中第二个名字的定位也是span.title。

针对上述情况,可以根据"/"符号进行数据筛选,得到正确的信息。程序如下。

```
## 获取第一个名字
title <- title[is.na(str_match(title,"/"))]
head(title)
## [1] "肖申克的救赎"   "霸王别姬"    "这个杀手不太冷"   "阿甘正传"
## [5] "美丽人生"       "泰坦尼克号"
```

程序中使用str_match()函数来匹配带有"/"的字符串,并进行了剔除,最终程序输出结果只保留想要的内容。

(2) 获取网页上的评分和描述信息并保存为表格

可以使用同样的方式来获取网页上的评分和描述信息。程序如下。

```
## 获取电影的评分
score <-top250 %>% html_nodes("span.rating_num") %>% html_text()
filmdf <- data.frame(title = title,score = as.numeric(score))
## 获取电影的主题
term <-top250 %>% html_nodes("span.inq") %>% html_text()
filmdf$term <- term
head(filmdf)
##         title       score       term
## 1    肖申克的救赎    9.6      希望让人自由。
## 2    霸王别姬       9.6      风华绝代。
```

```
## 3      这个杀手不太冷    9.4       怪蜀黍和小萝莉不得不说的故事。
## 4      阿甘正传          9.4       一部美国近代史。
## 5      美丽人生          9.5       最美的谎言。
## 6      泰坦尼克号        9.3       失去的才是永恒的。
```

上面的程序已经将所要提取的内容保存成数据框，这样方便后面的数据分析、数据挖掘等操作。

通过网络爬虫获取数据是数据分析与挖掘的重要准备工作，本小节所讲述的网络爬虫只是其很小的一部分内容，更多关于使用R进行网络爬虫的学习，可以参考（德）西蒙·蒙策尔特等人编写的《基于R语言的自动数据收集》一书。

2.2 缺失值处理

扫一扫，看视频

数据缺失是指在数据采集、传输和处理等过程中，由于某些原因导致数据不完整的情况。在进行数据分析时，数据存在缺失值是很常见的。针对带有缺失值的数据集，如何使用合适的方法处理缺失值是数据预处理的关键问题之一。

缺失值的处理方法有很多。例如，剔除缺失值、简单的平均值填充、缺失值多变量填补等方法。接下来介绍使用具体的数据集，结合R包中的相关函数来处理数据中的缺失值。

2.2.1 缺失值的判别

在R中，检查数据中是否存在缺失值最简单的方式是使用summary()函数，该函数会输出数据中每个变量的概况，同时也会输出含有缺失值的个数。

在确定缺失值的数量后，需要做的就是查看缺失值的位置都在哪里。在R的VIM包中，提供了使用可视化方法（如aggr()函数）查看数据缺失值的情况。

例2.11 读取空气质量数据集（myairquality.csv），检查每个变量的缺失情况，然后将缺失值的分布进行可视化显示。

解：使用summary()函数查看数据的每个变量是否有缺失值，然后使用aggr()函数可视化数据中缺失值的详细情况。

```
myair <- read.csv("data/chap2/myairquality.csv")
summary(myair)
##      Ozone             Solar.R           Wind             Temp
```

```
## Min.   : 1.00     Min.   :  7.0     Min.   : 1.70     Min.   :56.00
## 1st Qu.: 18.00    1st Qu.:115.8     1st Qu.: 7.40     1st Qu.:72.25
## Median : 31.50    Median :205.0     Median : 9.70     Median :79.00
## Mean   : 42.13    Mean   :185.9     Mean   :10.01     Mean   :77.87
## 3rd Qu.: 63.25    3rd Qu.:258.8     3rd Qu.:11.50     3rd Qu.:84.00
## Max.   :168.00    Max.   :334.0     Max.   :20.70     Max.   :97.00
## NA's   :37        NA's   :7         NA's   :4         NA's   :3
##     Month           Day            Type
## Min.   :5.000   Min.   : 1.00    A   :39
## 1st Qu.:6.000   1st Qu.: 8.00    B   :51
## Median :7.000   Median :16.00    C   :58
## Mean   :6.993   Mean   :15.71    NA's: 5
## 3rd Qu.:8.000   3rd Qu.:23.00
## Max.   :9.000   Max.   :31.00
## NA's   :3       NA's   :6
```

从程序输出结果可以发现，每个变量均存在缺失值，且缺失值的个数不相同。针对上述情况，使用aggr()函数可视化查看数据缺失值分布。程序如下。

```
library(VIM)
aggr(myair)
```

上面程序输出的结果如图2-4所示。图2-4（a）为每个特征（变量）中缺失值所占的比例，可以发现Ozone变量的缺失值百分比最高，超过20%；图2-4（b）为缺失值在整个数据表中的分布情况，红色方块为缺失值所在的位置。

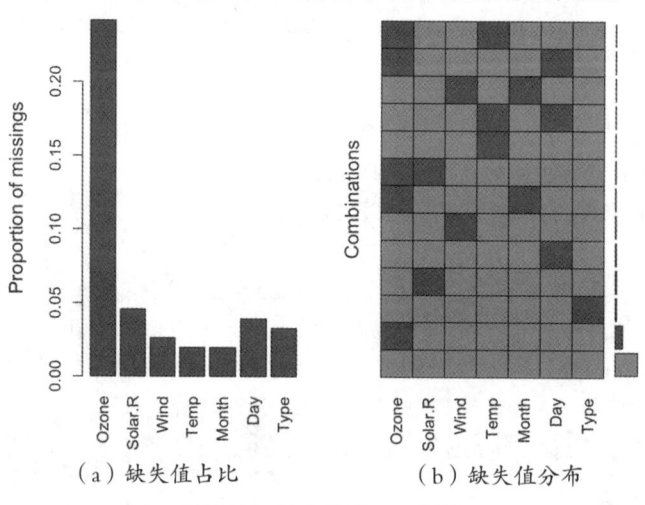

（a）缺失值占比　　　　（b）缺失值分布

图2-4　缺失值情况可视化

在VIM包中，还有其他的方式来分析缺失值，如complete.cases()函数可以输出每个样本是否含有缺失值，这样就可以通过[]的方式将含有缺失值的样本全部提取出来。包中的matrixplot()函数可以以热力图的形式将缺失值的情况进行可视化。下面使用这种方式来分析该数据中的缺失值情况，程序如下。

```
mynadata <- myair[!complete.cases(myair),]
dim(mynadata)
## [1] 57  7
head(mynadata)
##    Ozone Solar.R Wind Temp Month Day Type
## 2     36     118  8.0   72     5   2 <NA>
## 5     NA      NA 14.3   56     5   5    C
## 6     28      NA 14.9   66     5   6    B
## 8     19      99 13.8   NA     5   8    A
## 10    NA     194  8.6   69     5  10    C
## 11     7      NA  6.9   74     5  11    B
matrixplot(mynadata)
```

上面的程序中首先提取出57个带有缺失值的样本，然后检测它的前6行，最后使用matrixplot()函数查看这些缺失数据的分布情况，得到的图像如图2-5所示。其中，红色区域代表数据缺失值所在的位置。

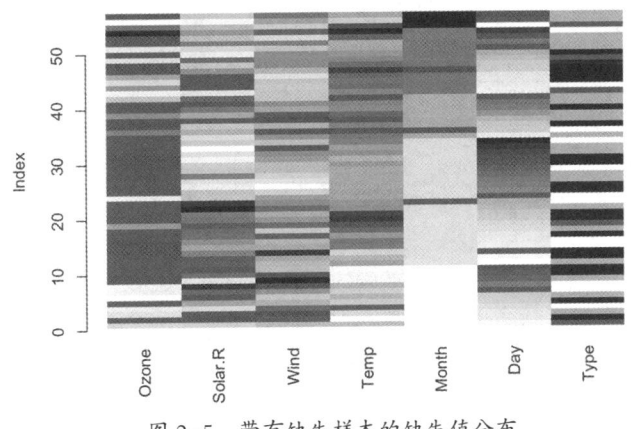

图 2-5 带有缺失样本的缺失值分布

2.2.2 缺失值的简单处理

处理缺失值最简单的方法，就是剔除带有缺失值的样本。但是如果缺失值较多,则会剔除大量样本,从而丢失较多有用的信息;也可以使用特征的平均值、中位数、众数等方式填补缺失值。

在处理缺失值时,针对不同的样本容量、变量特征采用相应的方法进行填补,这样才会使数据分析的结果较为合理。

例2.12 对例2.11中的含有缺失值的空气质量数据集(myairquality.csv),使用多种缺失值填补方法对变量的缺失值进行填补。

解: 最简单的方法是将带有缺失值的样本直接删除,可使用na.omit()函数只保留不含缺失值的样本。程序如下。

```
newdata <- na.omit(myair)
dim(newdata)
## [1] 96  7
```

可以发现,数据中96个不含有缺失值的样本已经保存为新的数据框newdata。这种方法对缺失值样本占总体数据比例较少的情况适用。

上述直接删除缺失值的方法,通常会丢失大量可以利用的信息。因此,针对不同的变量,可以使用特征的平均值、中位数、众数等方式填补缺失值。

例如,使用变量的平均值填补变量Ozone的缺失值,使用变量的中位数填补Solar.R的缺失值,程序如下。

```
myair2 <- myair
## 使用平均值填补缺失值
myair2$Ozone[is.na(myair$Ozone)] <- mean(myair$Ozone,na.rm = TRUE)
## 输出哪些位置有缺失值
which(is.na(myair$Solar.R))
## [1]  5  6 11 27 96 97 98
## 使用中位数填补缺失值
myair2$Solar.R[which(is.na(myair$Solar.R))] <- median(myair2$Solar.R, na.rm = TRUE)
```

上面的程序首先将带有缺失值的数据保存为新的数据框myair2,is.na()函数判断变量Ozone中的元素是否为缺失值,mean()函数通过指定参数na.rm = TRUE来计算剔除缺失值后的向量平均值,使用median()函数计算出变量剔除缺失值后的中位数。

说明: 在zoo包中包含一个na.locf()函数,该函数可以使用缺失值的前面或者后面的数值来填补缺失值。

针对数据中的Wind和Temp两个变量,它们具有缺失值与其相邻位置取值近似相等的特点,所以可以使用它们前面或后面的数据来填补缺失值位置的数据。程序如下。

```
library(zoo)
myair2$Wind <- na.locf(myair$Wind)
myair2$Temp <- na.locf(myair$Temp,fromLast = TRUE)
```

上面的程序中使用前面的数据填补Wind变量的缺失值，使用后面的数据填补Temp变量的缺失值，在函数na.locf()中参数fromLast = TRUE表示填补时使用缺失值后面的数据填补。

在原始数据中，时间数据Month和Day两个变量也有缺失值，针对这些值的具体情况和缺失值的位置，可以使用下面的方式来进行简单的缺失值填补。程序如下。

```
naindex <- which(is.na(myair$Month))
newnamonth <- round((myair$Month[naindex-1] + myair$Month[naindex+1]) / 2)
myair2$Month[naindex] <- newnamonth
naindex <- which(is.na(myair$Day))
newnaday <- myair$Day[naindex-1] + 1
myair2$Day[naindex] <- newnaday
```

上面的程序中，填补Month变量的方法是：(缺失值前面一个数据+后面一个数据)÷2，然后取整；而填补Day变量的方法为：缺失值前面一个数据+1。

上述填补缺失值的方法针对的都是数值变量，如果变量为因子变量或字符串变量，则可以使用众数等方法填补缺失数据。

下面使用众数来填补Type变量（字符串型）的缺失值。程序如下。

```
table(myair2$Type)
##  A  B  C
## 39 51 58
library(Hmisc)
myair2$Type <- impute(myair$Type,"C")
```

上面的程序首先使用table()函数计算出每个字符串出现的次数，可以发现C的出现次数最高，然后使用Hmisc包中的impute()函数来填补Type变量的缺失值，并且指定使用C来填补。

前面针对不同的变量，分别使用了指定的方式对缺失值进行了简单填补，接下来查看缺失值填补后的数据情况。程序如下。

```
aggr(myair2)
```

得到的图像如图2-6所示。

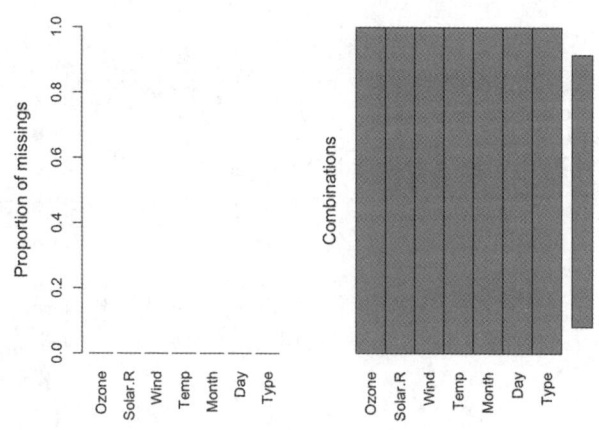

图 2-6 填补后的数据的缺失值情况

从图2-6中可以发现，填补后的数据已经不存在缺失值了。

2.2.3 处理缺失值的复杂方法

2.2.2小节介绍了使用简单方法对每一个变量进行缺失值处理，这些方法没有考虑数据变量之间的关系。在实际中，数据表中的很多变量之间并不是完全独立的，因此使用简单的缺失值填补方法有时候会使数据分析的结果不可靠。

在缺失值的处理方法中，还有很多种考虑数据变量之间关系的填补方法。比如，利用K-近邻的方法来填补缺失值，使用随机森林的方法来填补缺失值，使用缺失值的多重插补等方法填补缺失值。

1. K-近邻填补缺失值

该方法的基本思想为：对于每个需要插值的观测，先基于欧氏距离找到 k 个与它最近的观测，再将这 k 个近邻的数据利用距离加权平均得到插补值，最后用该值替代缺失值。

K-近邻填补缺失值方法的优势在于，只需要调用一次函数就能把所有缺失值插补好，而且在计算近邻时会考虑多个特征。

例2.13 对例2.11中的含有缺失值的空气质量数据集（myairquality.csv），只使用其中前4个数值变量（"Ozone","Solar.R","Wind","Temp"），利用K-近邻填补缺失值的方法进行缺失值填补。

解： 使用DMwR包中的knnImputation()函数实现K-近邻方法填补缺失值。程序如下。

```
myair <- myair[,c(1:4)]
## 使用KNN方法来填补缺失值
library(DMwR)
myair2 <- knnImputation(myair,k=5,scale = TRUE,meth = "weighAvg")
```

在上面的程序中，首先提取含有前4个变量的缺失数据，然后使用DMwR包中的knnImputation()函数进行缺失值填补，参数$k=5$表示使用5个近邻来填补缺失值，参数scale = TRUE表示在寻找近邻前先对数据进行标准化，参数meth = "weighAvg"指定在填补缺失值时使用的方法，这里表示使用近邻值的加权平均的方法来填补。

2. 随机森林填补缺失值

在missForest包中包含一个missForest()函数，该函数可以实现利用随机森林的方法来填补缺失值。

例2.14 对例2.11中的含有缺失值的空气质量数据集（myairquality.csv），使用随机森林的方法进行缺失值填补。

解：使用missForest()函数来填补缺失值。程序如下。

```
library(missForest)
myair2 <- missForest(myair,ntree = 50)
## 填补缺失值后的数据
myair2$ximp
##         Ozone   Solar.R   Wind    Temp
## 1       41.00000  190.00   7.400  67.00000
## 2       36.00000  118.00   8.000  72.00000
## 3       12.00000  149.00  12.600  74.00000
## ...
myair2$OOBerror
##      NRMSE
## 0.590052
```

使用missForest(myair,ntree = 50)来填补缺失数据集myair，其中参数ntree = 50表示随机森林算法中使用50棵树，填补后的缺失值数据会包含在列表myair2中的 ximp 中，可以通过myair2$ximp的方式查看。在结果中同时还包含一个OOBerror值，该值为袋外填补误差估计。

需要注意的是，在使用随机森林的方法时，如果对大数据集进行缺失值填补，可能会耗时较多。

3. 缺失值的多重插补

多重插补是一种基于重复模拟的处理缺失值的方法。它从一个包含缺失值的数据集中生成一组完整的数据集，然后使用蒙特卡洛方法来填补缺失的数据。

例2.15 对例2.11中的含有缺失值的空气质量数据集（myairquality.csv），使用多重插补方法进行缺失值填补。

解：使用mice包中的mice()函数进行缺失值的多重插补。程序如下。

```
library(mice)
impdta <- mice(myair,m = 5,method=c("norm.predict","pmm","rf","norm"))
summary(impdta)
## Class: mids
## Number of multiple imputations:  5
## Imputation methods:
##         Ozone           Solar.R             Wind              Temp
##  "norm.predict"          "pmm"              "rf"             "norm"
## PredictorMatrix:
##         Ozone Solar.R Wind Temp
## Ozone       0       1    1    1
## Solar.R     1       0    1    1
## Wind        1       1    0    1
## Temp        1       1    1    0
```

因为数据集myair中包含4个带有缺失值的变量，所以针对每个变量分别使用不同的方法来进行多重插补。在mice()函数中，参数method=c("norm.predict", "pmm", "rf", "norm")为使用的各种方法，其中，norm.predict表示线性回归预测方法，pmm表示平均值插补方法，rf表示随机森林方法，norm表示高斯线性回归方法。

2.3 数据操作

扫一扫，看视频

在统计分析和数据可视化过程中，为便于操作，经常需要进行长型数据和宽型数据之间的转化。

长型数据又称为堆叠数据，只要数据中的一列包含分类变量，都可以称为长型数据。如鸢尾花数据集Iris中存在一列分类变量Species，可认为该数据为长型数据。

宽型数据又称为非堆叠数据，它是指数据集对所有的变量进行了明确的细分，各变量的值不存在重复循环的情况也无法归类。如鸢尾花数据集Iris中花的4个尺寸特征变量，可以称为宽型数据。

在R中，有多个包可以实现长宽型数据的转换。

2.3.1 长宽型数据转换

在使用数据框时，将长型数据和宽型数据相互转换是非常有用的操作，尤其是在数据的可视化分析方面。

例2.16 针对鸢尾花数据集（Iris.csv），请使用tidy包和reshape2包中的函数进行长宽型数据的转换。

解：（1）首先读取鸢尾花数据，查看宽型数据的特点。程序如下。

```
library(tidyr)
Iris <- read.csv("data/chap2/Iris.csv",header = TRUE)
head(Iris,2)
##   Id SepalLengthCm SepalWidthCm PetalLengthCm PetalWidthCm     Species
## 1  1           5.1          3.5           1.4          0.2 Iris-setosa
## 2  2           4.9          3.0           1.4          0.2 Iris-setosa
```

该数据集主要有150个样本、4个特征，它的前4个特征变量（忽略Species）是一种宽型数据的格式。

（2）使用tidy包中的gather( )函数将宽型数据转化为长型数据。

```
Irislong = gather(Iris,key="varname",value="value",SepalLengthCm:PetalWidthCm)
head(Irislong,2)
##   Id     Species       varname value
## 1  1 Iris-setosa SepalLengthCm   5.1
## 2  2 Iris-setosa SepalLengthCm   4.9
str(Irislong)
## 'data.frame':    600 obs. of  4 variables:
##  $ Id     : int  1 2 3 4 5 6 7 8 9 10 ...
##  $ Species: Factor w/ 3 levels "Iris-setosa",..: 1 1 1 1 1 1 1 1 1 1 ...
##  $ varname: chr  "SepalLengthCm" "SepalLengthCm" "SepalLengthCm"
    "SepalLengthCm" ...
##  $ value  : num  5.1 4.9 4.7 4.6 5.4 4.6 5 4.4 4.9 ...
```

上面的程序中gather()函数对宽型数据的操作为：将4个变量名单独作为一个新的变量（变量varname），每个样本对应特征下的取值作为另一个新的变量（变量value）与其对应。在gather()函数中第一个参数为数据集，key="varname",value="value"分别用于指定新数据集中索引和取值这两个变量的名称，SepalLengthCm:PetalWidthCm表示要转化的变量为从SepalLengthCm开始到PetalWidthCm结束的所有变量。最后将宽型数据转化为长型数据，对比长宽型数据之间的差异可以发现，长型数据有4个变量、600个样本。

（3）使用tidy包将长型数据转化为宽型数据。

在tidy包中，还提供了一个将长型数据转化为宽型数据的spread()函数，该函数完成的工作是gather()函数的逆变换，接下来使用该函数将上面的数据集Irislong还原，转化为宽型数据。

```
IrisWidth <- spread(Irislong,key="varname",value="value")
head(IrisWidth,2)
##   Id    Species PetalLengthCm PetalWidthCm SepalLengthCm SepalWidthCm
## 1  1 Iris-setosa           1.4          0.2           5.1          3.5
## 2  2 Iris-setosa           1.4          0.2           4.9          3.0
```

上面的程序中使用spread()函数作用于Irislong数据集，参数key="varname"表示Irislong数据集中varname变量对应的数据为宽型数据的列名，value="value"表示Irislong数据集中value变量对于相应列名下的取值。从宽型数据集IrisWidth输出的前两行中可以发现，该数据集和原始数据集Iris完全一致。

（4）使用reshape2包进行长宽型数据转换。

在reshape2包中，也提供了长宽型数据间相互转换的函数。接下来使用melt()函数将宽型数据转化为长型数据，使用dcast()函数将长型数据转化为宽型数据。

```
library(reshape2)
Irislong = melt(Iris,id = c("Id","Species"),variable.name = "varname",
                value.name="value")
head(Irislong,2)
##   Id    Species     varname value
## 1  1 Iris-setosa SepalLengthCm   5.1
## 2  2 Iris-setosa SepalLengthCm   4.9
IrisWidth <- dcast(Irislong,Id+Species~varname)
head(IrisWidth,2)
##   Id    Species SepalLengthCm SepalWidthCm PetalLengthCm PetalWidthCm
## 1  1 Iris-setosa           5.1          3.5           1.4          0.2
## 2  2 Iris-setosa           4.9          3.0           1.4          0.2
```

上面的程序中，melt()函数中的参数id = c("Id","Species")表示原始数据表中的Id和Species两个变量保持不变，其他的变量名称都会成为新的变量varname下的取值，其他的变量取值会作为变量value的取值；参数variable.name = "varname"为指定长型数据中变量名列的列名；参数value.name="value"为指定长型数据中取值列的列名。

在使用dcast()函数将长型数据转化为宽型数据时，是对数据集Irislong使用

Id+Species～varname的方式进行转换，～前的变量名使用"+"连接表示转换时需要忽略的变量，～后的varname表示该列的取值为新数据的列名。

2.3.2 数据分类汇总

数据分类汇总就是根据需要将数据集按照一定的规则重新编排、删减变量，或者是将存储在不同地方的数据合并在一起等。比如使用ggplot2包时，有时需要将不同的数据汇总在一张图上。

在R中，可以使用dplyr包中的group_by()及其相关的操作进行数据的分类汇总。

例2.17 计算鸢尾花数据集（Iris.csv）中每种花SepalLengthCm特征的平均值、SepalWidthCm特征的中位数、PetalLengthCm特征的标准差、PetalWidthCm特征的四分位距（IQR）和样本数量，然后根据PetalLengthCm特征的标准差进行排序，且只保留样本数量为50的数据，最后添加一个新的变量，其取值为PetalLengthCm特征的标准差的平方。

解： 根据花的类型对数据进行分类汇总，然后依次结合group_by()的相关操作进行计算。程序如下。

```
Irisgroup <- Iris%>%
  ## 根据一个或多个变量分组
  group_by(Species)%>%
  ## 将多个值减少到单个值
  summarise(meanSL = mean(SepalLengthCm),
            medianSW = median(SepalWidthCm),
            sdPL = sd(PetalLengthCm),
            IQRPW = IQR(PetalWidthCm),
            num = n()) %>%
  ## 按变量排列行
  arrange(desc(sdPL))%>%
  ## 返回具有匹配条件的行
  filter(num==50)%>%
  ## 添加新的变量
  mutate(varPL = sdPL^2)
Irisgroup
## # A tibble: 3 x 7
##   Species         meanSL medianSW  sdPL IQRPW   num  varPL
##   <fct>            <dbl>    <dbl> <dbl> <dbl> <int>  <dbl>
## 1 Iris-virginica    6.59        3 0.552 0.500    50  0.305
```

```
## 2 Iris-versicolor   5.94    2.8 0.470 0.3    50 0.221
## 3 Iris-setosa       5.01    3.4 0.174 0.100  50 0.0301
```

上面的程序对鸢尾花数据集进行了分类汇总。运算符%>%称为管道操作，它是将左边的值管道输出为右边调用的函数的第一个参数。group_by()函数是根据一个或者多个变量对数据进行分组。summarise()函数是根据汇总结果在变量上作用新的函数。例如，使用mean()函数计算分组后的平均值，使用median()函数计算分组后的中位数；使用sd()函数计算分组后的标准差，使用IQR()函数计算四分位距，使用n()函数计算该组有多少样本等。arrange()函数是对数据的行根据指定的变量进行排序，desc(sdPL)表示根据sdPL的取值进行降序排列。filter()函数是返回满足匹配条件的行。mutate()函数是对数据表中增加新的变量。

对数据集进行分组汇总在数据预处理、数据探索及数据可视化过程中经常使用，熟练掌握上述操作，往往能事半功倍。

2.3.3 数据属性转换

数据属性变换是数据预处理的一种重要方法。比如在数据分析之前进行数据标准化操作，目的是将数据进行无量纲化处理。无量纲化处理后，可以使表征不同属性（单位不同）的各变量之间具有可比性。如在现实数据中1m与1kg是无法比较的，如果进行无量纲化处理后，它们即可以比较。

下面介绍几种常用的无量纲化数据预处理方式。

（1）数据中心化：是指变量减去它的平均值，即

$$x' = x - \bar{x} \tag{2-1}$$

（2）数据标准化：是指变量减去它的平均值然后除以它的标准差，即

$$x' = (x - \bar{x})/\sigma \tag{2-2}$$

（3）min-max标准化：又称数据0-1标准化，是指变量减去它的最小值然后除以它的最大值和最小值的差，该方法是对原始数据进行线性变换，将其映射到[0,1]之间，即

$$x' = (x - x_{min})/(x_{max} - x_{min}) \tag{2-3}$$

也称其为0-1标准化。

例2.18 对鸢尾花数据集（Iris.csv）中的4个数值特征（SepalLengthCm、SepalWidthCm、PetalLengthCm、PetalWidthCm）进行数据中心化、数据标准化和数据0-1标准化处理。

解：（1）数据中心化

在R中，可以使用scale()函数来完成数据中心化操作。

```
Iris <- read.csv("data/chap2/Iris.csv",header = TRUE)
Iris <- Iris[2:5]
head(Iris,2)
##    SepalLengthCm SepalWidthCm PetalLengthCm PetalWidthCm
## 1            5.1          3.5           1.4          0.2
## 2            4.9          3.0           1.4          0.2
Irisc <- scale(Iris,center = TRUE, scale = FALSE)
apply(Irisc,2,range)
##      SepalLengthCm SepalWidthCm PetalLengthCm PetalWidthCm
## [1,]     -1.543333       -1.054     -2.758667    -1.098667
## [2,]      2.056667        1.346      3.141333     1.301333
```

上面的程序在使用scale()函数对Iris数据集的4个变量进行中心化操作时，需指定参数为center = TRUE, scale = FALSE。

（2）数据标准化

数据标准化操作只需要在使用scale()函数时，同时将center和scale两个参数的取值设置为True即可。

```
Iriss <- scale(Iris,center = TRUE, scale = TRUE)
apply(Iriss,2,range)
##      SepalLengthCm SepalWidthCm PetalLengthCm PetalWidthCm
## [1,]     -1.863780    -2.430844     -1.563497    -1.439627
## [2,]      2.483699     3.104284      1.780377     1.705189
```

（3）数据0-1标准化

数据0-1标准化（或min-max标准化）可以通过相应的计算公式完成。

```
minmax <- function(x){
  x <- (x-min(x))/(max(x)-min(x))
}
Iris01 <- apply(Iris,2,minmax)
apply(Iris01,2,range)
##      SepalLengthCm SepalWidthCm PetalLengthCm PetalWidthCm
## [1,]             0            0             0            0
## [2,]             1            1             1            1
```

上面的程序中首先定义了一个minmax()函数，用于完成数据min-max标准化操作，然后使用apply()函数将minmax()函数作用于数据集的每一列，从计算结果可以发现，数据集Iris01的取值范围为[0,1]。

在进行数据挖掘和机器学习时,通常会用到训练集和测试集,且在预处理时,它们均要进行相应的数据变换。

caret包中提供了一个preProcess()函数,该函数可以在训练集上进行相应的数据变换,然后使用predict()函数作用于测试集,使用非常方便。

例2.19 针对鸢尾花数据集(Iris.csv),使用caret包对数据中的4个数值特征(同例2.18)进行数据中心化、数据标准化和数据0-1标准化处理。

解:使用caret包中的preProcess()函数进行数据变换。

(1)数据中心化处理

```
center <- preProcess(Iris,method = "center")
Irisc <- predict(center,Iris)
head(Irisc,2)
##   SepalLengthCm SepalWidthCm PetalLengthCm PetalWidthCm
## 1    -0.7433333        0.446     -2.358667   -0.9986667
## 2    -0.9433333       -0.054     -2.358667   -0.9986667
apply(Irisc,2,range)
##       SepalLengthCm SepalWidthCm PetalLengthCm PetalWidthCm
## [1,]     -1.543333       -1.054     -2.758667    -1.098667
## [2,]      2.056667        1.346      3.141333     1.301333
```

上面的程序是对数据集进行中心化处理。首先使用preProcess()函数指定参数method = "center"得到center对象,接着调用predict(center,Iris)函数将训练得到的中心化方法center作用到数据集Iris上,得到新的数据集。从程序的输出结果中可以发现,使用preProcess()函数和使用scale()函数得到的结果是相同的。

(2)数据标准化处理

```
scal <- preProcess(Iris,method = c("center","scale"))
Iriss <- predict(scal,Iris)
head(Iriss,2)
##   SepalLengthCm SepalWidthCm PetalLengthCm PetalWidthCm
## 1    -0.8976739    1.0286113    -1.336794   -1.308593
## 2    -1.1392005   -0.1245404    -1.336794   -1.308593
apply(Iriss,2,range)
##       SepalLengthCm SepalWidthCm PetalLengthCm PetalWidthCm
## [1,]     -1.863780    -2.430844    -1.563497   -1.439627
## [2,]      2.483699     3.104284     1.780377    1.705189
```

上面的程序是对数据集进行标准化处理。需要注意的是,这时需要指定preProcess()函数参数method = c("center","scale")。在得到scal对象后,调用predict(scal,Iris)函数可以将训练得到的标准化方法scal作用到数据集Iris上,得到新的数据集。从程序的输出结果中可以发现,使用preProcess()函数和使用scale()函数得到的结果相同。

(3)数据0-1标准化处理

利用preProcess()函数进行数据的0-1标准化非常简单,无须自定义新的函数,只需要指定参数method = "range"和rangeBounds = c(0,1),即可将数据集的每个变量转化到[0, 1]之间。

```
minmax01 <- preProcess(Iris,method = "range",rangeBounds = c(0,1))
Iris01 <- predict(minmax01,Iris)
apply(Iris01,2,range)
##      SepalLengthCm SepalWidthCm PetalLengthCm PetalWidthCm
## [1,]             0            0             0            0
## [2,]             1            1             1            1
```

从程序的输出结果中可以发现,使用preProcess()函数和使用min-max标准化公式得到的结果是相同的。

在preProcess()函数中还包含其他的数据变换方式,均可以通过指定method参数来进行相应的变换。例如,method还可以取值为"BoxCox"(Box-Cox变换)、"knnImpute"(使用K-近邻填补数据)、"pca"(计算数据的主成分)、"ica"(计算数据的独立主成分)等。

2.3.4 数据切分

在机器学习建模之前,通常需要将数据集切分为训练集和测试集,训练集用于建立模型,测试集用于验证模型的泛化能力,在不同的场景下需要不同的切分方法。

在R中,常用的数据切分方法有利用随机数切分和使用carte包切分等。

1. 通过随机数进行切分

例2.20 针对鸢尾花数据集(Iris.csv),请采用随机数将其切分为训练集和测试集,其中训练集包含70%的样本,测试集包含剩余的样本。

解:求解程序如下。

```
num <- round(nrow(Iris)*0.7)
index <- sample(nrow(Iris),size = num)
Iris_train <- Iris[index,]
Iris_test <- Iris[-index,]
dim(Iris_train)
## [1] 105   5
```

```
dim(Iris_test)
## [1] 45  5
```

上面的程序是一种最简单的利用随机数切分数据集的方式。首先通过sample()函数生成1到样本数量之间的num个整型随机数作为训练数据集的索引index，然后通过Iris[index,]提取训练数据集，使用Iris[-index,]删除随机数所在行得到测试数据集。该方法获得训练数据集和测试数据集不会出现含有交叉数据的情况。从输出结果可以发现，训练集有105个样本，测试集有45个样本。

2. 使用 carte 包按比例切分数据

例2.21 对鸢尾花数据集（Iris.csv），采用carte包将其切分为训练集和测试集，其中训练集包含70%的样本，测试集包含剩余的样本。

解： 在carte包中包含一个createDataPartition()函数，可用于数据集的切分。

```
index = createDataPartition(Iris$Species,p=0.7)
Iris_train <- Iris[index$Resample1,]
Iris_test <- Iris[-index$Resample1,]
dim(Iris_train)
## [1] 105  5
dim(Iris_test)
## [1] 45  5
```

上面的程序通过createDataPartition()函数将数据的70%切分为训练集，30%作为测试集。在使用createDataPartition()函数时，第一个参数为数据的因变量Y（或者数据的类别标签），第二个参数p=0.7表示数据以7:3的比例进行切分。在输出的结果index列表中包含一个Resample1向量，该向量即为训练数据集的索引。

3. K折交叉验证进行随机切分

K折交叉验证（K-fold cross-validation）切分方法是首先将数据集随机地切分为k份，每次使用其中的1份作为测试集，剩余的k-1份作为训练集，然后将模型训练k次，使用k次的测试精度的平均值，作为模型在该数据集上的精度。

在carte包中，createFolds()函数可以实现K折交叉验证进行数据的随机切分。

例2.22 利用carte包中的createFolds()函数，将鸢尾花数据集（Iris.csv）进行3折交叉验证的随机切分，将切分结果作为训练集和测试集。

解： 切分程序如下。

```
index2 <- createFolds(Iris$Species,k = 3)
index2
## $Fold1
## [1]   4   5   7   8  10  13  15  22  26  27  30  33  42  44  49  50  52
## [18]  53  54  60  63  66  68  70  73  78  79  82  84  85  86  89 101 105
```

```
## [35] 106 108 110 121 125 128 131 132 136 138 139 141 142 145 148
## $Fold2
## [1]   3   9  14  20  23  24  28  29  32  34  35  36  38  39  40  43  45
## [18] 51  56  57  62  64  65  67  74  75  77  80  83  90  91  95  96  97
## [35] 104 112 115 117 118 119 122 124 127 134 135 137 140 144 147 149
## $Fold3
## [1]   1   2   6  11  12  16  17  18  19  21  25  31  37  41  46  47  48
## [18] 55  58  59  61  69  71  72  76  81  87  88  92  93  94  98  99 100
## [35] 102 103 107 109 111 113 114 116 120 123 126 129 130 133 143 146 150
```

上面的程序是对Iris数据进行3折交叉验证随机切分。createFolds()函数中参数k = 3表示将数据集切分为3份，得到的结果是将数据集均分为3份的索引。

在R中，还有其他切分数据的方法，但使用较多的仍然是通过createDataPartition()函数来完成数据的按比例切分。

2.4 数据描述

数据描述是通过分析数据的统计特征，加深对数据的理解，进而使用合适的统计分析或机器学习方法挖掘数据潜在的信息。

数据描述主要有数据的集中位置、数据的离散程度、数据的偏度和峰度等。

2.4.1 数据的集中位置

描述数据集中位置的统计量主要有平均值和中位数。

如果数据服从正态分布，则样本平均值就是数据的集中位置，它在一定程度上度量数据的平均水平。然而，数据的平均值易受数据分布的影响。例如，很多人会觉得自己的收入被"平均"了，这是因为一些非常高的收入者将平均值提高了，此时收入并不是正态分布的。

如果数据不服从正态分布，那么使用中位数来衡量数据的集中位置就会比使用平均值更有效。

例2.23 针对鸢尾花数据集（Iris.csv），请计算每个数值变量的平均值和中位数。

解：在读取数据后，使用apply()函数调用mean()函数计算平均值，调用median()

函数计算中位数。程序如下。

```
iris <- read.csv("data/chap2/Iris.csv")
apply(iris[,c(2:5)],2,mean)
## SepalLengthCm  SepalWidthCm PetalLengthCm  PetalWidthCm
##      5.843333      3.054000      3.758667      1.198667
apply(iris[,c(2:5)],2,median)
## SepalLengthCm  SepalWidthCm PetalLengthCm  PetalWidthCm
##          5.80          3.00          4.35          1.30
```

上面的程序中分别使用mean()函数和median()函数计算平均值与中位数，由输出结果可以发现，4个特征的平均值和中位数差距并不是很大，这在一定程度上说明4个特征的数据分布接近正态分布。

2.4.2 数据的离散程度

描述数据离散程度的统计量主要有方差、标准差、中位数绝对偏差、变异系数、四分位数、极差等。

中位数绝对偏差（Median Absolute Deviation，MAD）是度量数据相对于中位数的离散情况。

假设有n个原始观测数据 $x_1, x_2, \cdots, x_n$，其中位数记为 $M = \mathrm{median}(x_1, x_2, \cdots, x_n)$，则中位数绝对偏差的定义为

$$\mathrm{MAD} = \underset{i=1,2,\cdots,n}{\mathrm{median}} \left(|x_i - M| \right) \tag{2-4}$$

MAD对样本大小不敏感，是一种稳定的鲁棒性评价指标，常用于异常点的检测。

变异系数（Coefficient of Variation，CV）度量观测数据的标准差s相对于平均值$\bar{x}$的离中趋势，计算公式为

$$\mathrm{CV} = s / \bar{x} \tag{2-5}$$

变异系数没有量纲，其取值越大说明数据越分散。

四分位数（Quartile）也称为四分位点，它包括上四分位数、中位数和下四分位数。将所有数值由小到大排列并分成四等份，处于第一个分割点位置的数值是下四分位数，处于第二个分割点位置（中间位置）的数值是中位数，处于第三个分割点位置的数值是上四分位数。

极差（Range）是指数据最大值和最小值之间的距离，极差越小说明数据越集中。

例2.24 针对鸢尾花数据集（Iris.csv），计算每个数值变量的方差、标准差、中位数绝对偏差、变异系数、四分位数和极差（取值范围）。

解：在读取数据后，使用apply()函数调用var()、sd()、mad()、quantile()、range()等函数进行计算。程序如下。

```
apply(Iris[,c(2:5)],2,var)
## SepalLengthCm  SepalWidthCm  PetalLengthCm  PetalWidthCm
##     0.6856935     0.1880040      3.1131794     0.5824143
## 标准差
apply(Iris[,c(2:5)],2,sd)
## SepalLengthCm  SepalWidthCm  PetalLengthCm  PetalWidthCm
##     0.8280661     0.4335943      1.7644204     0.7631607
```

上面的程序中分别使用var()和sd()函数计算Iris数据集4个特征的方差和标准差。从输出结果可以看出，离散程度最大的是变量PetalLengthCm，最小的是变量SepalWidthCm。

```
apply(Iris[,c(2:5)],2,mad)
## SepalLengthCm  SepalWidthCm  PetalLengthCm  PetalWidthCm
##      1.03782       0.37065        1.85325       1.03782
```

上面的程序通过mad()函数来计算数据的中位数绝对偏差。从程序的输出结果可以看出，离散程度最大的是变量PetalLengthCm，最小的是变量SepalWidthCm。

```
apply(Iris[,c(2:5)],2,sd) / apply(Iris[,c(2:5)],2,mean)
## SepalLengthCm  SepalWidthCm  PetalLengthCm  PetalWidthCm
##     0.1417113     0.1419759      0.4694272     0.6366747
```

上面的程序是利用"标准差／平均值"的方式计算出每个特征的变异系数。

```
apply(Iris[,c(2:5)],2,quantile)
##        SepalLengthCm  SepalWidthCm  PetalLengthCm  PetalWidthCm
## 0%             4.3          2.0           1.00           0.1
## 25%            5.1          2.8           1.60           0.3
## 50%            5.8          3.0           4.35           1.3
## 75%            6.4          3.3           5.10           1.8
## 100%           7.9          4.4           6.90           2.5
apply(Iris[,c(2:5)],2,fivenum)
##        SepalLengthCm  SepalWidthCm  PetalLengthCm  PetalWidthCm
## [1,]           4.3          2.0           1.00           0.1
## [2,]           5.1          2.8           1.60           0.3
## [3,]           5.8          3.0           4.35           1.3
## [4,]           6.4          3.3           5.10           1.8
```

```
## [5,]        7.9            4.4           6.90          2.5
```

上面的程序是计算数据的四分位数。计算四分位数的方法有两种：一种是使用 quantile()函数；另一种是使用 fivenum()函数。它们输出结果均包括变量的最小值、25%取值、中位数、75%取值和最大值，可用于观察数据的取值范围和离散情况。

```
apply(Iris[,c(2:5)],2,range)
##      SepalLengthCm SepalWidthCm PetalLengthCm PetalWidthCm
## [1,]     4.3           2.0          1.0           0.1
## [2,]     7.9           4.4          6.9           2.5
```

上面的程序是使用 range()函数计算出数据的取值范围，两者之差即为极差，可以用于分析数据的离散情况。由输出结果可以看出，PetalLengthCm 变量的取值范围最大，极差为 6.9–1.0=5.9，其他变量的取值范围相对较小。

2.4.3 数据的偏度和峰度

偏度和峰度是描述数据分布特征的统计量。

偏度（Skewness）也称为偏态系数，是用于衡量分布的不对称程度或偏斜程度的指标。观测数据（样本）的偏度可定义为

$$\text{Skew} = M_3 / M_2^{3/2} \tag{2-6}$$

其中，M_2 和 M_3 分别为样本的二阶和三阶中心距。

正态分布是一种无偏分布，其偏度等于0。相对于正态分布，右偏分布也称正偏分布，其偏度大于0；左偏分布也称负偏分布，其偏度小于0。

峰度（Kurtosis）又称峰态系数，是用于衡量数据尾部分散度的指标，直观来看，峰度反映了峰部的尖度。观测数据（样本）的峰度可定义为

$$\text{Kurt} = M_4 / M_2^2 - 3 \tag{2-7}$$

其中，M_2 和 M_4 分别为样本的二阶和四阶中心距。

当数据为正态分布时，峰度近似等于3。与正态分布相比较，当峰度大于3时，数据中含有较多远离平均值的极端数据，即数据分布具有平峰厚尾性；当峰度小于3时，表示平均值两侧的极端数值较少，即数据的分布具有尖峰细尾性。

例2.25 对鸢尾花数据集（Iris.csv），使用 moment 包中的 skewness()函数和 kurtosis()函数，计算数据中每个变量的偏度和峰度。

解：求解程序如下。

```
library(moments)
apply(Iris[,c(2:5)],2,skewness)
```

```
## SepalLengthCm    SepalWidthCm    PetalLengthCm    PetalWidthCm
##    0.3117531       0.3307028       -0.2717120       -0.1039437
apply(Iris[,c(2:5)],2,kurtosis)
## SepalLengthCm    SepalWidthCm    PetalLengthCm    PetalWidthCm
##    2.426432        3.241443         1.604641         1.664754
library(ggplot2)
library(tidyr)
## 宽型数据转化为长型数据
irislong = gather(Iris[,c(2:5)],key="varname",
                  value="value",SepalLengthCm:PetalWidthCm)
## 可视化数据的分布
ggplot(irislong,aes(colour = varname,fill=varname,linetype = varname))+
  theme_bw()+geom_density(aes(value),bw = 0.5,alpha=0.4)
```

上面的程序是用于计算Iris数据集中4个特征的偏度和峰度。从输出结果可以发现，SepalLengthCm和SepalWidthCm两个特征的数据集为右偏，PetalLengthCm和PetalWidthCm特征为左偏。SepalWidthCm变量接近于正态分布，PetalLengthCm和PetalWidthCm两个变量具有一定的尖峰细尾性。

在计算出偏度和峰度后，利用gather()函数将宽型数据转换为长型数据，然后使用ggplot2包绘制了4个变量的密度曲线，结果如图2-7所示。

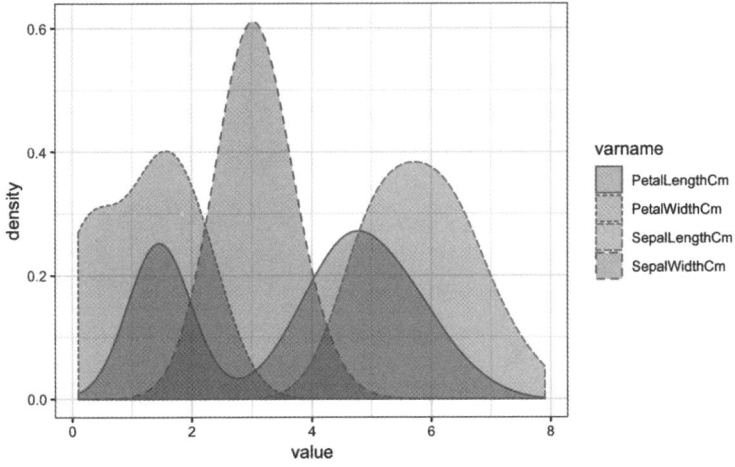

图2-7　Iris数据集4个特征的密度曲线

由图2-7可以看出，SepalWidthCm变量的分布接近正态分布，即峰度接近3。PetalLengthCm变量呈双峰分布，这种分布无法使用偏度和峰度准确度量。因此，在分析实际问题时，应该将密度曲线图像和计算出的偏度、峰度结合起来判断。

2.5 数据相似性度量

相似性度量（Similarity Measurement）是综合评定两个事物之间相近程度的一种度量，它在聚类和分类中具有重要的地位。

常用的相似性度量有相关系数（衡量变量之间的接近程度）和相似系数（衡量样本之间的接近程度）。

接下来以Iris数据集为例，介绍如何计算变量的相关系数、样本的欧氏距离、曼哈顿距离等相似性度量。

2.5.1 变量的相关系数

相关系数是度量数据特征（变量）之间线性相关性的指标。在二元变量的相关分析中，比较常用的有Pearson相关系数、Spearman秩相关系数和判定系数。

1. Pearson 相关系数

Pearson相关系数一般用于分析两个正态连续性变量之间的关系，其计算公式为

$$r = \sum_{i=1}^{n}(x_i - \bar{x})(y_i - \bar{y}) \bigg/ \sqrt{\sum_{i=1}^{n}(x_i - \bar{x})^2 \sum_{i=1}^{n}(y_i - \bar{y})^2} \qquad (2-8)$$

其中，$x_1, x_2, \cdots, x_n$ 和 $y_1, y_2, \cdots, y_n$ 为两组观测数据。

相关系数 r 的取值范围在[-1,1]之间，如果 $r<0$ 说明为变量间负相关，越接近于-1，负相关性越强；如果 $r>0$ 说明为变量间正相关，越接近于1，正相关性越强。

2. Spearman 秩相关系数

Spearman秩相关系数一般用于分析不服从正态分布的变量、分类变量或等级变量之间的关联性，其计算公式为

$$r_s = 1 - 6\sum_{i=1}^{n}(R_i - Q_i)^2 / n(n^2 - 1) \qquad (2-9)$$

其中，R_i 表示观测数据 $x_1, x_2, \cdots, x_n$ 中 x_i 的秩次，Q_i 表示观测数据 $y_1, y_2, \cdots, y_n$ 中 y_i 的秩次。

可以证明，Spearman秩相关系数与Pearson相关系数在效率上是等价的，而对于连续测量数据，更适合用Pearson相关系数进行分析。

在R中，可使用cor()函数计算相关系数，通过指定参数method="pearson"（系统默认）或method="spearman"计算相应的相关系数。

3. 判定系数

判定系数（Coefficient of Determination）也称决定系数，是指在线性回归中，回归离差平方和与总离差平方和之比值，其数值等于相关系数r的平方，可用r^2表示，即

$$r^2 = SS_R / SS_T \tag{2-10}$$

其中，$SS_R = \sum_{i=1}^{n}(\hat{y}_i - \bar{y})^2$，$SS_T = \sum_{i=1}^{n}(y_i - \bar{y})^2$。

判定系数r^2是衡量自变量与因变量是否相关的重要指标。它的值越接近于1，表明自变量x与因变量y之间的相关性越强。

例2.26 对鸢尾花数据集（Iris.csv），使用cor()函数计算4个数值变量之间的相关系数（Pearson）。

解：使用cor()函数计算相关系数的程序如下。

```
cor(Iris[,c(2:5)])
##              SepalLengthCm SepalWidthCm PetalLengthCm PetalWidthCm
## SepalLengthCm    1.0000000   -0.1093692     0.8717542    0.8179536
## SepalWidthCm    -0.1093692    1.0000000    -0.4205161   -0.3565441
## PetalLengthCm    0.8717542   -0.4205161     1.0000000    0.9627571
## PetalWidthCm     0.8179536   -0.3565441     0.9627571    1.0000000
```

上面的程序是计算Iris数据集中4个变量的线性相关性。从计算结果可以看出，PetalLengthCm和PetalWidthCm两变量之间的正相关性最强，相关系数为0.96，SepalWidthCm和PetalLengthCm之间也有较强的负相关性，相关系数为-0.42。

> **说明**：相关系数用于度量数据特征之间线性相关性的强弱，即使取值为0，也不能说明数据之间完全没有相关性，比如数据可能存在非线性的关系。

接下来计算3种花之间的4个特征平均值，以及3种花之间在不同相似性指标下的取值。

```
library(dplyr)    ## 数据准备
newdata <- iris%>%group_by(Species)%>%
  summarise(SepalLengthMean = mean(SepalLengthCm),
            SepalWidthMean = mean(SepalWidthCm),
            PetalLengthMean = mean(PetalLengthCm),
```

```
                    PetalWidthMean = mean(PetalWidthCm))
rownames(newdata) <- newdata$Species
newdata$Species <- NULL
newdata
## # A tibble: 3 x 4
##   SepalLengthMean SepalWidthMean PetalLengthMean PetalWidthMean
## *           <dbl>          <dbl>           <dbl>          <dbl>
## 1            5.01           3.42            1.46          0.244
## 2            5.94           2.77            4.26          1.33
## 3            6.59           2.97            5.55          2.03
```

上面的程序利用dplyr包中的group_by()函数来计算类别数据在各种特征下的平均值。其中iris%>%group_by(Species)操作等价于group_by(iris,Species)。最后将得到的数据保存到newdata中。

> **说明**：在 dplyr 包中，运算符 %>% 称为管道操作，A%>%B 表示将 A 操作的结果作为 B 操作的第一个参数。

2.5.2 样本间的距离

在做分类时，常常需要估算不同样本之间的相似性度量，这时通常采用的方法就是计算样本间的"距离"。采用什么样的方法计算距离关系到分类的正确与否。

1. 欧氏距离

欧氏距离又称为欧几里得距离，它是度量欧几里得空间中两点间的直线距离。

对于n维空间中的两点：$X=(x_1,x_2,\cdots,x_n)$，$Y=(y_1,y_2,\cdots,y_n)$，它们之间的欧氏距离定义为

$$\text{dist}(X,Y)=\sqrt{(x_1-y_1)^2+(x_2-y_2)^2+\cdots+(x_n-y_n)^2} \tag{2-11}$$

在R中，可使用dist()函数并指定计算的距离的方法，令参数method="euclidean"计算欧氏距离。

```
dist(newdata,method = "euclidean",upper = T,diag = T)
##                 Iris-setosa Iris-versicolor Iris-virginica
## Iris-setosa        0.000000        3.205175       4.752592
## Iris-versicolor    3.205175        0.000000       1.620489
## Iris-virginica     4.752592        1.620489       0.000000
```

以上程序中使用dist()函数并指定参数method="euclidean"，就可以得到一个对角线为0的对称矩阵。其中3.205代表setosa和versicolor两种花之间的欧氏距离；4.75

代表setosa和virginica两种花之间的距离；1.62为versicolor和virginica两种花之间的距离。从得到的欧氏距离矩阵中可以看出：versicolor和virginica两种花在欧氏距离度量下距离最短，即versicolor和virginica最相似。

2. 曼哈顿距离

曼哈顿距离又叫城市区块距离，它用以表明两个点在欧几里得空间的固定直角坐标系上的绝对轴距的总和。

对于n维空间中的两点：$X=(x_1,x_2,\cdots,x_n)$，$Y=(y_1,y_2,\cdots,y_n)$，它们之间的曼哈顿距离定义为

$$\mathrm{dist}(X,Y)=|x_1-y_1|+|x_2-y_2|+\cdots+|x_n-y_n| \tag{2-12}$$

在R中，可使用dist()函数并指定计算的距离的方法，令参数method="manhattan"计算曼哈顿距离。

```
dist(newdata,method = "manhattan",upper = T,diag = T)
##                 Iris-setosa Iris-versicolor Iris-virginica
## Iris-setosa     0.000       5.456           7.896
## Iris-versicolor 5.456       0.000           2.848
## Iris-virginica  7.896       2.848           0.000
```

以上程序中使用dist()函数并指定参数method="manhattan"，就可以得到三种花之间的曼哈顿距离。可以发现，在曼哈顿距离度量下仍然是versicolor和virginica两种花最相似。

3. 最大距离

最大距离又称为切比雪夫距离，它为两个点之间的各个坐标分量差的最大值。

对于n维空间中的两点：$X=(x_1,x_2,\cdots,x_n)$，$Y=(y_1,y_2,\cdots,y_n)$，它们之间的最大距离定义为

$$\mathrm{dist}(X,Y)=\max_i|x_i-y_i| \tag{2-13}$$

在R中，可使用dist()函数并指定计算的距离的方法，令参数method="maximum"计算最大距离。

```
dist(newdata,method = "maximum",upper = T,diag = T)
##                 Iris-setosa Iris-versicolor Iris-virginica
## Iris-setosa     0.000       2.796           4.088
## Iris-versicolor 2.796       0.000           1.292
## Iris-virginica  4.088       1.292           0.000
```

以上程序中使用dist()函数并指定参数method="maximum"，就可以得到三种花

之间的最大距离。可以发现，在最大距离度量下仍然是versicolor和virginica两种花最相似。

4. 坎贝拉距离

坎贝拉距离为两点对应的坐标分量差的绝对值与坐标分量绝对值的和之比的总和。

对于n维空间中的两点：$X=(x_1,x_2,\cdots,x_n)$，$Y=(y_1,y_2,\cdots,y_n)$，它们之间的坎贝拉距离定义为

$$\text{dist}(X,Y)=\sum_{i=1}^{n}\left(|x_i-y_i|/(|x_i|+|y_i|)\right) \tag{2-14}$$

在R中，可使用dist()函数并指定计算的距离的方法，令参数method="canberra"计算坎贝拉距离。

```
dist(newdata,method = "canberra",upper = T,diag = T)
##                  Iris-setosa Iris-versicolor Iris-virginica
## Iris-setosa      0.0000000   1.3673540       1.5736019
## Iris-versicolor  1.3673540   0.0000000       0.4280814
## Iris-virginica   1.5736019   0.4280814       0.0000000
```

以上程序中使用dist()函数并指定参数method="canberra"，就可以得到三种花之间的坎贝拉距离，可以发现，在坎贝拉距离度量下仍然是versicolor和virginica两种花最相似。

在dist()函数中method参数的取值还有很多，比如可以指定method = "minkowski"、method = "binary"分别表示计算闵可夫斯基距离、二进制距离。

2.6 本章小结

本章主要介绍了使用R语言进行数据管理和探索的相关应用实例。无论是在统计分析还是机器学习方面，这些数据的预处理工作都非常重要。

（1）本章主要介绍了以下几个主题。

① 数据获取。读取csv文本数据，读取SAS、SPSS、MATLAB、Excel等统计软件保存的数据文件，读取图像数据等，以及如何通过爬虫获取网络数据。

② 数据的缺失值处理。缺失值的检查及可视化，简单的缺失值填补方法，复杂的缺失值填补方法等。

③ 数据操作。长宽型数据转换，数据汇总，数据属性变换，数据切分等。
④ 数据描述。数据的集中位置，数据的离散程度，数据的偏度和峰度等。
⑤ 数据的相似性度量。样本之间的距离及变量之间的相似性。
（2）本章主要介绍了以下几种术语。
① K-近邻填补缺失值、随机森林填补缺失值、缺失值的多重插补。
② 长宽型数据转换、数据中心化、数据标准化、min-max标准化。
③ 集中位置、离散程度、偏度和峰度。
④ 相关系数、欧氏距离、曼哈顿距离、最大距离。
（3）本章主要介绍的包和函数如表2-1所示。

表2-1 主要介绍的包和函数

包	函 数	应 用
readr	read_csv	读取 csv 格式文件
	write_csv	写入 csv 格式文件
readxl	read_excel	读取 Excel 文件
foreign	read.spss	读取 SPSS 数据文件
haven	read_sav	读取 SPSS 数据文件
	read_spss	读取 SPSS 数据文件
	read_sas	读取 SAS 数据文件
	read_dta	读取 stata 数据文件
	read_stata	读取 stata 数据文件
R.matlab	readMat	读取 MATLAB 数据文件
png	readPNG	读取 png 格式的图片
imager	load.image	读取多种格式的图片
XML	readHTMLTable	获取网页中的表格
	getHTMLLinks	获取网页中的链接
rvest	read_html	获取网页的内容
	html_nodes	从 HTML 文档中选择节点
	html_text()	从 HTML 文档中提取文本
VIM	aggr	可视化数据的缺失值分布
	complete.cases	输出样例是否包含缺失值
	matrixplot	可视化缺失值的详细情况

续表

包	函 数	应 用
stats	na.omit	只保留没有缺失值的样例
	is.na	查看数据缺失值的位置
	cor	相关系数
	dist	计算矩阵数据的距离
zoo	na.locf	使用前面或者后面的值来填补缺失值
DMwR	knnImputation	使用KNN算法来填补缺失值
missForest	missForest	使用随机森林算法来填补缺失值
mice	mice	缺失值多重插补
tidyr	gather	宽型数据转化为长型数据
	spread	长型数据转化为宽型数据
reshape2	melt	宽型数据转化为长型数据
	dcast	长型数据转化为宽型数据
dplyr	group_by	根据一个或多个变量分组
	summarise	将多个值减少到单个值
	filter	返回具有匹配条件的行
	mutate	添加新的变量
caret	preProcess	数据预处理
	createDataPartition	数据切分
	createFolds	数据切分为k份
base	mean	平均值
	median	中位数
	var	方差
	sd	标准差
	mad	中位数绝对偏差
	quantile	四分位数
	range	极值
	IQR	四分位数范围
	scale	数据标准化
moments	skewness	偏度
	kurtosis	峰度

习 题 2

2.1 网址：https://book.douban.com/top250?icn=index-book250-all，是豆瓣图书Top 250的网址，针对该网站列出的250本图书，尝试使用R中的爬虫包和字符串处理包，将这250本书的主要信息进行获取，并将获取的内容保存在数据表中。要求获取的信息至少要有书名、作者、价格、评分等信息。

2.2 在VIM包中有个sleep数据集，该数据集包含62个样本、10个特征变量，请导入该数据，查看该数据中是否有缺失值？如果有缺失值，那么缺失值的分布是什么样子？数据的前几行如下：

```
head(sleep)
##     BodyWgt BrainWgt NonD Dream Sleep Span Gest Pred Exp Danger
## 1  6654.000   5712.0   NA    NA   3.3 38.6  645    3   5      3
## 2     1.000      6.6  6.3   2.0   8.3  4.5   42    3   1      3
## 3     3.385     44.5   NA    NA  12.5 14.0   60    1   1      1
## 4     0.920      5.7   NA    NA  16.5   NA   25    5   2      3
## 5  2547.000   4603.0  2.1   1.8   3.9 69.0  624    3   5      4
## 6    10.550    179.5  9.1   0.7   9.8 27.0  180    4   4      4
```

2.3 针对习题2.2中sleep数据集中的缺失值，应该对其使用怎样的缺失值填补方法进行填补，分别使用简单的缺失值填补方法和复杂的缺失值填补方法对数据进行预处理。

2.4 针对习题2.1中爬虫获取的数据表，统计出哪个国家的作者最多，250本图书价格的最大值、最小值，并分析这250本书的价格分布情况，计算出峰度和偏度。

2.5 将习题2.2中 sleep 数据集中的NonD、Dream、Sleep、Span、Gest 5个特征提取出来，单独组成一个数据表，使用多种不同的缺失值填补的复杂方法，并比较每种方法填补后的数据，样本之间的相似性是否有差异，哪种方法的差异最大？

2.6 如果在习题2.5中对缺失值进行处理之前，不进行（或者进行）标准化处理，样本之间的相似性是怎样变化的？

Chapter

03

第3章

数据可视化

　　数据可视化技术是数据探索的利器。在分析数据时,有效地利用数据可视化技术往往能达到事半功倍的效果,尤其是在海量的数据面前。面对数据表上密密麻麻的数值,观察图像通常能够更方便、更直接地得到更多有用的信息,从而能够更加直观全面地理解、把握数据。

　　俗话说一图胜千言,人类非常善于从图像中获取信息,数据可视化图像借助人眼快速的视觉感知能力与人脑的智慧理解能力,可以起到清晰有效地传达、沟通并辅助数据分析的作用。

　　R语言的绘图能力非常出众,不仅有自带的绘图系统graphics,而且很多扩展的绘图包也功能强大,尤其是ggplot2包及其相关的扩展包,能够绘制各种各样的精美图像,以方便数据分析的过程。

　　本章主要从四个方面介绍R的强大绘图功能:R自带的基础绘图方式,使用ggplot2及其相关拓展包的绘图方式,R中其他完成特定绘图功能的包,使用R中的一些包绘制3D图像和可交互的图像。

3.1 R基础的数据可视化

扫一扫,看视频

R安装完成后,会自带一个绘图包graphics,它包含了R基本的绘图功能,能够绘制直方图、线图、点图、饼图、密度曲线、三维透视图等。

接下来使用一些简单的例子来探索graphics包的使用方法。

例3.1 使用plot()函数来绘制鸢尾花数据集(Iris.csv)中的SepalLengthCm特征和SepalWidthCm特征在二维坐标系中的散点图。

解:可视化散点图的程序如下。

```
## 读取数据
iris <- read.csv("data/chap3/Iris.csv")
## 可视化散点图
par(family = "STKaiti",pch = 17)
plot(iris$SepalLengthCm,iris$SepalWidthCm,
    type = "p",col = "red",main = "散点图",
    xlab = "SepalLengthCm",ylab = "SepalWidthCm")
```

上面的程序在读取数据后,使用par()和plot()函数完成了散点图的绘制,得到的图像如图3-1所示。

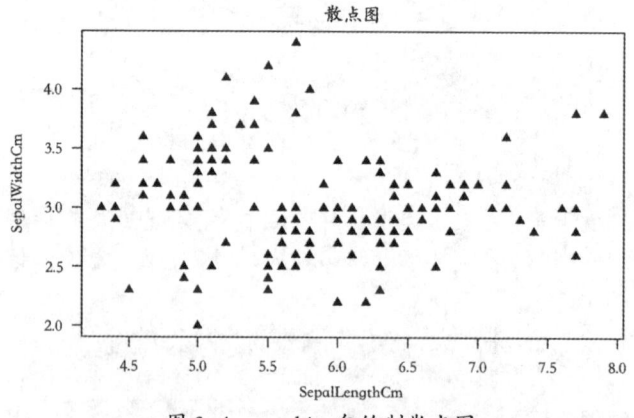

图3-1 graphics 包绘制散点图

结合图3-1的结果分析绘图程序所表达的含义。首先是第一个par()函数,该函数可以用于设置或者查询图像的参数,其中参数family = "STKaiti"表示在图像中显示文字时使用的字体为楷体,便于支持中文的显示。

> 说明:在 Windows 系统中,系统默认设置即可正确显示中文,所以不需要设置这个参数;但在 Mac OS 系统中,系统默认设置不能正确显示中文,通常需要设置参数 family = "STKaiti",或者指定其他字体。

par()函数中第二个参数pch = 17表示绘图的点使用三角形。pch的取值可以是0~25的数值,并且每种取值所对应的图像符号如图3-2所示。

图 3-2 pch 取值及其图标

在par()函数中还可以设置其他的参数来控制图像的显示结果,下面列举一些常用的参数并进行解释,如表3-1所示。

表 3-1 par() 函数中的一些设置参数

参数名	表示的设置方法和取值
mfcol mfrow	调整图形输出设备中子图排列的方向,如 c(nrow, ncol),表示 nrow 行,ncol 列;mfcol 让子图按照列优先排列,相应地,mfrow 让子图按照行优先排列
pty	表示当前绘图区域的形状,"s" 表示生成一个正方形区域,而 "m" 表示生成最大的绘图区域。如果输出设备是长方形,则 "s" 将限定输出正方形
xlog ylog	设置 x 或者 y 为对数坐标轴的 bool 变量。如果值为 TRUE,则相应的坐标轴为对数坐标轴
cex	设置文字和符号相对于默认值的大小,为一个比例数值
col	设置颜色向量
font	指明使用字体的整数,1 是普通,2 是粗体,3 是意大利体,4 是粗意大利体,5 是符号
lty	线型。可以是数字或者字符 (0 = "blank", 1 = "solid" (default), 2 = "dashed", 3 = "dotted", 4 = "dotdash", 5 = "longdash", 6 = "twodash")
lwd	线宽。系统默认值是 1,设置数值为线宽的放大倍数

接下来分析plot()函数,该函数中参数iris$SepalLengthCm和iris$SepalWidthCm分别为绘图的X轴坐标和Y轴坐标。使用type = "p"和col = "red"表示绘制的图为红色的散点图,其中type参数还可以取其他值,如"l"表示绘制线图等。而col参

数的取值用于设置图像的颜色，常用的取值和对应颜色如表3-2所示。

表 3-2 部分颜色和颜色参数

参数	red	blue	green	black	yellow	white	magenta
颜色	红色	蓝色	绿色	黑色	黄色	白色	紫色

当然，R绘图在设置颜色时不一定非要写颜色名，也可以通过颜色对应的数字和编码来表示，如col=1、col="white" 和 col="#FFFFFF"都表示颜色为白色。

想要获取更多的R所支持的颜色，可以使用colors()函数查看。

```
cl <- colors()
length(cl); cl[1:20]
## [1] 657
## [1] "white"          "aliceblue"       "antiquewhite"    "antiquewhite1"
## [5] "antiquewhite2"  "antiquewhite3"   "antiquewhite4"   "aquamarine"
## [9] "aquamarine1"    "aquamarine2"     "aquamarine3"     "aquamarine4"
## [13] "azure"         "azure1"          "azure2"          "azure3"
## [17] "azure4"        "beige"           "bisque"          "bisque1"
```

上面的程序首先统计出R共有多少种颜色，然后输出前20种的名称，可见绘图系统支持的颜色多达到657种。

在plot()函数中，main = "散点图", xlab = "SepalLengthCm", ylab = "SepalWidthCm"三个参数分别用于设置图像的名称、X轴标签和Y轴标签。从输出的图像可以发现，散点图可以更加充分地认识数据两个特征之间的关系。

例3.2 针对鸢尾花数据集（Iris.csv），利用layout()函数将图像窗口重新布局，切分为3个窗口，分别可视化直方图、散点图和箱线图。

解：可通过设置par()函数和layout()函数的参数在图像中绘制多个子图，程序如下。

```
## 可视化多个图像窗口
par(family = "STKaiti",mfrow=c(2,2))
layout(matrix(c(1,2,3,3),2,2,byrow = TRUE))
hist(iris$SepalLengthCm,breaks = 20,col = "lightblue",main = "直方图",xlab = "SepalLengthCm")
smoothScatter(iris$PetalLengthCm,iris$PetalWidthCm, nbin = 64,main = "散点图",xlab = "PetalLengthCm",ylab = "PetalWidthCm")
## 添加第3个图像
boxplot(SepalLengthCm~Species,data = iris,main = "箱线图",ylab = "SepalLengthCm")
```

上面的程序在使用par()函数时，通过指定mfrow=c(2,2)，将一个图像窗口分为2行2列的4个图像窗口。接着通过layout()函数将窗口中的第3个、第4个窗口合并在一起,单独作为第3个窗口。在第1个图像窗口通过hist()函数绘制直方图,在第2个图像窗口通过smoothScatter()函数绘制平滑散点图,在第3个图像窗口通过boxplot()函数绘制箱线图,得到的结果如图3-3所示。

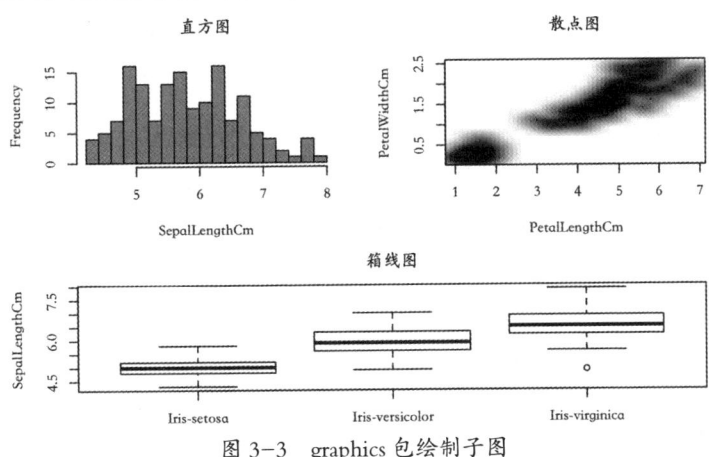

图3-3 graphics 包绘制子图

由图3-3可以发现,在Iris数据集的SepalLengthCm特征中,3种花的取值范围有很大的差异;PetalLengthCm和PetalWidthCm两个特征具有很强的线性相关性。

因此,通过数据可视化能够更加直观地观察数据之间的关系,更方便地获取数据中有效的信息。

在R的graphics包中,还有其他绘图函数可以绘制常见的统计图像。表3-3给出了该包中常用绘图函数及其绘制图形的类型。

表3-3 graphics 包中的一些绘图函数

函 数 名	函数的绘图效果
matplot	类似 plot 可画多种图,同时展示多列数据
barplot	垂直或水平条形图
dotchart	克利夫兰点图
pie	饼图
stripchart	一维纸带图
pairs	矩阵散点图
contour	等高线图
persp	三维透视图

虽然R自带的graphics包的绘图能力非常强大,但是R用户们为了更美观、更方便地绘图,同时也为了获得更有表达能力的图像,开发了很多功能强大的R绘图包,其中最著名的就是ggplot2包。

3.2 ggplot2系列包的可视化

扫一扫，看视频

ggplot2由Hadley Wickham于2005年创造。ggplot2包可以作为R语言基础绘图包的替代，它提供了一个基于全面而连贯的语法的绘图系统。

自2005年以来，ggplot2已经发展成为最受欢迎的R包之一。在ggplot2的基础上，还衍生出了各种各样的R包用于丰富ggplot2的绘图功能，将这些包和ggplot2结合使用，往往能够获得更加精美的图像。

3.2.1 ggplot2 的基础绘图

例3.3 对鸢尾花数据集（Iris.csv），使用ggplot2的绘图方式分别可视化散点图、小提琴图、一维数据核密度曲线图和二维密度曲线图，并将4个图像放置在同一图像中。

解：进行数据可视化的程序如下。

```
library(ggplot2)
library(gridExtra)
## 散点图
p1 <- ggplot(iris,aes(x = PetalLengthCm,y = PetalWidthCm))+
  theme_bw(base_family = "STKaiti",base_size = 9)+
  geom_point(aes(colour = Species))+
  labs(title = "散点图")
## 小提琴图
p2 <- ggplot(iris,aes(x = Species,y = SepalLengthCm))+
  theme_gray(base_family = "STKaiti",base_size = 9)+
  geom_violin(aes(fill = Species),show.legend = F)+
  labs(title = "小提琴图")+
  theme(plot.title = element_text(hjust = 0.5))
p3 <- ggplot(iris,aes(SepalWidthCm))+
  theme_minimal(base_family = "STKaiti",base_size = 9)+
  geom_density(aes(colour = Species,fill = Species),alpha = 0.5)+
  labs(title = "密度曲线")+
  theme(plot.title = element_text(hjust = 0.5),
        legend.position = c(0.8,0.8))
```

```
p4 <- ggplot(iris,aes(x = SepalLengthCm,y = SepalWidthCm))+
  theme_ classic(base_family = "STKaiti",base_size = 9)+
  geom_point(shape = 17)+
  geom_density_2d(linemitre = 5)+
  theme(plot.title = element_text(hjust = 0.5))+
  ggtitle("二维密度曲线")
## 将4幅图放进一个图像中
grid.arrange(p1,p2,p3,p4,nrow = 2)
```

上面的程序使用ggplot2的绘图方式绘制了4幅图像，分别为散点图p1、小提琴图p2、一维数据核密度曲线图p3、二维密度曲线图p4。得到的结果如图3-4所示。

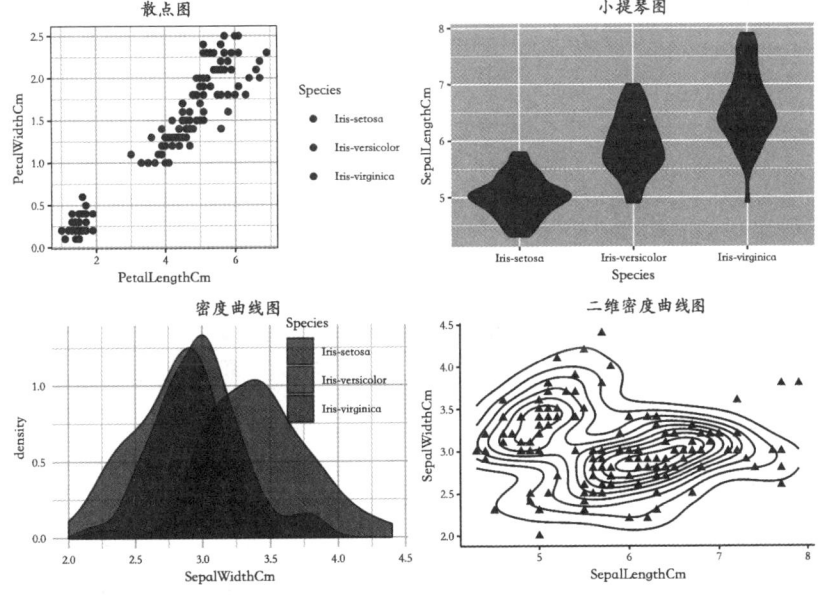

图 3-4 ggplot2 基本图像

由图3-4可以发现，该图像和R的基础绘图包得到的图像相比，更加美观而且颜色丰富。

接下来介绍ggplot2包是如何得到这些图像的。

观察每个子图代码可以发现，绘图程序的每条语句之间均使用加号"+"连接，这也是ggplot2包的特点之一，通过图元的叠加获取美观的图像，而且加号能够更方便地调整图元的布局。

> 说明：《ggplot2：数据分析与图形艺术》一书的译者对ggplot2绘图语法中使用"+"号，用两个字形容："绝了"。

子图p1、p2、p3、p4的程序中开头两句均为ggplot(iris,aes(x =...,y =...))和theme_**(base_family = "STKaiti",base_size = 9)。

第1句ggplot()函数主要是初始化一个ggplot绘图对象，其中最重要的两个参数分别为data = usedata、mapping = aes()，data参数指定绘图所使用的数据集，aes()指定绘图所使用的一些图形要素，主要是X轴和Y轴所使用的变量。

第2句theme_**()函数，用于控制所有非数据显示的完整主题，即设置图像的基本显示主题。ggplot2所包含的常用主题风格如表3-4所示。

表3-4 ggplot2 包中的一些常用主题

主　　题	主题的情况
theme_bw	经典的 dark-on-light ggplot2 主题（图 3-4 中散点图）
theme_gray	灰色背景和白色网格线的 ggplot2 主题（图 3-4 中小提琴图）
theme_minimal	没有背景注释的简约主题（图 3-4 中密度曲线图）
theme_classic	具有经典外观的主题，具有X和Y轴线，没有网格线（图 3-4 中二维密度曲线图）

对比不同主题下图像的各个子图的显示特点，可以根据个人的喜好使用对应的主题。另外，在theme_**()函数中，还可以通过设置相应的参数来控制主题的显示细节，主要的可设置参数如表3-5所示。

表3-5 theme_**() 函数中的参数设置

参　数　名	表示的设置方法和取值
base_size	显示的基本字体大小
base_family	显示的基本字体
base_line_size	显示线元素的基本大小
base_rect_size	显示矩形框的基本大小

接下来分析绘制每个子图的第3句所使用的geom_**()函数。在ggplot2中，所有的图形元素均是通过geom_**()函数方式绘制的，如geom_point()函数用于绘制点图；geom_violin()函数用于绘制小提琴图；geom_density()函数用于绘制密度曲线图；geom_density_2d()函数用于绘制二维密度曲线图。表3-6中给出ggplot2包中的其他常用的几何对象。

表3-6 常用的 geom_**() 函数

函　数　名	得到的图像
geom_abline()	线图，由斜率和截距指定
geom_area()	面积图
geom_bar()	条形图

续表

函 数 名	得到的图像
geom_bar2()	二维条形图
geom_bin2d()	二维封箱的热力图
geom_boxplot()	箱线图
geom_contour()	等高线图
geom_errorbar ()	误差线（通常添加到其他图形上，比如柱状图）
geom_errorbar h()	水平误差线
geom_hex()	六边形封箱热力图
geom_histogram()	直方图
geom_jitter()	添加了扰动的点图
geom_polygon()	多边形
geom_qq()	q-q 图
geom_rect()	绘制矩形
geom_step()	阶梯图
geom_text()	添加文本
geom_tile()	绘制瓦片图

由例3.3的程序可以发现，每个子图都是通过labs()函数设置图像的标签，在labs()函数中可以通过x, y, title三个参数来为图像设置X轴标签、Y轴标签和图像的标题。标签也可以使用单独的函数来设置，如xlab(label)用于设置X轴标签，ylab(label)用于设置Y轴标签、ggtitle(label)用于设置图像的标题。

例3.3的绘图程序中的theme()语句用于统一调整图像的最终显示效果。在图像p2中，theme(plot.title = element_text(hjust = 0.5))语句将图像的标题"小提琴图"进行居中；在图像p3中，使用theme(legend.position = c(0.8,0.8))来调整图例的位置。

theme()函数中一些常用的参数设置如表3-7所示。

表 3-7 theme() 函数中常用的参数设置

参　　数	取值和效果
line	所有的线元素，通过 element_line() 设置
rect	所有的矩形元素，通过 element_rect() 设置
text	所有的文本元素，通过 element_text() 设置
title	所有的标题元素，通过 element_text() 设置
plot.background	图像区背景设置
plot.title	图像标题设置，主要通过 element_text() 函数设置
panel.border	绘图区域边框设置

续表

参　数	取值和效果
panel.grid	网格线设置
axis.title.x	X轴标题
axis.title.y	Y轴标题
axis.text.x	X轴刻度值
axis.text.y	Y轴刻度值
axis.ticks.x	X轴刻度线
axis.ticks.y	Y轴刻度线
legend.background	图例背景色
legend.key.size	图例标识大小
legend.text	图例文本标签
legend.title	图例标题
legend.position	图例位置，可取值 "none"、"left"、"right"、"bottom"、"top"，或者包含两个元素的坐标向量
plot.subtitle	图像子标题的设置，主要通过 element_text() 函数设置

从例3.3和表3-7可以发现，需要调整文本的地方都可以通过element_text()函数设置。element_text()函数中的参数及其作用如表3-8所示。

表 3-8　element_text() 函数中常用的参数设置

参　数	取值和效果
family	设置显示的字体
hjust	水平对齐，取值在 [0,1] 内
vjust	垂直对齐，取值在 [0,1] 内
angle	倾斜角度，在 [0,360] 内
size	大小
colour, color	颜色

在例3.3中，绘制了p1、p2、p3、p4四个子图后，利用gridExtra包中的grid.arrange()函数将4个图像重新排列在一个图像中，使用方式为grid.arrange(p1,p2,p3, p4, nrow = 2)，参数nrow = 2表示图像一共两行。最终的效果是如图3-4所示的2行2列共4个子图。

ggplot2包的绘图功能非常强大，其代码可读性很强，是R代码抽象的一个杰作，详细内容请读者参阅哈德利·威克姆所著的《ggplot2：数据分析与图形艺术》一书。

3.2.2 基于 ggplot2 的拓展包

3.2.1小节介绍了如何使用ggplot2包绘制简单的图像，在R中，基于ggplot2的拓展包还有很多，它们可以绘制更复杂的图像，用于观察数据之间的关系。如GGally包中的ggscatmat()函数可以绘制数据的矩阵散点图。

例3.4 使用矩阵散点图可视化分析鸢尾花数据集（Iris.csv）中3类数据在4个特征之间的关系。

解：使用ggscatmat()函数进行可视化，程序如下。

```
library(GGally)
ggscatmat(data = iris[,2:6],columns = 1:4,color = "Species",alpha = 0.8)+
  theme_bw(base_family = "STKaiti",base_size = 10)+
  theme(plot.title = element_text(hjust = 0.5))+
  ggtitle("矩阵散点图")
```

上面的程序中，首先导入需要的GGally包，然后利用ggscatmat()函数来绘制图像。在函数中data参数指定绘图所用的数据；columns参数表示绘制矩阵散点图时使用的变量；color = "Species"用于指定数据中的分组变量；alpha参数指定图像填充颜色的透明度，取值在[0, 1]之间，0表示完全透明，1表示完全不透明。因为GGally包是ggplot2的拓展包，所以可以使用加号"+"来添加ggplot2中的图层调整图像。这里利用theme_bw()函数来设置图像主题，通过theme()函数和ggtitle()函数为图像添加标题，得到的图像如图3-5所示。

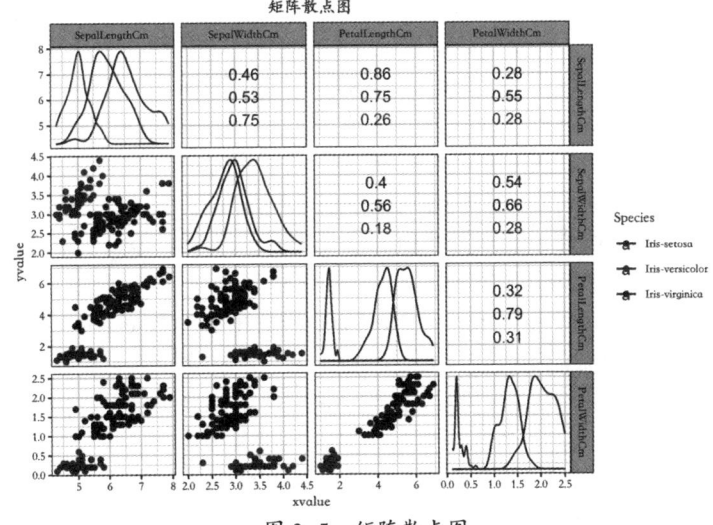

图3-5　矩阵散点图

通过图3-5可以更加清晰地认识Iris数据集的全貌。在矩阵散点图中，还给出了每类数据两两特征之间的相关系数大小（上三角矩阵显示的数值部分），便于分析特征之间的相关性。对角线的位置是数据分布的密度曲线，下三角矩阵是变量之间的散点图。

如果想要分析Iris数据集中每个样本在4个特征下的取值情况，可以使用平行坐标图进行高维数据可视化，该图可以通过GGally包中的ggparcoord()函数获得。

例3.5 使用平行坐标图和平滑的平行坐标图（安德鲁斯曲线（Andrews curves））分析鸢尾花数据集（Iris.csv）中3类数据在4个特征上的变化趋势。

解：使用ggparcoord()函数的可视化程序如下。

```
ggparcoord(data = iris[,2:6],columns = 1:4,
           groupColumn = "Species",scale = "center")+
  theme_bw(base_family = "STKaiti",base_size = 10)+
  theme(plot.title = element_text(hjust = 0.5),
        legend.position = "bottom")+ labs(x = "")
## 平滑的平行坐标图
ggparcoord(data = iris[,2:6],columns = 1:4,
           groupColumn = "Species",scale = "globalminmax",
           splineFactor = 50,order = c(4,1,2,3))+
  theme_bw(base_family = "STKaiti",base_size = 10)+
  theme(plot.title = element_text(hjust = 0.5),
        legend.position = "bottom")+ labs(x = "")
```

上面的程序是使用平行坐标图和平滑的平行坐标图将Iris数据集进行可视化，得到的图像分别如图3-6和图3-7所示。

在绘制平行坐标图时，ggparcoord()函数中的参数data用于指定可视化使用的数据，columns参数表示作为X轴使用的变量，groupColumn = "Species"参数指定数据中的分组变量，参数scale = "center"表示将数据进行中心化后再可视化，其中scale参数还可以选择std（标准化）、robust（利用中位数计算的标准化方式）、globalminmax（图的范围由全局最小值和全局最大值定义）等。使用theme()函数中的legend.position = "bottom"参数将图例放置在图的下方。

在绘制平滑的平行坐标图时，ggparcoord()函数中的参数scale = "globalminmax"表示不对数据的取值做任何改变，参数splineFactor = 50表示在可视化曲线时，变量之间插入50个数值，得到平滑的曲线，参数order = c(4,1,2,3)则是将横坐标变量的位置重新排序。

从图3-6和图3-7可以清晰地查看每一个样本在特征之间取值的变化和趋势，也可以区分不同种类的鸢尾花在不同特征上取值的差异大小。通过两种类型的平行坐标图,可以更加清晰地认识数据在不同特征之间的变化情况。

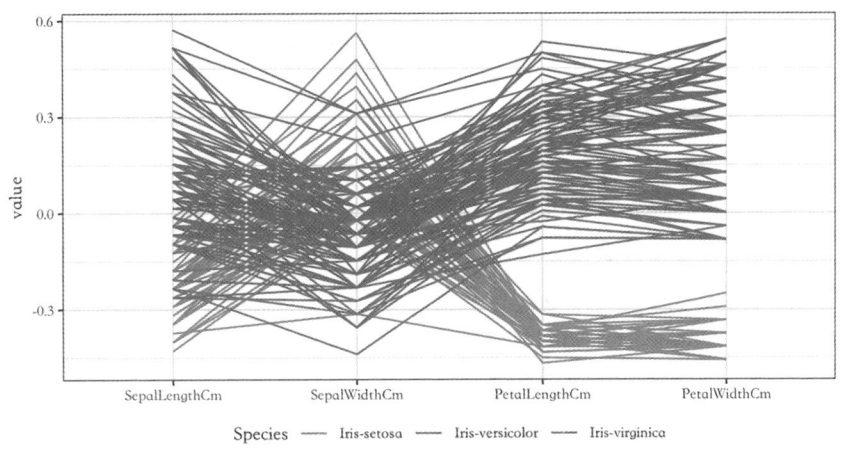

图 3-6　平行坐标图

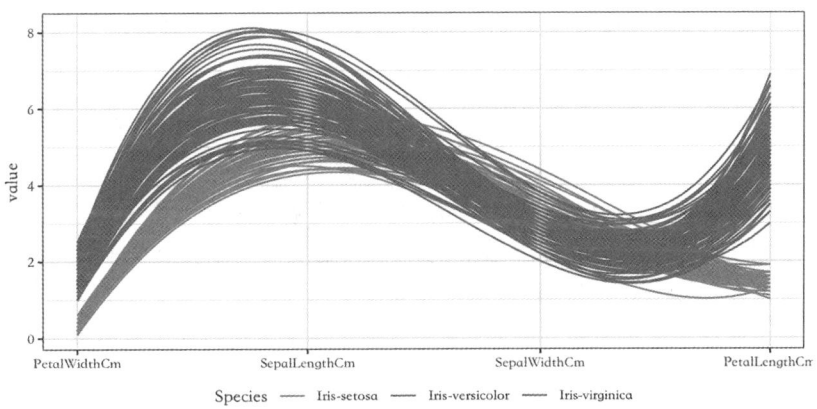

图 3-7　平滑的平行坐标图

下面将会使用一个真实的数据集来展示R中ggplo2包和基于该包的可视化包,在数据可视化时的使用方法和效果。

例3.6　对来自kaggle网站的奥运会120年的运动员数据集(athlete_events.csv是参赛运动员的相关信息数据,noc_regions.csv是区域的相关编码数据),请通过数据可视化探索每个地区的参赛人数的分布情况。

解:首先读取数据,对数据进行合并,然后检查数据的情况。

```
library(readr);library(dplyr)
athlete_events <- read_csv("data/chap3/athlete_events.csv")
noc_regions <- read_csv("data/chap3/noc_regions.csv")
```

```
## 数据连接
athletedata <- inner_join(athlete_events,noc_regions[,1:2],by=c("NOC"="NOC"))
str(athletedata)
## Classes 'tbl_df', 'tbl' and 'data.frame':    270767 obs. of  16 variables:
##  $ ID    : int  1 2 3 4 5 5 5 5 5 5 ...
##  $ Name  : chr  "A Dijiang" "A Lamusi" "Gunnar Nielsen Aaby" ...
##  $ Sex   : chr  "M" "M" "M" "M" ...
##  $ Age   : int  24 23 24 34 21 21 25 25 27 27 ...
##  $ Height: int  180 170 NA NA 185 185 185 185 185 185 ...
##  $ Weight: num  80 60 NA NA 82 82 82 82 82 82 ...
##  $ Team  : chr  "China" "China" "Denmark" "Denmark/Sweden" ...
##  $ NOC   : chr  "CHN" "CHN" "DEN" "DEN" ...
##  $ Games : chr  "1992 Summer" "2012 Summer" "1920 Summer" "1900 Summer" ...
##  $ Year  : int  1992 2012 1920 1900 1988 1988 1992 1992 1994 1994 ...
##  $ Season: chr  "Summer" "Summer" "Summer" "Summer" ...
##  $ City  : chr  "Barcelona" "London" "Antwerpen" "Paris" ...
##  $ Sport : chr  "Basketball" "Judo" "Football" "Tug-Of-War" ...
##  $ Event : chr  "Basketball Men's Basketball"...
##  $ Medal : chr  NA NA NA "Gold" ...
##  $ region: chr  "China" "China" "Denmark" "Denmark" ...
```

上面的程序中，使用readr包中的read_csv()函数读取两个数据集，利用inner_join()函数通过两数据集中的NOC变量将两个数据集合并为一个数据集athletedata。由str(athletedata)的输出结果可以发现，该数据集包含270767个样本、16个变量。

这时，通过观察数据表直观了解数据是行不通的，还需使用数据可视化技术充分认知数据。

在这120年的奥运会数据中，每个地区的参赛人数是什么情况呢？可使用水平直方图将参赛人数较多的地区进行可视化。程序如下。

```
## 查看每个地区参与奥运会运动员人数
plotdata <- athletedata%>%group_by(region)%>%
  summarise(number=n())%>%
  arrange(desc(number))
## 可视化前30个人数多的地区的参与人数
ggplot(plotdata[1:30,],aes(x=reorder(region,number),y=number))+
  theme_bw(base_family = "STKaiti")+
  geom_bar(aes(fill=number),stat = "identity",show.legend = F)+
  coord_flip()+
  scale_fill_gradient(low = "#56B1F7", high = "#132B43")+
```

```
labs(x="地区",y="运动员人数",title="不同地区奥运会运动员人数")+
theme(axis.text.x = element_text(vjust = 0.5),
      plot.title = element_text(hjust = 0.5))
```

上面程序首先利用group_by()函数将数据按照region变量进行分组，并通过summarise(number=n())函数计算每个地区参加奥运会的所有运动员的人数，然后使用arrange(desc(number))函数将地区按照人数的降序进行重新排序得到新的数据集plotdata。

在获得用于可视化的数据后，就可以利用ggplot()函数绘制图像，使用的数据为plotdata的前30个样本。在设置图像的X轴和Y轴时使用了reorder(region,number)函数，该函数利用数据中的number变量取值，将region进行重新排序后作为X轴。通过geom_bar()绘制条形图，其中aes(fill=number)表示使用数量映射条形图的填充颜色，show.legend = F表示不显示图例，stat = "identity"表示条形图的统计特性为number变量的取值。接着通过coord_flip()将图像翻转，将垂直条形图变成水平条形图。表达式scale_fill_gradient(low = "#56B1F7", high = "#132B43")是用于设置填充条形图的映射颜色，number取值最低的颜色为"#56B1F7"，最高的颜色为"#132B43"，将颜色进行相应的映射后用于填充条形图（人数越多，颜色越深），最后得到的图像如图3-8所示。

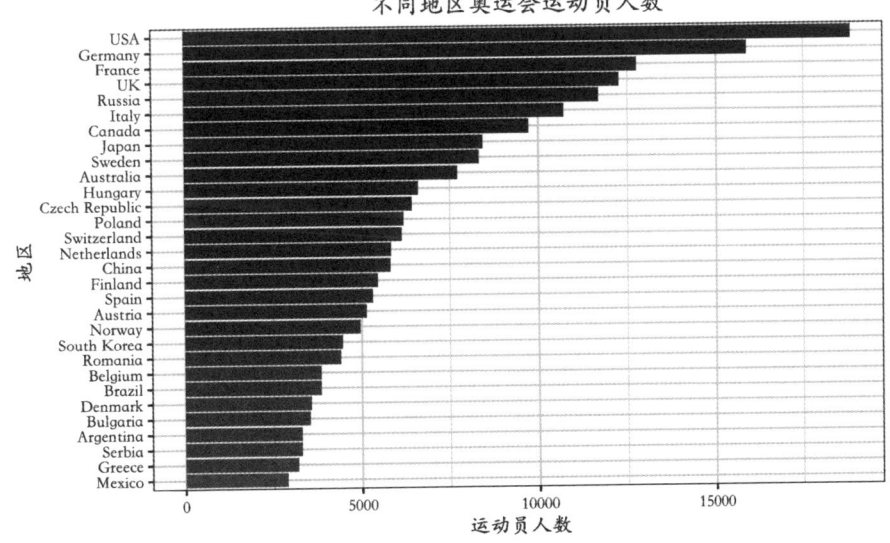

图3-8 参赛人数最多的前30个地区

由图3-8可以发现，参加奥运会运动员人数前两名的地区为美国和德国，参赛人数超过了15000人，而中国的参赛人数排名第16位，人数约占美国的1/3，这是因为中国参加奥运会时间不长。

上面的可视化图像示例分析的是地区和人数两个变量之间的特点，数据可视化的魅力在于，它还可以分析多个变量之间的关系。

例3.7 针对例3.6中奥运会120年的运动员数据集，请使用热力图对数据中的时间、地区、性别、人数等特征进行可视化分析。

解：使用热力图来可视化数据，分析参赛运动员男女人数的变化情况，程序如下。

```r
library(RColorBrewer)
## 人数最多的30个地区，不同年份运动员人数的变化
region30 <- athletedata%>%group_by(region)%>%
  summarise(number=n())%>%
  arrange(desc(number))
region30 <- region30$region[1:30]
## 不同性别下，可视化人数最多的15个地区，不同年份运动员人数的变化
plotdata <- athletedata[athletedata$region %in%region30[1:15],]%>%
  group_by(region,Year,Sex)%>%
  summarise(number=n())
ggplot(data=plotdata, aes(x=Year,y=region)) +
  theme_bw(base_family = "STKaiti") +
  geom_tile(aes(fill = number),colour = "white")+
  scale_fill_gradientn(colours=rev(brewer.pal(10,"RdYlGn")))+
  scale_x_continuous(breaks=unique(plotdata$Year)) +
  theme(axis.text.x = element_text(angle = 90,vjust = 0.5))+
  facet_wrap(~Sex,nrow = 2)
```

上面程序中首先获取参赛人数较多的地区，然后使用前15个地区的名称，从数据集athletedata中获取这些地区运动员信息，并使用group_by()函数根据region、Year、Sex 3个变量进行分组计算运动员数量形成数据集plotdata，最后对plotdata数据集进行数据可视化。

绘制热力图时，以X轴表示Year变量，Y轴表示region变量，使用geom_tile()函数绘制瓦片图，利用aes(fill = number)来指定填充取值的变量为参赛人数number。

使用scale_fill_gradientn()函数将颜色和瓦片的填充颜色进行映射，该函数可以创建一个从低到高的颜色渐变，参数colours用于指定渐变颜色的取值。brewer.pal(10,"RdYlGn")是RColorBrewer包中的函数，表示将"RdYlGn"这种颜色渐变切分为10份，用于映射参加奥运会的人数number变量。由于使用了rev()函数，所以将brewer.pal(10,"RdYlGn")映射结果反转，得到红色与number的最大值对应，绿色和

number的最小值对应。

scale_x_continuous()函数用于设置X中的显示标签，即使用连续的方式。theme()函数中的axis.text.x = element_text(angle = 90,vjust = 0.5)是要将X轴的标签旋转90°并且垂直居中。因为要分别分析参赛男性人数和女性人数，所以要使用facet_wrap(~Sex,nrow = 2)对图像进行分面，分面是根据Sex变量将图像分为两行显示。最后得到的热力图如图3-9所示。

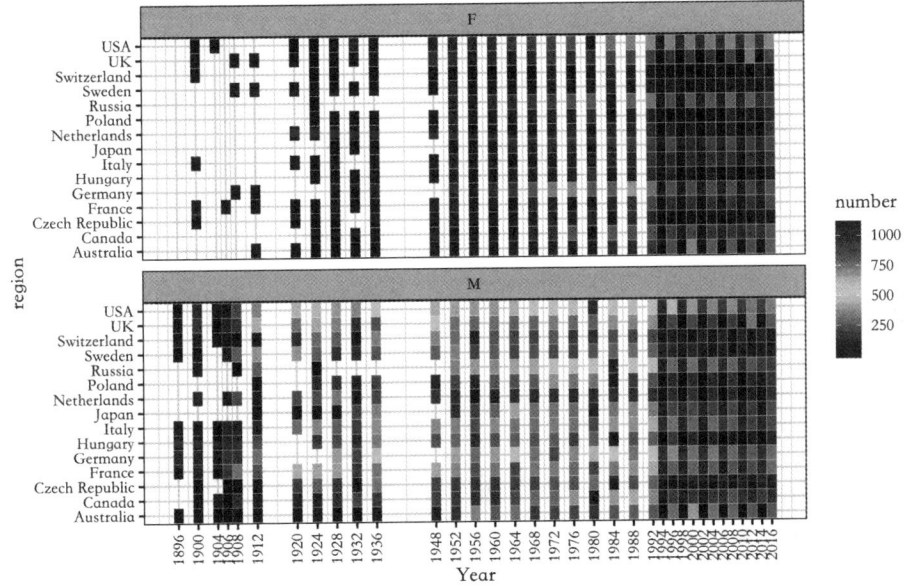

图3-9 各地区120年来参赛人数热力图

由图3-9可以发现，男性参赛运动员比女性参赛运动员人数多。在男性中，1900年法国、1904年美国、1908年英国参赛人数约1000人。奥运会在1936年到1948年之间并没有举办（由于期间有第二次世界大战）。1896年举办的奥运会并没有女性运动员参与。由此可见，使用热力图可将4个数据特征有效地联系在一起获取更多的信息。

数据的可视化图像传递的信息应该是丰富、有趣的，所以就产生了使用表情包来可视化数据的包。

例3.8 针对例3.6中奥运会120年的运动员数据集，请使用表情图像（利用ggChernoff包可将表情图像添加在ggplot2绘制的图像上）将"USA", "Germany", "France", "UK", "Russia", "China"6个地区每年奥运会奖牌数量进行可视化，对比分析各地区的获奖情况。

解: 可视化程序如下。

```
library(ggChernoff)
region6 <- c("USA","Germany","France" ,"UK","Russia","China")
index <- ((athletedata$region %in% region6) & (!is.na(athletedata$Medal))&
  (athletedata$Season=="Summer"))
plotdata <- athletedata[index,]
plotdata2 <- plotdata%>%group_by(Year,region)%>%
  summarise(Medalnum=n())
ggplot(plotdata2,aes(x=Year,y=Medalnum))+
  theme_bw(base_family = "STKaiti")+
  geom_line()+
  geom_chernoff(fill = 'goldenrod1')+
  facet_wrap(~region,ncol = 2)+
  labs(x="举办时间",y="奖牌数")
```

上面的程序中，首先获取指定的6个地区夏季(Summer)奥运会的奖牌数据集plotdata，然后使用group_by()按照"Year"，"region"变量进行数据分组，计算出奖牌的数量集plotdata2。接着使用ggplot()函数对plotdata2数据集进行绘图，并且使用geom_line()函数添加折线图。

使用ggChernoff包中的geom_chernoff(fill = 'goldenrod1')为图像添加点图，每个点均为表情。使用facet_wrap(~region,ncol = 2)添加分面图层，将图像根据region变量分为6个子图，并按照两列进行排列，最后得到的图像如图3-10所示。

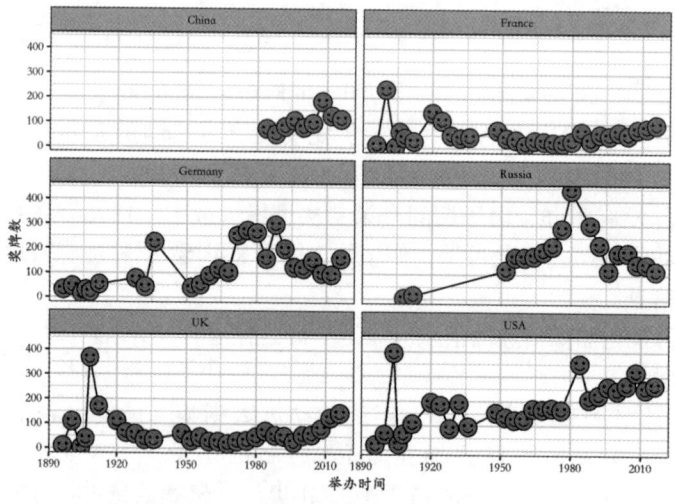

图3-10 各国奥运奖牌数量对比

根据图3-10可以发现，在这6个地区中，美国的奖牌趋势整体上是逐年上升的；中国在1980年以前没有获得过奥运会奖牌（这是因为新中国第一次参加奥运会是在1984年）；美国和俄国奖牌数在1980年左右均有一个高峰。

前面介绍的内容是使用R绘制静态图像，那么R能不能绘制动画呢？答案是肯定的。

在R中，有一个基于ggplot2的动态可视化包gganimate，该包可以将ggplot2得到的图像进行动态显示。

例3.9 针对例3.6中奥运会120年的运动员数据集，请利用gganimate包的动画功能可视化各地区每年奖牌的获取情况。

解：动态可视化程序如下。

```
library(gganimate)
index <- (athletedata$region %in% region30[1:20]&(!is.na(athletedata$Medal)))
plotdata <- athletedata[index,]
plotdata2 <- plotdata%>%group_by(Year,region,Medal)%>%
  summarise(Medalnum = n())
head(plotdata2)
## # A tibble: 6 x 4
## # Groups:   Year, region [3]
##    Year region    Medal  Medalnum
##   <int> <chr>     <chr>     <int>
## 1  1896 Australia Bronze        1
## 2  1896 Australia Gold          2
## 3  1896 Austria   Bronze        2
## 4  1896 Austria   Gold          2
## 5  1896 Austria   Silver        1
## 6  1896 France    Bronze        2
ggplot(plotdata2,aes(x=region,y=Medalnum,fill=Medal))+theme_bw()+
  geom_bar(stat = "identity",position = "stack")+
  theme(axis.text.x = element_text(angle = 90,vjust = 0.5))+
  scale_fill_brewer(palette="RdYlGn")+
  transition_time(Year) +
  labs(title = 'Year: {frame_time}')
```

上面的程序是利用group_by()函数将数据处理后，得到用于动态可视化的数据集plotdata2，再使用ggplot()函数和geom_bar()函数得到条形图。

如何将该条形图动态显示呢？可使用transition_time()函数将时间变量Year作为参数，获取的图像就会根据时间的变化而更新条形图的内容，最后使用labs()函数将时间作为图像的标题。因为得到的图像是不停变化的，其变化过程中的两张截图如图3-11所示。

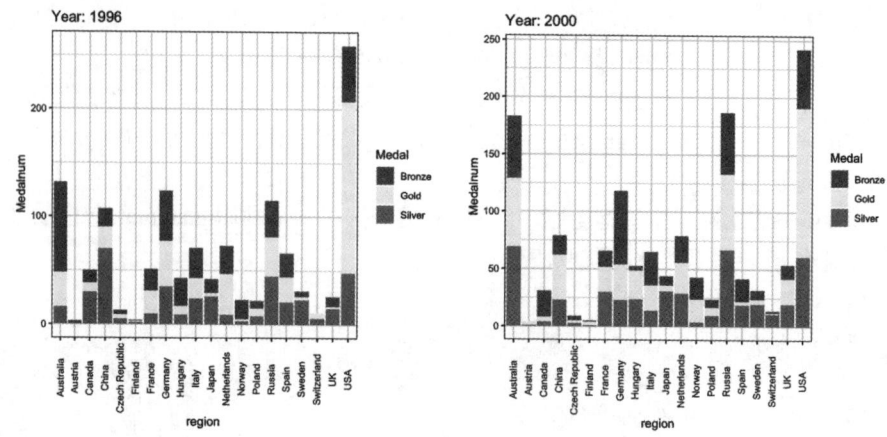

图 3-11 数据动态可视化

通过动态图像可以观察每个地区每年奖牌获取情况的变化过程，能够更好地认识数据的变化趋势。

3.3 其他数据可视化包

扫一扫，看视频

3.2节介绍的是使用ggplot2系列包对奥运会数据进行可视化。在R中，还有很多功能强大的可视化包，能够帮助用户更好地了解数据。例如，treemap包可以绘制树图来探索数据的形式，maps包和geosphere包能够将数据可视化为地图的形式，igraph包能够可视化社交网络图等，VennDiagram包能够使用韦恩图分析几个集合之间包含的关系等。本节将会通过具体实例来介绍这些包的使用方法。

3.3.1 树图可视化

在R中，treemap包可以绘制树图来探索数据的结构。

例3.10 针对例3.6中奥运会120年的运动员数据集，请使用树图对地区、运动员数量、性别、奖牌数量等几个变量之间的联系进行可视化分析。

解：利用树图可视化的程序如下。

```
library(treemap)
## 使用treemap可视化数据
```

```
plotdata <- athletedata%>%
  group_by(region,Sex)%>%
  summarise(number=n())
## 计算奖牌数量
plotdata2 <- athletedata[!is.na(athletedata$Medal),]%>%
  group_by(region,Sex)%>%
  summarise(Medalnum=n())
## 合并数据
plotdata3 <- inner_join(plotdata2,plotdata,by=c("region", "Sex"))
treemap(plotdata3,index = c("Sex","region"),vSize = "number",
        vColor = "Medalnum",type="value",palette="RdYlGn",
        title = "不同性别下每个国家的运动员人数",fontfamily.title = "STKaiti",
        title.legend = "奖牌数量",fontfamily.legend="STKaiti")
```

上面的程序首先使用group_by()函数和inner_join()函数获取需要使用的数据plotdata3，该数据包含性别、地区、运动员数量、奖牌的数量等信息。接着使用treemap()函数来绘制树图，其中index参数用于指定聚合索引，如果提供了多个列名，则第一个名称是最高聚合级别，第二个名称是次高聚合级别，以此类推；vSize参数用于指定矩形大小的列名（在树图中每个矩形的大小表示其取值占总数的比例）；vColor参数用于指定树图中每个矩形颜色深浅的列名。最后获得的图像如图3-12所示。

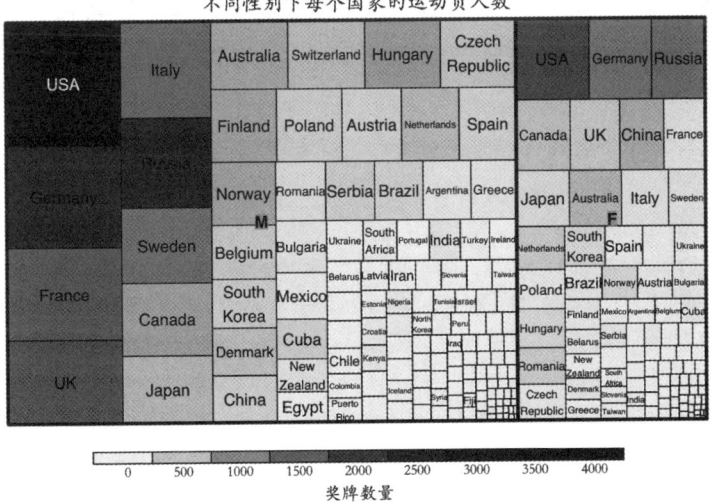

图3-12 树图数据可视化

在图3-12中，运动员越多的地区矩形块越大，获得奖牌数越多的地区颜色越深。可发现,男运动员的数量约是女运动员数量的3倍,而且无论男女,美国和德国的运动员总数和奖牌数量都是最多的。

3.3.2 地图可视化

在R中,maps包和geosphere包能够将数据可视化为地图的形式。如果需要分析的数据包含很多地理位置信息,将数据和地图结合起来进行可视化,更有利于发现数据中的潜在信息。

例3.11 针对美国飞机航线数据(usaairline.csv)以及机场分布数据(airportusa.csv),请利用地图可视化包对美国各机场之间的航班联系进行可视化分析。

解:首先导入map包和geosphere包,读取所需要的数据,程序如下。

```
library(maps)
library(geosphere)
## 读取飞机航线的数据
usaairline <- read.csv("data/chap3/usaairline.csv")
airportusa <- read.csv("data/chap3/airportusa.csv")
head(airportusa)
##    AirportID                    Name          City       Country IATA
## 1       3411  Barter Island LRRS Airport  Barter Island  United States  BTI
## 2       3413  Cape Lisburne LRRS Airport  Cape Lisburne  United States  LUR
##    ICAO  Latitude  Longitude  Altitude  Timezone  DST  Tzbatabase          Type
## 1  PABA  70.1340   -143.5820         2        -9    A  America/Anchorage  airport
## 2  PALU  68.8751   -166.1100        16        -9    A  America/Anchorage  airport
##         Source
## 1  OurAirports
## 2  OurAirports
head(usaairline)
##   destination.apirport  source.airport  Latitude.x  Longitude.x  Latitude.y
## 1                  ABE             MYR     33.6797     -78.9283     40.6521
## 2                  ABE             CLT     35.2140     -80.9431     40.6521
##   Longitude.y
## 1    -75.4408
## 2    -75.4408
```

上面的程序读取的第一个数据为美国机场数据,主要包括坐标、编号、城市、国家等信息,第二个数据是机场之间的航线数据,包括起点、终点、机场编号、坐标等信息。

在地图上,可以使用点来可视化机场的分布情况,使用连线来可视化机场之间是否有航班,程序如下。

```
map("state",col="palegreen", fill=TRUE, bg="lightblue", lwd=0.1)
## 添加点
points(x=airportusa$Longitude, y=airportusa$Latitude, pch=19, cex=0.4, col= "tomato")
col.1 <- adjustcolor("orange", alpha=0.4)
## 添加边
for(i in 1:nrow(usaairline)) {
  node1 <- usaairline[i,c("Latitude.x","Longitude.x")]
  node2 <- usaairline[i,c("Latitude.y","Longitude.y")]
  arc <- gcIntermediate(c(node1$Longitude.x, node1$Latitude.x),
                        c(node2$Longitude.y, node2$Latitude.y),
                        n=1000, addStartEnd=TRUE)
  lines(arc, col=col.1, lwd=0.2)
}
```

上面的程序中,首先使用map()函数得到美国("state")的地图,并且指定背景色为亮蓝色(bg="lightblue"),填充色为淡绿色(col="palegreen")。接着使用points()函数将机场的位置添加在地图上,并指定点的颜色为tomato。通过adjustcolor()函数来定义col.1以指定航线的颜色。

使用for循环绘制机场之间的航线,将usaairline数据集中的所有航线进行逐条绘制,使用gcIntermediate()函数可以生成两个位置坐标之间的弧线arc,最后使用lines()函数将弧线绘制出来,得到的图像如图3-13所示。

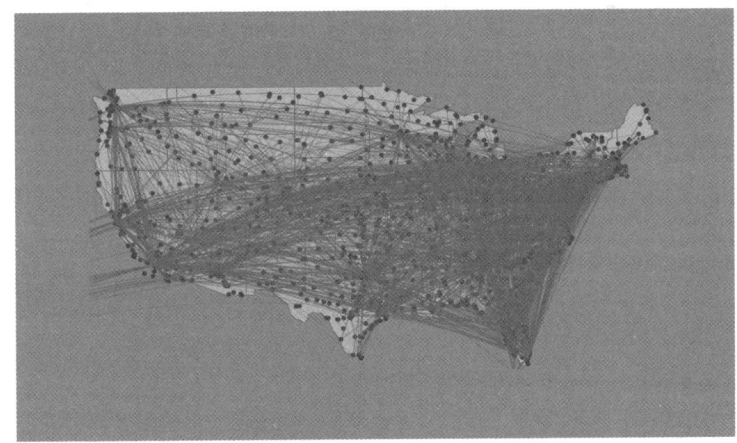

图 3-13 美国航线数据地图可视化

通过图3-13可以清楚地观察美国机场的位置分布,以及机场之间的航线联系。

可以发现，在美国东部，机场的分布更加密集，且机场之间的联系中有几个主要的区域。

3.3.3 社交网络可视化

在R中，igraph包能够可视化网络图，分析网络图的特性。

例3.12 针对各个国家机场、航班之间的信息数据集（vertex.csv，edge.csv），请使用igraph包分析这些国家机场之间航班的情况，展示国家之间联系的频繁程度。

解：首先读取数据，程序如下。

```
library(igraph)
## 读取顶点和边的数据
vertexdata <- read.csv("data/chap3/vertex.csv")
edgedata <- read.csv("data/chap3/edge.csv")
## Country:国家,airportnumber: 机场数量, vtype: 节点的类型
head(vertexdata)
##     Country airportnumber vtype
## 1   Algeria            43     2
## 2 Australia           296     3
## 3   Austria            19     1
## Country.x,Country.y:连线的两个点, connectnumber: 连接的数量, etype: 边的类型
head(edgedata)
##   Country.y   Country.x connectnumber etype
## 1   Algeria      France            67     1
## 2 Australia New Zealand            64     1
## 3   Austria     Germany            67     1
```

上面的数据一共有两个数据框，分别是顶点数据框和连线数据框。vertexdata表格中的Country表示国家，airportnumber变量表示对应国家的机场数量。数据表格edgedata中的Country.x和Country.y分别表示存在航线的两个国家名称。

为了可视化国家之间的航线联系，可以使用igraph包的graph_from_data_frame()函数从数据表生成网络图，directed = TRUE表示图像为有向图，程序如下。

```
## 定义网络图
g <- graph_from_data_frame(edgedata,vertices = vertexdata,directed = TRUE)
## 添加边的宽度
E(g)$width <- log10(E(g)$connectnumber)
# 生成节点和边的颜色
```

```
colrs <- c("gray50", "tomato", "gold")
V(g)$color <- colrs[V(g)$vtype]
E(g)$color <- colrs[E(g)$etype]
# 绘制2行2列共4个图，每个图使用不同的图像样式
par(mfrow=c(2,2), mar=c(0,0,0,0))
plot(g, layout = layout_in_circle(g),
     edge.arrow.size=0.4,
     vertex.size = 10*log10(V(g)$airportnumber),
     vertex.label.cex = 0.6)
plot(g, layout = layout_with_fr(g),
     edge.arrow.size=0.4,
     vertex.size = 10*log10(V(g)$airportnumber),
     vertex.label.cex = 0.6)
plot(g, layout = layout_on_sphere(g),
     edge.arrow.size=0.4,
     vertex.size = 10*log10(V(g)$airportnumber),
     vertex.label.cex = 0.6)
plot(g, layout = layout_randomly(g),
     edge.arrow.size=0.4,
     vertex.size = 10*log10(V(g)$airportnumber),
     vertex.label.cex = 0.6)
```

上面的程序使用了4种方式将网络图进行可视化，分别为layout_in_circle（将顶点按其id的顺序放置在圆上）、layout_with_fr（使用Fruchterman和Reingold的力导向布局算法将顶点放置在平面上）、layout_on_sphere（按照顶点id的顺序将顶点近似均匀地放置在球体上）、layout_randomly（将顶点均匀地随机放置在二维平面或三维空间中）。最后得到的图像如图3-14所示。

由图3-14可以看出，不同的图像形式可表达不一样的信息，以便于认识和分析数据之间的联系。

在利用igraph包绘制网络图时，常用的方法和参数设置如表3-9所示。

表3-9 igraph 包常用的方法和参数设置

方法和参数	应 用 效 果
E(g)$width	获取或者设置图 g 边的宽度
E(g)$color	获取或设置图 g 边的颜色
V(g)$color	获取或设置图 g 节点的颜色
edge.arrow.size	绘图时边箭头的大小
vertex.size	绘图时顶点的大小

续表

方法和参数	应用效果
layout	绘图时使用的网格生成方式
vertex.label.cex	绘图时顶点标签缩放比例

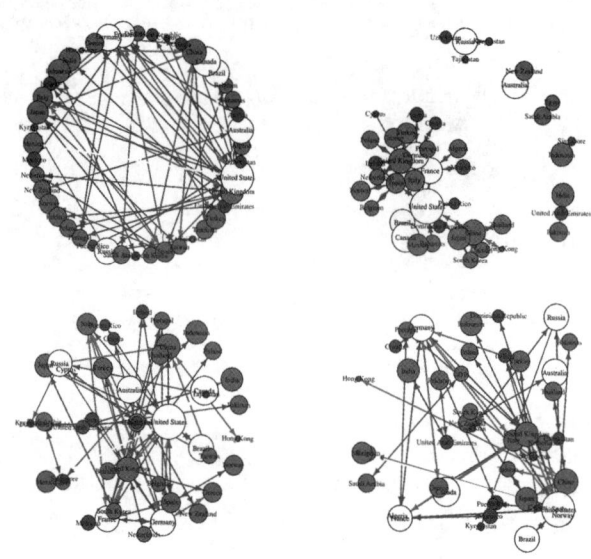

图 3-14　社交网络图可视化

3.3.4　韦恩图

在分析数据时，经常会遇到几个数据集（集合）之间有相同的元素，这时可使用韦恩图将数据可视化，分析集合之间的关系。

在R中，绘制韦恩图可以使用VennDiagram包，该包最多可以可视化分析5个集合之间的交并关系。

例3.13　请任意生成4个序列，然后使用韦恩图可视化这4个集合之间的交并集情况。

解：任意生成4个序列，可视化它们之间的关系，程序如下。

```
library(VennDiagram)
## VennDiagram包最多可以绘制5个集合的韦恩图，这里绘制4个集合韦恩图
vcol <- c("red","blue","green","DeepPink")
T<-venn.diagram(list(First =c(1:30),
                     Second=seq(1,50,by = 2),
```

```
                Third =seq(2,50,by = 2),
                Four = c(20,70)),
        filename = NULL,lwd = 0.5,
        fill = vcol,alpha = 0.5,margin = 0.1)
grid.draw(T)
```

上面的程序中,首先使用venn.diagram()函数将列表生成韦恩图,fill参数指定了填充列表中数据的颜色,alpha参数指定填充色的透明度;其次使用grid.draw()函数将图像输出,得到的结果如图3-15所示。

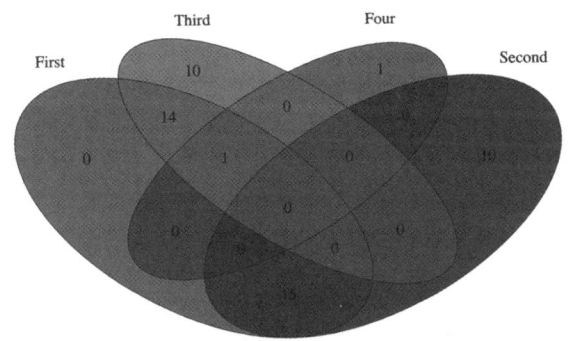

图3-15 韦恩图数据可视化

在图3-15中,数据集相交的位置标注了包含相同元素的数目,使4个集合之间的关系一目了然。

上述VennDiagram包最多只能可视化5个集合的交并集情况,对多于5个的情形,可以使用UpsetR包进行可视化,该包通过矩阵数据可视化形式来分析集合之间的交并集。

例3.14 请任意生成6个序列,对它们之间交并集情况进行可视化。

解: 首先生成6个序列,程序如下。

```
## 数据准备
onevec <- 1:100
twovec <- seq(1,200,by = 2)
threevec <- seq(10,300,by = 5)
fourvec <- seq(2,400,by = 4)
fivevec <- seq(10,500,by = 10)
sixvec <- seq(3,400,by = 3)
```

使用UpsetR包将6个向量之间的交并集情况进行可视化。

```
library(UpSetR)
```

```
## 1: 将6个集合的并集计算出来
all <- unique(c(onevec,twovec,threevec,fourvec,fivevec,sixvec))
## 建立一个数据表格
plotdata <- data.frame(matrix(nrow = length(all),ncol = 7))
colnames(plotdata) <-c("element","one","two","three","four",
                       "five","six")
## 2:数据表第一列是6个集合的并集的所有元素
plotdata[,1] <- all
## 3:其他列中的对应行,如果包含那一行的元素,则取值为1,否则取值为0
for (i in 1:length(all)) {
  plotdata[i,2] <- ifelse(all[i] %in% onevec,1,0)
  plotdata[i,3] <- ifelse(all[i] %in% twovec,1,0)
  plotdata[i,4] <- ifelse(all[i] %in% threevec,1,0)
  plotdata[i,5] <- ifelse(all[i] %in% fourvec,1,0)
  plotdata[i,6] <- ifelse(all[i] %in% fivevec,1,0)
  plotdata[i,7] <- ifelse(all[i] %in% sixvec,1,0)
}
```

上面的程序针对6个集合进行了如下3个步骤的数据准备操作。

（1）计算出6个集合的并集并命名为新的变量all，创建一个数据表格plotdata，表格的行数目为变量all的长度，并且表格包含7列。

（2）将表格plotdata中的element变量设置为变量all，即6个集合并集的所有元素。

（3）对plotdata中的变量one、two、three、four、five、six的每行取值进行处理，如针对one变量，若相应行中的变量all(element)的取值在向量onevec中，那么该行取值为1，否则取值为0。其他变量类似处理，最后得到UpsetR包可用的数据表。

查看该数据的前几行，结果如下所示。

```
head(plotdata)
##   element one two three four five six
##1      1   1   1    0    0    0   0
##2      2   1   0    0    1    0   0
##3      3   1   1    0    0    0   1
##4      4   1   0    0    0    0   0
##5      5   1   1    0    0    0   0
##6      6   1   0    0    1    0   1
```

使用UpsetR包中的upset()函数，对数据中的6个集合的交集进行可视化，程序如下。

```
upset(plotdata,
```

```
sets = c("one","two","three","four","five","six"),
nintersects = 40, ## 默认显示前40个交集
order.by = "freq", ## 根据频数排序
## 设置主条形图
matrix.color   = "black", ## 数据矩阵的颜色
main.bar.color = "red",## 主要条形图的颜色
##设置集合条形图
sets.bar.color = "tomato",
## 设置矩阵点图
point.size   = 2.5,line.size = 0.5,
## 矩阵点图和条形图的比例
mb.ratio = c(0.65, 0.35))
```

在上面的程序中，使用参数sets来指定plotdata中用于可视化的变量，系统默认情况下会可视化前40个元素数量最多的交集，得到的图像如图3-16所示。

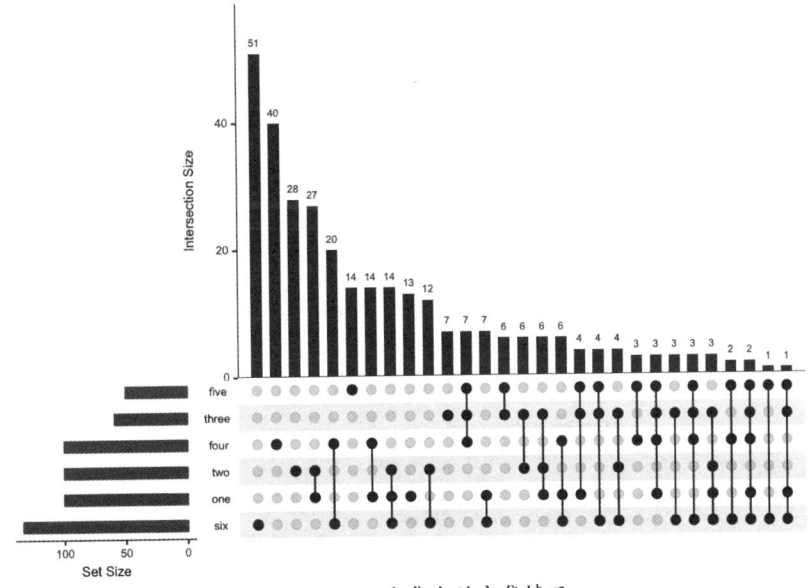

图3-16　6个集合的交集情况

图3-16可以分为3个部分，左边的条形图是集合包含元素数量可视化。上面的条形图所对应的下面的矩阵散点图表示各集合之间的交集情况。例如，第一列的矩阵散点图中只有一个点对应集合six，表示集合six包含其他集合不存在的元素个数有51个，这51个元素通过上面的红色条形图表示；在矩阵散点图的第4列中，集合one和two所对应的点有连线，说明这两个集合的交集包含27个元素；类似地，集合

four和six的交集有20个元素（第5列）。

3.4 R可视化3D图像

在实际应用中，会遇到在三维空间中将数据进行可视化分析的问题，针对这种情况，可使用plot3D包和plotly包绘制数据的3D图像。

在R中，plot3D包常用于查看二维和三维数据，包括透视图、切片图、曲面图、散点图等。plotly包的R图形库可以绘制在线可交互式图像，如制作条形图、误差线、热力图、3D图等。

下面使用具体实例分别介绍如何使用plot3D包和plotly包绘制3D图像。

例3.15 请使用plot3D包可视化函数 $z=\sin(x)+\cos(y)+\sin(x)\cdot\cos(y)$ 在 $x,y\in[0,10]$ 内的3D图像。

解： 在绘制3D图形时，需要网格数据，这时可利用plot3D包中的mesh()函数生成网格数据，程序如下。

```
library(plot3D)
## 生成网格数据并计算z
x <- y <- seq(0,10,by = 0.5)
xy <- mesh(x,y)
z <- sin(xy$x) + cos(xy$y) + sin(xy$x) * cos(xy$y)
```

程序中通过mesh()函数将x和y向量网格化，得到包含x和y矩阵的列表xy，然后通过网格化后的数据计算出函数z的网格数据。

接下来使用plot3D包绘制3D直方图和3D曲面图。

```
par(mfrow = c(1,2))
hist3D(x,y,z,phi = 45,theta = 45,space = 0.1,colkey = F,bty = "g")
surf3D(xy$x,xy$y,z,colkey = F,border = "black",bty = "b2")
```

上面的程序使用hist3D()函数绘制3D直方图。需要注意的是，X轴和Y轴使用的数据为向量，Z轴使用的数据为网格数据。phi = 45和theta = 45两个参数用于调整可视化图像的视角，space = 0.1用于调整相邻条形之间的空隙大小，参数colkey = F表示不需要颜色条，参数bty用于设置图像背景的样式。在使用surf3D()绘制3D曲面图时，X、Y、Z轴使用的数据均为网格数据矩阵，得到的图像如图3-17所示。

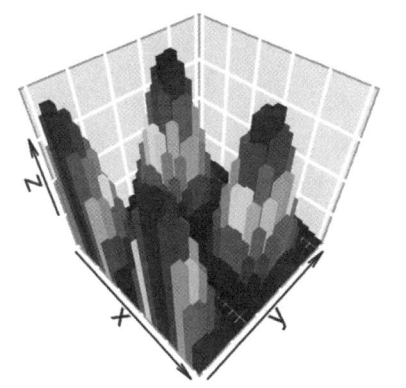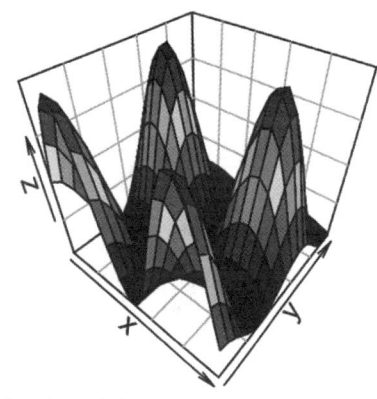

图 3-17 plot3D 包可视化数据

在plot3D包中，还包含有其他类型的3D数据可视化方法，具体如表3-10所示。

表 3-10 plot3D 包常用的 3D 数据可视化方法

函 数 名	应 用 效 果
box3D(),border3D()	在点对之间绘制框
contour3D()	在 3D 图中添加等高线
image3D()	在 3D 图中添加图片
isosurf3D()	绘制来自三维数据集的等值面
scatter3D()	3D 散点图
slicecont3D()	绘制三维数据集作为具有颜色变量切片上的等高线

在R中，利用plotly包可以得到可交互的可视化图像，通过鼠标的指示位置，即可显示出图像在该点的信息（可以是坐标，也可以是对应设置的文本等）。

例3.16 请使用plotly包可视化函数 $z = \sin(x) + \cos(y) + \sin(x) \cdot \cos(y)$ 在 $x, y \in [0, 10]$ 之间的3D图像。

解： 针对例3.15中生成的网格数据，使用plotly包中的plot_ly()函数将该数据可视化。

```
library(plotly);
## 使用plotly包绘制3D图像
plot_ly(x = xy$x, y = xy$y, z = z,showscale = FALSE)%>%
  add_surface()
```

在上面的程序中，通过plot_ly()函数来指定X、Y、Z轴所使用的数据，然后通过添加曲面图层add_surface()获得3D图像，结果如图3-18所示。

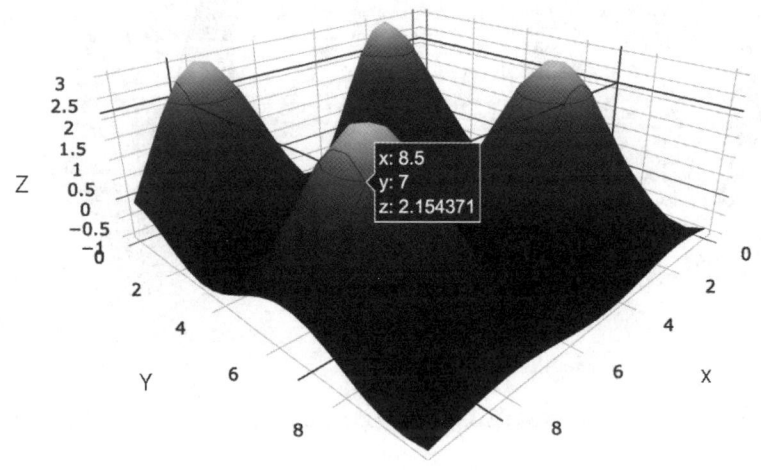

图 3-18　可交互三维曲面图

图3-18为plotly包绘制3D曲面图的一张截图，图中显示的文字即为鼠标所在位置的坐标信息。

3.5　本章小结

本章主要介绍了怎样使用R语言进行数据可视化，直观认知数据中的关键信息。无论是在统计分析还是机器学习方面，数据可视化对认识数据、理解数据的模式、数据探索等都发挥着重要作用。

（1）本章主要介绍了以下几个主题。

① R中基础的数据可视化功能有散点图、直方图、线图等及其相关参数设置。

② R中基于ggplot2包的可视化系统有使用ggplot2包进行数据可视化，基于ggplot2的拓展包的可视化应用，热力图、矩阵散点图、平行坐标图、动态图等。

③ 其他的数据可视化包有韦恩图、树图、地图、网络图等。

④ R中可视化3D图像。

（2）本章主要介绍的包和函数如表3-11所示。

表 3–11 主要介绍的包和函数

包	函 数	应 用
graphics	plot	绘图通用函数
	par	设置绘图的参数
	hist	直方图
	smoothScatter	平滑散点图
	boxplot	箱线图
ggplot2	ggplot	ggplot2 的绘图对象
GGally	ggscatmat	矩阵散点图
	ggparcoord	平行坐标图
gridExtra	grid.arrange	将图像排列为网格图
dplyr	inner_join	数据表连接
ggChernoff	geom_chernoff	可视化表情包
gganimate	transition_time	动画可视化包
treemap	treemap	树图
igraph		网络图可视化包
VennDiagram	venn.diagram	韦恩图可视化
plot3D	hist3D	3D 直方图
	surf3D	3D 曲面图
plotly	plot_ly	交互图可视化

习 题 3

3.1 请从网上下载一个公开的数据集（可以是Kaggle或者UCI上的数据集），要求数据集中的样本数量不少于1000，特征不小于10个。针对该数据集，使用尽可能多的数据可视化方法探索数据所蕴含的信息，制作一个数据分析可视化报告。在报告中至少包含下面的可视化内容。

（1）可视化图像中包含对高维数据的可视化分析。
（2）在对数据可视化时，要针对分类变量进行对比。
（3）使用的可视化图像尽可能简单易懂。
（4）可视化报告要尽可能讲述一个完整的故事。

3.2　在faraway包中包含一个名为worldcup的数据集，前几行内容如下面代码所示，该数据集是2010年世界杯上球员的信息数据，针对该数据进行数据可视化，从而更快速理解数据中的主要信息。

```
head(worldcup)
##                Team  Position Time Shots Passes Tackles Saves
## Abdoun       Algeria Midfielder  16     0      6       0     0
## Abe            Japan Midfielder 351     0    101      14     0
## Abidal        France   Defender 180     0     91       6     0
## Abou Diaby    France Midfielder 270     1    111       5     0
## Aboubakar   Cameroon    Forward  46     2     16       0     0
## Abreu        Uruguay    Forward  72     0     15       0     0
```

在worldcup数据集中，每个变量所表示的信息如下。

Team：国家；

Position：一个因子变量包括防守、前锋、守门员、中场；

Time：上场的总时间数，单位为min；

Shots：尝试射门的次数；

Passes：传球次数；

Tackles：铲球次数；

Saves：救球次数。

第 2 篇 统 计 分 析

近年来，随着科学技术的进步，数据已经演变成了包括数字、影像、声音、文本等在内的各种信息的载体。电子科技尤其是互联网的发展，不仅为数据的收集和储存提供了新的途径和保障，而且为数据的处理、可视化和分析提供了强有力的工具。所有这些，都表明人类已经迎来了大数据的时代，统计学进入了最佳的发展时期。统计学是21世纪最有发展前途的学科之一，这已经成为人们的共识。

统计分析是统计学的核心研究内容。伴随着数据量的积累，各种各样的机器学习、深度学习算法得到了快速的发展。人们在惊叹机器学习带来便利的同时，更应该加强其算法基础——统计分析的研究。正因为有包括数据统计、多元统计分析、时间序列分析等统计理论的支撑，才促进了机器学习的快速兴起。

R语言是全球最热的统计语言，利用R语言可以实现对数据的各种统计分析。常用的统计分析方法有：假设检验、方差分析、列联表分析、回归分析、主成分分析、聚类分析等。在下面的章节中，将会详细介绍这些常用统计分析方法的理论、应用及其在R环境下的实现等。

Chapter

04
第4章

数理统计基础

数理统计的基础知识主要包括怎样生成随机数,如何判断一组数据是否服从正态分布,正态分布的数据有什么用处,如何比较两组数据的差异等内容,它们在数据分析和数据挖掘过程中具有重要地位。

本章简化理论推导,结合R语言,介绍随机数生成、假设检验、方差分析等方法在实际场景中的应用。

4.1 随机数模拟

扫一扫，看视频

生成随机数，或生成特定分布的随机数，在数据分析、试验设计中经常会遇到。

随机数按照维度可分为一元随机数和多元随机数。在一元随机数中正态分布、F分布、均匀分布和泊松分布等比较常用，在多元随机数中多元正态分布使用较多。

4.1.1 一元随机数

一元随机数就是数据的维度只有一维，属于一个向量，向量的长度通常大于1。

下面主要讨论概率论与数理统计中常用的离散型和连续型分布随机数的生成方法和相关的参数估计等。

1. 二项分布（Binomial Distribution）

在 n 重伯努利试验中，设 $P(A)=p$，则事件 A 恰好发生 k 次的概率为

$$P(X=k)=C_n^k p^k (1-p)^{n-k}, \quad k=0,1,2,\cdots,n \tag{4-1}$$

在R中，可通过rbinom()函数模拟生成服从二项分布的随机数。

2. 泊松分布（Poisson Distribution）

设离散型随机变量 X 的分布律为

$$P(X=k)=\frac{\lambda^k}{k!}e^{-\lambda}, \quad \lambda>0, k=0,1,2,\cdots \tag{4-2}$$

则称 X 服从参数为 λ 的泊松分布，记为 $X \sim P(\lambda)$。

在R中，可通过rpois()函数模拟生成服从泊松分布的随机数。

3. 正态分布（Normal Distribution）

若随机变量 X 的概率密度函数为

$$f(x)=\frac{1}{\sigma\sqrt{2\pi}}e^{-\frac{(x-\mu)^2}{2\sigma^2}} \tag{4-3}$$

则称其服从参数为 μ、σ^2 的正态分布，记为 $X \sim N(\mu, \sigma^2)$。

由定义可知，参数 μ 为正态分布的数学期望，它决定了分布的位置，被称为位置参数；参数 σ^2 为正态分布的方差，它决定了分布的幅度，被称为尺度参数。

在R中，可通过rnorm()函数模拟生成一维正态分布的随机数。

4. 均匀分布（Uniform Distribution）

如果连续型随机变量X的概率密度函数为

$$f(x) = \begin{cases} \dfrac{1}{b-a} & \text{for } a \leq x \leq b \\ 0 & \text{elsewhere} \end{cases} \tag{4-4}$$

则称X服从$[a,b]$上的均匀分布，记为$X \sim U[a,b]$。

在R中，可通过runif()函数模拟生成一维均匀分布的随机数。

5. 卡方分布（Chi-square Distribution）

设 $X_1, X_2, \cdots, X_n$ 相互独立且均服从 $N(0,1)$，则称统计量

$$\chi^2 = X_1^2 + X_2^2 + \cdots + X_n^2 \tag{4-5}$$

服从自由度为n的卡方分布，记作 $\chi^2 \sim \chi^2(n)$。

在R中，可通过rchisq()函数模拟生成服从卡方分布的随机数。

6. t 分布

设 $X \sim N(0,1)$，$Y \sim \chi^2(n)$，且X与Y相互独立，则称统计量

$$T = X / \sqrt{Y/n} \tag{4-6}$$

服从自由度为n的t分布，记作 $T \sim t(n)$。

在R中，可通过rt()函数模拟生成服从t分布的随机数。

7. F 分布

若总体 $X \sim \chi^2(n_1)$ 和 $Y \sim \chi^2(n_2)$，且X与Y相互独立，则称统计量

$$F = \frac{X}{n_1} / \frac{Y}{n_2} \tag{4-7}$$

服从自由度为 n_1 和 n_2 的F分布，记为 $F \sim F(n_1, n_2)$。

在R中，可通过rf()函数模拟生成F分布的随机数。

例4.1 请使用R中的相关函数生成服从正态分布、F分布、均匀分布、泊松分布的随机数，并使用ggplot2包可视化各随机数的密度函数（或分布列）曲线。

解：生成随机数，对其可视化，程序如下。

```
library(ggplot2)
library(gridExtra)
## 模拟生成正态分布数据
nor1<- rnorm(300,mean = 0,sd = 1)
## Poisson Distribution泊松分布
pois <- rpois(300,lambda = 2)
## Uniform Distribution 均匀分布
unif1 <- runif(300,min = 0, max = 1)
## F分布
f1 <- rf(300,10,10)
## 数据可视化
p1<- ggplot()+theme_bw(base_family = "STKaiti")+
  geom_density(aes(nor1),bw = 0.4,fill="red",alpha=0.4)+
  labs(x="",title = "正态分布")+
  theme(plot.title = element_text(hjust = 0.5))
p2 <- ggplot()+theme_bw(base_family = "STKaiti")+
  geom_density(aes(pois),bw = 0.8,fill = "red",alpha =0.4)+
  labs(x="",title = "泊松分布")+
  theme(plot.title = element_text(hjust = 0.5))
p3<- ggplot()+theme_bw(base_family = "STKaiti")+
  geom_histogram(aes(unif1),bins = 15,fill = "red",alpha =0.4)+
  labs(x="",title = "均匀分布")+
  theme(plot.title = element_text(hjust = 0.5))
p4<- ggplot()+theme_bw(base_family = "STKaiti")+
  geom_density(aes(f1),bw = 0.8,fill = "red",alpha =0.4)+
  labs(x="",title = "F分布")+
  theme(plot.title = element_text(hjust = 0.5))
grid.arrange(p1,p2,p3,p4,nrow=2)
```

上面的程序分别生成了300个符合指定分布的随机数，得到的密度函数（或分布列）曲线如图4-1所示。

根据图4-1可以直观地认识不同分布下随机数的分布状况，其中均匀分布的图形没有达到理想的分布是因为受到了随机数数量的影响。

前面给出了常见的几种分布随机数的生成方法，在R中，其他分布随机数和密度函数（对离散型是指分布列）的生成方法如表4-1所示。

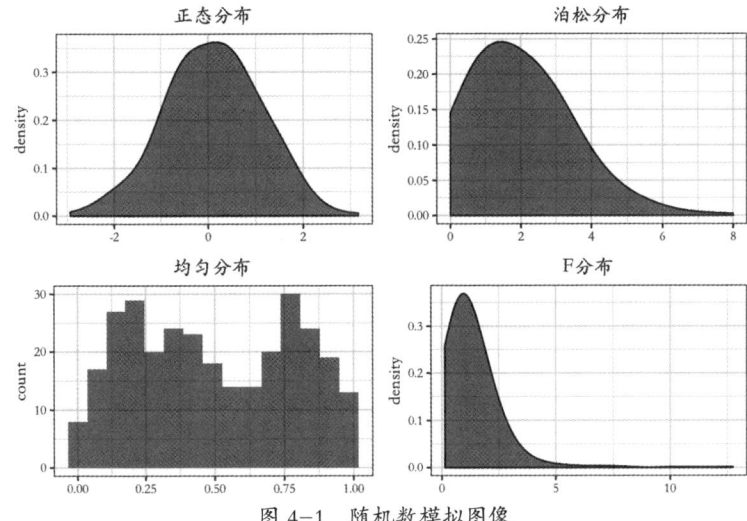

图 4-1 随机数模拟图像

表 4-1 R 常用的随机数及密度函数生成方法

函数名	应用效果	函数名	应用效果
rbeta	生成贝塔分布随机数	dbeta	计算贝塔分布密度
rexp	生成指数分布随机数	dexp	计算指数分布密度
rgamma	生成伽玛分布随机数	dgamma	计算伽玛分布密度
rgeom	生成几何分布随机数	dgeom	计算几何分布的分布列
rnbiom	生成负二项分布随机数	dnbiom	计算负二项分布的分布列
rweibull	生成威布尔分布随机数	dweibull	计算威布尔分布密度

表4-1给出了R中指定分布的密度函数（或分布列）与随机数的生成函数。

说明：在 R 中，正态分布（normal distribution）的基本名称为 norm，加上不同的前缀表示不同的函数，如 rnorm() 表示生成正态分布的随机数（r 可理解为 random 的缩写），dnorm 表示正态分布的概率密度（d 可理解为 density 的缩写），pnorm 表示正态分布的分布函数（分布函数的结果为概率，p 可理解为 probability 的缩写），qnorm 表示正态分布的分位数（q 可理解为 quantile 的缩写）等，其他分布的各种函数具有类似的规律。

在MASS包中，包含一个可以根据随机数和指定分布类型来估计随机数参数的fitdistr()函数，该函数使用极大似然估计来拟合单变量数据的分布。

例4.2 针对例4.1生成的正态分布随机数和泊松分布随机数，请使用fitdistr()函数估计相应分布下的参数。

解：可以使用如下所示的程序进行参数估计：

```
library(MASS)
fitdistr(nor1,densfun = "normal")
##       mean          sd
##    0.09906938    0.99446382
##   (0.05741540)  (0.04059882)
fitdistr(pois,densfun = "Poisson")
##      lambda
##    1.94333333
##   (0.08048464)
```

上面的程序中首先使用fitdistr()函数来估计正态分布随机数nor1的平均值和标准差，结果表明，该随机数服从平均值为0.099，标准差为0.99的正态分布，这与生成正态分布随机数nor1时指定平均值为0，标准差为1基本一致，同时，0.0574和0.0406还给出了对应估计值的标准误差。类似地，对泊松分布随机数pois进行参数估计，估计参数lambda的值为1.94（这和例4.1中生成泊松分布随机数时参数lambda=2非常接近）。

4.1.2 多元随机数

多元（维）随机数通常可以看成一个矩阵，矩阵的行代表样本的数量，矩阵的列代表随机数的维度。

在多元随机数中，多元正态分布最常用。为了便于理解和分析，下面以二元正态分布为例，介绍多元随机数的生成方法。

设二维连续性随机变量(X, Y)的联合概率密度函数为

$$f(x,y) = \frac{1}{2\pi\sigma_x\sigma_y\sqrt{1-\rho^2}} \exp\left(-\frac{1}{2(1-\rho^2)}\left[\frac{(x-\mu_x)^2}{\sigma_x^2} + \frac{(y-\mu_y)^2}{\sigma_y^2} - \frac{2\rho(x-\mu_x)(y-\mu_y)}{\sigma_x\sigma_y}\right]\right) \quad (4-8)$$

其中，μ_x，μ_y，σ_x，σ_y，ρ为常数，并且有$\sigma_x > 0$，$\sigma_y > 0, |\rho| < 1$，则称(X, Y)服从二维正态分布，记为$(X, Y) \sim N(\mu_x, \mu_y; \sigma_x^2, \sigma_y^2; \rho)$。

可以证明，$X \sim N(\mu_x, \sigma_x^2)$，$Y \sim N(\mu_y, \sigma_y^2)$，且$\rho$为$X$和$Y$之间的相关系数。

二维正态分布的平均值向量和协方差矩阵分别为

$$\mu = \begin{pmatrix} \mu_x \\ \mu_y \end{pmatrix}, \quad \Sigma = \begin{pmatrix} \sigma_x^2 & \rho\sigma_x\sigma_y \\ \rho\sigma_x\sigma_y & \sigma_y^2 \end{pmatrix} \quad (4-9)$$

在MASS包中，mvrnorm()函数可以用于生成多元正态分布的随机数。

例4.3 请生成平均值为 $\begin{pmatrix} 0 \\ 4 \end{pmatrix}$，协方差矩阵为 $\begin{pmatrix} 10 & 3 \\ 3 & 4 \end{pmatrix}$ 的二元正态分布随机数，并将随机数的分布可视化。

解：首先进行随机数的生成，可视化散点图，程序如下。

```
set.seed(123)
sigma2 = matrix(c(10,3,3,4),2,2)
norm2d <- mvrnorm(n=800,mu=c(0,4),Sigma = sigma2)
norm2df <- as.data.frame(norm2d)
colnames(norm2df) <- c("x","y")
## 可视化二维正态分布数据
ggplot(norm2df,aes(x=x,y=y))+
  theme_bw(base_family = "STKaiti")+
  geom_point(colour="red")+
  geom_density2d()+
  labs(title = "二元正态分布")+
  theme(plot.title = element_text(hjust = 0.5))
```

上面的程序在生成平均值为(0,4)，协方差矩阵为 $\begin{pmatrix} 10 & 3 \\ 3 & 4 \end{pmatrix}$ 的二元随机数后，绘制出数据分布的散点图和二维密度曲线，结果如图4-2所示。

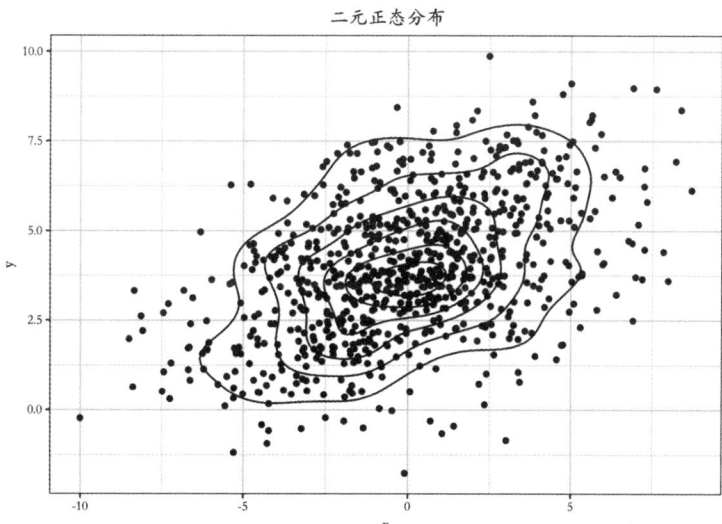

图4-2 二元正态分布数据散点图和密度曲线图

由图4-2可以看出,数据在平均值指定的位置分布更加密集,因为第一维度的方差为10,大于第二维度的方差4,所以在X轴的分布比在Y轴的更加分散。计算可得两个维度的相关系数约为0.47,散点图的分布也呈正相关。

可以使用kde2d()函数估计二元正态分布的核密度(概率密度函数),利用三维曲面图将数据的密度分布曲面进行可视化,程序如下。

```
kde <- kde2d(norm2df$x,norm2df$y,n = 50)
plot_ly(x = kde$x, y = kde$y, z = kde$z,type = "surface")
```

上面的程序在使用kde2d()函数进行核密度估计后,利用plotly包绘制三维曲面图,结果如图4-3所示。

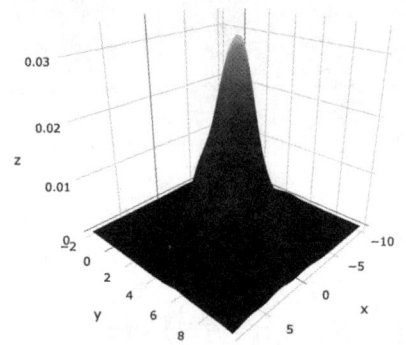

图 4-3　二维正态分布概率密度曲面图

由图4-3可以看出,该概率密度函数取值最大的点接近生成随机数时的平均值(0,4)位置。

如何估计多元正态分布随机数的参数呢？ tmvtnorm包中的mle.tmvnorm()函数可以进行截断多元正态分布参数估计。

例4.4　针对例4.3生成的二维正态分布的随机数,进行参数估计,估计其平均值和协方差矩阵。

解:使用mle.tmvnorm()函数对二元正态分布随机数norm2d进行参数估计,程序如下。

```
library(tmvtnorm)
## 截断多元正态分布参数估计
mlefit1 <- mle.tmvnorm(norm2d,lower = c(-Inf,-Inf), upper = c(+Inf,+Inf))
summary(mlefit1)
## Coefficients:
##                Estimate Std. Error
## mu_1         -0.01450775 0.11014235
## mu_2          3.93986816 0.06895799
```

```
## sigma_1.1  9.70506982 0.48525615
## sigma_1.2  2.78330080 0.23629107
## sigma_2.2  3.80416316 0.19020841
```

上面的程序中，参数lower和upper分别为指定随机数的截断下界和上界。从输出结果可以看出，估计的平均值为(−0.0145, 3.9398)，该取值非常接近生成随机数时指定的平均值（0,4），协方差矩阵的估计值为 $\begin{pmatrix} 9.7 & 2.78 \\ 2.78 & 3.8 \end{pmatrix}$，非常接近生成随机数时指定的协方差矩阵 $\begin{pmatrix} 10 & 3 \\ 3 & 4 \end{pmatrix}$。

4.2 假设检验

扫一扫，看视频

假设检验（Hypothesis Testing）是统计推断中的一个重要内容，它是利用样本数据对某个事先得到的统计假设按照某种设计好的方法进行检验，判断此假设是否正确。

假设检验的基本思想为概率性质的反证法。为了推断总体，首先对总体的未知参数或分布作出某种假设H0（原假设），然后在H0成立的条件下，若通过抽样分析发现"小概率事件（矛盾）"竟然在一次试验中发生了，则表明H0很可能不成立，从而拒绝H0；相反，若没有导致上述"不合理"现象的发生，则没有理由拒绝H0，从而接受H0。

要求"小概率事件"发生的概率小于等于某一给定的临界概率 α，称 α 为检验的显著性水平，通常 α 的取值为较小的数，如0.05、0.01、0.001等。

值得注意的是，即使接受了原假设，也不能就确定这个原假设是100%正确的，因为这个结论是通过样本信息得到的，当抽到特殊的样本时，可能会犯两类错误。

第一类错误（弃真）：原假设H0实际正确，但通过抽样分析拒绝了H0，且有

$$p\{拒绝H0 | H0为真\} \leqslant \alpha \tag{4-10}$$

这说明当"小概率事件"发生时才拒绝H0。

第二类错误（纳伪）：原假设H0实际错误，但通过抽样分析接受了H0，且有

$$p\{接受H0 | H0不真\} = \beta \tag{4-11}$$

α 与 β 是此消彼长的关系，只有当样本容量增大时，才有可能使两者都变小，

但要增加样本容量有时是做不到的。

显著性假设检验：只对犯第一类错误的最大概率 α（即给定的假设检验的显著性水平）加以限制，而不考虑犯第二类错误的概率 β。

在通常的教科书中，用拒绝域来否定原假设H0，即在计算完统计量后，需要使用查表的方法得到临界值，这种方法在计算机软件中使用是行不通的，所以通常采用计算 p 值的方法来解决这一问题。

所谓 p 值，就是在假定原假设H0为真时，拒绝原假设H0所犯错误的可能性。当 p 值$<\alpha$（通常取0.05）时，表示拒绝原假设H0犯错误的可能性很小，即可以认为原假设H0是错误的，从而拒绝H0；否则，应接受原假设H0。

容易证明，对于假设检验问题，使用 p 值的方法与使用拒绝域的方法是等价的。

假设检验贯穿于绝大多数的统计分析方法中，其主要内容包括：单个或多个总体参数的假设检验，非参数的假设检验（比如总体分布的假设检验）等。

本节主要介绍如何使用R语言实现常见的数据分布的正态性检验、t检验、方差齐性检验、相关性检验等。

4.2.1 数据分布检验

数据分布的假设检验是重要的非参数检验，它不是针对具体的参数，而是根据样本值来判断总体是否服从某种指定的分布。即在给定的显著性水平 α 下，对假设

H0：总体服从某特定分布 $F(x)$

H1：总体不服从某特定分布 $F(x)$

进行显著性检验，其中$F(x)$为推测出的具有明确表达式的分布函数。

数据分布检验中最常见的情况是检验数据是否服从正态分布。

可以使用多种方法进行数据的正态性检验。例如，通过Q-Q图检验数据是否服从正态分布，利用Pearson拟合优度 χ^2 检验、K-S（Kolmogorov-Smirnov）拟合优度检验、Shapiro-Wilk检验等方法来检验数据是否服从正态分布。

Pearson拟合优度 χ^2 检验是依据假设的总体分布状况，计算出数据落入各区间中的期望频率（概率），与数据的观察频率进行对比，判断频率与概率是否有显著差异，从而对总体是否服从假定的分布作出判断。

在R中，使用chisq.test()完成Pearson拟合优度 χ^2 检验。

K-S拟合优度检验是基于累积分布函数（累积分布函数的估计为经验分布函数），用于检验一个经验分布是否符合某种理论分布或比较两个经验分布是否有显著性差异。

在R中，使用ks.test()函数进行K-S检验。

Shapiro-Wilk检验也称为正态W检验，与前面两种检验方法不同的是，它主要是用于检验总体是否服从正态分布。它是一种基于相关性的检验方法，通过计算可得到一个相关系数，该系数越接近1表明数据和正态分布拟合得越好。

在R中，可使用shapiro.test()函数完成Shapiro-Wilk正态性检验。

例4.5 请使用R的rnorm()函数生成平均值为2、标准差为5的正态分布随机数，然后分别使用Q-Q图和K-S检验方法判断该随机数是否服从正态分布。

解： 首先生成符合正态分布的随机数，程序如下。

```
set.seed(12)
nordata<- rnorm(500,mean = 2,sd = 5)
```

接下来通过Q-Q图检验数据是否服从正态分布：

```
par(pty="s")
qqnorm(nordata, pch = 1, frame = FALSE)
qqline(nordata, col = "steelblue", lwd = 2)
library(car)
par(pty="s")
qqPlot(nordata,distribution="norm")
```

上面的程序分别使用了R基础包和car包中的Q-Q图检验数据方法，得到的图像如图4-4所示。

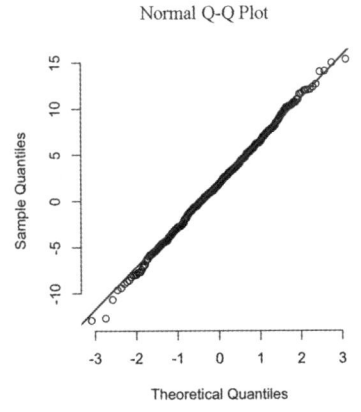
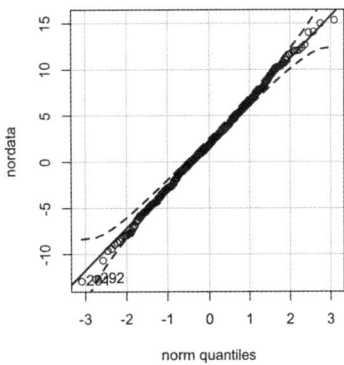

图4-4 Q-Q图

如何通过Q-Q图判断数据是否服从正态分布呢？在Q-Q图中，若散点图落在一条通过原点且斜率为1的直线上，则接受数据来自正态总体的假设，否则拒绝原假设。由图4-4可以看出，生成的随机数nordata服从正态分布。

进一步地，可以使用ks.test(x = nordata,"pnorm")检验数据是否服从标准正态分布（默认）。程序如下。

```
ks.test(x = nordata,"pnorm")
##  One-sample Kolmogorov-Smirnov test
## data:  nordata
## D = 0.46952, p-value < 2.2e-16
## alternative hypothesis: two-sided
```

从输出的p-value < 2.2e-16可以判断，应该拒绝原假设，说明nordata不服从标准正态分布。

在使用ks.test()函数时，可以通过指定平均值和标准差参数来进行特定正态分布的检验，程序如下。

```
ks.test(x = nordata,"pnorm",mean = 2,sd=5)
##  One-sample Kolmogorov-Smirnov test
## data:  nordata
## D = 0.031436, p-value = 0.7063
## alternative hypothesis: two-sided
```

上面的程序检验数据是否服从平均值为2，标准差为5的正态分布，从输出结果中"p-value = 0.7063"远大于0.05，说明如果拒绝了H0就有70%的可能性是犯错的，所以应接受H0，即认为该组数据服从平均值为2，标准差为5的正态分布，这与生成随机数时的结果一致。

ks.test()函数还可以用于检验两组数据是否具有相同的分布，例如：

```
pois <- rpois(100,lambda = 2)
ks.test(x = nordata,y = pois)
##  Two-sample Kolmogorov-Smirnov test
## data:  nordata and pois
## D = 0.334, p-value = 1.684e-08
## alternative hypothesis: two-sided
```

上面的程序中，数据nordata为正态分布随机数，pois为泊松分布随机数，检验结果中"p-value = 1.684e-08"<0.05，即表示拒绝两组数据具有相同分布的假设。

前面介绍的是针对单个数据样本的正态性检验，针对多元数据的正态性检验可以使用R中的energy包和MVN包。

例4.6 请随机生成100组服从二元正态分布的随机数，要求随机数的平均值为

$\begin{pmatrix}0\\0\end{pmatrix}$,协方差矩阵为$\begin{pmatrix}1&0\\0&1\end{pmatrix}$,并检验该随机数是否服从二元正态分布。

解:首先生成二元正态分布随机数,然后使用energy包中的mvnorm.etest()函数进行假设检验,程序如下:

```
library(energy)
set.seed(1234)
sigma2 = matrix(c(1,0,0,1),2,2)
norm2d <- mvrnorm(n=100,mu=c(0,0),Sigma = sigma2)
mvnorm.etest(norm2d,R = 199)
##   Energy test of multivariate normality: estimated parameters
## data:  x, sample size 100, dimension 2, replicates 199
## E-statistic = 1.022, p-value = 0.05528
```

输出结果中"p-value = 0.05528"很接近0.05,说明可以接受数据为正态性的原假设,即认为数据是正态分布。

下面使用MVN包中的函数对数据进行正态性检验,程序如下。

```
library(MVN)
par(pty="s")
result <- mvn(norm2d, mvnTest = "mardia",multivariatePlot = "qq")
## 多个变量的正态性检验
result$multivariateNormality
##             Test        Statistic              p value Result
## 1 Mardia Skewness 7.25791970026999 0.122870089870682      YES
## 2 Mardia Kurtosis 0.431195685323416 0.666326090926829    YES
## 3             MVN             <NA>                <NA>   YES
result$univariateNormality
##           Test  Variable Statistic   p value Normality
## 1 Shapiro-Wilk  Column1    0.9886    0.5507      YES
## 2 Shapiro-Wilk  Column2    0.9659    0.0108       NO
```

上面的程序使用MVN包的mvn()函数检验数据是否为正态分布。检验使用的方法为mardia方法,它会根据偏度和峰度的显著性来确定是否为多元正态分布,如果是多元正态分布,则偏度和峰度的p值都应大于0.05。从输出结果可以看出,该数据集服从正态分布。

而且程序使用result$univariateNormality方式查看对单一变量的Shapiro-Wilk正态性检验结果。结果表明,第一列变量为正态数据,第二列并不是正态数据。

在mvn()函数中使用参数multivariatePlot = "qq",同时会输出正态性检验的Q-Q

图,结果如图4-5所示。

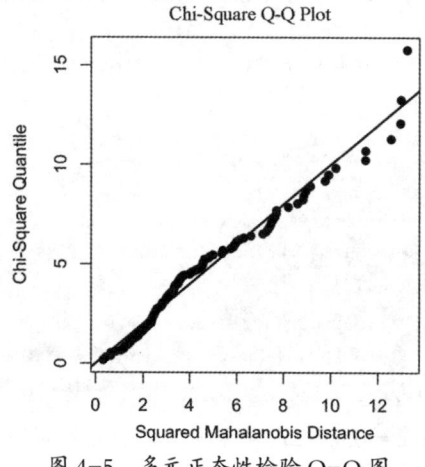

图4-5 多元正态性检验 Q-Q 图

由图4-5可以发现,大部分的点都落在直线上,说明该数据集服从二元正态分布。

在统计推断中,经常需要对单个正态总体或两个正态总体中的未知参数进行假设检验,即参数的假设检验。重要的参数检验有t检验、F检验、卡方检验等。

4.2.2 均值的检验

在总体均值的检验中,最常用的是t检验。t检验分为单样本t检验和两独立样本t检验,前者常用于检验来自正态分布的样本的期望值(平均值)是否为某一实数,后者常用于判断两个来自正态分布(方差相同)的独立样本的期望值(平均值)之差是否为某一实数。

1. 单样本 t 检验

H0:样本的平均值等于指定值

H1:样本的平均值不等于指定值

2. 两独立样本 t 检验

H0:两样本的平均值差等于指定值

H1:两样本的平均值差不等于指定值

在R中,t.test()函数可完成单样本和两独立样本的t检验。

例4.7 请随机生成100个平均值为0、标准差为4的正态分布随机数,然后使用t.test()函数检验该组数据的平均值是否为0。

解: 程序如下。

```
##  单样本t检验，检验样本的平均值是否为指定值
t1<- rnorm(100,mean = 0,sd = 4)
t.test(t1,mu = 0)
##  One Sample t-test
## data:  t1
## t = -0.038834, df = 99, p-value = 0.9691
## alternative hypothesis: true mean is not equal to 0
## 95 percent confidence interval:
##  -0.7710970  0.7414932
## sample estimates:
##    mean of x
## -0.01480188
```

输出结果中"p-value = 0.9691">0.05，说明不能拒绝原假设，即样本t1的平均值等于0。同时，结果中还包含样本的平均值估计为–0.01480188。

例4.8 在例4.7中已经随机生成了100个平均值为0，标准差为4的正态分布随机数，现生成另一组平均值为4，标准差为4的100个正态分布随机数，请使用t.test()函数检验这两组数据的平均值是否相同。

解： 可以使用两独立样本的t检验，程序如下。

```
## 两独立样本t检验，检验样本的平均值是否相等
t2<- rnorm(100,mean = 4,sd = 4)
t.test(t1,t2,mu = 0)
##  Welch Two Sample t-test
## data:  t1 and t2
## t = -6.2346, df = 193.31, p-value = 2.786e-09
## alternative hypothesis: true difference in means is not equal to 0
## 95 percent confidence interval:
##  -4.814834 -2.500610
## sample estimates:
##    mean of x    mean of y
## -0.01480188   3.64291986
```

输出的结果中"p-value = 2.786e-09"<0.05，说明应拒绝原假设，即t1和t2的平均值之差不等于0。两个样本的平均值估计分别为–0.0148和3.6429，说明差异很大。

4.2.3 方差齐性检验

方差齐性检验是检验不同样本的总体方差是否相同的一种方法。常用的检验方

法有F检验、Bartlet检验和Levene检验。

F检验和Bartlet检验均要求样本服从正态分布，检验结果对数据分布较敏感，而Levene检验更为稳健，且不依赖总体分布，可用于多个总体方差的齐性检验，是首选的方差齐性检验方法。

例4.9 针对例4.8生成的两组正态分布的随机数（方差均为16），请检验这两组随机数的方差是否相等。

解：使用F检验方法进行方差的齐性检验，程序如下。

```
var.test(t1,t2)
##  F test to compare two variances
## data:  t1 and t2
## F = 0.73037, num df = 99, denom df = 99, p-value = 0.1197
## alternative hypothesis: true ratio of variances is not equal to 1
## 95 percent confidence interval:
##  0.4914251 1.0855043
## sample estimates:
## ratio of variances
##          0.7303725
```

输出结果中"p-value = 0.1197">0.05，说明不能拒绝方差相等的原假设，即可以认为样本t1和t2的方差相等。

使用F检验只能检验两个总体的方差是否相等，而使用Bartlet检验则可以比较多个总体的方差。

例4.10 随机生成100个平均值为4，标准差为8的正态分布随机数，结合例4.9中生成的两组随机数，请对这三组随机数进行方差齐性检验。

解：使用bartlett.test()函数进行检验。程序如下。

```
t3 <- rnorm(100,mean = 4,sd = 8)
bartlett.test(list(t1,t2,t3))
##  Bartlett test of homogeneity of variances
## data:  list(t1, t2, t3)
## Bartlett's K-squared = 81.3, df = 2, p-value < 2.2e-16
```

上面的程序使用bartlett.test()函数对三个正态分布数据进行方差齐性检验。输出结果中"p-value < 2.2e-16"<0.05，说明可以拒绝方差相等的原假设，即样本t1、t2和t3的方差不完全相等。事实上，t1和t2的方差为16，而t3的方差为64。

针对三组数据的方差齐性检验，还可以使用car包中的leveneTest()函数进行Levene检验。程序如下。

```
library(car)
```

```
testdata <- data.frame(x = c(t1,t2,t3),
                       group1 = c(rep(c("A","B","C"),c(100,100,100))))
leveneTest(x~group1,data = testdata)
## Levene's Test for Homogeneity of Variance (center = median)
##        Df F value    Pr(>F)
## group   2  30.831 6.814e-13 ***
##       297
## Signif. codes:  0 '***' 0.001 '**' 0.01 '*' 0.05 '.' 0.1 ' ' 1
```

从输出结果可知,"p-value = 6.814e-13"远小于0.05,说明可以拒绝方差相等的原假设,即样本t1、t2和t3的方差不完全相等。

使用小提琴图将t1、t2和t3进行可视化,观察样本的离散程度,对比数据的方差大小。

```
library(ggplot2)
ggplot(testdata,aes(x = group1,y = x))+theme_bw()+
  geom_violin(aes(fill = group1),alpha = 0.2)+
  geom_jitter(aes(colour = group1))+
  theme(legend.position = "none")+
  labs(y = "values")
```

得到的结果如图4-6所示。

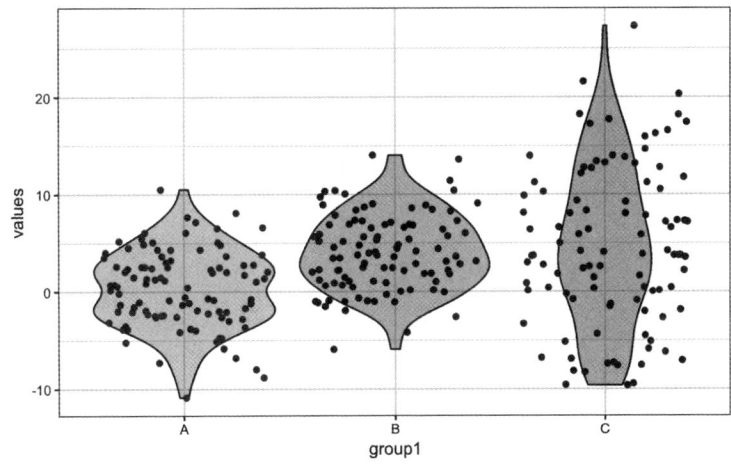

图4-6　三组随机数的小提琴图

图4-6中A、B、C分别对应样本t1、t2、t3。由小提琴图可以发现,虽然样本t1和t2的取值范围不同,但它们的离散程度很相似,而样本t3的离散程度最大。这与使用方差齐性检验得到的结果一致。

4.2.4 相关性检验

对于多元数据，讨论变量间是否具有相关关系是很重要的。数据相关性检验是检验数据之间的相关系数是否显著的方法。

相关性是否成立不能简单地以相关系数绝对值的大小来决定，这是因为相关系数还受到样本容量大小等因素的影响。比如，空间中任意两点之间的相关系数等于1，但这时的相关系数是没有意义的。

常见的相关性检验方法有Pearson相关检验、Spearman相关检验和Kendall相关检验，第一个检验是针对正态数据而言的，而后面两种检验属于秩检验。

在R中，可使用cor.test()函数完成相关性检验，并通过指定参数method="pearson"（默认）、method="kendall"或method="spearman"等实现不同的检验方法。

例4.11 针对鸢尾花数据集（Iris.csv），请解决以下问题：

（1）使用cor.test()函数检验数据集中的SepalLengthCm和SepalWidthCm变量相关性是否显著；

（2）对鸢尾花中的4组数值特征，找出相关系数绝对值大于0.8，且相关性显著（p值小于0.05）变量的两两组合。

解：先检验SepalLengthCm和SepalWidthCm变量的相关性是否显著。程序如下。

```
Iris <- read.csv("data/chap4/Iris.csv",header = TRUE)
Iris <- Iris[,2:5]
## 检验鸢尾花数据的两个特征
cor.test(Iris$SepalLengthCm,Iris$SepalWidthCm)
##  Pearson's product-moment correlation
## data:  Iris$SepalLengthCm and Iris$SepalWidthCm
## t = -1.3386, df = 148, p-value = 0.1828
## alternative hypothesis: true correlation is not equal to 0
## 95 percent confidence interval:
##  -0.26498618  0.05180021
## sample estimates:
##        cor
## -0.1093692
```

从检验结果可以发现，相关系数为-0.1093，且显著性检验的"p-value = 0.1828">0.05，这说明应接受两者之间不存在相关性的假设。

若要对数据集中的多个特征同时进行两两之间的相关性显著性检验，可以使用

psych包的corr.test()函数，或者Hmisc包中的rcorr()函数。接下来分别使用这两个函数对鸢尾花数据集的4个特征进行相关性检验。

```
library(psych)
result <- corr.test(Iris,method="pearson")
## 相关系数
result$r
##                SepalLengthCm SepalWidthCm PetalLengthCm PetalWidthCm
## SepalLengthCm    1.0000000     -0.1093692     0.8717542     0.8179536
## SepalWidthCm    -0.1093692      1.0000000    -0.4205161    -0.3565441
## PetalLengthCm    0.8717542     -0.4205161     1.0000000     0.9627571
## PetalWidthCm     0.8179536     -0.3565441     0.9627571     1.0000000
## 相关性检验的p值
result$p
##                SepalLengthCm SepalWidthCm PetalLengthCm PetalWidthCm
## SepalLengthCm  0.000000e+00  1.827652e-01  5.192270e-47  9.259397e-37
## SepalWidthCm   1.827652e-01  0.000000e+00  2.528810e-07  1.504778e-05
## PetalLengthCm  1.038454e-47  8.429366e-08  0.000000e+00  3.465997e-85
## PetalWidthCm   2.314849e-37  7.523891e-06  5.776661e-86  0.000000e+00
```

在进行检验时，使用参数method来指定计算相关系数的方法。对输出结果result，可使用result$r来查看相关系数矩阵，用result$p查看显著性检验的p值。

下面使用Hmisc包中的rcorr()函数对数据中的4个变量进行相关性检验。

```
library(Hmisc)
sper <- rcorr(as.matrix(Iris),type = "pearson")
## 相关系数
sper$r
##                SepalLengthCm SepalWidthCm PetalLengthCm PetalWidthCm
## SepalLengthCm    1.0000000     -0.1093692     0.8717542     0.8179536
## SepalWidthCm    -0.1093692      1.0000000    -0.4205161    -0.3565441
## PetalLengthCm    0.8717542     -0.4205161     1.0000000     0.9627571
## PetalWidthCm     0.8179536     -0.3565441     0.9627571     1.0000000
## 相关性检验的p值
sper$P
##                SepalLengthCm SepalWidthCm PetalLengthCm PetalWidthCm
## SepalLengthCm            NA  1.827652e-01  0.000000e+00  0.000000e+00
## SepalWidthCm      0.1827652            NA  8.429366e-08  7.523891e-06
## PetalLengthCm     0.0000000  8.429366e-08            NA  0.000000e+00
## PetalWidthCm      0.0000000  7.523891e-06  0.000000e+00            NA
```

上面的程序是使用Hmisc包的rcorr()函数进行相关性检验，检验时使用参数type来指定计算相关系数的方法。对输出结果sper，使用sper$r来查看相关系数矩阵，用sper$P查看显著性检验的p值。

前面输出的结果均为矩阵形式，在变量较多的情况下会带来很多不便。接下来编写一个函数，可以直接输出满足给定相关性条件的变量组合。

```
comcor <- function(data,minre1 = 0.8,minre2 = -0.8,maxp = 0.05,type = "pearson"){
    ## 该函数用于计算相关系数，并且生成符合要求的组合
    ## data : 数据矩阵，每列为一个特征
    ## minre = 0.8 最小的相关系数
    ## maxp = 0.05 最大的相关系数显著性值
    library(Hmisc)
    n <- ncol(data)
    ## 计算相关系数
    sper <- rcorr(as.matrix(data),type = type)
    ## 生成相应的变量组合
    hang <- matrix(rownames(sper$r), nrow = n, ncol = n,byrow = FALSE)
    lie <- matrix(colnames(sper$r),nrow = n,ncol = n,byrow = TRUE)
    zuhe <- matrix(paste(hang,lie,sep = "~"),nrow = n)
    ## 对相应的数据取下三角矩阵的数值
    lowrel <- sper$r[lower.tri(sper$r)]
    lowp <- sper$P[lower.tri(sper$P)]
    lowzuhe <- zuhe[lower.tri(zuhe)]
    result<-data.frame(zuhe=lowzuhe,r = lowrel,p = lowp)
    ## 找到相关系数中满足条件的组合
    index <- which((lowrel >=minre1 | lowrel <=minre2) & lowzuhe !=1 & lowp <= maxp)
    return(result[index,])
}
## 找到相关性显著的变量
comcor(Iris,minre1 = 0.8,minre2 = -0.8,maxp = 0.05,type = "pearson")
##                              zuhe              r    p
## 2 PetalLengthCm~SepalLengthCm 0.8717542   0
## 3 PetalWidthCm~SepalLengthCm  0.8179536   0
## 6 PetalWidthCm~PetalLengthCm  0.9627571   0
```

上面的程序中编写了一个方便查看结果的函数comcor()，该函数设定输出相关系数绝对值大于0.8，且相关性显著（p值小于0.05）的变量组合。结果表明，有3组变量满足条件。

4.3 方差分析

扫一扫，看视频

方差分析（Analysis of Variance）是分析试验数据的一种方法，它是由英国统计学家费希尔在进行试验设计时，为解释试验数据而提出的。对于抽样测得的试验数据，一方面，由于观测条件不同会引起试验结果有所不同，该差异是系统的；另一方面，由于各种随机因素的干扰，试验结果也会有所不同，该差异是偶然的。

方差分析的目的在于从试验数据中分析出各个因素的影响，以及各个因素间的交互影响，以确定各个因素作用的大小，从而把由于观测条件不同引起试验结果的不同与由于随机因素引起试验结果的差异用数量形式区别开来，以确定在试验中有没有系统的因素在起作用。根据所感兴趣的因素数量，方差分析可分为单因素方差分析、双因素方差分析、协方差分析等内容。

4.3.1 单因素方差分析

假设试验只有一个因素 A 在变化，且 A 有 r 个水平 $A_1, A_2, \cdots, A_r$，在水平 A_i 下进行 n_i 次独立观测，将对应的试验结果 $x_{i1}, x_{i2}, \cdots, x_{in_i}$ 看成来自第 i 个正态总体 $X_i \sim N(\mu_i, \sigma^2)$ 的样本观测值，且每个总体 X_i 都相互独立，则单因素方差分析的数学模型（一种线性模型）为

$$\begin{cases} x_{ij} = \mu_i + \varepsilon_{ij} = \mu + \alpha_i + \varepsilon_{ij} \\ \varepsilon_{ij} \sim N(0, \sigma^2), 且各 \varepsilon_{ij} 相互独立 \\ i = 1, 2, \cdots, r ; j = 1, 2, \cdots, n_i \end{cases} \quad (4-12)$$

其中，μ_i 为第 i 个总体的平均值；ε_{ij} 为相应的试验误差；μ 为总平均；α_i 为水平 A_i 对指标的效应。

比较因素 A 的 r 个水平的差异，归结为比较这 r 个总体 X_i 的平均值是否相等，即检验假设：

$$H0: \mu_1 = \mu_2 = \cdots = \mu_r$$
$$H1: \mu_1, \mu_2, \cdots, \mu_r 至少有两个不等$$

若H0被拒绝，则说明因素 A 的各水平的效应之间有显著的差异。

在R中，使用aov()函数完成方差分析，用summary()函数提取计算结果（方差分析表）。

由于方差分析模型本质上是线性模型的一种，所以也可以用lm()函数计算，用anova()函数给出方差分析表。

在单因素方差分析中，如果F检验的结论是拒绝H0，则说明因素 A 的 r 个水平效应有显著的差异，但这并不意味着所有平均值间都存在差异，还需要对每一对 μ_i 和 μ_j 作一对一的比较，即多重比较。具体地说，要比较第 i 组与第 j 组的平均数，即检验假设：

$$H0: \mu_i = \mu_j$$
$$H1: \mu_i \neq \mu_j, \quad i \neq j, i, j = 1, 2, \cdots, r$$

在R中，用pairwise.t.test()函数或TukeyHSD()函数可完成平均值的多重比较。

例4.12 针对鸢尾花数据集（Iris.csv），分析3种鸢尾花的SepalWidthCm变量平均值是否相等。如果不相等，请说明都是哪些种类之间的SepalWidthCm变量平均值不相等。

解： 首先，对变量的平均值进行可视化。程序如下。

```
Iris <- read.csv("data/chap4/Iris.csv",header = TRUE)
library(gplots)
## 可视化不同类数据的平均值
par(family="STKaiti")
plotmeans(SepalWidthCm~Species,Iris,col = "red",main = "")
```

上面的程序中使用gplots包中的plotmeans()函数，可视化3种花SepalWidthCm变量的平均值，结果如图4-7所示。

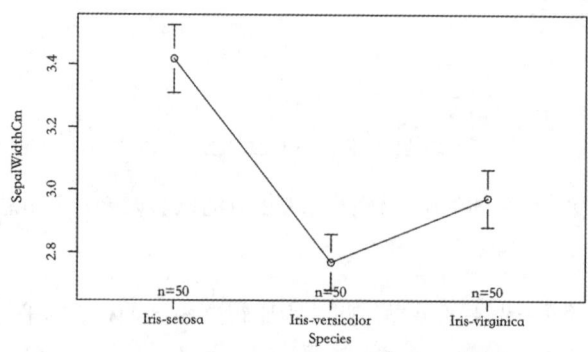

图 4-7 SepalWidthCm 变量的平均值

从图4-7可以看出，平均值之间有差异。但是这种差异是否显著呢？可以使用单因素方差分析来验证。

用aov()函数进行单因素方差分析：

```
irisaov <- aov(SepalWidthCm~Species,Iris)
summary(irisaov)
##              Df  Sum Sq  Mean Sq  F value  Pr(>F)
## Species       2   10.98    5.489    47.36  <2e-16 ***
## Residuals   147   17.04    0.116
## ---
## Signif. codes:  0 '***' 0.001 '**' 0.01 '*' 0.05 '.' 0.1 ' ' 1
```

由输出结果可知，p值远小于0.05，说明应拒绝原假设，即3种花的SepalWidthCm长度不完全相等。

接下来分析哪些种类之间平均值相差较大，可使用TukeyHSD()函数对方差分析的结果进行多重比较，程序如下。

```
tky <- TukeyHSD(irisaov)
tky = as.data.frame(tky$Species)
tky$pair = rownames(tky)
ggplot(tky, aes(colour=cut('p adj', c(0, 0.01, 0.05, 1),
                    label=c("p<0.01","p<0.05","Non-Sig")))) +
  theme_bw(base_family = "STKaiti")+
  geom_hline(yintercept=0, lty="11", colour="grey30", size = 1) +
  geom_errorbar(aes(pair, ymin=lwr, ymax=upr), width=0.2, size = 1) +
  geom_point(aes(pair, diff), size = 2) + labs(colour=" ")
```

上面的程序是进行多重比较，并将两两变量之间的差异进行可视化，得到的结果如图4-8所示。

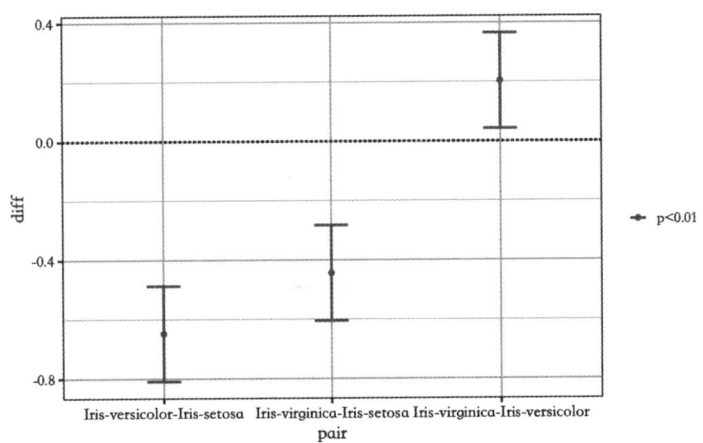

图 4-8　多重比较可视化结果

图4-8中点对应两个变量的差值，结果表明，在显著性水平为0.01的情况下，3种类型花的SepalWidthCm长度两两之间的差异都是显著的。

4.3.2 双因素方差分析

双因素方差分析就是考虑两个因素对结果的影响，其基本思想是通过分析不同来源的变异对总变异的贡献大小，确定出可控因素对研究结果影响的大小。

双因素方差分析分两种情况，一种是不考虑交互作用，即假定因素 A 和因素 B 的效应之间是相互独立的；另一种是考虑交互作用，即假定因素 A 和因素 B 的结合会产生出一种新的效应。

1. 不考虑交互作用

每组条件下只取一个样本，假定样本 $x_{ij} \sim N(\mu_{ij}, \sigma^2)$ 且各 x_{ij} 相互独立，则数据可分解为

$$\begin{cases} x_{ij} = \mu + \alpha_i + \beta_j + \varepsilon_{ij} \\ \varepsilon_{ij} \sim N(0, \sigma^2),且相互独立 \\ i = 1, 2, \cdots, r \,; j = 1, 2, \cdots, s \end{cases} \tag{4-13}$$

其中，μ 为总平均；α_i 为水平 A_i 对指标的效应；β_j 为水平 B_j 对指标的效应；ε_{ij} 为相应的试验误差。

判断因素 A 和因素 B 对试验指标的影响是否显著等价于检验假设

H01：$\alpha_1 = \alpha_2 = \cdots = \alpha_r = 0$；H11：$\alpha_1, \alpha_2, \cdots, \alpha_r$ 不全为 0

H02：$\beta_1 = \beta_2 = \cdots = \beta_s = 0$；H12：$\beta_1, \beta_2, \cdots, \beta_s$ 不全为 0

2. 考虑交互作用

每组条件下要取多个样本，假定样本 $x_{ijk} \sim N(\mu_{ij}, \sigma^2)$ 且各 x_{ijk} 相互独立，则数据可分解为

$$\begin{cases} x_{ijk} = \mu + \alpha_i + \beta_j + \delta_{ij} + \varepsilon_{ijk} \\ \varepsilon_{ijk} \sim N(0, \sigma^2),且相互独立 \\ i = 1, 2, \cdots, r \,; j = 1, 2, \cdots, s \,; k = 1, 2, \cdots, t \end{cases} \tag{4-14}$$

其中，μ 为总平均；α_i 为水平 A_i 对指标的效应；β_j 为水平 B_j 对指标的效应；δ_{ij} 为 A_i 与 B_j 的交互效应；ε_{ijk} 为相应的试验误差。

判断因素 A 和因素 B 对试验指标的影响是否显著等价于检验假设

H01：$\alpha_1 = \alpha_2 = \cdots = \alpha_r = 0$；H11：$\alpha_1, \alpha_2, \cdots, \alpha_r$ 不全为 0

H02：$\beta_1 = \beta_2 = \cdots = \beta_s = 0$；H12：$\beta_1, \beta_2, \cdots, \beta_s$ 不全为 0

H03：$\delta_{ij} = 0$；H13：δ_{ij} 不全为 0，$i = 1, 2, \cdots, r$；$j = 1, 2, \cdots, s$

与单因素方差分析一样，仍然使用 aov() 函数完成双因素方差分析。

例4.13 R中自带的数据集ToothGrowth包含3个变量：2个因子变量supp和dose，1个连续变量len，共60个样本，每种组合下均有3个样本。请分别进行无交互作用和有交互作用两种形式的双因素方差分析，并比较变量len的差异。

解：首先导入数据，对数据进行预处理和可视化。程序如下。

```
data(ToothGrowth)
## 将数据转化为因子变量
ToothGrowth$dose <- factor(ToothGrowth$dose,levels = c(0.5, 1, 2),
                           labels = c("D0.5", "D1", "D2"))
str(ToothGrowth)
## 'data.frame':    60 obs. of  3 variables:
##  $ len : num  4.2 11.5 7.3 5.8 6.4 10 11.2 11.2 5.2 7 ...
##  $ supp: Factor w/ 2 levels "OJ","VC": 2 2 2 2 2 2 2 2 2 2 ...
##  $ dose: Factor w/ 3 levels "D0.5","D1","D2": 1 1 1 1 1 1 1 1 1 1 ...
```

结果显示，该数据集包含3个变量，分别为2个因子变量supp和dose，1个连续变量len，共60个样本，每种组合下均有3个样本。

可视化数据的整体情况：

```
library("ggpubr")
ggviolin(ToothGrowth, x = "dose", y = "len", color = "supp",
         add = "dotplot",palette = c("red", "blue"))
```

上面程序中使用ggpubr包的ggviolin()函数，对数据集ToothGrowth绘制小提琴图进行数据可视化，结果如图4-9所示。

1. 不考虑交互作用

使用aov()函数进行不考虑交互作用的双因素方差分析。程序如下。

```
## 双因素方差分析,不考虑交互作用
aov1 <- aov(len~dose+supp,data = ToothGrowth)
summary(aov1)
##              Df Sum Sq Mean Sq F value   Pr(>F)
## dose          2 2426.4  1213.2   82.81  < 2e-16 ***
## supp          1  205.4   205.4   14.02 0.000429 ***
```

```
## Residuals    56  820.4    14.7
## ---
## Signif. codes:  0 '***' 0.001 '**' 0.01 '*' 0.05 '.' 0.1 ' ' 1
```

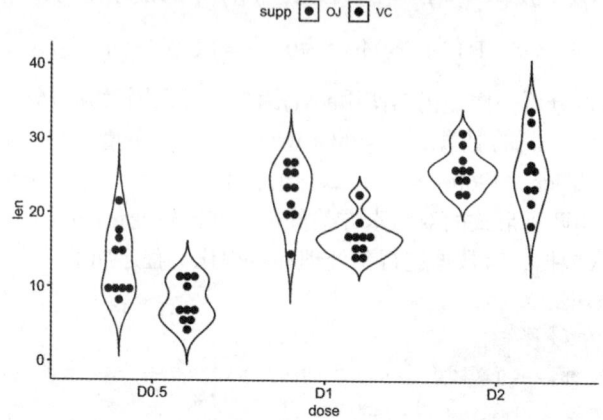

图 4-9　数据集 ToothGrowth 的小提琴图

在aov()函数中，使用的formula为len~dose+supp，两个因子之间使用加号"+"连接，表示在分析时不考虑dose、sup之间的交互作用。

从输出的结果可以发现，两种因子的p值均小于0.05，说明两个因素下样本的平均值是有显著性差异的。

2. 考虑交互作用

通过交互作用图分析两因素对len平均值的影响。程序如下。

```
## 可视化方差分析交互图
ggline(ToothGrowth, x = "dose", y = "len", color = "supp",
       shape = "supp",add = "mean",palette = c("red", "blue"))
```

得到的交互作用图如图4-10所示。

图4-10中的点为对应情况下的平均值，可以发现，dose与supp存在交互作用。除了dose为D2外，VC因素下的len值均小于OJ因素下的取值，且dose值从D0.5到D1再到D2，两因素对应的len取值均是增大的。

下面分析二者的交互作用对平均值的影响，程序如下。

```
## 双因素方差分析,考虑交互作用
aov1 <- aov(len~dose*supp,data = ToothGrowth)
summary(aov1)
##              Df Sum Sq Mean Sq F value  Pr(>F)
## dose          2 2426.4  1213.2  92.000  < 2e-16 ***
## supp          1  205.4   205.4  15.572 0.000231 ***
```

```
## dose:supp      2   108.3    54.2    4.107 0.021860 *
## Residuals     54   712.1    13.2
## ---
## Signif. codes:  0 '***' 0.001 '**' 0.01 '*' 0.05 '.' 0.1 ' ' 1
```

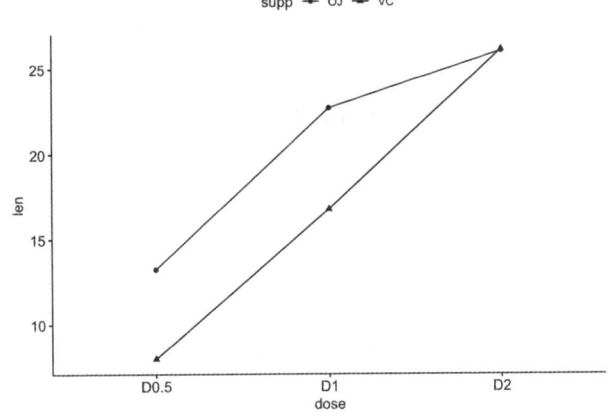

图 4-10　两因素方差分析的交互效应图

上述程序中，aov()的formula为len~dose*supp，表示在方差分析时要同时考虑dose、supp和它们之间的交互作用dose:supp。从输出结果可以发现，交互作用（dose:supp）对应的p值为0.022<0.05，说明在显著性水平为0.05的条件下，dose与supp的交互作用对len的取值是有显著影响的。另外，dose和supp两个因子对len的影响也是显著的。

4.4　列联表分析

在统计实践中，常需对样本资料按照两个或多个指标变量进行复合分组，即列联表。

列联表是观测数据按两个或更多属性（定性变量）分类时所列出的频数表。它是由两个及两个以上的变量进行交叉分类的频数分布表。

列联表分析（Contingency Table Analysis）也称为列联表检验，是基于列联表所进行的相关统计分析与推断，通过对列联表中行变量和列变量的独立性进行检验（卡方检验），判明所考察的各属性之间有无关联，即是否独立。

4.4.1 简单列联表分析

简单列联表即二维列联表，一般 $r \times c$ 列联表是一组排成 r 行 c 列的自然数，需要有 $r \times c$ 个位置来放置这些数。

卡方检验通常用于分析列联表中两个类别变量之间是否独立，其原假设和备择假设为

H0：行变量和列变量间相互独立

H1：行变量和列变量之间不独立

在进行卡方检验时，构造的统计量为

$$\chi^2 = n \sum_{i=1}^{r} \sum_{j=1}^{c} \frac{(p_{ij} - p_{i.} p_{.j})^2}{p_{i.} p_{.j}} \quad (4-15)$$

式中，n 表示样本容量；r 表示列联表有 r 行；c 表示列联表有 c 列；p_{ij} 表示列联表的第 i 行与第 j 列对应数据的频率；$p_{i.}$ 和 $p_{.j}$ 分别为频率的第 i 行的行和与第 j 列的列和。

可以证明，当原假设H0为真，且样本容量 n 充分大时，χ^2 统计量就近似服从自由度为 $(r-1)(c-1)$ 的卡方分布。

在R中，可以使用chisq.test()函数对二维列联表数据进行独立性检验。

例4.14 一种原材料来自甲、乙、丙三个地区，有A、B、C三个等级，请读取该数据集（原料.csv），使用列联表分析产地和等级之间是否独立。

解：首先读取数据，程序如下。

```
testdata<- read.csv("data/chap4/原料.csv")
rownames(testdata) <- testdata$X
testdata$X <- NULL
testdata
##    A  B  C
## 甲 52 64 24
## 乙 60 59 52
## 丙 70 65 74
```

上面的程序首先读取统计数据，并调整数据的列名，输出每个地区和每个等级材料的样本数目。

分析地区和等级之间是否独立，可以借助R中的chisq.test()函数进行卡方检验。

```
(result <- chisq.test(testdata))
##  Pearson's Chi-squared test
## data: testdata
## X-squared = 15.375, df = 4, p-value = 0.003983
## 计算出期望值
result$expected
##        A        B        C
## 甲  49.00 50.61538 40.38462
## 乙  59.85 61.82308 49.32692
## 丙  73.15 75.56154 60.28846
```

从输出的结果可以发现"p-value = 0.003983"<0.05，说明应拒绝独立的原假设，即在显著性水平为0.05的条件下，可认为材料的地区和等级之间不独立。

在卡方检验结果中，通过result$expected方式来获取在行、列变量独立情况下的期望频数，发现这和实际的频次相差很远。

针对该列联表数据，可以通过马赛克图查看其详细情况。

```
## 使用马赛克图进行可视化
par(family = "STKaiti")
mosaicplot(testdata,main = "",color = TRUE)
```

使用mosaicplot()函数得到的testdata马赛克图如图4-11所示。

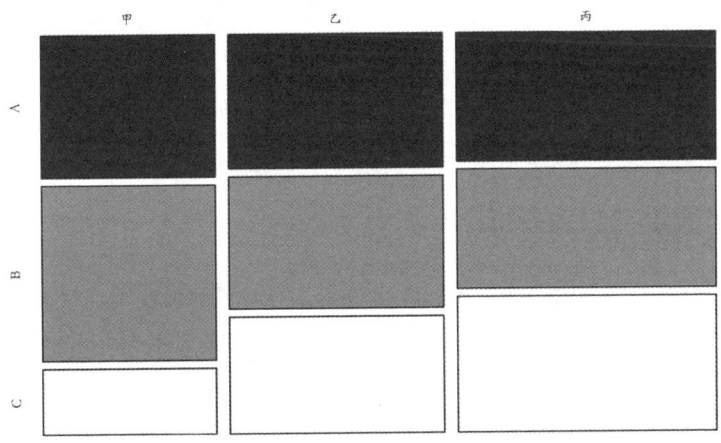

图 4-11 列联表数据马赛克图

从图4-11可以发现，甲地A、B等级样本较多（即图中对应的面积较大），C等级样本最少；乙、丙两地的三个等级材料分布比较均匀。

上述卡方检验的结果表明，材料产地和等级是不独立的。既然不独立，那么它们之间的关系又是什么样的呢？这时可通过列联相关系数来衡量两个变量关系的紧密

列联相关系数（coefficient of contingency）简称列联系数，主要用于大于 2×2 列联表的情况。当列联表中的两个变量相互独立时，列联相关系数等于0，取值（介于0到1之间）越大，说明两个变量的关系越密切。

Cramer's V系数是基于卡方检验的统计量 χ^2，其计算公式如下

$$V = \sqrt{\frac{\chi^2}{n\times \min\left[(r-1),(c-1)\right]}} \quad (4\text{–}16)$$

其中，$\min\left[(r-1),(c-1)\right]$ 表示取 $(r-1)$ 和 $(c-1)$ 中值较小的一个。

当两个变量完全独立时，Cramer's V系数$V=0$，当两个变量完全相关时，$V=1$。因此，Cramer's V系数越接近1，说明两个变量的关系越密切。

在vcd包中，assocstats()函数可以用于计算二维列联表的列联相关系数和Cramer's V系数。

下面对例4.14的结果进一步分析，判别材料产地和等级之间的相关性如何。

```
library(vcd)
assocstats(as.matrix(testdata))
##                      X^2 df  P(> X^2)
## Likelihood Ratio  16.101  4 0.0028871
## Pearson           15.375  4 0.0039834
## Contingency Coeff.: 0.169
## Cramer's V        : 0.122
```

由上面的程序可得，列联相关系数为0.169，Cramer's V系数为 0.122，这说明虽然产地和等级不独立，但它们之间的相关性并不是很强。

4.4.2 高维列联表分析

4.4.1小节介绍的列联表是二维列联表分析，有时需要做高维列联表的检验。

高维列联表检验，就是需要分析超过两个分类变量之间的独立性，实际中研究的大都是三维的情形。

针对3个分类变量之间的关系，常用的方法是使用对数线性模型，分析各变量之间的独立性，再辅助以马赛克图进行观察分析。

例4.15 在R的datasets包中包含UCBAdmissions数据集，该数据集为1973年伯克利大学研究生院的录取情况，数据已将申请人数最多的前6个学院按照学生性别和是否入学进行了汇总，共有如下3个分类变量。

Admit：分为入学（Admitted）和被拒绝（Rejected）共2个水平；

Gender：分为男性（Male）和女性（Female）共2个水平；

Dept：分为A、B、C、D、E、F共6个水平。

请针对该高维列联表，分析3个分类变量之间的关系。在给定学院（Dept）的条件下，判断性别和是否入学两者之间是否独立？

解：首先使用vcd包中的mosaic()函数，绘制高维的马赛克图。程序如下。

```
library(vcd);library(MASS)
data("UCBAdmissions")
## 使用马赛克图可视化数据
mosaic(~Admit+Dept+Gender,data=UCBAdmissions,shade = TRUE, legend = TRUE)
```

上面的程序首先导入数据，并使用mosaic()来可视化3个分类变量的马赛克图，得到的图像如图4-12所示。

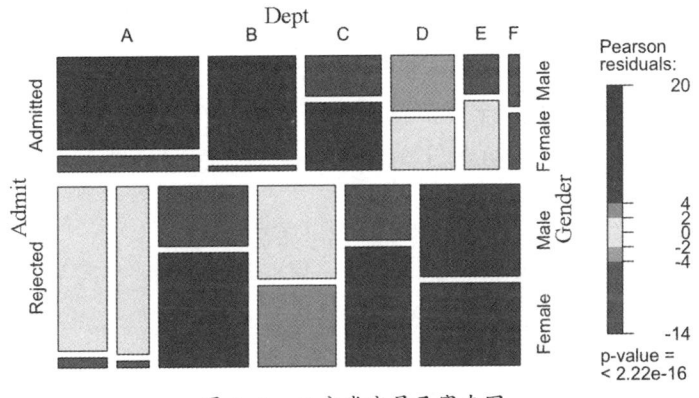

图4-12　3分类变量马赛克图

从图4-12可以发现，被拒绝的人数远多于入学的人数，而不同的学院在录取学生的性别上也有差异。

那么如何判断这3个分类变量是否独立呢？可以使用MASS包中的loglm()函数建立对数线性模型。

```
## 相互独立：判断Admit,Dept,Gender是否成对独立
loglm(~Admit+Dept+Gender, data=UCBAdmissions)
## Call:
## loglm(formula = ~Admit + Dept + Gender, data = UCBAdmissions)
## Statistics:
##                      X^2 df P(> X^2)
## Likelihood Ratio 2097.671 16        0
## Pearson          2000.328 16        0
```

上面的程序中参数formula设置为~Admit+Dept+Gender，以此可用于判断3个

分类变量是否两两独立。输出结果中p值小于0.05，说明3个变量之间不是成对独立的。

在给定学院（Dept）的情况下，可以使用loglm()进行条件独立检验，判断性别和是否入学两者之间是否独立，程序如下。

```
## 条件独立：Admit与Gender无关，给定Dept
loglm(~Admit+Dept+Gender+Admit*Dept+Gender*Dept, data=UCBadmissions)
## Call:
## loglm(formula = ~Admit + Dept + Gender + Admit * Dept + Gender *
##     Dept, data = UCBAdmissions)
## Statistics:
##                       X^2 df    P(> X^2)
## Likelihood Ratio 21.73551  6 0.001351993
## Pearson          19.93841  6 0.002840164
```

在上面的程序中，通过指定参数formula = ~ Admit+Dept+Gender+Admit*Dept+Gender * Dept来完成给定学院条件下的检验。从输出结果可以发现，检验的p值小于0.05，说明在给定学院的条件下，性别和是否入学两者之间不独立。

使用马赛克图观察它们之间的关系，程序如下。

```
mosaic(~Admit+Gender,data=UCBAdmissions,shade = TRUE, legend = TRUE)
```

得到的马赛克图如图4-13所示。

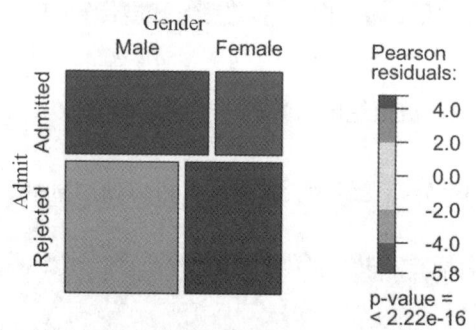

图4-13 性别和入学的马赛克图

由图4-13可以看出，入学的男性数量较高，而被拒绝的男女数量差异不大，学校在录取学生上更喜欢男性，这可能和学院的学科类型有关，如理工科类的学院男生更多。

4.5 本章小结

数理统计的相关分析方法主要有：随机数模拟、假设检验、方差分析、列联表分析等。本章主要介绍了怎样使用R语言实现数理统计基础中的相关应用实例。这些分析方法在市场调查、数据分析、生物及医学、试验设计等方面都有着广泛的应用。

（1）本章主要介绍了以下几个主题。

① 随机数模拟有一元正态分布、泊松分布、多元正态分布等。

② 假设检验有数据的分布检验、均值的检验、方差齐性检验和相关性检验等。

③ 方差分析有单因素方差分析、双因素方差分析。

④ 列联表分析有卡方检验，二维和三维的列联表分析等。

（2）本章主要介绍了以下几种术语。

① 正态分布、F分布、泊松分布、均匀分布、多元正态分布。

② 数据正态性检验、K-S检验、Bartlet检验和Levene检验、两独立样本t检验、数据相关性检验。

③ 单因素方差分析、双因素方差分析。

④ 列联表、卡方检验、Cramer's V系数、马赛克图、对数线性模型。

（3）本章主要介绍的包和函数如表4-2所示。

表4-2 主要介绍的包和函数

包	函 数	应 用
stats	rnorm	生成正态分布数据
	rpois	生成泊松分布数据
	runif	生成均匀分布数据
	rf	生成F分布数据
	qqnorm	产生Q-Q分布图
	ks.test	K-S检验
	var.test	方差齐性检验
	bartlett.test	Bartlet方差齐性检验
	chisq.test	卡方检验
	cor.test	数据相关性检验
	TukeyHSD	各组平均值差异的成对检验

续表

包	函 数	应 用
MASS	fitdistr	估计数据分布的参数
	mvrnorm	生成多元正态分布数据
	kde2d	二维核密度估计
tmvtnorm	mle.tmvnorm	多元正态分布参数估计
car	qqPlot	Q-Q 正态性检验
	leveneTest	Levene 方差齐性检验
energy	mvnorm.etest	多元正态性检验
gplots	plotmeans	绘制分组数据的平均值和置信区间
ggpubr	ggviolin	小提琴图
graphics	mosaicplot	马赛克图
vcd	assocstats	计算列联表相关系数和 Cramer's V 系数
	mosaic	可视化拓展的马赛克图

习 题 4

4.1 在datasets包中包含一个CO2数据表，该数据是在某项实验中植物对二氧化碳的吸收情况的记录，共有84行5列，数据的前几行情况如下：

```
head(CO2)
##   Plant   Type  Treatment conc uptake
## 1   Qn1 Quebec nonchilled   95   16.0
## 2   Qn1 Quebec nonchilled  175   30.4
## 3   Qn1 Quebec nonchilled  250   34.8
## 4   Qn1 Quebec nonchilled  350   37.2
## 5   Qn1 Quebec nonchilled  500   35.3
## 6   Qn1 Quebec nonchilled  675   39.2
```

数据中每个变量的含义如下。

Plant：是一个有序因子变量Qn1 < Qn2 < Qn3 < … < Mc1，提供植物的唯一标记；

Type：一个因子变量，表示魁北克密西西比州植物的起源因素；

Treatment：包含冷藏和非冷藏两个因素的因子变量；

conc：环境中二氧化碳的浓度（mL/L）；

uptake：二氧化碳吸收速率（μmol/m²/s）。

针对该数据集，请进行以下问题的分析：

（1）二氧化碳吸收速率的数据是正态分布吗？如果不是，那是什么分布？

（2）针对上面检验出的二氧化碳吸收速率的数据分布形式，对其参数进行估计，计算出相应分布下的参数。

（3）针对4个因子变量和二氧化碳吸收速率，分别进行t检验和单因素方差分析，对比二氧化碳的吸收速率在不同因素下的差异性。

（4）将Treatment、conc、uptake三个变量进行双因素方差分析，并对输出的结果进行解释说明。

4.2 在faraway包中有一个pulp数据集，该数据集有两个变量，一个是bright变量表示纸张亮度，一个是因子变量operator。数据集的前几行如下所示：

```
head(pulp)
##    bright operator
## 1  59.8        a
## 2  60.0        a
## 3  60.8        a
## 4  60.8        a
## 5  59.8        a
## 6  59.8        b
```

请对该数据集使用方差分析，判断纸张亮度和operator变量之间是否有关系？

4.3 在datasets包中包含一个HairEyeColor数据集，该数据是1974年University of Delaware的一位学生的调查结果，为性别、头发颜色、眼睛颜色的三维交叉表格，如表4-3所示。

表4-3 三维交叉表

头发	男性，眼睛				女性，眼睛			
	Brown	Blue	Hazel	Green	Brown	Blue	Hazel	Green
Black	32	11	10	3	36	9	5	2
Brown	53	50	25	15	66	34	29	14
Red	10	10	7	7	16	7	7	7
Blond	3	30	5	8	4	64	5	8

针对表4-3进行如下分析：

（1）分别对男性和女性的头发颜色和眼睛颜色进行列联表分析，讨论两种颜色之间是否独立，并使用马赛克图对数据进行可视化。

（2）在考虑性别的情况下，对三维列联表数据进行独立性分析，并对数据进行可视化。

Chapter 05

第5章

回归分析

"回归"一词最早是由英国著名统计学家高尔顿及其学生皮尔逊在19世纪末期研究孩子与他们父母身高时提出的。研究结果表明,父母的身高虽然会遗传给子女,但子女的身高却有逐渐"回归到身高的平均值"的趋势,高尔顿和皮尔逊称其为一种回归效应,而他们发现的研究两个数值变量的方法被称为回归分析。

回归分析(Analysis of Regression)是一种统计学上分析数据的方法,目的在于了解两个或多个变量间是否相关、相关方向与强度,并建立数学模型以便通过观察特定变量来预测或控制研究者感兴趣的变量,它是一种典型的有监督的学习方法。

在大数据分析中，回归分析是一种预测性的建模技术，也是统计理论中的最重要的方法之一，它主要解决目标特征为连续性的预测问题。例如，根据房屋的相关信息，预测房屋的价格；根据销售情况预测销售额；根据运动员的各项指标预测运动员的水平等。在回归分析中，通常将需要预测的变量称为因变量（或被解释变量），如房屋的价格，而用于预测因变量的变量称为自变量（或者解释变量），如房子的大小、占地面积等信息。

回归分析按照涉及变量的多少，分为一元回归分析和多元回归分析；按照因变量的多少，可分为简单回归分析和多重回归分析；按照自变量和因变量之间的关系类型，可分为线性回归分析和非线性回归分析。针对分类变量，人们提出了Logistic回归，在自变量筛选和多重共线性问题上，人们提出了逐步回归、Lasso回归、Ridge回归等广义线性回归。

本章主要介绍回归模型的建立与预测，以及在R环境下的实现。

5.1 一元回归模型

一元回归主要研究一个自变量和一个因变量之间的关系，其中一元线性回归是分析两个变量之间的线性关系，一元多项式回归是分析因变量和自变量幂次方的关系。

5.1.1 一元线性回归

设 y 是一个可观测的随机变量，它受到一个非随机变量因素 x 和随机误差 ε 的影响。如果 y 与 x 有如下线性关系

$$y = ax + b + \varepsilon \tag{5-1}$$

且 ε 服从正态分布 $\varepsilon \sim N(0, \sigma^2)$，其中 a, b 是固定的未知参数，称为回归系数，y 称为因变量，x 称为自变量，则式（5-1）为一元线性回归方程。

对于样本 (x_i, y_i)，模型的预测值为 $\hat{y}_i = ax_i + b$，真实值 y_i 与预测值 $\hat{y}_i$ 的差称为样本 (x_i, y_i) 的残差，记为 $\varepsilon_i = y_i - \hat{y}_i$。

给定训练集 $D = \{(x_1, y_1), (x_2, y_2), \cdots, (x_n, y_n)\}$，回归分析的目标是找到一条

直线 $y = ax + b$，使所有样本尽可能地落在它的附近。可以通过最小化残差平方和（Residual Sum of Squares，RSS）来达到上述目标，从而寻找出最优的参数，即求解

$$\text{minRSS}(a,b) = \min_{a,b} \sum_{i=1}^{n}(y_i - ax_i - b)^2 \tag{5-2}$$

将残差平方和 $\text{RSS}(a,b)$ 分别对 a 和 b 求导，并令导数等于0，得到最优解为

$$\begin{cases} \hat{a} = (\sum_{i=1}^{n} x_i y_i - n\overline{xy}) / \left(\sum_{i=1}^{n} x_i^2 - n(\overline{x})^2 \right) \\ \hat{b} = \overline{y} - \hat{a}\overline{x} \end{cases} \tag{5-3}$$

这种方法叫作最小二乘法。

一元线性回归的主要任务如下。

（1）利用样本观测值对回归系数 a,b 进行估计。

（2）对线性回归方程（回归系数 a）进行显著性检验。

（3）根据新的自变量 x 的取值预测 y。

在R中，lm()函数可以完成线性回归系数的估计、回归系数和回归方程的检验等。lm()的结果非常简单，为了获得更多的信息，通常会与summary()函数一起使用。

例5.1 在训练一元线性回归生成的模拟数据集（simple linear regression.csv）中，包含两个变量 x 和 y，请使用lm()函数建立一元线性回归模型，并对模型进行检验分析。

解：首先对数据利用散点图进行可视化，程序如下。

```
library(ggplot2)
library(tidyr)
onedata <- read.csv("data/chap5/simple linear regression.csv")
## 可视化数据
ggplot(onedata,aes(x = x,y = y))+theme_bw()+
    geom_point(colour = "red")+
    geom_smooth(method='lm',formula=y~x)
```

上面的程序中使用ggplot2包对数据进行可视化，绘图时使用geom_smooth()函数为图像添加了一元线性回归方程的直线，得到的结果如图5-1所示。

从图5-1可以看出，直线对散点拟合效果非常好，数据集很适合建立一元线性回归方程。

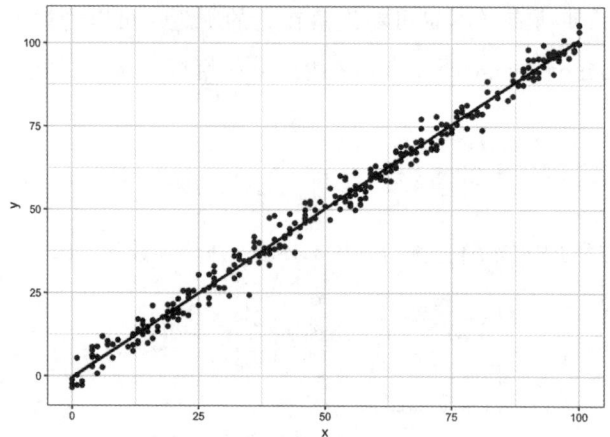

图 5-1　一元线性回归数据可视化

下面使用lm()函数对数据进行回归分析。

```
summary(lm(y~x,data = onedata))
## Call:
## lm(formula = y ~ x, data = onedata)
## Residuals:
##      Min       1Q   Median       3Q      Max
## -10.6515  -2.0356  -0.1612   2.0239   8.3965
## Coefficients:
##             Estimate Std. Error t value Pr(>|t|)
## (Intercept) -0.461811   0.359560  -1.284      0.2
## x            1.014335   0.006162 164.598   <2e-16 ***
## ---
## Signif. codes:  0 '***' 0.001 '**' 0.01 '*' 0.05 '.' 0.1 ' ' 1
## Residual standard error: 3.037 on 298 degrees of freedom
## Multiple R-squared:  0.9891, Adjusted R-squared:  0.9891
## F-statistic: 2.709e+04 on 1 and 298 DF,  p-value: < 2.2e-16
```

上面的程序是对数据建立一元线性回归方程，并输出模型拟合的结果。在lm()函数中，使用公式y~x，即可对数据集onedata建立一元线性回归方程$y = ax + b$。

针对输出结果，可从以下几个方面进行解释。

（1）方程的显著性检验。由F检验和对应的p值（在输出的最后一行）可得，"p-value<2.2e-16"远小于0.05，说明回归模型是显著的，即一元线性回归模型成立。

（2）模型的拟合效果。Multiple R-squared = 0.9891，Adjusted R-squared = 0.9891，取值均非常接近1，说明该模型的拟合效果很好。

（3）回归系数（在输出的中间位置）及其显著性检验。截距的估计值为$b = -0.461811$，变量x的回归系数估计值为$a = 1.014335$，且x的回归系数t检验的p值远小于0.001，说明回归系数是显著的。

因此，所得一元回归模型为：$y = 1.014x - 0.462$。即当自变量x的取值每增加1时，y的取值将增加1.014。

5.1.2 多项式回归

在一元回归模型中，如果因变量y和自变量x的关系是n次多项式的，即

$$y = a_0 + a_1 x + a_2 x^2 + \cdots + a_{n-1} x^{n-1} + a_n x^n + \varepsilon \tag{5-4}$$

其中，ε是随机误差，服从正态分布$N(0, \sigma^2)$，$a_0, a_1, \cdots, a_{n-1}, a_n$为回归系数，则称式（5-4）为一元多项式回归模型。

在R中，可以通过lm()和poly()结合使用，拟合多项式回归模型。

例5.2 在训练一元多项式回归生成的模拟数据集（Polynomial regression.csv）中，包含两个变量x和y，请对该数据集建立合适的多项式回归模型，并对模型进行检验分析。

解：首先读取数据，将数据进行可视化分析：

```
polydata <- read.csv("data/chap5/Polynomial regression.csv")
ggplot(polydata,aes(x=x,y = y))+geom_point()+theme_bw()
```

得到的散点图如图5-2所示。

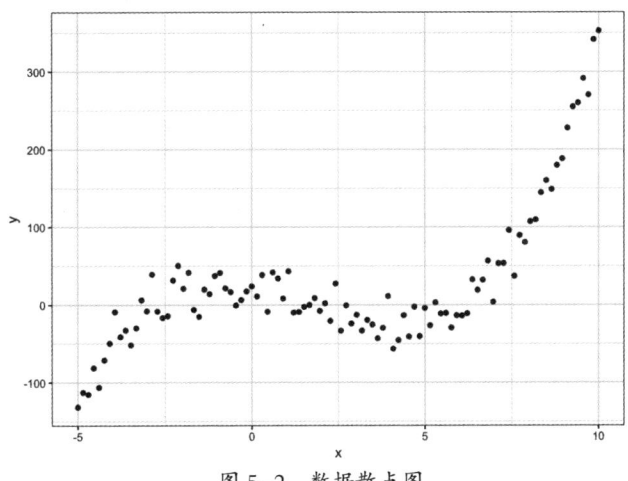

图5-2 数据散点图

根据图5-2中数据点所在的位置和趋势，易知该数据为非线性的，且近似3次幂函数或4次函数。

下面尝试使用3次幂函数建立多项式回归方程。程序如下。

```
## 拟合3次多项式方程查看效果
lmp3 <- lm(y~poly(x,3),data = polydata)
summary(lmp3)
## Call:
## lm(formula = y ~ poly(x, 3), data = polydata)
## Coefficients:
##              Estimate Std. Error t value Pr(>|t|)
## (Intercept)    27.057      1.871   14.46   <2e-16 ***
## poly(x, 3)1   604.461     18.713   32.30   <2e-16 ***
## poly(x, 3)2   367.974     18.713   19.66   <2e-16 ***
## poly(x, 3)3   534.974     18.713   28.59   <2e-16 ***
## ---
## Signif. codes:  0 '***' 0.001 '**' 0.01 '*' 0.05 '.' 0.1 ' ' 1
## Residual standard error: 18.71 on 96 degrees of freedom
## Multiple R-squared:  0.959,  Adjusted R-squared:  0.9578
## F-statistic: 749.1 on 3 and 96 DF,  p-value: < 2.2e-16
```

上面的程序中使用lm(y~poly(x,3),data = polydata)对数据polydata进行3次多项式回归。从输出结果可以发现，模型显著性检验的p值远小于0.05，说明模型是显著的，而Adjusted R-squared＝0.9578，说明模型对原始数据的拟合程度非常好。1、2、3次幂的回归系数分别为604.461、367.974、534.974，各个回归系数t检验的p值均小于0.05，说明回归系数都是显著的。最后得到的3次多项式回归方程为：
$y = 27.057 + 604.461x + 367.97x^2 + 534.97x^3$。

其他幂次的多项式回归是否也能很好地拟合该数据呢？下面建立1,2,3,4次多项式回归模型，并可视化4种模型对原始数据的拟合效果。

```
poly3 <- predict(lmp3,polydata)
polydata$poly3 <- poly3
## 使用1,2,3,4次多项式回归拟合数据
lmp1 <- lm(y~poly(x,1),data = polydata)
poly1 <- predict(lmp1,polydata)
polydata$poly1 <- poly1
lmp2 <- lm(y~poly(x,2),data = polydata)
poly2 <- predict(lmp2,polydata)
polydata$poly2 <- poly2
```

```
lmp4 <- lm(y~poly(x,4),data = polydata)
poly4 <- predict(lmp4,polydata)
polydata$poly4 <- poly4
## 可视化各个多项式模型回归拟合的效果
polydatalong <- gather(polydata,key="model",value="value",
                      c("poly1","poly2","poly3","poly4"))
ggplot(polydatalong)+theme_bw()+geom_point(aes(x,y))+
  geom_line(aes(x = x,y = value,linetype = model,colour= model),size = 0.8)+
  theme(legend.position = c(0.1,0.8))
```

上面的程序中建立了1,2,3,4次多项式回归模型,并使用predict()函数对数据进行预测,将模型的预测值均保存在polydata数据表中。通过gather()函数将宽型数据转换为长型数据后,使用ggplot()对数据进行可视化,得到的回归效果可视化图像如图5-3所示。

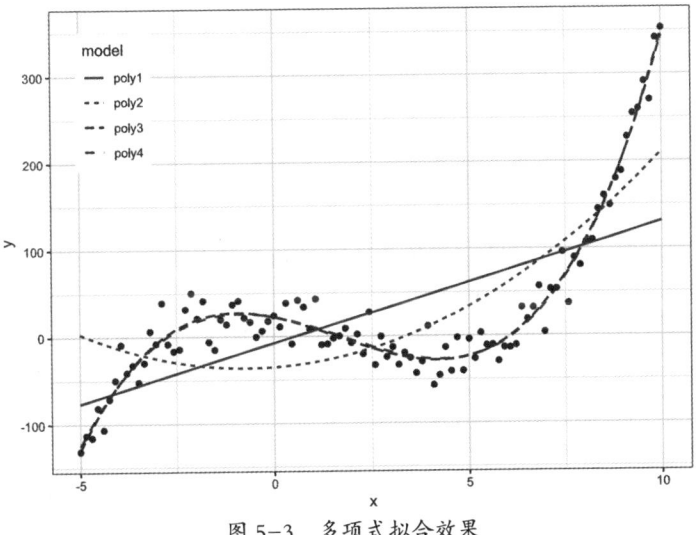

图 5-3　多项式拟合效果

由图5-3可以发现：3次和4次多项式回归对数据的拟合效果较好,因此可以使用3次或4次多项式回归对该数据建模,进一步进行预测分析。

5.2　多元线性回归分析

设 y 是一个可观测的随机变量,它受到多个（大于等于2）非随机变量因素

$x_1, x_2, \cdots, x_p$ 和随机误差 ε 的影响。如果 y 与 $x_1, x_2, \cdots, x_p$ 可用如下线性关系来描述

$$y = \beta_0 + \beta_1 x_1 + \beta_2 x_2 + \cdots + \beta_p x_p + \varepsilon \qquad (5\text{-}5)$$

其中，$\beta_0, \beta_1, \cdots, \beta_p$ 是固定的未知参数，称为回归系数，y 称为因变量（被解释变量），$x_1, x_2, \cdots, x_p$ 称为自变量（解释变量），它们是非随机的且可精确观测，ε 为随机误差，表示随机因素对因变量 y 的影响，且 $\varepsilon \sim N(0, \sigma^2)$，则称式（5-5）为多元线性回归方程。

类似于一元线性回归方程系数的求解方法，使用最小二乘法求解式（5-5），在自变量个数 p 大于训练样本 $(x_1, y_1), (x_2, y_2), \cdots, (x_n, y_n)$ 的数量 n 时，得到的多元线性回归的解容易产生过度拟合问题，通常可以通过特征选择和正则化等方法来解决该问题，具体内容将在后面的Ridge回归和Lasso回归中介绍。

在R中，可以使用lm()函数建立多元线性回归模型，使用summary()函数查看其结果。

5.2.1 多元线性回归的预测

例5.3 在美国房屋信息数据集（USA_Housing.csv）中，包含不同地区的平均房价及多个可能影响房价的自变量：AvgAreaIncome（该地区的平均收入）、AvgAreaHouseAge（房子的平均面积）和AreaPopulation（该地区人口数量）。请可视化探索数据分布和变量间的关系，并利用lm()函数建立多元线性回归模型。

解：首先读取数据，程序如下。

```
library(ggcorrplot);library(tidyr);library(GGally)
house <- read.csv("data/chap5/USA_Housing.csv")
head(house,3)
##    AvgAreaIncome AvgAreaHouseAge AvgAreaNumberRooms AvgAreaNumberofBedrooms
## 1      79545.46         5.682861           7.009188                    4.09
## 2      79248.64         6.002900           6.730821                    3.09
## 3      61287.07         5.865890           8.512727                    5.13
##    AreaPopulation  AvgPrice
## 1       23086.80  1059033.6
## 2       40173.07  1505890.9
## 3       36882.16  1058988.0
```

上面的程序先读取数据并查看数据的前几行，该数据集共有1个因变量AvgPrice和5个自变量。

为了分析每个变量的数据分布,可以可视化每个变量的密度曲线。程序如下。

```
houselong <- gather(house,key="varname",value="value",1:6)
ggplot(houselong)+theme_bw()+
  geom_density(aes(value),fill = "red",alpha = 0.5)+
  facet_wrap(.~varname,scales = "free")+
  theme(axis.text.x = element_text(angle = 90))
```

上面的程序中首先通过gather()函数将宽型数据转化为长型数据,然后利用ggplot()函数进行数据可视化,得到的每个变量的数据分布如图5-4所示。

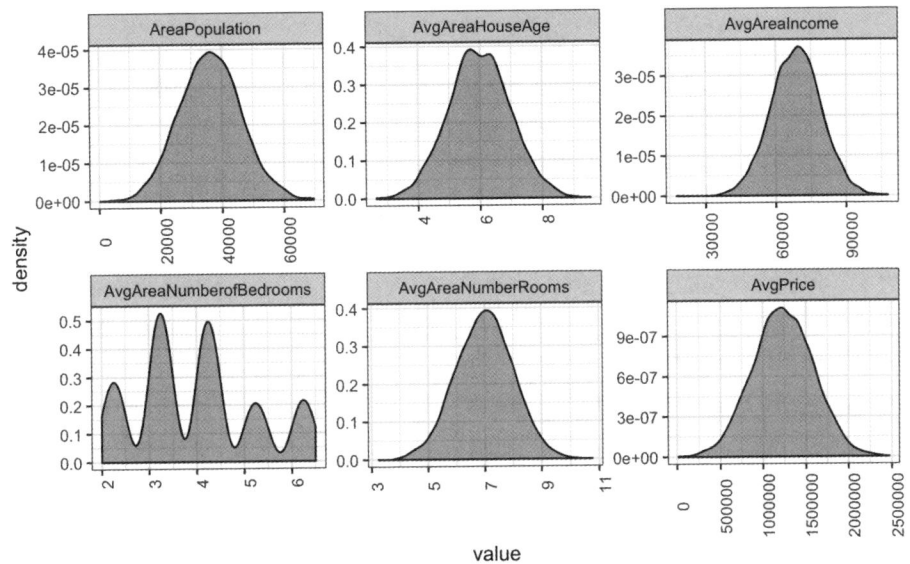

图5-4 美国房屋数据集各变量的密度曲线

从图5-4可以发现,除了变量AvgAreaNumberofBedrooms外,其他5个变量的数据均接近于正态分布。

在建立多元线性回归模型之前,可先探索各个变量之间的相关性,使用ggcorrplot()函数可视化相关系数热力图。程序如下。

```
house_cor <-cor(house)
ggcorrplot(house_cor, method="square", lab =TRUE)+
  theme(axis.text.x=element_text(size=10),
        axis.text.y=element_text(size=10))
```

上面的程序得到的相关系数热力图如图5-5所示。

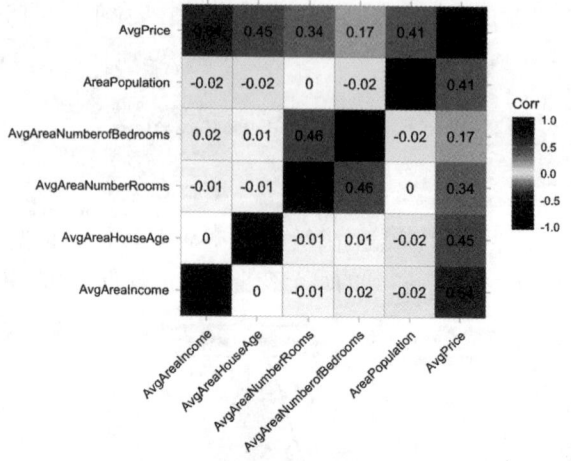

图 5-5 相关系数热力图

由图5-5可以发现，除AvgAreaNumberofBedrooms变量外，因变量AvgPrice与其他4个自变量的相关性都比较强，且与AvgAreaIncome的相关性为0.64。在5个自变量之间，AvgAreaNumberRooms和AvgAreaNumberofBedrooms的相关系数为0.46，相关性相对较强，它们之间可能会存在多重共线性。

下面使用lm()函数建立多元线性回归模型。

```
lm1 <- lm(AvgPrice~.,data = house)
summary(lm1)
## Call:
## lm(formula = AvgPrice ~ ., data = house)
## Coefficients:
##                          Estimate Std. Error  t value Pr(>|t|)
## (Intercept)            -2.637e+06  1.716e+04 -153.708   <2e-16 ***
## AvgAreaIncome           2.158e+01  1.343e-01  160.656   <2e-16 ***
## AvgAreaHouseAge         1.656e+05  1.443e+03  114.754   <2e-16 ***
## AvgAreaNumberRooms      1.207e+05  1.605e+03   75.170   <2e-16 ***
## AvgAreaNumberofBedrooms 1.651e+03  1.309e+03    1.262    0.207
## AreaPopulation          1.520e+01  1.442e-01  105.393   <2e-16 ***
## ---
## Signif. codes:  0 '***' 0.001 '**' 0.01 '*' 0.05 '.' 0.1 ' ' 1
## Residual standard error: 101200 on 4994 degrees of freedom
## Multiple R-squared:  0.918,  Adjusted R-squared:  0.9179
## F-statistic: 1.119e+04 on 5 and 4999 DF,  p-value: < 2.2e-16
```

在lm()函数中，公式AvgPrice ~ .表示使用全部的自变量建立回归模型。从输出

第5章 回归分析

结果可以发现,模型的F检验结果是显著的,Adjusted R-squared=0.9179非常接近于1,说明模型的拟合效果较好。

但是,自变量AvgAreaNumberofBedrooms的回归系数的t检验p值=0.207>0.05,说明模型中该变量是不显著的,因此,可以将其剔除然后建立新的回归模型。过程如下:

```
lm2 <- lm(AvgPrice~AvgAreaIncome+AvgAreaHouseAge+AvgAreaNumberRooms
          +AreaPopulation,data = house)
summary(lm2)
## Call:
## lm(formula = AvgPrice ~ AvgAreaIncome + AvgAreaHouseAge + AvgAreaNumberRooms
## + AreaPopulation, data = house)
## Coefficients:
##                      Estimate Std. Error t value Pr(>|t|)
## (Intercept)         -2.638e+06  1.716e+04 -153.73  <2e-16 ***
## AvgAreaIncome        2.158e+01  1.343e-01  160.74  <2e-16 ***
## AvgAreaHouseAge      1.657e+05  1.443e+03  114.77  <2e-16 ***
## AvgAreaNumberRooms   1.216e+05  1.423e+03   85.48  <2e-16 ***
## AreaPopulation       1.520e+01  1.442e-01  105.39  <2e-16 ***
## ---
## Signif. codes:  0 '***' 0.001 '**' 0.01 '*' 0.05 '.' 0.1 ' ' 1
## Residual standard error: 101200 on 4995 degrees of freedom
## Multiple R-squared:  0.918,  Adjusted R-squared:  0.9179
## F-statistic: 1.398e+04 on 4 and 4995 DF,  p-value: < 2.2e-16
```

上面的程序中使用了4个自变量(删除了自变量AvgArcaNumberofBedrooms)进行回归建模。结果表明,模型显著性检验(F检验)的p值远小于0.05,说明模型是显著的,Adjusted R-squared=0.9179,说明模型拟合效果很好,并且4个自变量的回归系数都是显著的。

5.2.2 多元线性回归结果检验

在5.2.1小节中,主要是利用lm()函数的输出结果来分析多元线性回归的效果。GGally包中的ggcoef()函数,可将回归模型的系数进行可视化,便于分析各自变量对因变量的影响。

例5.4 对例5.3建立的多元线性回归模型进行可视化分析与诊断。

解:首先可视化回归模型系数,程序如下。

```
ggcoef(lm2,exclude_intercept = T,vline_color = "red",
       errorbar_color = "blue",errorbar_height = 0.1)+theme_bw()
```

得到的结果如图5-6所示。

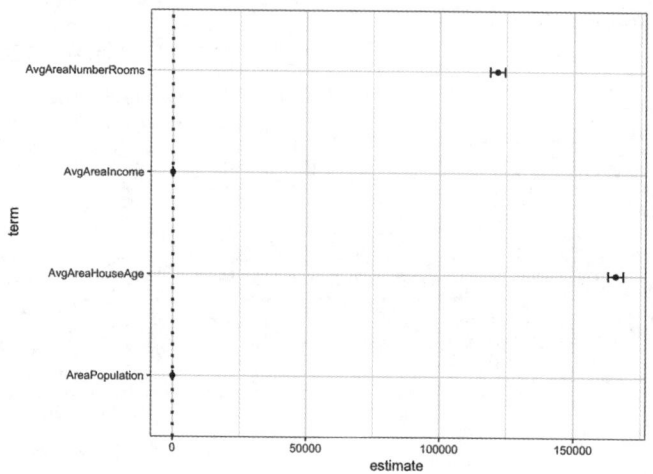

图 5-6　多元线性回归系数可视化图

从图5-6可以发现：自变量AvgAreaHouseAge和AvgAreaNumberRooms的回归系数比AvgAreaIncome和AreaPopulation的回归系数更大，所以它们取值变化对房价的影响更大。

下面通过plot(lm2)，可视化回归模型的诊断图。

```
par(mfrow = c(2,2))
plot(lm2)
```

得到的回归模型诊断结果如图5-7所示。

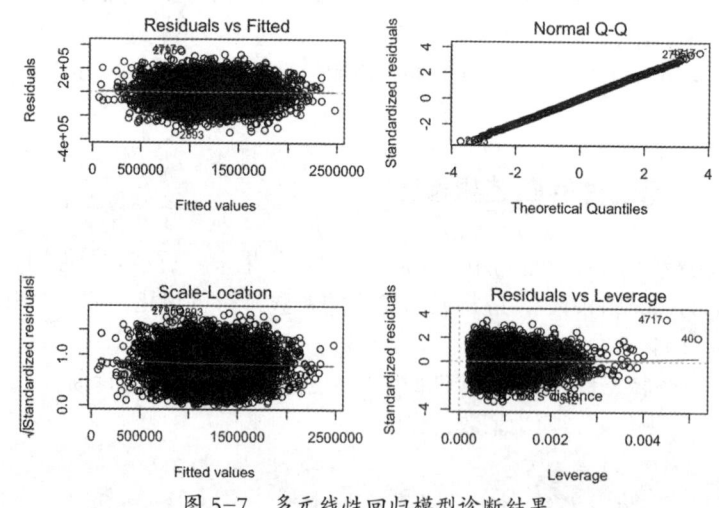

图 5-7　多元线性回归模型诊断结果

图5-7中有4个子图,它们分别表示:残差-拟合图(Residuals vs Fitted)、标准化残差的正态性检验Q-Q图(Normal Q-Q)、标准化残差-拟合图(Scale-Local)、残差-杠杆图(Residuals vs Leverage)。从4个子图中可以发现,除几个特殊样本(4717、40等),模型拟合的残差属于正态分布,即该数据集满足多元线性回归的条件,且回归的结果是显著的。

综合上述两个例子的分析,最终建立的多元回归模型为

AvgPrice = -2638000 + 21.58·AvgAreaIncome + 165700·AvgAreaHouseAge

+121600·AvgAreaNumberRooms + 15.2·AreaPopulation

5.3 逐步回归进行变量选择

如果在一个回归方程中,忽略了对因变量 y 有显著影响的自变量,那么所建立的方程必然与实际有较大的偏离,但所使用的自变量越多,可能因为误差平方和的自由度的减小而使 σ^2 的估计增大,从而影响使用回归方程预测的精度。因此,适当地选择变量以建立一个"最优"的回归方程是十分重要的。

"最优"的回归模型一般满足以下两个条件。

(1)模型能够反映自变量和因变量之间的真实关系。

(2)模型所使用自变量数量要尽可能的少。

在建立多元回归模型时,经常会从可能影响因变量 y 的众多影响因素中,挑选部分作为自变量建立"最优"的回归模型,这时可以通过逐步回归的方法,挑选出合适的自变量。

逐步回归(Stepwise Regression)是一种线性回归模型自变量选择方法,其基本思想是将变量一个一个地引入,引入的条件是其偏回归平方和经检验是显著的。同时,每引入一个新变量后,对已入选回归模型的旧变量逐个进行检验,将经检验认为不显著的变量删除,以保证所得自变量子集中每一个变量都是显著的。此过程经过若干步直到不能再引入新变量为止。这时回归模型中所有变量对因变量都是显著的。

在R中,使用step()函数完成逐步回归的计算,它以AIC信息统计量(Akaike Information Criterion,由日本统计学家赤池弘次提出,也称其为赤池信息量准则)为准则,通过选择最小的AIC信息统计量,来达到选择出显著的自变量的目的。

5.3.1 逐步回归进行预测

例5.5 来自UCI数据集网站（其网址为http://archive.ics.uci.edu/ml/datasets/Energy+efficiency）中的房屋能效数据集（ENB2012_data.xlsx），包含了8个自变量X1~X8和1个因变量Y1（供热负荷能效）。针对该数据集，请完成以下任务。

（1）建立多元回归模型，并对回归结果进行检验分析。
（2）判断是否有必要进行逐步回归，对逐步回归过程进行分析。
（3）对比逐步回归前后模型的效果。

解：首先读取数据，可视化变量之间的关系。程序如下。

```
library(readxl);library(GGally);library(Metrics);library(car)
ENB <- read_excel("data/chap5/ENB2012.xlsx")
str(ENB)
## Classes 'tbl_df', 'tbl' and 'data.frame':    768 obs. of  9 variables:
##  $ X1: num  0.98 0.98 0.98 0.98 0.9 0.9 0.9 0.9 0.86 0.86 ...
##  $ X2: num  514 514 514 514 564 ...
##  $ X3: num  294 294 294 294 318 ...
##  $ X4: num  110 110 110 110 122 ...
##  $ X5: num  7 7 7 7 7 7 7 7 7 7 ...
##  $ X6: num  2 3 4 5 2 3 4 5 2 3 ...
##  $ X7: num  0 0 0 0 0 0 0 0 0 0 ...
##  $ X8: num  0 0 0 0 0 0 0 0 0 0 ...
##  $ Y1: num  15.6 15.6 15.6 15.6 20.8 ...
```

上面的程序导入了所需要的包并读取数据集。可以发现，该数据集一共有768个样本，8个自变量X1～X8和1个因变量Y1，它们所代表的实际意义如表5-1所示。

表5-1 能效数据中变量属性意义

变量名	属性意义	变量名	属性意义
X1	相对紧凑性	X6	房屋朝向
X2	房屋表面积	X7	玻璃区域
X3	墙体面积	X8	玻璃分布情况
X4	屋顶区域	Y1	供热负荷
X5	房屋总高度		

为了分析数据各个变量之间的相关性，可使用GGally包绘制变量的矩阵散点图。程序如下。

```
ggscatmat(ENB)+theme(axis.text.x = element_text(angle = 60))
```

得到的结果如图5-8所示。

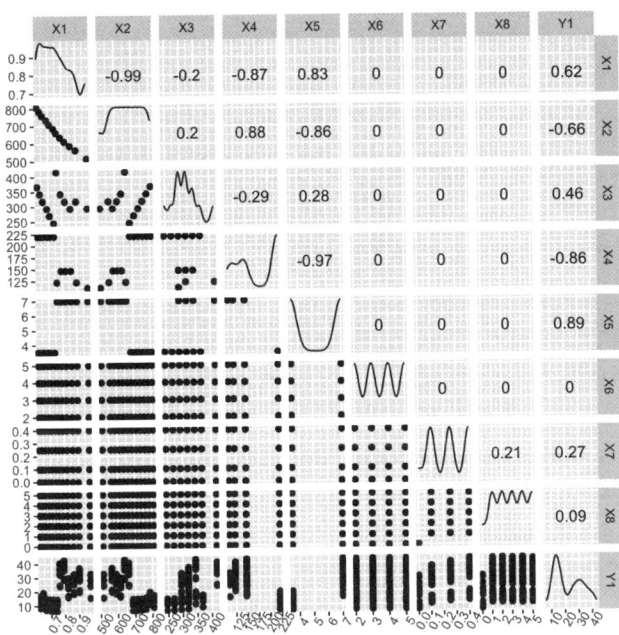

图 5-8 房屋能效数据矩阵散点图

由图5-8可以发现，除了自变量X6、X8外，因变量Y1与其他变量的线性相关性均较强。自变量X1～X5之间的两两相关性也较强，而X6与X7之间没有线性相关性。

将该数据集70%作为训练集、30%作为测试集，来对比使用逐步回归前后，模型在测试集上的预测效果。

```
set.seed(12)
index <- sample(nrow(ENB),round(nrow(ENB)*0.7))
trainEnb <- ENB[index,]
testENB <- ENB[-index,]
Enblm <- lm(Y1~.,data = trainEnb)
summary(Enblm)
## Call:
## lm(formula = Y1 ~ ., data = trainEnb)
## Coefficients: (1 not defined because of singularities)
##              Estimate Std. Error t value Pr(>|t|)
## (Intercept)  75.258602  21.969334   3.426 0.000661 ***
## X1          -61.257904  11.979481  -5.114 4.42e-07 ***
```

```
## X2            -0.077108    0.019575   -3.939 9.27e-05 ***
## X3             0.054309    0.007609    7.137 3.14e-12 ***
## X4                   NA          NA       NA       NA
## X5             4.483863    0.393633   11.391  < 2e-16 ***
## X6            -0.048843    0.111261   -0.439 0.660845
## X7            19.127131    0.964352   19.834  < 2e-16 ***
## X8             0.184578    0.082632    2.234 0.025917 *
## ---
## Signif. codes:  0 '***' 0.001 '**' 0.01 '*' 0.05 '.' 0.1 ' ' 1
## Residual standard error: 2.884 on 530 degrees of freedom
## Multiple R-squared:  0.9199, Adjusted R-squared:  0.9189
## F-statistic: 869.8 on 7 and 530 DF,  p-value: < 2.2e-16
```

上面的程序对训练集进行多元线性回归。输出结果表明，虽然所建立的模型是显著的，且拟合效果也很好（Adjusted R-squared=0.9189），但模型中X4的回归系数为缺失值，存在数据奇异性问题（1 not defined because of singularities），这可能是自变量之间存在多重共线性所致。

> **说明**：在R中，可以使用kappa()函数计算多元回归模型的条件数，判断各变量之间是否存在多重共线性，如果条件数很大，则说明自变量之间具有很强的多重共线性。由此导致的数据奇异性问题或别名系数（Aliased Coefficients）问题，可使用alias()函数进行分析。

下面计算该回归模型的条件数，程序如下。

```
kappa(Enblm,exact=TRUE)  #exact=TRUE表示精确计算条件数
## [1] 1.740667e+15
```

从输出结果可知，多元线性回归模型中条件数很大，即变量之间具有很强的多重共线性。

使用alias()函数分析由多重共线性导致的数据奇异性问题或别名系数问题。程序如下。

```
alias(Enblm)
## Model :
## Y1 ~ X1 + X2 + X3 + X4 + X5 + X6 + X7 + X8
## Complete :
##       (Intercept)   X1 X2   X3   X5 X6 X7 X8
## X4    0             0  1/2  -1/2  0  0  0  0
```

从alias()函数的输出结果可以发现，自变量X_4可以通过$0.5X_2 - 0.5X_3$获得，也

就是说，回归方程中可以不需要自变量X_4，或者自变量X_4所表达的信息都包含在X_2, X_3中。

下面使用全部的自变量建立多元回归模型，对测试集进行预测，并计算出均方根误差。

```
prelm <- predict(Enblm,testENB)
sprintf("均方根误差为: %f",mse(testENB$Y1,prelm))
## [1] "均方根误差为: 9.372886"
```

输出结果表明，使用全部自变量建立的回归模型Enblm在测试集上的预测均方根误差为9.372。

下面使用step()函数进行逐步回归，对上述模型Enblm进行优化，以期获得更加稳定的回归模型。

```
## 逐步回归
Enbstep <- step(Enblm,direction = "both")
summary(Enbstep)
## Call:
## lm(formula = Y1 ~ X1 + X2 + X3 + X5 + X7 + X8, data = trainEnb)
## Coefficients:
##               Estimate Std. Error t value Pr(>|t|)
## (Intercept)  74.989093  21.944054   3.417 0.000681 ***
## X1          -61.201732  11.969688  -5.113 4.43e-07 ***
## X2           -0.077020   0.019559  -3.938 9.32e-05 ***
## X3            0.054290   0.007603   7.141 3.08e-12 ***
## X5            4.484346   0.393332  11.401  < 2e-16 ***
## X7           19.123925   0.963591  19.847  < 2e-16 ***
## X8            0.184485   0.082569   2.234 0.025877 *
## ---
## Signif. codes:  0 '***' 0.001 '**' 0.01 '*' 0.05 '.' 0.1 ' ' 1
## Residual standard error: 2.882 on 531 degrees of freedom
## Multiple R-squared:  0.9199, Adjusted R-squared:  0.919
## F-statistic:  1016 on 6 and 531 DF,  p-value: < 2.2e-16
```

输出结果表明，新的多元线性回归模型只使用了X_1、X_2、X_3、X_5、X_7、X_8作为自变量，减少了2个自变量，且每个自变量的回归系数都是显著的。而模型的Adjusted R-squared=0.919，并没有减小，这说明使用逐步回归挑选自变量的效果很好。

5.3.2 逐步回归模型结果检验

例5.6 针对例5.5的逐步回归结果，进一步计算模型的条件数，检验模型中是否具有多重共线性，并分析模型在测试集上的预测效果。

解：首先判断逐步回归模型是否存在多重共线性。程序如下。

```
kappa(Enbstep,exact=TRUE)
## [1] 150955.4
```

从输出结果可以发现，条件数较例5.5中的建立的包含全部自变量的回归模型缩小了约10^{10}倍，说明变量之间的多重共线性问题得到了大大的缓解。

下面计算逐步回归模型在测试集上的预测效果，程序如下。

```
prestep <- predict(Enbstep,testENB)
sprintf("均方根误差为：%f",mse(testENB$Y1,prestep))
## [1] "均方根误差为: 9.365841"
```

可以发现，逐步回归模型的均方根误差为9.365841，较例5.5中建立的包含全部自变量的回归模型（均方根误差为9.372886）下降了约0.007。

下面将原始测试集的因变量Y1、包含全部自变量的回归模型的预测值lmpre、逐步回归模型的预测值steppre等进行可视化，对比它们在测试集上的预测效果，程序如下。

```
## 数据准备
index <- order(testENB$Y1)
X <- sort(index)
Y1 <- testENB$Y1[index]
lmpre <- prelm[index]
steppre <- prestep[index]
plotdata <- data.frame(X = X,Y1 = Y1,lmpre =lmpre,steppre = steppre)
head(plotdata)
##    X   Y1      lmpre    steppre
## 10 1 6.070  5.933106   5.860595
## 11 2 6.366  7.114583   7.139771
## 12 3 6.770  7.781166   7.806930
## 13 4 6.810  7.732323   7.806930
## 14 5 7.180  9.158014   9.086105
## 16 6 8.490 10.442338  10.420422
plotdata <- gather(plotdata,key="model",value="value",c(-X,-Y1))
## 可视化
ggplot(plotdata,aes(x = X))+theme_bw()+
  geom_point(aes(y = Y1),colour = "red",alpha = 0.5)+
```

```
geom_line(aes(y = value,linetype = model,colour = model),size = 0.6)+
theme(legend.position = c(0.1,0.8))
```

在上述程序中，为了便于比较预测效果，先将因变量Y1的取值进行了排序。从输出的plotdata的前几行可以发现，逐步回归前后的预测值之间的差异很小。在可视化前使用gather()函数将宽型数据转换为长型数据，并使用ggplot()函数对数据进行可视化，得到的结果如图5-9所示。

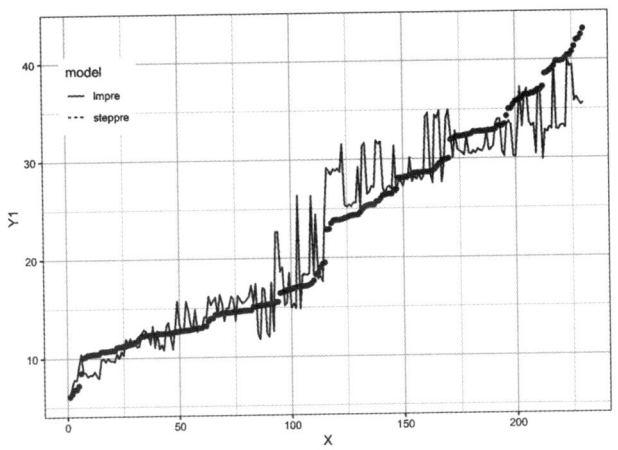

图 5-9　逐步回归前后的效果对比

结合前面的输出结果和图5-9可以发现，使用逐步回归选择出合适的自变量，大大缓解了模型的多重共线性问题，提高了在测试集上的预测效果。

逐步回归可以为模型选择更显著的自变量，虽然不能很大程度上提高模型的精度，但是通过缓解模型的奇异性问题，大大增加了模型的稳定性。

5.4　Logistic回归模型

多元线性回归模型可以用于处理因变量是连续值的情况，如果因变量是分类变量或离散型变量，则需要使用广义线性回归模型进行建模分析。

广义线性模型（Generalize Linear Model，GLM）是常见正态线性模型的直接推广，它适用于连续数据和离散数据，特别是后者，如属性数据、计数数据等。

在广义线性回归模型中，Logistic回归模型是最重要的模型之一。

对于一系列有两个结果的随机试验，最简单的概率模型就是Bernoulli分布，即成功的概率为p,失败的概率为$1-p$。在实际情形中,各种外部因素会干扰实验结果,这样成功和失败的概率就是不固定的,而是其他自变量的一个函数。

Logistic回归(简称逻辑回归)主要研究两元分类响应变量("成功"和"失败"分别用1和0表示)与诸多自变量间的相互关系,建立相应的模型并进行预测等。

对响应变量y有影响的p个自变量(解释变量)记为$x_1, x_2, \cdots, x_p$,在这p个自变量的作用下出现"成功"的条件概率记为$p = P\{y=1 | x_1, x_2, \cdots, x_p\}$,则Logistic回归模型可表示为

$$p = \frac{\exp(\beta_0 + \beta_1 x_1 + \beta_2 x_2 + \cdots + \beta_p x_p)}{1 + \exp(\beta_0 + \beta_1 x_1 + \beta_2 x_2 + \cdots + \beta_p x_p)} \tag{5-6}$$

其中,$\beta_0, \beta_1, \cdots, \beta_p$是待估计的模型回归系数。

对式(5-6)作logit变换,则Logistic回归模型可写成线性形式

$$\text{logit}(p) = \ln \frac{p}{1-p} = \beta_0 + \beta_1 x_1 + \cdots + \beta_p x_p \tag{5-7}$$

这样就可以使用线性回归模型对各参数进行估计,这也是Logistic回归模型属于广义线性模型的原因。

简单地说,Logistic回归就是将多元线性回归分析的结果映射到logit函数$y = 1/(1+\exp(-x))$上,然后根据阈值对数据进行二值化,来预测二分类变量。

例如,在如图5-10所示的logit函数上,可以将变换后值小于0.5的样本都预测为0,大于0.5的样本都预测为1,因此Logistic回归通常用于建立二分类模型。

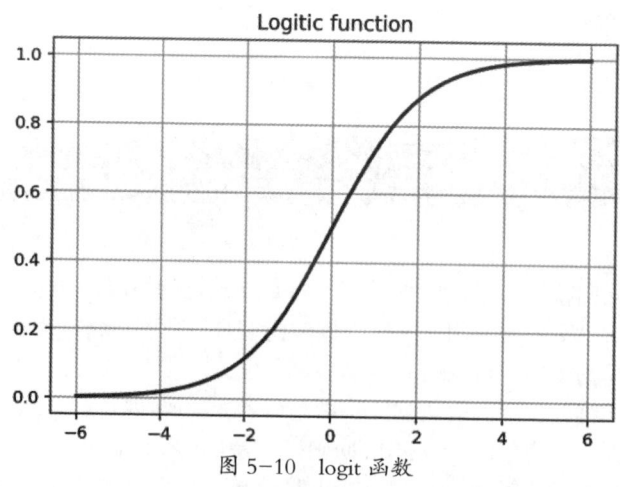

图5-10 logit 函数

在R中，可使用glm(formula, family=binomial(link=logit), data=data.frame)建立Logistic回归模型，其中link=logit可以不写，因为logit是二项分布族默认的连接函数。

5.4.1 Logistic 回归进行分类

例5.7 针对Kaggle网站上不同性别声音的数据集（voice.csv），请使用Logistic回归模型来建立分类器，判断声音样本的性别。

解：首先读取数据集，进行探索性分析，程序如下。

```
library(caret);library(tidyr);library(corrplot)
voice <- read.csv("data/chap5/voice.csv",stringsAsFactors = F)
head(voice,2)
##     meanfreq         sd     median        Q25        Q75        IQR
## 1 0.05978098 0.06424127 0.03202691 0.015071489 0.09019344 0.07512195
## 2 0.06600874 0.06731003 0.04022873 0.019413867 0.09266619 0.07325232
##        skew       kurt    sp.ent       sfm        mode   centroid
## 1 12.863462 274.402906 0.8933694 0.4919178 0.00000000 0.05978098
## 2 22.423285 634.613855 0.8921932 0.5137238 0.00000000 0.06600874
##     meanfun    minfun    maxfun    meandom    mindom    maxdom
## 1 0.08427911 0.01570167 0.2758621 0.007812500 0.0078125 0.0078125
## 2 0.10793655 0.01582591 0.2500000 0.009014423 0.0078125 0.0546875
##      dfrange    modindx label
## 1 0.0000000 0.00000000  male
## 2 0.0468750 0.05263158  male
table(voice$label)
## female   male
##   1584   1584
```

该数据集包括1584个男性和1584个女性的声音数据，其中包含20个根据语音和语言生成的声学特征。

为了更好地了解这20个特征之间的关系，可以通过相关系数热力图可视化这20个特征之间的关系。程序如下。

```
voice_cor <- cor(voice[,1:20])
corrplot.mixed(voice_cor,tl.col="black",tl.pos = "lt",
               tl.cex = 0.8,number.cex = 0.45)
```

上面的程序使用了corrplot包中的corrplot.mixed()函数，可视化变量之间的相关系数，得到如图5-11所示的相关系数热力图。

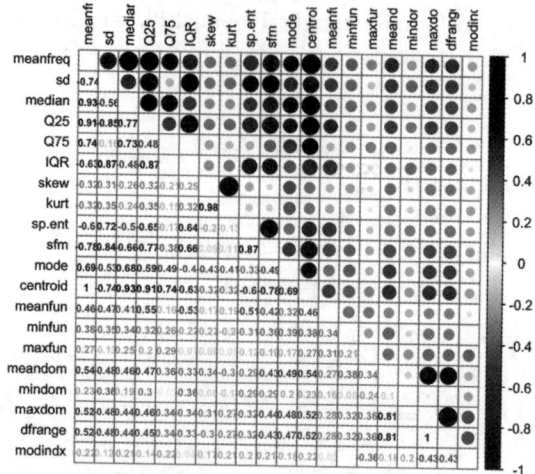

图 5-11　声学特征间的相关系数热力图

通过图 5-11 可以直观展示声学特征之间的相关性，结果表明，很多特征之间的相关性还是很强的。

但是如何分析不同性别之间的每个特征所具有的差异呢？下面通过可视化每个变量在不同性别下的密度曲线进行对比分析。程序如下。

```
plotdata <- gather(voice,key="variable",value="value",c(-label))
ggplot(plotdata,aes(fill = label))+
  theme_bw()+geom_density(aes(value),alpha = 0.5)+
  facet_wrap(~variable,scales = "free")
```

得到的每个变量在不同性别下的密度曲线如图 5-12 所示。

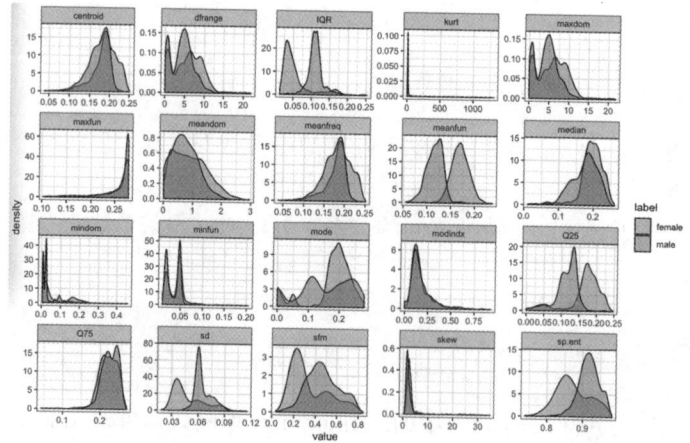

图 5-12　各特征在不同性别下的密度曲线图

通过图5-12可以发现，在某些特征下，男女声音的差异很明显，如IQR、meanfun、Q25、sd等特征；而有些特征男女之间的差异很不明显，如maxfun、minfun、modindx、skew等特征。

在了解数据特征之间的关系和差异后，下面就可以建立Logistic回归模型，对性别进行分类。

在R中，建立Logistic回归模型可以通过glm()函数完成。

为了更好地评估Logistic回归模型的泛化能力，使用该数据集的70%作为训练集建立回归模型，使用剩余的数据作为测试集检验模型的效果。程序如下：

```
voice$label <- factor(voice$label,levels = c("male","female"),labels = c(0,1))
##   数据集切分为70%训练集和30%测试集
index <- createDataPartition(voice$label,p = 0.7)
voicetrain <- voice[index$Resample1,]
voicetest <- voice[-index$Resample1,]
##   在训练集上使用所有变量进行逻辑回归
voicelm <- glm(label~.,data = voicetrain,family = "binomial")
##   对逻辑回归模型进行逐步回归，来筛选变量
voicelmstep <- step(voicelm,direction = "both")
summary(voicelmstep)
## Call:
## glm(formula = label ~ Q25 + Q75 + kurt + sp.ent + sfm + meanfun +
##     minfun + modindx, family = "binomial", data = voicetrain)
## Coefficients:
##              Estimate Std. Error z value Pr(>|z|)
## (Intercept)   4.072343   8.347264   0.488 0.625645
## Q25          57.942732   6.114279   9.477  < 2e-16 ***
## Q75         -55.552881   7.042921  -7.888 3.08e-15 ***
## kurt          0.005276   0.001357   3.888 0.000101 ***
## sp.ent      -30.755290   9.910295  -3.103 0.001913 **
## sfm           8.562586   2.194932   3.901 9.58e-05 ***
## meanfun     182.156087  11.758436  15.492  < 2e-16 ***
## minfun      -41.235147  10.035386  -4.109 3.97e-05 ***
## modindx       3.738080   1.601822   2.334 0.019614 *
## ---
## Signif. codes:  0 '***' 0.001 '**' 0.01 '*' 0.05 '.' 0.1 ' ' 1
## (Dispersion parameter for binomial family taken to be 1)
##     Null deviance: 3074.80  on 2217  degrees of freedom
## Residual deviance:  366.24  on 2209  degrees of freedom
```

```
## AIC: 384.24
```

上面的程序在训练集上训练Logistic回归,并使用step()函数进行逐步回归,这样就可以从20个特征中选择显著的特征建立模型。在建立Logistic回归模型时,通过指定glm()中的参数family = "binomial"进行Logistic回归。

由逐步回归的结果可以发现,模型的AIC=384.24,且模型只使用了Q25、Q75、kurt、sp.ent、sfm、meanfun、minfun、modindx共8个变量作为Logistic回归模型的自变量,并且每个变量都是显著的,剔除了12个不显著的自变量。

5.4.2 逐步逻辑变量筛选过程

在优化Logistic回归模型时,逐步回归是如何剔除不需要的自变量呢?可通过可视化逐步回归过程中AIC取值的变化情况,直观理解模型优化过程。

例5.8 对例5.7中使用逐步回归优化Logistic回归模型的过程进行可视化,并分别使用优化前后的回归模型在测试集上进行预测分析。

解:逐步回归可视化程序如下。

```
stepanova <- voicelmstep$anova
stepanova$Step <- as.factor(stepanova$Step)
ggplot(stepanova,aes(x = reorder(Step,-AIC),y = AIC))+
  theme_bw(base_family = "STKaiti",base_size = 12)+
  geom_point(colour = "red",size = 2)+
  geom_text(aes(y = AIC-1,label = round(AIC,2)))+
  theme(axis.text.x = element_text(angle = 30,size = 12))+
  labs(x = "删除的特征")
```

可视化剔除变量过程中AIC取值变化情况,得到结果如图5-13所示。

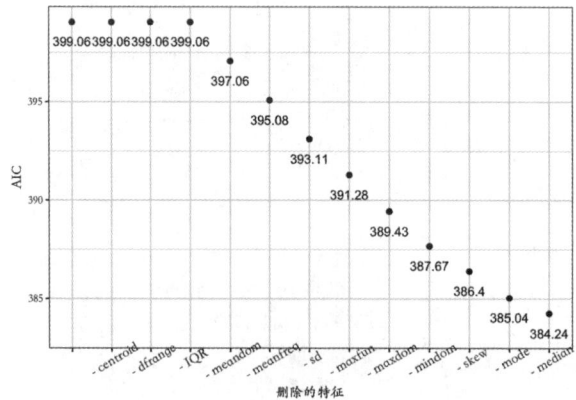

图5-13 逐步回归删除特征的过程

从图5-13可以看出，在剔除这些特征的过程中AIC一直在减小，这说明模型在逐渐变得稳定。但在剔除前3个特征之前AIC的取值一直没有变化，这是因为这三个特征在原始的模型中均是使模型奇异的特征，它们均可以由其他的特征的线性组合代替。如IQR变量，可以通过Q25和Q75计算得到，dfrange特征可以由最大值与最小值的线性组合得到等，它们的存在对模型没有积极影响，反而会增加模型的不稳定性。

下面分别使用逐步回归前后的模型在测试集上进行预测，并计算模型的预测精度。

```
voicelmpre <- predict(voicelm,voicetest,type = "response")
voicelmpre2 <- as.factor(ifelse(voicelmpre > 0.5,1,0))
voicesteppre <- predict(voicelmstep,voicetest,type = "response")
voicesteppre2 <- as.factor(ifelse(voicesteppre > 0.5,1,0))
sprintf("逻辑回归模型的精度为: %f",accuracy(voicetest$label,voicelmpre2))
## [1] "逻辑回归模型的精度为: 0.972632"
sprintf("逐步逻辑回归模型的精度为: %f",accuracy(voicetest$label,voicesteppre2))
## [1] "逐步逻辑回归模型的精度为: 0.975789"
```

在使用predict()函数进行预测时，输出的预测结果是response形式（即输出的为属于某类的概率），所以需要使用阈值将其二值化。在计算模型的预测精度时使用了accuracy()函数。从输出的结果可以发现，只使用8个自变量（剔除了12个变量）的Logistic回归模型，其预测的精度不但没有下降，反而有所提升。

5.5 泊松回归模型

在现实情况中，存在很多因变量（响应变量）属于计数变量的数据集，如专利数量数据、生育数据、机器损坏次数等。这类数据都是计数类型，取值均为非负整数。

泊松回归（Poisson Regression）就是用于为计数变量和列联表建模的一种回归分析方法。

泊松回归假设响应变量y服从泊松分布，并假设其期望值的对数可由一组未知参数线性表示。

泊松回归模型有时（特别是作为列联表模型时）也被称为对数线性模型，在4.4

节已经对其进行相关应用。

设 $x_1, x_2, \cdots, x_p$ 是一组自变量,则泊松回归模型可定义为

$$\mu = E(y) = \exp(\beta_0 + \beta_1 x_1 + \beta_2 x_2 + \cdots + \beta_p x_p) \qquad (5-8)$$

其中响应变量 y 服从参数 $\lambda = \mu$ 的泊松分布,即 y 的期望值 $E(y) = \mu$。

如果使用对数为连接函数,则泊松回归模型可转化为

$$\ln(\mu) = \beta_0 + \beta_1 x_1 + \beta_2 x_2 + \cdots + \beta_p x_p \qquad (5-9)$$

又称其为泊松对数线性模型。

在R中,可以通过glmnet包中的glm()函数拟合泊松回归模型。

例5.9 在学生成绩数据集(poisson_sim.csv)中,包含1个因变量(获奖次数)和2个自变量,自变量分别为学生注册的课程类型(包括一般、学术和职业)以及数学期末考试的分数。请利用泊松对数线性模型,分析学生获奖次数与课程类型、考试分数的关系。

解:求解程序如下。

```
library(glmnet)
## 读取数据
poi_sim <- read.csv("data/chap5/poisson_sim.csv")
poi_sim <- poi_sim[,2:4]
poi_sim$prog <- factor(poi_sim$prog,levels=1:3,
                       labels=c("一般","学术","职业"))
## 可视化获奖次数的直方图
hist(poi_sim$num_awards)
```

上面的程序进行了数据准备工作。在读取数据后,将prog变量转化为因子变量,然后可视化获奖次数,得到的直方图如图5-14所示。

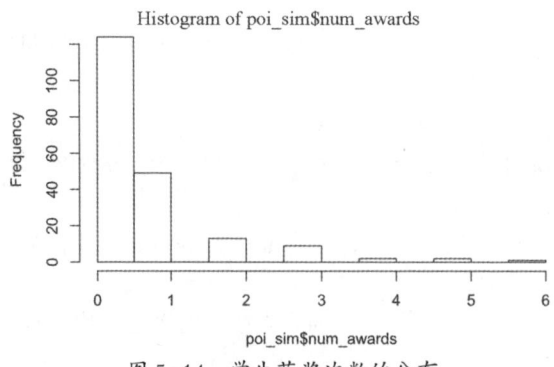

图 5-14 学生获奖次数的分布

从图5-14可以发现，获奖次数的分布可视为泊松分布，次数最多的为6，且有较多的学生获奖次数为0或1。

针对该数据，可以使用泊松对数线性模型进行分析。程序如下。

```
model <- glm(num_awards~.-1,data = poi_sim,family = poisson(link = "log"))
summary(model)
## Call:glm(formula=num_awards~. - 1,family = poisson(link = "log"),data = poi_sim)
## Deviance Residuals:
##     Min      1Q    Median     3Q      Max
## -2.2043  -0.8436  -0.5106  0.2558   2.6796
## Coefficients:
##          Estimate Std. Error z value Pr(>|z|)
## prog一般 -5.24712    0.65845  -7.969 1.60e-15 ***
## prog学术 -4.16327    0.66288  -6.281 3.37e-10 ***
## prog职业 -4.87732    0.62818  -7.764 8.21e-15 ***
## math     0.07015    0.01060   6.619 3.63e-11 ***
## Signif. codes: 0 '***' 0.001 '**' 0.01 '*' 0.05 '.' 0.1 ' ' 1
## (Dispersion parameter for poisson family taken to be 1)
##     Null deviance: 319.24  on 200  degrees of freedom
## Residual deviance: 189.45  on 196  degrees of freedom
## AIC: 373.5
```

上面是进行泊松对数线性回归的程序和输出结果。在使用glm()函数时，需要指定参数family = poisson(link = "log")，即因变量服从泊松分布而且使用log函数作为连接函数，同时在进行回归时去除常数项。最后得到的回归模型为

$$\log(\text{num\_awareds}) = -5.247*(\text{prog}=\text{一般}) - 4.16*(\text{prog}=\text{学术})$$

$$-4.87*(\text{prog}=\text{职业}) + 0.07*\text{math}$$

所得到的回归模型每个特征都是显著的，将回归模型的回归系数进行指数化，可以更好地在获奖次数的原始尺度上进行比较。程序如下。

```
exp(coef(model))
##    prog一般      prog学术      prog职业        math
## 0.005262630  0.015556678  0.007617438  1.072671641
```

从输出结果可以看出，在学生的课程类型上，"学术"类型对获奖的影响是最大的，其次是职业类课程，最后是一般类型的课程。而且数学分数对获奖次数的影响也很大，即当确定了学生注册的课程类型，数学成绩每提高一分，获奖次数可能会增加1.07次，这也说明了在相同的类型下，数学成绩越高，获奖的次数会越多。

5.6 Ridge和Lasso回归分析

一般线性回归是用均方误差作为损失函数，也就是最小二乘法，但为了防止模型的过拟合，在建立线性模型时经常需要加入正则化项，一般有ℓ_1正则化和ℓ_2正则化。

所谓正则化，就是通过在模型中添加一些惩罚项或约束条件来控制模型复杂度，达到减轻过度拟合的目的。

线性回归的ℓ_1正则化通常称为Lasso回归（Least Absolute Shrinkage and Selection Operator，Lasso，也称为拉索回归），线性回归的ℓ_2正则化通常称为Ridge回归（Ridge Regression，也称为岭回归），它和一般线性回归的区别是在损失函数上增加了一个ℓ_2正则化的项。

已知多元线性回归模型

$$y = X\beta + \varepsilon \tag{5-10}$$

其中，$y \in R^n$为响应变量（因变量），$X \in R^{n \times p}$是由样本组成的设计矩阵（包含p个自变量），$\beta \in R^p$为回归系数向量，$\varepsilon = (\varepsilon_1, \varepsilon_2, \cdots, \varepsilon_n)^T \in R^n$为模型误差向量，$\varepsilon_i$相互独立且$\varepsilon_i \sim N(0, \sigma^2)$，$i \in \{1, 2, \cdots, n\}$。

在求解回归系数向量时，需要求解下面的方程

$$\hat{\beta} = \arg\min_{\beta \in R^p} \frac{1}{2} \|y - X\beta\|_2^2 \tag{5-11}$$

可以使用最小二乘法求解，得到$\hat{\beta} = (X'X)^{-1} X'y$。

但是，使用最小二乘法得到的线性回归有时并不是有效的，尤其是出现以下情况时：

（1）当样本数量小于变量数量时，$X'X$是非奇异的，不存在逆矩阵，所以无法求解$\hat{\beta}$。

（2）当自变量之间存在多重共线性时，求解出的$\hat{\beta}$是不稳定的，线性回归模型

可能在训练集上效果很好，但是在测试集上拟合效果很差，造成过拟合。

为了解决上述问题，可以在求解参数 $\hat{\beta}$ 时添加额外的惩罚。

1970年，Hoerl和Kennard提出在求解 $X'X$ 的逆矩阵之前，添加一个常数为 λ 的对角矩阵，这样就得到了Ridge模型回归系数的求解公式

$$\hat{\beta}_{\text{ridge}} = \left(X'X + \lambda I\right)^{-1} X'y \qquad (5-12)$$

其中，$\hat{\beta}_{\text{ridge}}$ 是选择最小化惩罚平方和。

Ridge回归模型是一个典型的添加了 ℓ_2 范数作为惩罚的正则化回归模型

$$\hat{\beta}_{\text{ridge}} = \arg\min\nolimits_{\beta \in R^p} \frac{1}{2} \| y - X\beta \|_2^2 + \lambda \| \beta \|_2^2 \qquad (5-13)$$

其中，$\frac{1}{2} \| y - X\beta \|_2^2$ 为回归模型的损失函数，$\lambda \| \beta \|_2^2$ 是用 ℓ_2 范数作为正则化惩罚函数。

1996年，Tibshirani把Ridge回归模型中惩罚正则化项的 ℓ_2 范数替换为了 ℓ_1 范数，得到了Lasso回归模型，Lasso需要求解如下公式得到系数向量

$$\hat{\beta}_{\text{lasso}} = \arg\min\nolimits_{\beta \in R^p} \frac{1}{2} \| y - X\beta \|_2^2 + \lambda \| \beta \|_1 \qquad (5-14)$$

其中，使用 ℓ_1 范数作为惩罚的正则化项，具有更强的稀疏化回归系数向量的能力，可以直接将某些对因变量影响力不大或者无关的变量剔除，即把相应的回归系数压缩为0，同时进行变量选择和回归模型构建。所以Lasso回归具有更强的变量选择功能，并具有将高维空间降维的作用。

Ridge回归和Lasso回归是目前最为流行的两种线性回归正则化方法，它们均可以解决多元线性回归中的多重共线性问题，增强模型的稳定性，而且Lasso回归还可以为模型选择有用的特征，进行变量的筛选。

在R中，可以通过glmnet包中相关函数建立Ridge回归和Lasso回归模型。

5.6.1 使用 R 进行 Ridge 回归

例5.10 糖尿病病情数据集（diabetes.csv）包含442个样本，每个样本包含糖尿病患者的10种测量指标和一个因变量Y，请建立Ridge回归模型并进行可视化分析。

解：首先读取数据，可视化变量间的关系。程序如下。

```
library(readxl);library(caret);library(glmnet);library(corrplot)
```

```
library(Metrics);library(ggplot2)
## 读取数据
diabete <- read.csv("data/chap5/diabetes.csv",sep = "\t")
## 可视化相关系数
diabete_cor <- cor(diabete)
corrplot.mixed(diabete_cor,tl.col="black",tl.pos = "d",number.cex = 0.8)
```

上面为读取数据并可视化数据相关系数的程序。糖尿病病情数据集包含从442例糖尿病患者中获得的十个变量：年龄（AGE）、性别（SEX）、体重指数（BMI）、平均血压（BP）和六个血清测量值（S1~S6），以及一个人们感兴趣的因变量Y。得到的可视化相关系数如图5-15所示。

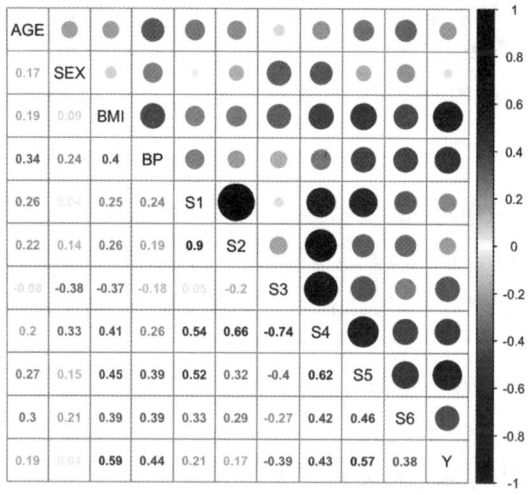

图 5-15 糖尿病数据相关系数可视化

图5-15表明，因变量Y和AGE、SEX、S1、S2四个变量的相关系数较小，和S3是负相关，与其余变量的相关系数较大，且都是正相关；S1和S2之间的正相关性较强，S3和S4的负相关性较强。

在建立Ridge回归模型之前，先将数据切分为训练集和测试集，并对数据集进行标准化，使用标准化后的数据进行建模。

```
## 切分为70%训练集和30%测试集
set.seed(123)
d_index <- createDataPartition(diabete$Y,p = 0.7)
train_d <- diabete[d_index$Resample1,]
test_d <- diabete[-d_index$Resample1,]
## 数据标准化
```

```
scal <- preProcess(train_d,method = c("center","scale"))
train_ds <- predict(scal,train_d)
test_ds <- predict(scal,test_d)
## 查看标准化使用的平均值和标准差
scal$mean
##         AGE        SEX        BMI         BP         S1         S2
##   48.787781   1.479100  26.266238  94.907781 188.508039 114.830547
##          S3         S4         S5         S6          Y
##   50.165595   4.039743   4.623759  91.241158 151.334405
scal$std
##         AGE        SEX        BMI         BP         S1         S2
##   13.0022323  0.5003681  4.4375362 13.9625883 34.9820106 30.6843703
##          S3         S4         S5         S6          Y
##   13.2724213  1.2905822  0.5187115 11.3724218 75.9664022
```

上面的程序是切分数据集及数据标准化的过程，并且输出了每个变量标准化的平均值和标准差。

在Ridge回归模型中，需要指定一个合适的参数λ，该参数为施加在回归系数上的惩罚系数，不同的参数λ可以得到不同的Ridge回归模型。

glmnet包中的cv.glmnet()可以通过交叉验证的方式，来分析在不同的参数λ下回归模型的效果。下面使用cv.glmnet()函数和训练数集分析模型参数的影响。

```
lambdas <- seq(0,5, length.out = 200)
X <- as.matrix(train_ds[,1:10])
Y <- train_ds[,11]
set.seed(1245)
ridge_model <- cv.glmnet(X,Y,alpha = 0,lambda = lambdas,nfolds = 3)
plot(ridge_model)
plot(ridge_model$glmnet.fit, "lambda", label = T)
```

上面的程序中，使用cv.glmnet()函数来进行参数λ的影响分析。通过指定参数alpha = 0来建立Ridge回归，如果参数alpha = 1，则建立的是Lasso回归模型，nfolds =3表示使用3折交叉验证。

使用plot(ridge_model)可视化lambda对模型均方误差的影响，得到的结果如图5-16（a）所示，而plot(ridge_model$glmnet.fit,…)用于可视化不同的lambda下，各自变量回归系数的变化，得到的结果如图5-16（b）所示。

在图5-16中，横坐标均为参数lambda的对数值，最上方的横坐标的数值为10，表示相应位置的参数lambda所对应的Ridge回归中使用的自变量个数，图5-16（a）中的纵坐标为回归模型的均方误差，图5-16（b）中的纵坐标为自变量回归系数的取值。

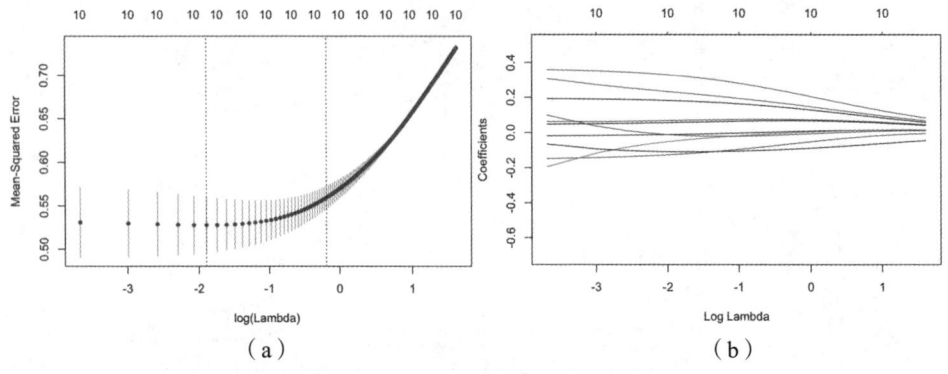

图5-16 Ridge回归交叉验证结果

在cv.glmnet()函数的输出结果中，包含一个lambda.min取值，且ridge_model$lambda.min = 0.15，该值为在模型均方误差最小的情况下参数lambda的取值，可以使用该值建立Ridge回归模型。

下面使用该参数对训练数据集建立Ridge模型。程序如下。

```
ridge_min <- ridge_model$lambda.min
## 使用ridge_min 拟合ridge模型
ridge_best <- glmnet(X,Y,alpha = 0,lambda = ridge_min)
coef(ridge_best)
## 11 x 1 sparse Matrix of class "dgCMatrix"
##                         s0
## (Intercept)  -9.970781e-17
## AGE          -1.113551e-02
## SEX          -1.245912e-01
## BMI           3.254058e-01
## BP            1.808571e-01
## S1           -4.738116e-02
## S2           -1.425167e-02
## S3           -1.094516e-01
## S4            6.865665e-02
## S5            2.288483e-01
## S6            5.677289e-02
```

上面的程序中，使用最优的lambda参数并利用glmnet()函数建立Ridge回归模型。得到回归模型后，使用coef()函数获取Ridge回归模型中每个自变量的回归系数。结果表明，不存在系数为0的自变量，这是因为Ridge模型不容易把变量的系数压缩到0。

为了验证Ridge回归模型的预测效果,可在测试集上进行预测,并计算出平均绝对值误差的大小。程序如下。

```
test_pre <- predict(ridge_best,as.matrix(test_ds[,1:10]))
sprintf("标准化后平均绝对误差为: %f",mae(test_ds$Y,test_pre))
## [1] "标准化后平均绝对误差为: 0.605390"
## 将预测值逆标准化和原始数据进行比较
test_pre_o <- as.vector(test_pre[,1] * scal$std[11] + scal$mean[11])
sprintf("标准化前平均绝对误差为: %f",mae(test_d$Y,test_pre_o))
## [1] "标准化前平均绝对误差为: 45.989333"
```

通过predict()函数得到测试集的预测值后,再使用Metrics包的mae()函数计算平均绝对值误差。通过将预测值进行逆标准化变换,与标准化前的因变量进行比较发现,Ridge回归模型的预测平均绝对值误差为45.99。

5.6.2 使用 R 进行 Lasso 回归

在5.6.2节使用Ridge建立回归模型的示例中,每个自变量的回归系数都不是0,这是因为Ridge回归模型并没有自动进行变量选择的能力,而Lasso回归则具有自动选择变量的能力。

例5.11 使用例5.10中糖尿病数据集(diabetes.csv)建立Lasso回归模型。在建立Lasso回归模型时,使用与Ridge回归一样的数据:70%作为训练集,30%作为测试集,且对数据进行标准化。

解:使用cv.glmnet()函数,利用交叉验证的方式,分析不同的参数lambda下Lasso回归模型的效果。与例5.10不同的是,这时函数中的参数alpha = 1表示要进行Lasso回归模型的建立。程序如下。

```
lambdas <- seq(0,2, length.out = 100)
X <- as.matrix(train_ds[,1:10])
Y <- train_ds[,11]
set.seed(1245)
lasso_model <- cv.glmnet(X,Y,alpha = 1,lambda = lambdas,nfolds =3)
plot(lasso_model)
plot(lasso_model$glmnet.fit, "lambda", label = T)
```

在得到交叉验证后的模型lasso_model后,使用plot()函数可视化不同参数下的均方误差以及各自变量的回归系数变化情况,结果如图5-17所示。

由图5-17可以发现,随着参数lambda值的增加,Lasso回归使用的自变量数目在减少,同时模型的预测误差在增大。

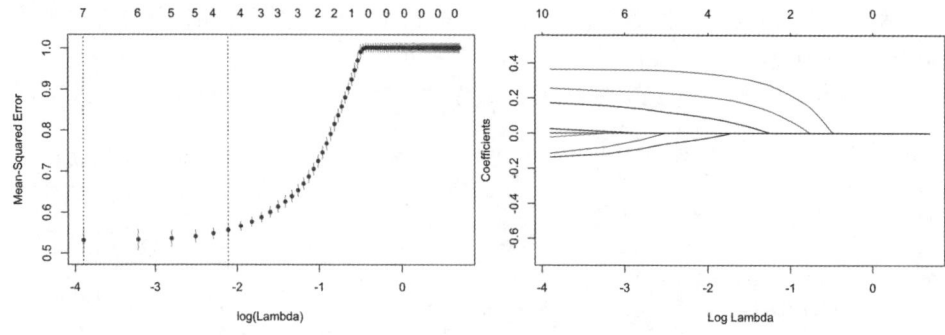

图 5-17 Lasso 交叉验证回归结果

同样地，可通过lasso_model$lambda.min获取使模型均方误差最小的参数lambda，结果为lambda.min=0.0202。

在得到最优的参数lmbda后，使用训练数据集重新训练新的Lasso回归模型，训练时使用glmnet()函数并指定alpha = 1和lambda = lambda.min。

```
lasso_min <- lasso_model$lambda.min
lasso_best <- glmnet(X,Y,alpha = 1,lambda = lasso_min)
coef(lasso_best)
##                              s0
## (Intercept) -1.042052e-16
## AGE             .
## SEX             -1.145991e-01
## BMI              3.645813e-01
## BP               1.720421e-01
## S1              -2.310202e-02
## S2               .
## S3              -1.369887e-01
## S4               .
## S5               2.551218e-01
## S6               2.489865e-02
```

从Lasso回归模型的系数可以发现，AGE、S2、S4三个自变量的回归系数等于0，说明模型将这三个对因变量影响不显著的特征剔除了。

下面使用测试集来测试Lasso回归模型的预测能力。程序如下。

```
test_pre <- predict(lasso_best,as.matrix(test_ds[,1:10]))
sprintf("标准化后平均绝对误差为：%f",mae(test_ds$Y,test_pre))
## [1] "标准化后平均绝对误差为：0.608409"
## 将预测值逆标准化和原始数据进行比较
```

```
test_pre_o <- as.vector(test_pre[,1] * scal$std[11] + scal$mean[11])
sprintf("标准化前平均绝对误差为: %f",mae(test_d$Y,test_pre_o))
## [1] "标准化前平均绝对误差为: 46.218675"
```

结果发现，Lasso回归预测的误差比Ridge回归大了一点，这是因为Lasso回归使用了更少的自变量来建立回归模型。虽然误差稍微变大，但是Lasso使用更少的特征，使模型更稳定，降低了模型的复杂度。

5.6.3 使用 R 进行 Lasso 分类

Lasso回归模型不仅可以用于预测连续值，还能预测分类数据，即可以建立广义的Lasso回归模型。

例5.12 请使用例5.7中通过声音预测性别的数据集（voice.csv），建立广义Lasso回归模型，预测分类数据。

解：使用下面的程序建立分类模型：

```
## 读取数据
voice <- read.csv("data/chap5/voice.csv",stringsAsFactors = F)
voice$label <- factor(voice$label,levels = c("male","female"),labels = c(0,1))
set.seed(123)
##  数据集切分为70%训练集和30%测试集
index <- createDataPartition(voice$label,p = 0.7)
voicetrain <- voice[index$Resample1,]
voicetest <- voice[-index$Resample1,]
## 寻找合适的参数
#lambdas <- seq(1,1000, length.out = 100)
lambdas <- c(0.000001,0.00001,0.0001,0.001,0.01,0.1,0.5,1,2)
X <- as.matrix(voicetrain[,1:20])
Y <- voicetrain$label
lasso_model <- cv.glmnet(X,Y,alpha = 1,lambda = lambdas,nfolds =3,
                         family = "binomial",type.measure = "class")
```

上面的程序主要包括数据读取、数据切分、使用cv.glmnet()函数对数据集通过交叉验证寻找合适的参数等内容。将voice数据集的70%作为训练集，30%作为测试集。在使用cv.glmnet()函数时，通过参数family = "binomial"和type.measure = "class"建立二分类回归模型。通过lasso_model$lambda.min获取模型效果最优的参数lambda =0.01。

下面使用最优的lambda参数，利用glmnet()函数建立广义Lasso回归分类模型。程序如下：

```
lasso_min <- lasso_model$lambda.min
```

```
lasso_best <- glmnet(X,Y,alpha = 1,lambda = lasso_min,
                     family = "binomial")
coef(lasso_best)
##                       s0
## (Intercept) -11.30884994
## Q75         -10.62764941
## IQR         -26.83068455
## skew          0.06938049
## mode         -0.99309611
## meanfun     118.05883616
## minfun      -18.18437514
```

在模型lasso_best中，只有6个自变量的回归系数不为0（由于输出的回归系数较多，所以删除了系数为0的输出结果），它们分别为Q75、IQR、skew、mode、meanfun、minfun，其余的系数均为0，模型使用了比例5.8中优化后的Logistic回归更少的自变量。

在训练集上训练好模型后，可以在测试集上验证模型的预测效果。

```
test_pre <- predict(lasso_best,as.matrix(voicetest[,1:20]))
test_pre <- as.factor(ifelse(test_pre > 0.5,1,0))
sprintf("在测试集上的预测精度为：%f",accuracy(voicetest$label,test_pre))
## [1] "在测试集上的预测精度为：0.961053"
```

上面的程序中使用predict()函数预测Lasso分类模型在测试集上的结果，并计算模型的预测精度。结果表明，Lasso分类模型在测试集上的精度为96.1%。

因为predict()函数默认对Lasso二分类模型的输出结果为属于每类的概率，所以可以通过调整分类的阈值，得到不同的预测结果和相应的精度。

下面研究在分类阈值取值大小不同的情况下，模型在测试集上预测精度的变化情况。程序如下。

```
## 通过调整分类阈值，分析模型的精度
thresh <- seq(0.05,0.95,by = 0.05)
acc <- thresh
for (ii in 1:length(thresh)){
  test_pre <- predict(lasso_best,as.matrix(voicetest[,1:20]))
  test_pre <- as.factor(ifelse(test_pre > thresh[ii],1,0))
  acc[ii] <- accuracy(voicetest$label,test_pre)
}
## 可视化变化曲线
plotdata <- data.frame(thresh = thresh,acc = acc)
```

```
ggplot(plotdata,aes(x = thresh,y = acc))+
  theme_bw(base_family = "STKaiti")+
  geom_point()+geom_line()+ylim(c(0.95,1))+
  scale_x_continuous("分类阈值",thresh)+
  labs(y = "模型精度",title = "Lasso广义回归精度")+
  theme(plot.title = element_text(hjust = 0.5))
```

得到的可视化结果如图5-18所示。

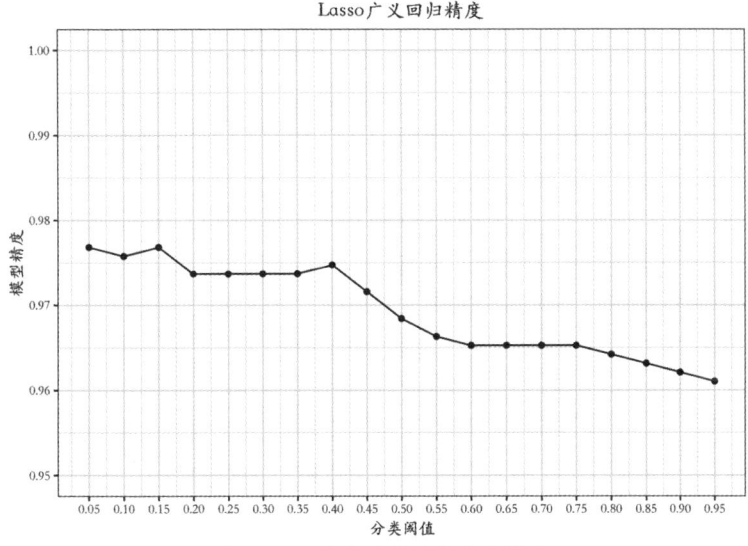

图 5-18　阈值对预测精度的影响

从图5-18可以发现，精度最大的位置并不是阈值为0.5的位置，而是阈值等于0.05或0.15的位置，预测精度的最大值接近98%。

因此，针对二分类模型，在使用Lasso回归或者Logistic回归时，分类阈值的取值大小也很重要。

5.7　本章小结

本章主要介绍了怎样使用R语言进行回归分析的相关应用实例。回归分析是数值预测的主要手段之一，而且自从回归分析的理论提出后，已经发展出了一整套的方法来应对不同情况下的回归。

(1) 本章主要介绍了以下几个主题。

① 一元回归模型。一元线性回归和多项式回归。

② 多元线性回归分析和使用逐步回归来筛选自变量。

③ Logistic回归。使用Logistic回归解决二分类问题。

④ 泊松回归。使用泊松回归预测计数变量。

⑤ Ridge回归和Lasso回归。

(2) 本章主要介绍了以下几种术语。

① 线性回归和非线性回归、多重共线性、逐步回归、Akaike信息统计量（AIC）。

② Logistic回归、泊松对数回归、Ridge回归和Lasso回归、正则化惩罚。

(3) 本章主要介绍了下面几个应用实例。

① 多元回归模型来预测房价。

② 逐步回归分析建筑的供热负荷能效。

③ Logistic回归通过声音特征预测男女。

④ 使用泊松对数回归预测学生的获奖次数。

⑤ 使用Ridge回归和Lasso回归分析糖尿病病情数据集。

⑥ 使用Lasso回归通过声音特征预测男女。

(4) 本章主要介绍的包和函数如表5-2所示。

表5-2 主要介绍的包和函数

包	函 数	应 用
stats	lm	线性回归
	poly	多项式回归
	predict	模型预测函数
	glm	广义线性回归
	step	逐步回归
GGally	ggcoef	可视化回归模型的系数
base	kappa	判断模型的多重共线性问题
Metrics	mse	均方根误差
	accuracy	计算模型的预测精度
corrplot	corrplot.mixed	相关系数可视化
glmnet	cv.glmnet	交叉验证为glmnet寻找合适的参数
	glmnet	Lasso或者弹性网惩罚的广义线性回归
Metrics	mae	平均绝对误差

习 题 5

5.1 在faraway包中，包含一个47行5列的数据集teengamb，该数据是研究关于青少年赌博情况的数据集。数据的主要内容如下：

```
head(teengamb)
##   sex status income verbal gamble
## 1   1    51   2.00     8    0.0
## 2   1    28   2.50     8    0.0
## 3   1    37   2.00     6    0.0
## 4   1    28   7.00     4    7.3
## 5   1    65   2.00     8   19.6
## 6   1    61   3.47     8    0.1
```

在数据集中，每个变量表示的意思如下。

sex：性别，0 =男性，1 =女性。

status：基于父母职业的社会经济状况评分。

income：每周的收入，英镑。

verbal：正确定义的12个单词的口头评分。

gamble：每年赌博开支，英镑。

针对该数据集，请进行相关分析，回答以下问题。

（1）如果只考虑sex、income、verbal三个变量作为自变量，预测因变量gamble时，可以使用哪些回归模型进行预测？要求建立的回归模型数量不少于3个，并对为什么要建立这样的回归模型进行解释。

（2）针对上面建立的回归模型，分别计算每个模型对数据的拟合情况，要求计算出AIC、调整的R^2等，列出一个数据表格，并且根据这些值的大小，讨论模型的好坏。

（3）使用所有的变量预测因变量gamble，并且使用step()函数对模型进行逐步回归，分析逐步回归后的结果。

（4）如果以性别为因变量，能够根据其他的几个数据特征准确地预测出性别吗？如果可以，那么预测的准确率是多少？如果不可以，请说明为什么？

5.2 在UCI数据库中存在一个Adult数据集（网址为http://archive.ics.uci.edu/ml/datasets/Adult），其中包含一个年收入变量，请对该数据集进行下面的操作。

（1）对数据进行可视化，探索数据所表达的信息。

（2）使用Logistic回归模型，对年收入变量是否超过$50K进行预测。

5.3 在faraway包中包含一个prostate数据集，该数据集一共有97行9列数据，使用该数据集中的lpsa变量作为因变量进行以下相关回归问题的研究。

（1）使用其余的8个变量作为自变量进行多元线性回归，并对回归结果进行分析。

（2）使用step()函数对上述多元线性回归分析模型进行逐步回归，模型最终是否会剔除一些变量，并对逐步回归结果进行解释。

（3）使用glmnet包对该数据集进行Ridge回归，并分析回归结果。

（4）使用glmnet包对该数据集进行Lasso回归，并分析回归结果。

Chapter 06

第6章

多元统计分析

在现实生活中，受多种指标共同作用和影响的现象大量存在。当变量较多时，它们之间便不可避免地存在着相关性，分开处理不仅会丢失很多信息，往往也不容易取得好的研究结论。多元统计分析就是研究多个随机变量之间相互依赖关系及其内在统计规律的一门学科。

多元统计分析（Multivariate Statistical Analysis）是多变量的统计分析方法，是统计学的一个重要分支。随着计算机性能的提升和数据信息的成倍增长，多元统计分析在社会科学、自然科学等领域得到了广泛应用。可以说，凡是有数据信息资料的地方，都离不开数据处理，都会用到多元统计分析理论和多元数据分析方法。

多元统计分析与多元回归分析不同，回归分析是要区分出自变量和因变量，并需要对因变量进行预测，而多元统计分析往往不需要区分出自变量和因变量。

多元统计分析包含了丰富的理论成果与众多的应用方法，通常用于解决以下问题。

（1）数据降维。随着数据的积累，数据的维度越来越高，高维的数据带来更多信息的同时，也带来了信息冗余、计算困难等问题，所以对数据进行合理的降维，并保留主要信息非常重要。这些问题主要可以通过主成分分析及相关的变形算法（比如因子分析）来解决。

（2）变量关系。如何分析多元变量之间的关系，在实际问题中非常常见，对应分析、典型相关分析、关联规则等方法都是用于挖掘数据之间关系的方法。

（3）数据分类。根据数据之间的相似性将数据分为不同的簇，可以更好地深入了解数据。无监督的数据分类方法主要有聚类分析等，有监督的数据分类方法有线性判别和二次判别分析等。

经典的多元统计分析主要包括主成分分析、聚类分析、对应分析、典型相关分析、判别分析等内容，其中判别分析和机器学习中有监督的分类方法本质上是一样的，其他的几种方法都属于无监督的数据分析方法。

虽然关联规则不属于传统的多元统计分析内容，但随着大数据的到来，它在购物数据、统计调查数据等相关应用中非常有效，而这些数据都可以看成一种多元统计数据，所以本章也将关联规则分析纳入其中。

本章将分析方法和R语言结合在一起，依托于真实的多元统计数据集，来探索如何在R中实现多元统计方法的分析，帮助读者根据分析结果进行合理的决策。

6.1 主成分分析

扫一扫，看视频

主成分分析（Principal Component Analysis，PCA）是采用一种数学降维的方法，在损失很少信息的前提下，找出几个综合变量作为主成分，来代替原来众多的变量，使这些主成分能够尽可能地代表原始数据的信息，其中每个主成分都是原始变量的线性组合，而且各个主成分之间不相关（即线性无关）。它在人脸识别、图像压缩等领域得到了广泛的应用。

通过主成分分析，可以从事物错综复杂的关系中找到一些主要成分（通常选择累计贡献率$\geqslant 85\%$的前m个主成分），从而能够有效利用大量统计数据进行定性分析，揭示变量之间的内在关系，得到一些对事物特征及其发展规律的深层次信息和启发，推动研究进一步的深入。

如果用$y_1, y_2, \cdots, y_p$表示p个主成分，用$x_1, x_2, \cdots, x_p$表示原始变量，那么它们之间的关系为

$$\begin{cases} y_1 = a_{11}x_1 + a_{12}x_2 + \cdots + a_{1p}x_p \\ y_2 = a_{21}x_1 + a_{22}x_2 + \cdots + a_{2p}x_p \\ \quad\vdots \\ y_p = a_{p1}x_1 + a_{p2}x_2 + \cdots + a_{pp}x_p \end{cases} \quad (6-1)$$

其中，$y_1, y_2, \cdots, y_p$ 分别为原始数据的第一主成分、第二主成分、……、第 p 主成分，并且主成分之间相互独立。

在主成分分析中，信息的重要性是通过方差来表示的，它以最大化数据中的方差为目标，利用保留多少方差来选择降维后的主成分的个数。

主成分分析主要有两种形式的应用。一种是提取数据特征的前几个主成分，然后对数据进行可视化、主成分回归、数据聚类等，主要是将主成分分析方法看成数据降维、数据特征提取的过程；另一种是提取数据样本的前几个主成分，作为能代表数据集的不同样本，探索数据样本的主要状态。

在R中，使用princomp()函数完成主成分分析，用summary()函数输出主成分分析得到的分析结果。

下面使用一个图像数据集，分别介绍主成分分析两种形式的应用。

6.1.1 提取特征主成分

例6.1 ETH数据集（ETH_8class_object_8_big_classes_32_32_1024D.mat）是对物体在不同角度下进行拍照的图像数据集，包含水果、动物、汽车等8个大类的图像数据，每张图像的像素为32×32。如果将图像中的每一个像素点作为一个特征，请使用主成分分析对数据进行降维，并通过可视化技术，分析图像样本的分布特征。

解： 首先对该数据集进行可视化分析。程序如下。

```
library(R.matlab)
ETHdata <- readMat("data/chap6/ETH_8class_object_8_big_classes_32_32_1024D.mat")
ETHims <- ETHdata$A / 255.0
dim(ETHims)
## [1] 1024 3280
## 可视化部分样本的图像
set.seed(123)
index <- sample(ncol(ETHims),40)
par(mfrow = c(5,8),mai=c(0.05,0.05,0.05,0.05))
```

```
for(ii in seq_along(index)){
  im <- matrix(ETHims[,index[ii]],nrow=32,ncol = 32,byrow = TRUE)
  image(im,col = gray(seq(0, 1, length = 256)),xaxt=" n", yaxt= "n")
}
```

在上面的程序中，通过R.matlab包读取MATLAB保存的数据，该数据集一共有3280张图像，每张图像又有32×32＝1024个像素点作为特征。通过随机可视化其中40张图像样本来观察图像的内容，得到的结果如图6-1所示。

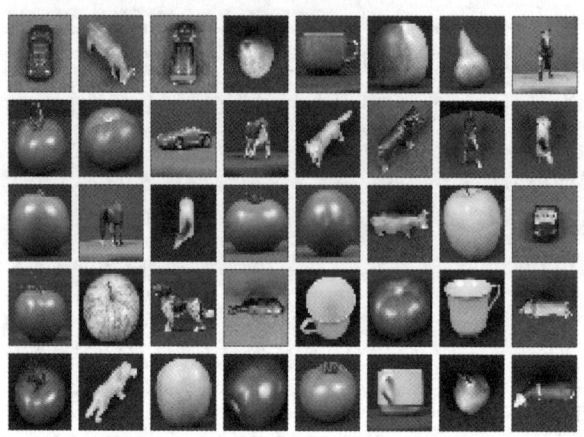

图 6-1　图像数据示例

从图6-1中可以发现，该数据集是一些三维模型在不同视角下的图像，包含小汽车、牛、苹果、梨、番茄、茶杯等物体。

下面通过主成分分析，提取前几个主要成分，对数据降维。

在R的基础包中，princomp()函数可以进行主成分分析。为了观察每张图像在空间中的分布，可以提取数据集的前两个主成分，并对其进行可视化分析。程序如下。

```
ETHlocal <- t(ETHims)
dim(ETHlocal)
## [1] 3280 1024
ETHpca1 <- princomp(ETHlocal)
## 找到每个样本的前两个主成分作为坐标
local <- ETHpca1$scores[,1:2]
dim(local)
## [1] 3280    2
```

在上面的程序中，通过t()函数将数据转置为3280×1024的矩阵，其中3280是图像张数，1024是样本的特征维度。使用princomp()函数可对数据进行主成分分析，得到的主成分对象为ETHpca1,可以通过ETHpca1$scores方式获取样本的主成分得分。

提取每个样本主成分得分的前两个维度,作为图像在二维空间中的坐标,进而可以通过可视化来分析图像在二维空间中的分布规律。程序如下。

```
set.seed(123)
index <- sample(nrow(local),1000)
localind <- local[index,]
x <- localind[,1]
y <- localind[,2]
ETHimsindex <- ETHims[,index]
## 设置图像的宽和高
width = 0.015*diff(range(x))
height = 0.03*diff(range(y))
## 可视化图像
plot(x,y, t="n",xlab = "PCA 1",ylab = "PCA 2")
for (ii in seq_along(localind[,1])){
   imii <- matrix(ETHimsindex[,ii],nrow=32,ncol = 32,byrow = TRUE)
   rasterImage(imii, xleft=x[ii] - 0.5*width,
               ybottom= y[ii] - 0.5*height,
               xright=x[ii] + 0.5*width,
               ytop= y[ii] + 0.5*height, interpolate=FALSE)
}
```

上面的程序将数据集前两个主成分作为样本坐标进行可视化,为了减少图像的遮挡程度,只随机抽取1000张图像进行可视化,并通过rasterImage()函数将每一张原始图像缩小,绘制在前两个主成分得分确定的坐标上,得到如图6-2所示的图像。

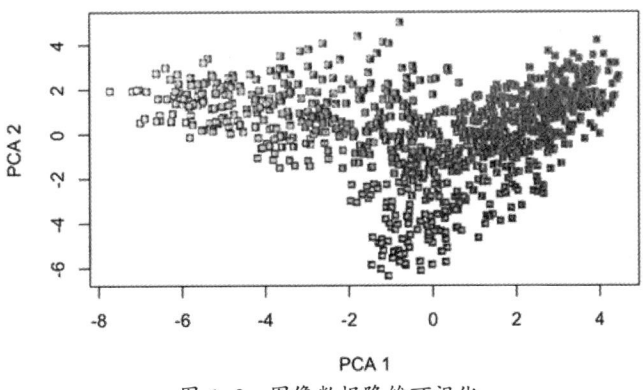

图 6-2 图像数据降维可视化

从图6-2中可以发现，不同种类的图像，在其前两个主成分所确定的坐标上，都有其分布规律，同样的物品通常会聚集在一起。

为了方便查看不同种类图像的分布位置，绘制一个局部图像，对数据可视化效果进行放大，观察物体的分布规律。程序如下。

```
plot(x,y, t="n",xlim = c(-8,0),ylim = c(-2,4),xlab = "PCA 1",ylab = "PCA 2")
for (ii in seq_along(localind[,1])){
  imii <- matrix(ETHimsindex[,ii],nrow=32,ncol = 32,byrow = TRUE)
  rasterImage(imii, xleft=x[ii] - 0.5*width,
              ybottom= y[ii] - 0.5*height,
              xright=x[ii] + 0.5*width,
              ytop= y[ii] + 0.5*height, interpolate=FALSE)
}
```

在使用plot()函数时，参数xlim = c(-8,0)指定X轴范围为-8～0，参数ylim = c(-2,4)指定Y轴范围在-2～4，结果如图6-3所示。

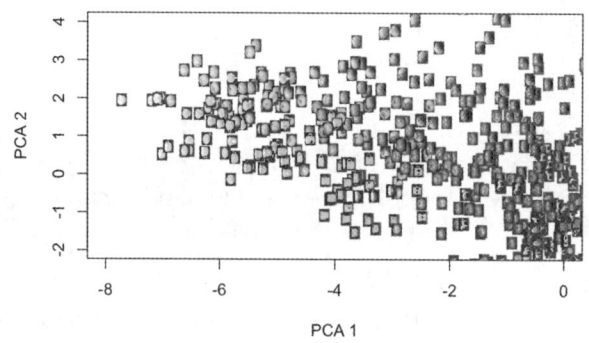

图 6-3　图像数据降维可视化局部放大图

从图6-3中可以发现，降维后茶杯和苹果等在主成分得分的第一个维度很相似，但是在第二个维度有差别；降维后不同的水果在主成分得分的第二个维度很相似，但是在第一个维度有差别等。

通过主成分降维可视化技术，能够更加详细地了解图像之间在空间分布的差异，便于图像的进一步分类等操作。

6.1.2　提取样本主成分

在6.1.1小节中，主要讨论的是针对特征提取主成分，并进行可视化。

如果将样本看成特征，同样可以使用主成分分析对样本进行降维，找到所有样本数据中的主要样本形式。

例6.2 从例6.1的ETH数据集（ETH_8class_object_8_big_classes_32_32_1024D.mat）中随机抽取800张图像作为一个子数据集，对其进行主成分分析，找出该子数据集中具有代表性的特征图像。

解：首先对数据进行预处理。程序如下。

```
library(psych);library(ggplot2)
set.seed(1234)
index <- sample(ncol(ETHims),800)
## 每类约有100张图像
table(ETHdata$labels[index])
##  1   2   3   4   5   6   7   8
## 97  99  96 106 102 103 103  94
ETHimsample<- ETHims[,index]
dim(ETHimsample)
## [1] 1024  800
```

在进行主成分分析时，要求矩阵的行数>矩阵的列数（否则会因为矩阵奇异而无法计算），所以随机从所有数据中抽取800张图像进行分析，这些图像共分成8类，每类约抽取了100张图像，即用于主成分分析的数据矩阵为1024×800。

在R中，还有多个包（如psych包等）含有主成分分析函数，下面使用psych包中的函数进行主成分分析。程序如下。

```
parpca <- fa.parallel(ETHimsample,fa = "pc")
## Parallel analysis suggests that the number of factors =  NA  and the number
of components =  30
## 可视化碎石图的部分图像
pcanum <- 50
plotdata <- data.frame(x = 1:pcanum,pc.values = parpca$pc.values[1:pcanum])
ggplot(plotdata,aes(x = x,y = pc.values))+
  theme_bw(base_family = "STKaiti")+
  geom_point(colour = "red")+geom_line(colour = "blue")+
  labs(x = "主成分个数")
```

上面的程序使用了psych包中的fa.parallel()函数，该函数能够自动寻找主成分分析中合适的主成分的个数。输出结果显示提取前30个主成分较合适（components = 30），并且输出矩阵特征值的碎石图，如图6–4（a）所示。

由于计算使用的矩阵列数很大（包含800个列），利用全部主成分的碎石图不便于分析特征值的变化趋势，因此在上面的程序中通过ggplot2包，对前50个主成分特征值的取值变化情况单独进行了可视化,得到的碎石图如图6-4(b)所示。

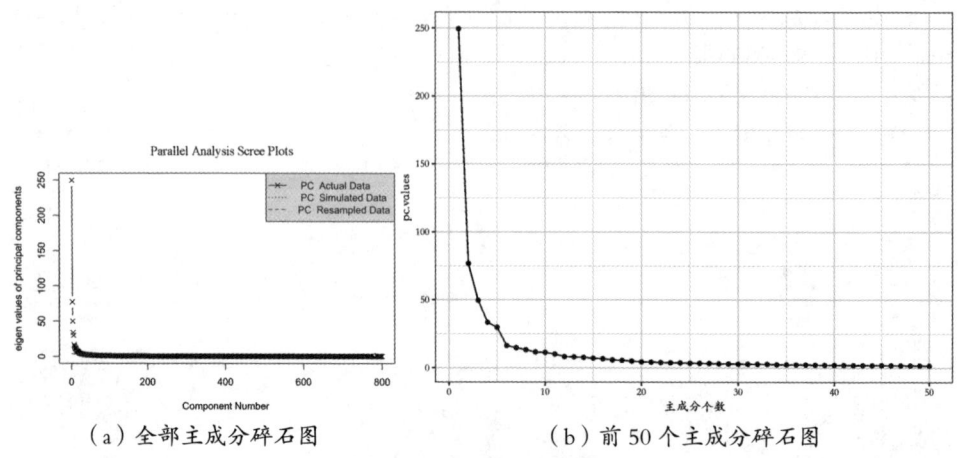

(a)全部主成分碎石图　　　　　　(b)前50个主成分碎石图

图 6-4　主成分分析碎石图

从图6-4中可以发现,针对该数据集(数据矩阵为1024×800),提取前30个主成分较合适,且在第30个主成分之后,特征值的大小逐渐趋近于0。

将前30个主成分提取出来,对其进行可视化并分析。程序如下。

```
ETHcor <- cor(ETHimsample,ETHimsample)
ETHpca2 <- principal(ETHcor,nfactors = 30)
## 使用pca模型获取数据集的30个主成分
ETHpca_im<- predict.psych(ETHpca2,ETHimsample)
## 可视化这些主成分
par(mfrow = c(5,6),mai=c(0.05,0.05,0.05,0.05))
for(ii in seq_along(1:30)){
    im <- matrix(ETHpca_im[,ii],nrow=32,ncol = 32,byrow = TRUE)
    image(im,col = gray(seq(0, 1, length = 128)),xaxt= "n", yaxt= "n")
}
```

在计算主成分得分之前,需要计算相关系数矩阵ETHcor,通过principal()函数获取数据集的前30个主成分,然后通过predict.psych()函数获取原始数据的前30个主成分得分,最后将每个主成分可视化为1幅图像(32×32大小的图像)。得到的结果如图6-5所示。

从图6-5中可以发现,第一个主成分的代表图像是梨形状的物体,第二个和第三个代表图像为圆形物体,后面的主成分代表的特征图像为多个物体的组合形式。

上述内容是针对图像数据,应用主成分分析的两种形式,不同的分析角度可以得到不同的结果。

主成分分析作为常用的数据降维技术，还有很多更复杂的应用，这里就不一一讨论了。

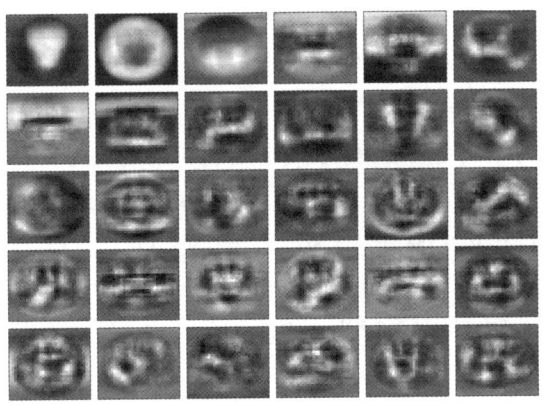

图 6-5　数据集的主成分特征样本

 聚类分析

扫一扫，看视频

"物以类聚，人以群分。"当人们面对很多事物的时候，会不自觉地将其分门别类地看待，对事物的分类也是人们认识世界的一种重要手段。例如，在生物学中，为了研究生物的演变过程和关系，需要将生物根据各种特征归为不同的界、门、纲、目、科、属、种之中；地质学家也会根据岩石的特征进行分类。

早期的很多分类方法，多半是凭借经验和专业知识进行定性的分类，很少利用数学的方法进行定量分析，导致许多分类都带有主观性和任意性。然而，由于事物的复杂性和信息量的成倍增加，通过特征进行定量分析成为科学发展的必然趋势，其中聚类分析就是一种针对特征进行定量无监督学习分类的方法。

聚类分析（Cluster Analysis）是一类将数据所对应的研究对象进行分类的统计方法，它是将若干个个体集合，按照某种标准分成若干个簇，并且希望簇内的样本尽可能地相似，而簇和簇之间要尽可能的不相似。

根据分类对象的不同，可将聚类分为两大类。一类是按照变量对观测进行聚类，称为Q型聚类，即对样本（样品）聚类；另一类是根据观测对变量进行聚类，称为R型聚类，即对变量（特征）聚类。这两种聚类方式虽然在应用上有所差别，但是在数学处理上的差异不大。

在Q型聚类中，通常使用样本之间的距离来判断它们的关系，一般来说，距离越小，两样本之间的关系越密切。有关样本间各种距离的定义在2.5.2小节已做了详细介绍。

在R型聚类中，变量之间的距离常借助于相似系数来定义，即

$$d_{ij} = 1 - c_{ij} \tag{6-2}$$

其中，c_{ij}表示第i个变量与第j个变量之间的相似系数。相似系数的绝对值越大，两变量之间的距离越小，它们之间的关系越密切。常用的相似系数有夹角余弦和相关系数，其中使用较多的相关系数的概念在2.5.1小节已做了详细介绍。

在本节中，主要介绍3种聚类方式，分别是系统聚类、k-means聚类和密度聚类，这些聚类方法在R语言中都有相应的包和函数实现，应用非常方便、高效。

6.2.1 系统聚类

系统聚类又称层次聚类（Hierarchical Cluster），是一种常见的聚类方法，它是在不同层级上对样本进行聚类，并逐步形成树状的结构。根据层次分解是自底向上（合并）还是自顶向下（分裂）可将其分为两种方式，即凝聚与分裂。

凝聚的层次聚类方法使用自底向上的策略。即开始令每一个对象形成自己的簇，并且迭代把簇合并成越来越大的簇（每次合并最相似的两个簇），直到所有对象都在一个簇中，或者满足某个终止条件。在合并的过程中，根据指定的距离度量方式，首先找到两个最接近的簇，然后合并它们，形成一个簇，这样的过程重复多次，直到聚类结束。

分裂的层次聚类算法使用自顶向下的策略。即开始将所有的对象看成一个簇，然后将簇划分为多个较小的簇（在每次划分时，将一个簇划分为差异最大的两个簇），并且迭代把这些簇划分为更小的簇，在划分的过程中，直到最底层的簇都足够凝聚或者仅包含一个对象，或者簇内对象彼此足够相似。

在R中，hclust()函数提供了系统聚类的计算，plot()函数可画出系统聚类的树形图（也称为谱系图dendrogram），也可以使用cluster包中相关函数绘制系统聚类树对系统聚类结果进行可视化分析。

例6.3 针对鸢尾花数据集（Iris.csv），请使用cluster包中的相关函数进行系统聚类，并对聚类结果进行可视化分析。

解：首先读取数据，并进行预处理。程序如下。

```
library(ggplot2);library(gridExtra);library(ggdendro);library(cluster)
library(ggfortify)
## 系统聚类,鸢尾花数据集
```

```
iris <- read.csv("data/chap6/Iris.csv")
## 调整数据的类别标签
iris$Species <- stringr::str_replace(iris$Species,"Iris-","")
iris4 <- iris[,2:5]
str(iris4)
## 'data.frame':    150 obs. of  4 variables:
##  $ SepalLengthCm: num  5.1 4.9 4.7 4.6 5 5.4 4.6 5 4.4 4.9 ...
##  $ SepalWidthCm : num  3.5 3 3.2 3.1 3.6 3.9 3.4 3.4 2.9 3.1 ...
##  $ PetalLengthCm: num  1.4 1.4 1.3 1.5 1.4 1.7 1.4 1.5 1.4 1.5 ...
##  $ PetalWidthCm : num  0.2 0.2 0.2 0.2 0.2 0.4 0.3 0.2 0.2 0.1 ...
```

上面是读取数据的过程，同时还使用了str_replace()函数对Species变量进行处理，将变量下每个字符串中的"Iris-"替换为空（""）。

下面使用鸢尾花的4个特征进行聚类分析。程序如下。

```
iris_scale <- scale(iris4)
## 系统聚类及可视化
hc1 <- hclust(dist(iris_scale),method = "ward.D2")
hc1$labels <- paste(iris$Species,1:150,sep = "-")
## 可视化结果
par(family = "STKaiti",cex = 0.45)
plot(hc1,hang = -1)
rect.hclust(hc1, k=3, border="red")
```

上面的程序首先使用scale()函数对4个特征进行数据标准化，然后使用hclust()函数对数据集进行系统聚类分析。在hclust()函数中，第一个参数为数据样本之间的距离，参数dist(iris_scale)系统默认计算出样本的欧几里得距离，参数method = "ward.D2"表示簇与簇之间是否合并或分裂的度量方式。在得到聚类结果hc1后，使用hc1$labels为每个样本添加标签。最后使用plot()函数绘制出系统聚类树，在系统聚类树中，使用rect.hclust()函数将聚类结果切分为指定的簇数，得到的系统聚类可视化结果如图6-6所示。

> 说明：在计算样本间的距离时使用 dist() 函数，该函数可以通过指定 method 参数，使用不同的方法计算样本距离，如 euclidean（欧氏距离，默认情况下计算的距离）、maximum（切比雪夫距离）、manhattan（曼哈顿距离）、minkowski（闵可夫斯基距离）等，这些距离的定义在 2.5 节已有相应的介绍。

上面的程序在选择系统聚类方法时，使用的是ward，还可以使用single（最小距离法）、complete（最大距离法）、average（簇平均法）、median（簇中间距离法）、centroid（簇重心法）等。

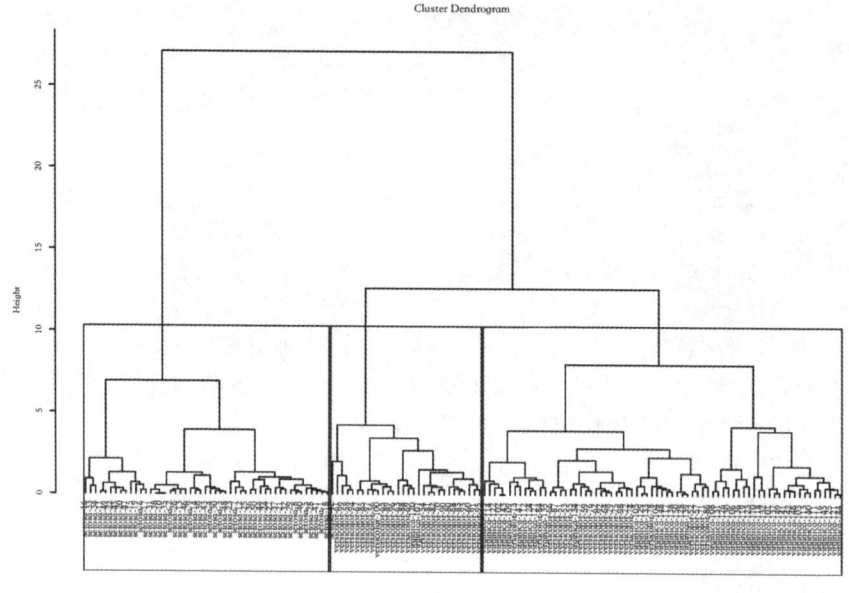

图 6-6　系统聚类树

图6-6是对鸢尾花数据集进行系统聚类后得到的系统聚类树，它清晰地显示出每个样本最终聚集为每一类的路径。从图6-6中可以看出，当数据集聚类为3类时，每类的样本数量是不一样的，针对该结果还可以和实际花的类别进行对比分析，判别哪些聚类是错误的。

6.2.2　k-means 聚类

系统聚类算法在计算样本间的距离后，还需要进一步计算类间距离，因此需要更多的计算量。而k-means聚类是一种快速聚类算法，它是把样本空间中的n个点划分到k个簇，需要的计算量较少，且更容易理解，尤其适用于大样本的Q型聚类分析。

k-means聚类是由麦奎因（J.MacQueen）1967年首次使用，其聚类思想是：假设数据中有p个变量参与聚类，并且要聚类为k个簇，则需要在p个变量组成的p维空间中，首先选取k个不同的样本作为聚类种子，然后根据每个样本到达这k个点的距离的大小，将所有样本分为k个簇，在每一个簇中，重新计算出簇的中心（每个特征的平均值）并作为新的种子，再把所有的样本分为k类。如此下去，直到种子的位置几乎不发生改变为止。

在k-means聚类中，如何寻找合适的k值对聚类的结果很重要，一种常用的方法是，通过观测k个簇的组内平方和与组间平方和的变化情况，来确定合适的聚类数目。该方法通过绘制类内部的同质性或类间的差异性随k值变化的曲线（形状类似于人的手肘），来确定出最佳的k值，而该k值点恰好处在手肘曲线的肘部点，因此，称这种确定最佳k值的方法为肘方法（elbow method）。

针对k-means聚类应用在不同类型数据的特点，衍生出很多k-means变种算法，比如二分k-means聚类、k-medians（中位数）聚类、k-medoids（中心点）聚类等。它们可能在初始k个平均值的选择、相异度的计算和聚类平均值的策略上有所不同。

在R中，可以使用kmeans()函数进行k-means聚类分析。

例6.4 针对鸢尾花数据集（Iris.csv），请使用k-means方法进行聚类，并对聚类结果进行可视化分析。

解：首先对该数据集进行标准化，k-means聚类在选择合适的k值时可使用肘方法，其程序如下。

```
## k-means聚类，鸢尾花数据集，计算组内平方和与组间平方和
tot_withinss <- vector()
betweenss <- vector()
for(ii in 1:15){
  k1 <- kmeans(iris_scale,ii)
  tot_withinss[ii] <- k1$tot.withinss
  betweenss[ii] <- k1$betweenss
}
kmeanvalue <- data.frame(kk = 1:15,
                         tot_withinss = tot_withinss,
                         betweenss = betweenss)
p1 <- ggplot(kmeanvalue,aes(x = kk,y = tot_withinss))+
  theme_bw(base_family = "STKaiti")+
  geom_point() + geom_line() +labs(y = "value") +
  ggtitle("Total within-cluster sum of squares")+
  theme(plot.title = element_text(hjust = 0.5))+
  scale_x_continuous("kmean 聚类个数",kmeanvalue$kk)
p2 <- ggplot(kmeanvalue,aes(x = kk,y = betweenss))+
  theme_bw(base_family = "STKaiti")+
  geom_point() +geom_line() +labs(y = "value") +
  ggtitle("The between-cluster sum of squares") +
  theme(plot.title = element_text(hjust = 0.5))+
```

```
    scale_x_continuous("kmean 聚类个数",kmeanvalue$kk)
grid.arrange(p1,p2,nrow=2)
```

上面的程序计算了在不同的k值下，聚类结果的组内平方和与组间平方和的变化情况，得到的图像如图6-7所示。通过for循环使用kmeans()函数对数据进行聚类，得到对象k1，在k1中包含tot.withinss和betweenss属性的取值，分别为当聚类结果为k时聚类后所有样本的类（组）内平方和、类（组）间平方和，从这两个值的变化趋势能够判断出合适的聚类数量。

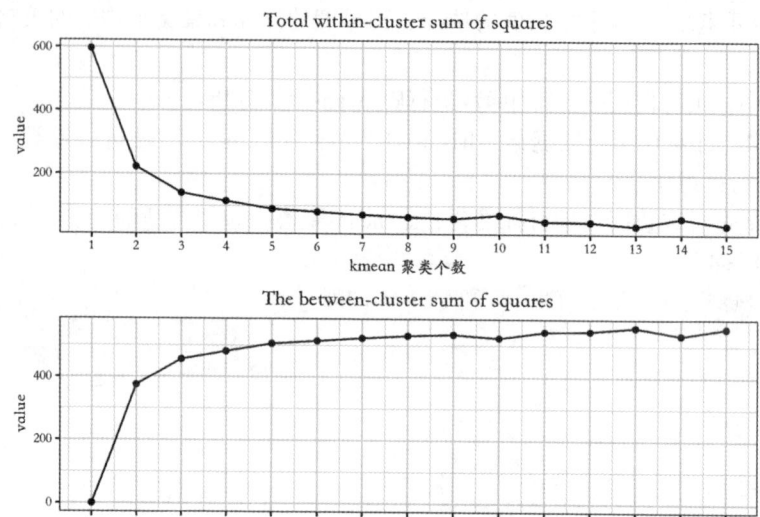

图6-7 聚类结果的类内平方和、类间平方和

观察图6-7可以发现，曲线的形状类似于人的手肘，且随着聚类个数的增加，类内平方和在减少，类间平方和在增加。在聚类数目k=3之前，曲线的变化趋势很大，当聚类数目大于3时，这两个数值的变化范围在减小且曲线较为平缓，这说明将该数据集聚类为3个簇较为合适，这个k=3即为肘部点。

在确定了聚类的k=3后，使用kmeans()函数将数据聚类为3类，并输出聚类的结果。

```
set.seed(245)
k3 <- kmeans(iris_scale,3)
k3
## K-means clustering with 3 clusters of sizes 47, 53, 50
## Cluster means:
##    SepalLengthCm SepalWidthCm PetalLengthCm PetalWidthCm
```

```
## 1    1.13217737    0.0962759    0.9929445    1.0137756
## 2   -0.05005221   -0.8773526    0.3463713    0.2811215
## 3   -1.01119138    0.8394944   -1.3005215   -1.2509379
## Clustering vector:
##   [1] 3 3 3 3 3 3 3 3 3 3 3 3 3 3 3 3 3 3 3 3 3 3 3 3 3 3 3 3 3 3 3 3 3 3 3
##  [36] 3 3 3 3 3 3 3 3 3 3 3 3 3 3 3 1 1 1 2 2 2 1 2 2 2 2 2 2 2 2 1 2 2 2 2
##  [71] 1 2 2 2 2 1 1 1 2 2 2 2 2 2 2 1 1 2 2 2 2 2 2 2 2 2 2 2 2 2 2 1 2 1 1 1
## [106] 1 2 1 1 1 1 1 2 2 1 1 1 1 2 1 2 1 1 1 1 1 1 1 1 2 2 1 1 1 2 1
## [141] 1 1 2 1 1 1 2 1 1 2
## Within cluster sum of squares by cluster:
## [1] 47.60995 44.25778 48.15831
##  (between_SS / total_SS =  76.5 %)
```

从程序的输出结果可以发现，3个簇的样本数目分别为47、53、50，并且程序还输出了每个簇的聚类中心（cluster means）以及每个样本的所属类别。

为了方便查看聚类的结果，可以使用clusplot()函数将聚类结果可视化。

```
## 对聚类结果可视化
clusplot(iris_scale,k3$cluster,main = "kmean cluster number=3")
```

在使用clusplot()函数时，首先将iris_scale数据集进行主成分降维，使用前两个主成分得分作为每个样本的空间坐标，得到的可视化结果如图6-8所示。

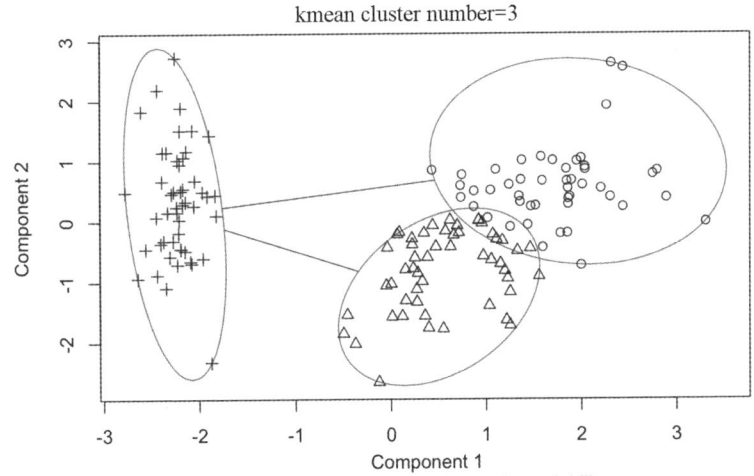

图6-8 k-means聚类结果可视化

从图6-8中可以发现，有两个簇之间的分布非常接近，而且会有部分重合。散点图只能在二维空间中查看聚类的效果，如何更合理地全面评价聚类结果的好坏呢?

在R中,可以借助silhouette()函数和plot()函数计算轮廓系数和绘制轮廓图,来判断聚类效果的优劣。

```
## 可视化轮廓图,表示聚类效果
sis1 <- silhouette(k3$cluster,dist(iris_scale,method = "euclidean"))
plot(sis1,main = "Iris kmean silhouette",
     col = c("red", "green", "blue"))
```

得到的轮廓图和轮廓系数如图6-9所示。

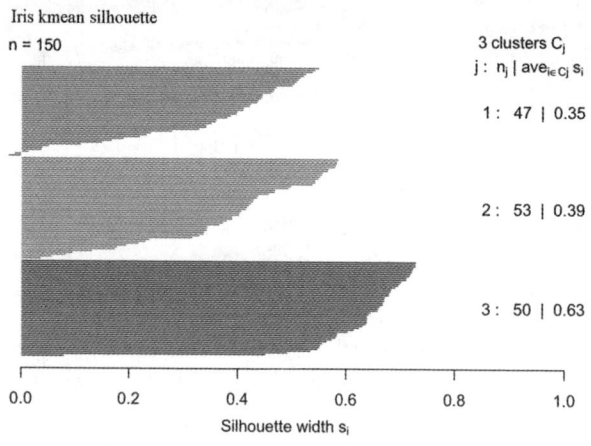

图6-9 k-means聚类轮廓图

从图6-9中可以看出,平均轮廓系数为0.46,并且各簇中绝大多数样本的轮廓系数均大于0,说明将该数据聚为3类的效果是比较好的。

> 说明:轮廓系数(Silhouette Coefficient)是聚类效果好坏的一种评价方式。它的取值范围在 -1 和 1 之间,而且越接近1,说明聚类的效果越好。如果轮廓系数小于0,说明该数据不适合划分为相应的簇,反之则表示适合划分为相应的簇。

在使用k-means聚类时需要注意的是,由于初始的聚类中心是随机生成的,有时可能会出现较差的聚类结果,因此可以尝试多次运行聚类程序,从而得到更稳定的聚类效果。而且k-means聚类不适合非球形空间的数据集,对数据中的异常值也很敏感,所以在聚类之前进行异常值处理是非常重要的。

6.2.3 密度聚类

k-kmeans聚类的缺陷之一就是无法聚类那些非凸的数据集,即聚类的形状一般只能是球状的，不能推广到任意的形状。而基于密度的聚类方法，可以聚类任意的形状。

密度聚类也称为基于密度的聚类（Density-Based Clustering），其基本出发点是假设聚类结果可以通过样本分布的稠密程度来确定，主要目标是寻找被低密度区域（噪声）分离的高（稠）密度区域。基于距离的聚类算法的聚类结果是球状的簇，而基于密度的聚类算法的结果可以是任意形状的簇，所以对于带有噪声数据的处理比较好。

DBSCAN（Density-Based Spatial Clustering of Applications with Noise）是一种典型的基于密度的聚类算法，也是科学论文中最常引用的算法。此类密度聚类算法一般假定类别可以通过样本分布的紧密程度决定。同一类别的样本，它们之间是紧密相连的，也就是说，在该类别任意样本周围不远处一定有同类别的样本存在。通过将紧密相连的样本划为一类，就得到了一个聚类类别。将所有各组紧密相连的样本划为各个不同的类别，就得到了最终的所有聚类类别结果。那些没有被划分为某一簇的数据点，则可看成数据中的噪声数据。

DBSCAN密度聚类算法通常将数据点分为3种类型：核心点、边界点和噪声点。

（1）核心点。如果某个点的邻域内的点个数超过某个阈值，则该点为一个核心点，可以将该点划分为对应簇的内部。邻域的大小由半径参数eps确定，阈值由MinPts参数决定。

（2）边界点。如果某个点不是核心点，但是它在核心点的邻域内，则可以将该点看作一个边界点。

（3）噪声点。既不是核心点也不是边界点的点称为噪声点，噪声点也可以单独看成一个特殊的簇，只是该类数据可能是随机分布的。

在DBSCAN密度聚类算法中，会将所有的点先标记为核心点、边界点或者噪声点，然后将任意两个距离小于半径参数eps的点作为同一个簇。任何核心点的边界点也与相应的核心点归为同一个簇，而噪声点不归为任何一个簇，应独立对待。

DBSCAN密度聚类具有如下几个优点。

（1）相比k-means聚类，DBSCAN不需要预先声明聚类数量，即数据聚类数量会根据邻域和MinPts参数动态确定，从而能够更好地体现数据的簇分布的原始特点。但是选择不同的邻域和MinPts参数往往会得到不同的聚类结果。

（2）DBSCAN密度聚类可以找出任何形状的聚类，甚至能找出某个聚类，它包围但不连接另一个聚类，所以该方法更适合数据分布形状不规则的数据集。

（3）DBSCAN密度聚类能分辨出噪声（局外点），所以该算法也可以用于异常值检测等。

在R中，可使用fpc包进行密度聚类的相关分析。

例6.5 双月数据集（moonsdatas.csv）包含200个样本和3个变量，其中数据点的坐标由变量X1和X2确定，请使用fpc包中的dbscan()函数进行DBSCAN密度聚类，分析在不同参数下的聚类效果。

解：首先观察数据集的特点。程序如下。

```
library(fpc)
# 读取数据
moondata <- read.csv("data/chap6/moonsdatas.csv")
moondata$Y <- as.factor(moondata$Y)
str(moondata)
## 'data.frame':    200 obs. of  3 variables:
##  $ X1: num  0.742 1.744 1.693 0.74 -0.378 ...
##  $ X2: num  0.5856 0.0391 -0.1906 0.6393 0.9748 ...
##  $ Y : Factor w/ 2 levels "0","1": 1 2 2 1 1 1 1 1 2 1 ...
## 可视化数据的情况
ggplot(moondata,aes(x = X1,y = X2,shape = Y))+
  theme_bw()+geom_point()
```

上面的程序首先读取数据，然后使用散点图对其进行可视化。可以发现，该数据集一共有200个样本，数据点的坐标由X1和X2确定，而且一共有两类数据，可视化图像如图6-10所示。

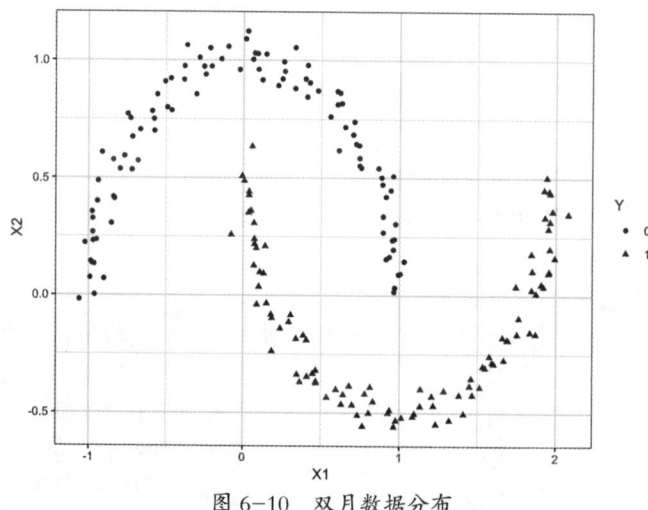

图6-10 双月数据分布

从图6-10中可以发现，数据集整体分布是两个月牙形状，被称为双月（或半月）数据集。

针对双月数据集，常用的系统聚类和k-means聚类的结果都很难体现数据的分布规律，而DBSCAN密度聚类算法则能很好地对数据进行聚类。

在fpc包中包含一个dbscan()函数，可用于数据的DBSCAN密度聚类，其中参数eps指定邻域的半径大小，MinPts定义阈值来判断是否为核心点。

```
model1 <- dbscan(moondata[,1:2],eps=0.05,MinPts=5)
## 聚类结果
table(model1$cluster)
##   0   1
## 195   5
```

上面的程序使用eps=0.05, MinPts=5进行DBSCAN密度聚类。从输出结果可以发现，数据聚类分为两个簇，分别包含195个和5个样本。这是因为在DBSCAN密度聚类时，使用不同的参数会得到不同的聚类结果，下面的程序改变了参数eps的取值，可视化分析在不同参数的情况下DBSCAN密度聚类结果。

```
## 可视化在不同的eps情况下的聚类结果
eps <- c(0.05,0.06,0.25,0.3)
name <- c("one","two","three","four")
dbdata <- moondata[,1:2]
for (ii in 1:length(eps)) {
  modeli <- dbscan(dbdata[,1:2],eps=eps[ii],MinPts=5)
  dbdata[[name[ii]]] <- as.factor(modeli$cluster)
}
head(dbdata)
##           X1          X2 one two three four
## 1  0.7424201  0.58556710   0   0     1    1
## 2  1.7444393  0.03909624   0   0     2    1
## 3  1.6934791 -0.19061851   0   0     2    1
## 4  0.7395695  0.63927458   0   0     1    1
## 5 -0.3780247  0.97481407   0   0     1    1
## 6  0.8943966  0.26841801   0   0     1    1
```

上面的程序使用了4个不同的eps参数，得到了4种不同的DBSCAN密度聚类结果，将其保存在数据集dbdata中。

接下来，将4种情况下的DBSCAN聚类结果可视化。程序如下。

```
p1<- ggplot(dbdata,aes(x = X1,y = X2,shape = one,colour = one))+
  theme_bw(base_size = 8)+geom_point()+
  theme(legend.position = c(0.8,0.8))+ggtitle("eps=0.05,MinPts=5")
p2<- ggplot(dbdata,aes(x = X1,y = X2,shape = two,colour = two))+
```

```
    theme_bw(base_size = 8)+geom_point()+
    theme(legend.position = c(0.8,0.8))+ggtitle("eps=0.06,MinPts=5")
p3<- ggplot(dbdata,aes(x = X1,y = X2,shape = three,colour = three))+
    theme_bw(base_size = 8)+geom_point()+
    theme(legend.position = c(0.8,0.8))+ggtitle("eps=0.2,MinPts=5")
p4<- ggplot(dbdata,aes(x = X1,y = X2,shape = four,colour = four))+
    theme_bw(base_size = 8)+geom_point()+
    theme(legend.position = c(0.8,0.8))+ggtitle("eps=0.3,MinPts=5")
grid.arrange(p1,p2,p3,p4,nrow = 2)
```

得到的可视化结果如图6-11所示。

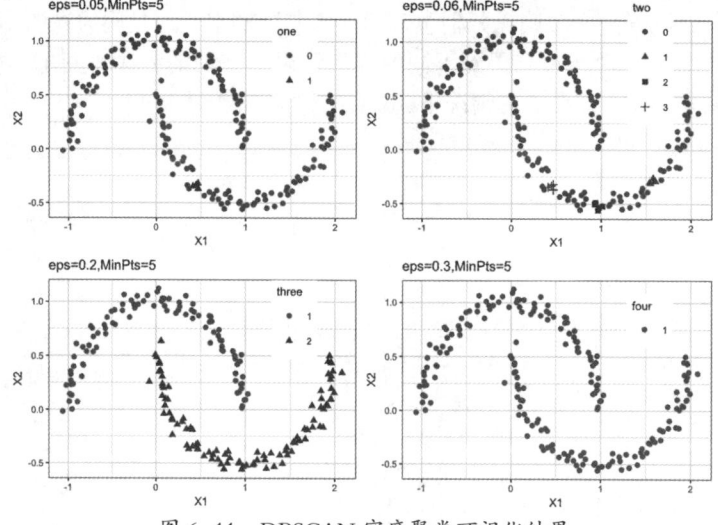

图 6-11　DBSCAN 密度聚类可视化结果

从图6-11中可以发现，在eps=0.05和eps=0.2时，聚类结果都是分为2个簇，但是eps=0.2的结果更符合预期；在参数eps=0.06时将数据分为4个簇，而参数eps=0.3时将所有的数据分成了一个簇。可见在密度聚类时，选择合适的聚类参数是非常重要的。

6.3　对应分析

在数据的统计分析中，经常要处理三种关系：样本之间的关系（Q型关系）、变量之间的关系（R型关系）以及样本与变量之间的关系（对应型关系）。

对应分析（Correspondence Analysis）是因子分析的进一步推广，它是利用降维的思想把R型（对变量或指标）因子分析和Q型（对样本）因子分析统一起来，利用过渡矩阵，通过R型因子分析直接得到Q型因子分析的结果，同时把变量（指标）和样本反映到同一坐标系上，以此来说明变量与样本之间的对应关系。

设 $X = \begin{bmatrix} x_{11} & \cdots & x_{1p} \\ \vdots & \ddots & \vdots \\ x_{n1} & \cdots & x_{np} \end{bmatrix}$ 为n个样本p个变量的观测数据，其中每一行为一个样本，每一列对应一个变量，且 $x_{ij} > 0$，$i = 1,\cdots,n$，$j = 1,\cdots,p$，令

$$x_{i\bullet} = \sum_{j=1}^{p} x_{ij},\ x_{\bullet j} = \sum_{i=1}^{n} x_{ij},\ x_{\bullet\bullet} = \sum_{i=1}^{n}\sum_{j=1}^{p} x_{ij} \tag{6-3}$$

定义过渡矩阵

$$\mathbf{Z} = \left(z_{ij} \right)_{n \times p} = \left(\left(x_{ij} - x_{i\bullet} x_{\bullet j} / x_{\bullet\bullet} \right) / \sqrt{x_{i\bullet} x_{\bullet j}} \right)_{n \times p} \tag{6-4}$$

则变量(指标)的协方差矩阵可表示为 $\mathbf{A} = \mathbf{Z}^T \mathbf{Z}$，样本的协方差矩阵可表示为 $\mathbf{B} = \mathbf{Z}\mathbf{Z}^T$。

R型因子分析：计算A的特征值 $\lambda_1 \geq \cdots \geq \lambda_p$，按照累积百分比 $\sum_{i=1}^{m} \lambda_i \big/ \sum_{i=1}^{p} \lambda_i \geq 85\%$ 取前m个特征值，并计算相应的单位特征向量 $u_1,\cdots,u_m$，得变量的因子载荷矩阵

$$\mathbf{F} = \begin{bmatrix} u_{11}\sqrt{\lambda_1} & \cdots & u_{1m}\sqrt{\lambda_m} \\ \vdots & \ddots & \vdots \\ u_{p1}\sqrt{\lambda_1} & \cdots & u_{pm}\sqrt{\lambda_m} \end{bmatrix} \tag{6-5}$$

Q型因子分析：由上述求得的特征值，计算B所对应的单位特征向量 $v_1,\cdots,v_m$，得样本的因子载荷矩阵

$$\mathbf{G} = \begin{bmatrix} v_{11}\sqrt{\lambda_1} & \cdots & v_{1m}\sqrt{\lambda_m} \\ \vdots & \ddots & \vdots \\ v_{p1}\sqrt{\lambda_1} & \cdots & v_{pm}\sqrt{\lambda_m} \end{bmatrix} \tag{6-6}$$

通过分析F_1-F_2上变量间的关系以及G_1-G_2上样本间的关系，得出对应的散点图，即可综合分析变量和样本之间的对应关系。

对应分析常用于列联表数据的探索，它是通过构建一些简单的指标，比如可反映一行（列）里哪些列（行）的权重更大的指标，以寻求用低维的数据图表来表示列联表中行、列之间的对应关系。

针对两组或者多组离散变量，在进行对应分析之前，通常会先进行变量的独立性检验，例如，使用卡方检验分析变量之间是否独立。如果卡方检验判断变量之间是独立的，则无须再进行对应分析；如果变量之间是不独立的，则需要使用对应分析进一步研究变量中因子之间的相关关系。

在R中，有多个可对数据进行对应分析及可视化的包，其中最常用的是ca包，该包可对两个及多个变量进行对应分析。

6.3.1 简单对应分析

简单对应分析是对两个分类变量进行对应分析，建立变量中类别之间的对应关系。

例6.6 在ca包中有一个公司员工吸烟情况的数据集smoke，其中员工分类包括：高级经理（senior managers，SM）、初级经理（junior managers，JM）、高级员工（senior employees，SE）、初级员工（junior employees，JE）和秘书（secretaries，SC）5种类型；吸烟的严重程度包含：无（none）、轻（light）、中（medium）、重（heavy）4种等级，它们的对应关系取值情况如表6-1所示。请利用简单对应分析方法，探索该数据集中行、列因素之间的关系。

表 6-1 吸烟情况列联表

等级\程度	none	light	medium	heavy
SM	4	2	3	2
JM	4	3	7	4
SE	25	10	12	4
JE	18	24	33	13
SC	10	6	7	2

解：首先使用卡方检验判断行、列变量是否独立。程序如下。

```
library(ca)
data("smoke")
## 卡方检验判断行、列变量是否独立
(result <- chisq.test(smoke))
##  Pearson's Chi-squared test
## data:  smoke
```

```
## X-squared = 16.442, df = 12, p-value = 0.1718
```

程序中用chisq.test()函数对数据表进行卡方检验,判断数据的两个变量之间是否是独立的,如果数据的行列关系是独立的,则没有必要再进行对应分析。结果表明,卡方检验中"p-value = 0.1718" > 0.05,说明数据的行、列关系不独立,即不同的职位和吸烟程度是有关系的。

为了直观探索行、列间的关系,可使用马赛克图对列联表进行可视化。程序如下。

```
## 使用马赛克图进行可视化数据
par(family = "STKaiti")
mosaicplot(smoke,main = "",color = c("red","blue","green","orange"))
```

上面的程序中使用mosaicplot()函数将列联表数据可视化为马赛克图,结果如图6-12所示。

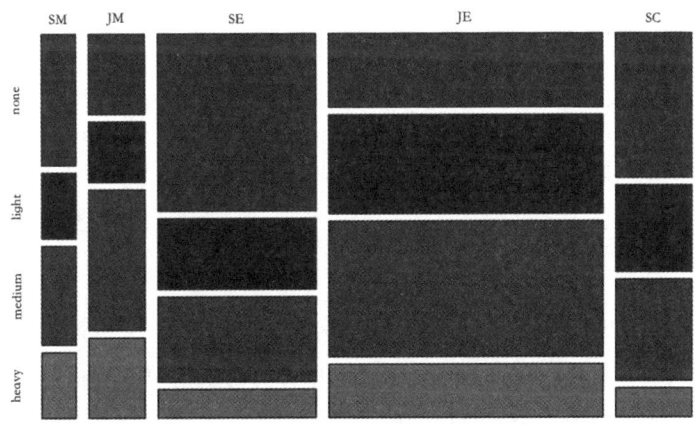

图6-12　抽烟情况的马赛克图

从图6-12中可以发现,在初级经理(JM)和初级员工(JE)的职位中,中度(medium)吸烟者占比较多,而秘书(SE)职位中占比更多的是不吸烟(none)。

下面使用ca包中的ca()函数进行对应分析,进一步分析职位和吸烟程度的对应关系。

```
## 对应分析
smca <- ca(smoke)
summary(smca)
## Principal inertias (eigenvalues):
##  dim    value      %     cum%   scree plot
##   1    0.074759   87.8   87.8   **********************
##   2    0.010017   11.8   99.5   ***
```

```
##  3        0.000414    0.5  100.0
##           --------  -----
## Total: 0.085190 100.0
```

由对应分析的输出结果可以发现，数据的前两个维度的特征值已经能够表示原始数据99.5%的信息。

下面使用plot()函数将对应分析的结果可视化，得到如图6-13所示的对应关系散点图。

```
plot(smca,main = "smoke data")
```

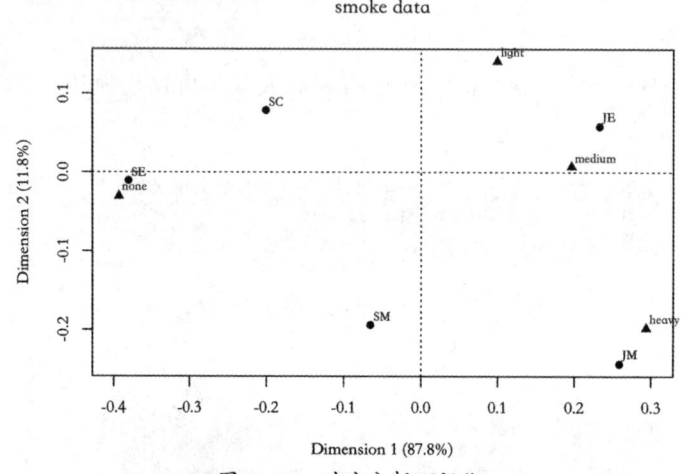

图6-13 对应分析可视化

在图6-13中，一共有两种类型的点，分别代表吸烟情况（三角形）和职位（圆点）。在对应分析图中，距离越近的两个点说明它们之间的关系越紧密。例如，秘书（SE）和不抽烟（none）离得很近，说明公司中秘书很少有抽烟的情况；而初级经理（JM）和严重抽烟（heavy）离得很近，说明公司中初级经理大部分抽烟程度都非常严重；初级员工（JE）和轻度、中度吸烟（light、medium）离得较近，说明初级员工的吸烟情况并不是很严重。

6.3.2 多重对应分析

6.3.1小节是针对二维列联表的对应分析，在ca包中还包含可以对多维列联表进行多重对应分析的mjca()函数。

多重对应分析在理论上是基于二维列联表对应分析的拓展，在分析方法和应用上与二维列联表类似。

例6.7 针对例4.15使用过的UCBAdmissions数据集（1973年伯克利大学研究生院的研究生录取情况），请对该三维列联表数据集进行多重对应分析，并对结果进行可视化分析。

解：多重对应分析的程序如下。

```
data("UCBAdmissions")
mca <- mjca(UCBAdmissions)
summary(mca)
## Principal inertias (eigenvalues):
## dim    value       %      cum%   scree plot
## 1      0.114945   80.5    80.5   *************************
## 2      0.005694    4.0    84.5   *
## 3      00000000    0.0    84.5
## 4      00000000    0.0    84.5
## 5      00000000    0.0    84.5
```

上面的程序中使用ca包的mjca()函数进行多重对应分析。输出结果表明，前面两维的特征值已经能提取数据中84.5%的信息。

为了直观分析对应分析的结果，可使用plot()函数将mjca()函数输出的结果mca进行可视化，获得如图6-14所示的可视化图像。

```
par(family = "STKaiti")
plot(mca, mass = c(TRUE, TRUE),col = c("black","red","green","blue"),
     main = "三维列联表对应分析")
```

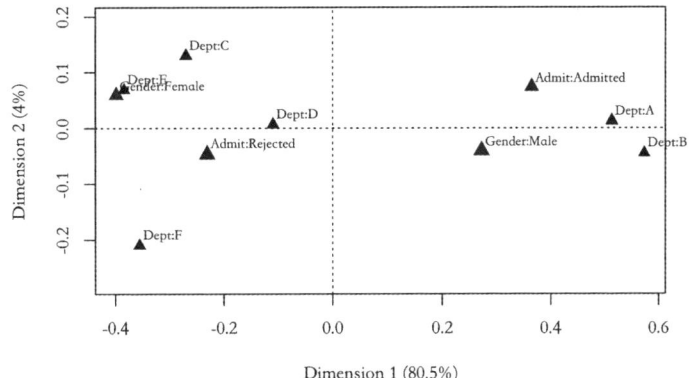

图6-14 三维列联表对应分析结果可视化图

在图6-14中，一共有3种颜色的三角形，分别代表列联表数据的三个维度：学院、性别、是否被录取。由图6-14可以看出，Dept=E和Gender=Female之间的距离非常近，说明E学院的女性更多，而Dept＝C,D,E,F和Gender＝Female及录取情况Admit＝Rejected同时在Y轴的左侧，在一定程度上说明了C,D,E,F这几个学院更倾向于拒绝女性申请者；Dept＝A,B和Gender＝Male及录取情况Admit＝Admitted同时在Y轴的右侧，并且它们之间的距离非常地接近，这说明了A,B这两个学院更倾向于接受男性申请者。

对应分析是分析分类变量之间关系的有效手段，但是在使用时需要注意以下几点。

（1）对应分析不能用于相关关系的假设检验。对应分析是用于分析变量类别之间是否有联系的方法，不能说明两变量之间存在的关系是否为显著的。

（2）对应分析的结果对极端值比较敏感。

（3）使用对应分析时，所要研究的对象要有可比性。

（4）对应分析的基础是列联表，所以要先检验列联表的行、列之间是否独立。

6.4 典型相关分析

在统计分析中，可用简单相关系数研究两个随机变量之间的线性相关程度，使用复相关系数研究一个随机变量与多个随机变量之间的线性相关关系，而要研究多个随机变量与多个随机变量之间的相关关系，则需要使用典型相关分析。

典型相关分析（Canonical Correlation Analysis）是研究两组变量之间相关关系的多元统计分析方法。它主要利用主成分降维的思想，分别对两组变量提取主成分，从而将研究两组变量的相关性问题转化成研究两个变量的相关性问题。

借助主成分分析，在每组原始变量中找出变量的线性组合作为新的综合变量（能代表原始数据的主要信息），要求两组数据生成的综合变量的相关系数最大，这样就得到了第一对典型相关变量。然后在两组原始变量与第一对典型相关变量正交的空间中再各自找到另一对最相关的变量，作为第二对典型相关变量，如此下去，直到找不到符合要求的变量为止。

设有两组随机变量 $X=(X_1,X_2,\cdots,X_p)$ 和 $Y=(Y_1,Y_2,\cdots,Y_q)$，根据典型相关分析的思想，想要找到两组变量对应的线性组合

$$\begin{cases} U_i = a_{i1}X_1 + a_{i2}X_2 + \cdots + a_{ip}X_p \\ V_i = b_{i1}Y_1 + b_{i2}Y_2 + \cdots + b_{iq}Y_q \end{cases} \qquad (6-7)$$

要求满足：

（1）U_k 与 $U_{k-1},\cdots,U_1$ 不相关， V_k 与 $V_{k-1},\cdots,V_1$ 不相关；

（2）$\text{var}(U_k) = \text{var}(V_k) = 1, k = 1,2,\cdots,\min\{p,q\}$；

（3）U_k 与 V_k 的相关系数最大。

则称 (U_k,V_k) 为 X,Y 的第 k 对（组）典型相关变量，称它们之间的相关系数 $\rho(U_k,V_k)$ 为第 k 典型相关系数。

典型相关变量的对数即典型相关系数的个数，且典型相关系数的大小在逐渐减小。

在R中，可使用基础包中的cancor()函数，或CCA包和candisc包中的相关函数完成典型相关分析的计算。

6.4.1 数据的典型相关分析

例6.8 在ade4包中含有1988年奥运会上33个运动员的测试数据集olympic，该数据集一共有10项测试得分，其中与上肢相关的测试特征有4项，和下肢相关的测试特征有6项，请对该数据集进行典型相关分析。

解：首先读取数据，查看数据的分布情况。程序如下。

```
library(ade4);library(CCA);library(candisc)
## 分析两组变量之间的相关性
data(olympic)
olytab <- olympic$tab
head(olytab)
##     100  long  poid  haut    400    110  disq perc  jave   1500
## 1 11.25  7.43 15.48 2.27  48.90  15.13 49.28  4.7 61.32 268.95
## 2 10.87  7.45 14.97 1.97  47.71  14.46 44.36  5.1 61.76 273.02
```

上面的程序首先读取数据并查看数据的情况，每个变量代表的意思如表6-2所示。

表 6-2 olympic 数据集变量含义

变量名	100	long	poid	haut	400
含 义	100米跑	跳远	投篮	跳高	400米跑
变量名	110	disq	perc	jave	1500
含 义	110米跨栏	掷铁饼	撑杆跳	标枪	1500米跑

在典型相关分析之前，可将该数据集切分为上肢相关变量组成的数据集olytab_sX和下肢相关变量组成的数据集olytab_sY。程序如下。

```
## 数据标准化
olytab_s <- as.data.frame(scale(olytab))
xname <- c("poid","disq","jave","perc")
yname <- c("100","long","haut","400","110","1500")
olytab_sX <- olytab_s[,xname]
olytab_sY <- olytab_s[,yname]
```

下面使用candisc包中的相关函数对数据集进行典型相关分析。程序如下。

```
##  典型相关分析
olycca <- candisc::cancor(olytab_sX, olytab_sY)
summary(olycca)
## Canonical correlation analysis of:
##    4   X variables:  poid, disq, jave, perc
##   with  6  Y variables: 100, long, haut, 400, 110, 1500
##       CanR  CanRSQ  Eigen percent    cum                          scree
## 1 0.5866 0.34411 0.52464   47.87  47.87 ******************************
## 2 0.4852 0.23540 0.30788   28.09  75.96 ******************
## 3 0.3991 0.15927 0.18944   17.28  93.24 ***********
## 4 0.2626 0.06898 0.07409    6.76 100.00 ****
## Test of H0: The canonical correlations in the
## current row and all that follow are zero
##        CanR LR test stat approx F numDF  denDF Pr(> F)
## 1 0.58661         0.39254  1.04327    24 81.447  0.4252
## 2 0.48518         0.59848  0.90820    15 66.655  0.5590
## 3 0.39909         0.78273  0.81436     8 50.000  0.5934
## 4 0.26265         0.93102  0.64215     3 26.000  0.5948
```

上面的程序中使用candisc包的cancor()函数，对两组变量进行典型相关分析。输出结果包括典型相关系数的大小及其显著性检验，其中CanR代表典型相关系数。

在函数的输出结果中，还包含了每对典型相关变量在原始变量的线性组合系数，结果如下：

```
## Raw canonical coefficients
##    X variables:
##           Xcan1      Xcan2     Xcan3     Xcan4
## poid   0.94660 -0.6088535  1.485529  0.770784
## disq  -0.68111  1.4055079 -0.677713 -0.021927
```

```
## jave -0.28437   0.0074946  0.076189 -1.216793
## perc  0.73503   0.0662211 -0.836913 -0.253155
##  Y variables:
##          Ycan1      Ycan2     Ycan3     Ycan4
## 100  -0.251053  0.080169 -0.501680 -0.10119
## long  0.089086  0.289806  0.047488 -1.06577
## haut -0.092248  0.418897 -0.317659 -0.25448
## 400   0.254005 -0.469382  1.461976 -0.39689
## 110  -0.929616  0.278657 -0.341989 -0.40049
## 1500 -0.045226  1.202536 -0.294172  0.20546
```

从上面的结果可以发现，第一对典型相关变量为

$$\begin{cases} U_1 = 0.946X_1 - 0.68X_2 - 0.28X_3 + 0.735X_4 \\ V_1 = -0.25Y_1 + 0.089Y_2 - 0.09Y_3 + 0.25Y_4 - 0.93Y_5 - 0.045Y_6 \end{cases}$$

而且它们之间的相关系数大小为0.586。

6.4.2 典型相关分析可视化

例6.9 对例6.8中典型相关分析的结果进行可视化分析。

解：使用plot()函数，将每组典型相关变量的相关系数进行可视化，程序如下。

```
par(mfrow = c(2,2))
plot(olycca,which = 1)
plot(olycca,which = 2)
plot(olycca,which = 3)
plot(olycca,which = 4)
```

上面的程序通过candisc包计算典型相关系数，使用plot()函数进行可视化，结果如图6-15所示。

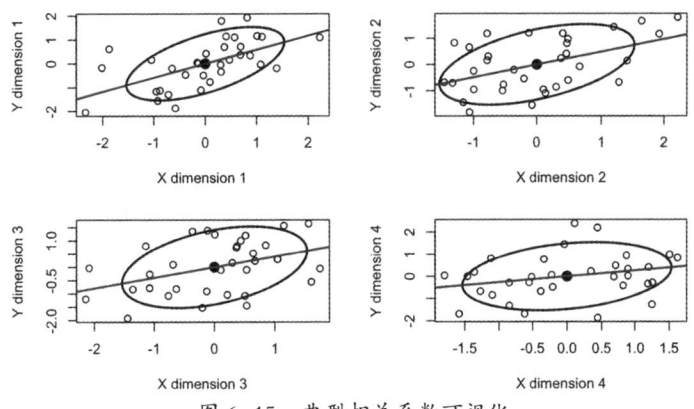

图 6-15 典型相关系数可视化

图6-15为前4对典型相关变量的散点图和相关系数图，每个子图中的直线斜率代表典型相关系数的大小，圆点的位置表示两个典型相关变量的坐标位置。可以发现，各直线的斜率在逐渐变小，说明4对典型相关系数的大小也在逐渐变小。同时，4对典型相关变量均为正相关，说明运动员的上肢能力和下肢能力有很强的正相关性。

CCA包中的matcor()函数也可以进行典型相关分析，且可以使用热力图将相关系数的大小进行可视化。

```
## 可视化典型相关分析的相关系数
olycca <- matcor(olytab_sX, olytab_sY)
img.matcor(olycca,type = 2)
```

上面的程序使用matcor()函数分析两组数据变量之间的典型相关系数。使用img.matcor()函数将数据集内部相关系数的大小，以及典型相关系数的大小进行可视化，得到的热力图如图6-16所示。

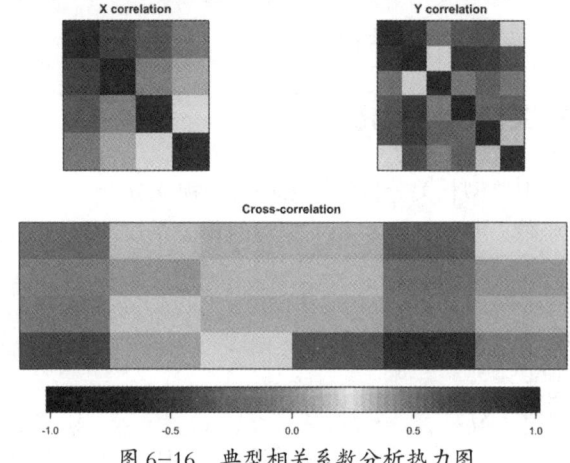

图 6-16　典型相关系数分析热力图

图6-16中一共有3个子图，分别为第一组变量的相关系数热力图、第二组变量的相关系数热力图、两组变量之间的典型相关系数热力图。通过该相关系数热力图能够直观分析数据之间的关系。

6.5　判别分析

判别分析（Discriminant Analysis）是多元统计分析中用于判别样品（样本）所

属类型的分析方法。它是从已知的各种分类情况中总结规律(训练出判别函数),当新样品进入时,判断其与判别函数之间的相似程度(比如概率最大、距离最近、离差最小等判别准则),从而得到新样品的归属分类。

判别分析广泛应用于动植物的分类、医学疾病的诊断、商品等级划分、职业能力分类等方面。例如,医生可以根据病人的一系列检测的数据指标,判断该病人是否患病,或者患的是哪种疾病;在天气预报中,可以根据近期的天气情况(如温度、湿度、气压、云层分布)等特征数据,判断某地是否会降雨等。

判别分析和聚类分析的目标是一致的,都是将样本划分到合适的类。它们的不同在于:聚类分析时,不知道需要分析的样本是几类,聚类的结果完全是根据样本的空间分布特性决定的,属于无监督的学习;而判别分析在对样本进行分类时,已经知道所有的样本空间有几类,需要做的就是根据已经分类好的样本训练出合适的判别函数,然后通过判别函数确定待分类的新样本所属类别,属于有监督的学习。

在判别分析中,训练出的判别函数可以是确定性的,即确定新样品所属的类别,属于Fisher判别;判别函数也可以是统计性的,即给出新样本属于不同类别的概率大小,属于Bayes判别。在Fisher判别中,最常用的是线性判别和二次判别方法。

在R中,有多个可对数据进行判别分析的包,其中最常用的是MASS包。

6.5.1 线性判别

例6.10 在R的datasets包中包含鸢尾花数据集iris,可使用data("iris")将数据导入R的工作环境中。现将该数据集随机切分为两部分:100个样本作为训练集训练判别函数,50个样本作为测试集测试模型的识别精度,请使用线性判别分析方法建立分类器,并对结果进行可视化分析。

解:首先进行数据导入和切分。程序如下。

```
library(MASS),library(klaR)
data("iris")
## 选择100个样本作为训练集,其余的作为测试集
set.seed(223)
index <- sample(nrow(iris),100)
iris_train <- iris[index,]
iris_test <- iris[-index,]
```

在准备好数据后,可以使用MASS包中的lda()函数进行线性判别分析。程序如下。

```
## 使用线性判别
```

```
irislda <- lda(Species~.,data = iris_train)
irislda
## Call: lda(Species ~ ., data = iris_train)
## Prior probabilities of groups:
##     setosa versicolor  virginica
##       0.36       0.32       0.32
## Group means:
##            Sepal.Length Sepal.Width Petal.Length Petal.Width
## setosa         5.030556    3.461111     1.436111   0.2555556
## versicolor     6.006250    2.784375     4.303125   1.3375000
## virginica      6.615625    2.959375     5.590625   2.0406250
## Coefficients of linear discriminants:
##                    LD1         LD2
## Sepal.Length  1.010711   0.0031047
## Sepal.Width   1.426951  -1.9013657
## Petal.Length -2.496533   1.1301359
## Petal.Width  -2.189649  -3.3496043
## Proportion of trace:
##    LD1   LD2
## 0.992 0.008
```

上面的程序是线性判别函数lda()的输出结果，包括每个类别的先验概率、每个类别数据的组平均值、第一及第二线性判别函数的系数（因为有3个类别，所以需要两个判别函数）、第一及第二线性判别函数解释方差的比例。可以发现，第一线性判别函数能够解释总体数据绝大部分的方差，两个线性判别函数分别为

$$f1 = 1.01 \cdot Sepal.Length + 1.43 \cdot Sepal.Width - 2.50 \cdot Petal.Length - 2.19 \cdot Petal.Width$$

$$f2 = 0.003 * Sepal.Length - 1.9 * Sepal.Width + 1.13 * Petal.Length - 3.5 * Petal.Width$$

在klaR包中，包含一个利用可视化方法探索判别分析效果的partimat()函数，该函数使用数据中任意两个特征进行判别分析，并可视化所有特征组合的判别图像。

```
## 线性判别分析
par(family = "STKaiti")
partimat(Species~.,data = iris_train,method="lda",main = "线性判别")
```

上面的程序中使用partimat()函数，可视化线性判别分析（使用参数method="lda"指定方法）在不同特征组合下的分类情况，得到的结果如图6-17所示。

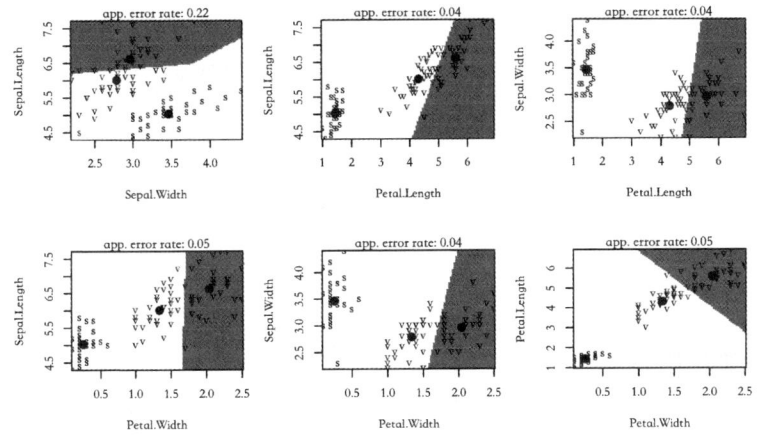

图 6-17 线性判别可视化

图6-17中给出了iris数据集中所有两两特征组合在线性判别分析下对训练数据集的分类情况,可以发现,除了Sepal.Length和Sepal.Width两个特征的分类精度较低,其他的5组特征组合的识别精度都很高。图6-17中还给出了两个线性判别函数对数据的划分平面。

在使用lda()函数对训练集建立线性判别模型后,可以使用测试数据集来检验模型的分类效果,使用predict()函数进行预测。程序如下。

```
## 预测测试集
irisldapre <- predict(irislda,iris_test)
table(iris_test$Species,irisldapre$class)
##            setosa versicolor virginica
##  setosa        14          0         0
##  versicolor     0         17         1
##  virginica      0          1        17
```

上面是使用测试集来验证线性判别模型泛化能力的程序。在predict()函数的预测结果irisldapre中,包含一个class向量,它就是对测试集所预测出的类别。针对预测结果,可以使用table()函数查看预测值和原始类别之间的混淆矩阵。从混淆矩阵可以发现,只有2个样本预测错误,其他样本均预测正确。

6.5.2 非线性判别

在MASS包中,还包含一个二次判别函数qda(),该函数可训练出非线性的判别函数。

例6.11 针对例6.10中切分好的训练集和测试集,请使用非线性判别建立分类器,并对结果进行可视化分析。

解: 首先使用klaR包中的partimat()函数指定参数method="qda",可视化二次判别函数在训练集上的分类效果。程序如下。

```
## 二次判别分析
par(family = "STKaiti")
partimat(Species~.,data = iris_train,method="qda",main = "二次判别")
```

得到的结果如图6-18所示。

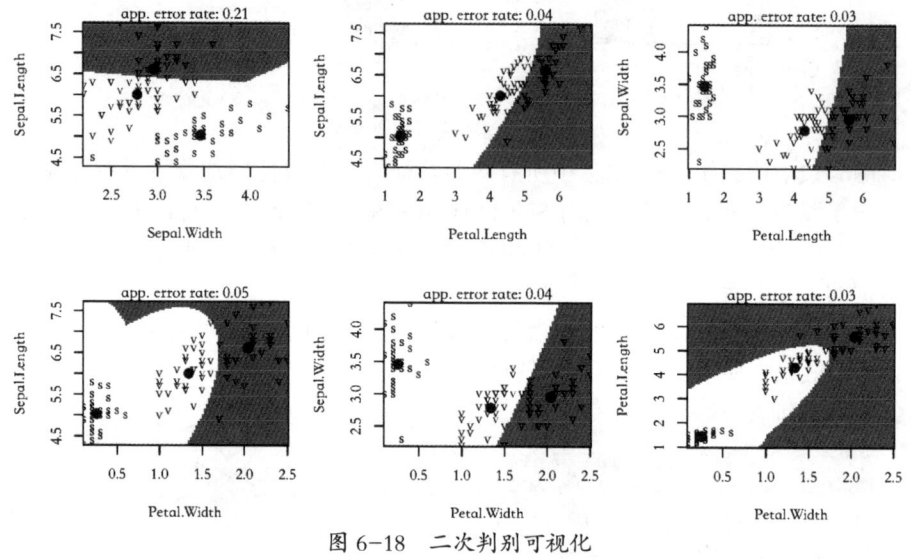

图 6-18 二次判别可视化

由图6-18可以发现,每个子图使用的判别函数都是非线性的,而且和线性判别方法相比,有些子图的分类的错误率有所下降,这说明针对该数据使用二次判别分类器比使用线性判别分类器的分类效果要好。

下面使用qda()函数进行判别分析。程序如下。

```
## 使用二次判别
irisqda <- qda(Species~.,data = iris_train)
irisqda
## Call:
## qda(Species ~ ., data = iris_train)
## Prior probabilities of groups:
##     setosa versicolor  virginica
```

```
##         0.36       0.32         0.32
## Group means:
##            Sepal.Length Sepal.Width Petal.Length Petal.Width
## setosa         5.030556    3.461111     1.436111   0.2555556
## versicolor     6.006250    2.784375     4.303125   1.3375000
## virginica      6.615625    2.959375     5.590625   2.0406250
```

在二次判别函数qda()的输出结果中,包含了每个类别的先验概率和组平均值。同样地,在使用训练集训练好模型后,可使用测试集检测其分类效果,程序如下。

```
## 预测测试集
irisqdapre <- predict(irisqda,iris_test)
table(iris_test$Species,irisqdapre$class)
##              setosa versicolor virginica
## setosa           14          0         0
## versicolor        0         17         1
## virginica         0          1        17
```

上面是使用测试集来验证二次判别模型泛化能力的程序。从混淆矩阵可以发现,预测出错的情况和线性判别分类器一样,都是有两个样本预测错误。

6.6 关联规则分析

面对海量的数据,能否自动发现隐藏在数据特征之间的关系呢?相关系数虽然能表示特征之间相关性的强弱,但并不能给出存在怎样的关系,也不能表示多个特征之间的关系,而关联规则分析是显式挖掘数据中特征之间关联关系的技术。

关联规则分析(Association Rule Learning)也叫关联规则挖掘或关联规则学习,它试图在很大的一个数据集中找出规则或者相关的关系。关联规则在挖掘过程中,就是要分析一些事物同时出现的频率。比如,看买什么东西和买尿不湿同时出现的频率最高,购买啤酒的顾客是不是男性所占的比例较高等(这种方法通常称为购物篮分析)。

关联规则的适用范围很广,除了常用的购物篮数据、问卷调查等以分类变量为主的情况外,还可以对连续的数据变量离散化进行关联规则分析。

下面介绍关联规则分析中常用的术语。

（1）项目。交易数据库中的一个字段，对超市的交易来说一般是指一个客户在一次交易中的一个物品（或者一类物品），比如啤酒。

（2）事务。某个客户在一次（购物）交易中，（购买的）发生的所有项目的集合，比如{面包，啤酒，尿不湿，苹果}。

（3）项集。一次事务中包含若干个项目的集合，一般项集中的项目会大于0个。

（4）频繁项集。某个项集的支持度大于设定阈值（预先给定或者根据数据分布和经验来设定），表明该项集的出现次数满足分析要求，即称这个项集为频繁项集。

（5）频繁模式。即频繁地出现在数据中的模式（如项集、子序列或者子结构）。例如，频繁出现在交易数据中的商品（面包和牛奶）的集合就是频繁项集。一个子序列，如先买了一件T恤，然后买了短裤，最后买了双凉鞋，如果它频繁地出现在所有客户购物的历史数据中，则称它为一个频繁的序列模式。

（6）关联规则。假设I是项目的集合，给定一个（商品）交易数据库D，其中的每项事务d_i都是I的一个非空子集，每一个事务都有唯一的标识符对应。关联规则是形如

$$X \Rightarrow Y \tag{6-8}$$

的蕴含式，其中X与Y属于项目的集合I，并且X与Y的交集为空集，X和Y分别称为规则的先导和后继（或左项和右项，或前项和后项等）。

（7）支持度。关联规则$X \Rightarrow Y$的支持度（support）是D中事务包含X和Y同时出现的百分比，它就是概率$P(Y \cup X)$，即

$$\text{support}(X \Rightarrow Y) = P(X \cup Y) \tag{6-9}$$

（8）置信度。关联规则$X \Rightarrow Y$的置信度（confidence）是D中包含X的事务同时也包含Y的事务的百分比，它就是条件概率$P(Y|X)$。即

$$\text{confidence}(X \Rightarrow Y) = P(Y|X) = \frac{\text{support}(X \cup Y)}{\text{support}(X)} \tag{6-10}$$

规则的置信度可以通过其支持度计算出来，得到对应的关联规则$X \Rightarrow Y$和$Y \Rightarrow X$，可以通过如下步骤找出强关联规则：

① 找出所有的频繁项集，即找到满足最小支持度的所有频繁项集；

② 由频繁项集产生强关联规则，这些规则必须同时满足给定的最小置信度和最小支持度。

（9）提升度。它是关联规则的一种简单相关性度量，$X \Rightarrow Y$的提升度（lift）即在含有X的条件下同时含有Y的概率与Y总体发生的概率之比，即

$$\text{lift}(X \Rightarrow Y) = \frac{P(Y|X)}{P(Y)} = \frac{\text{support}(X \cup Y)}{\text{support}(X)\text{support}(Y)} \tag{6-11}$$

如果lift($X \Rightarrow Y$)的值小于1，则表明X的出现和Y的出现是负相关的，即一个出现可能导致另一个不出现；如果值等于1，则表明X和Y是独立的，他们之间没有关系；如果值大于1，则X和Y是正相关的，即每一个的出现都蕴含着另一个的出现。

在R中，常用arules包进行关联规则分析，使用arulesViz包进行关联规则可视化。

6.6.1 发现频繁项集

例6.12 在商品交易数据集（dataset_group.csv）中，包含1139个用户购买38类商品的信息，请对该数据集进行预处理，并对结果进行可视化。

解：首先是数据准备工作。程序如下。

```
library(readr);library(ggplot2);library(dplyr)
library(arules);library(arulesViz)
## 读取数据
groupdata <- read_csv("data/chap6/dataset_group.csv",col_names = F)
length(unique(groupdata$X1))
## [1] 1139
## 查看每样商品在数据中出现的次数
items_unm <- groupdata %>%
  group_by(X2)%>%
  summarise(num = n())
ggplot(items_unm,aes(x = reorder(X2,num),y = num)) +
  theme_bw(base_family = "STKaiti",base_size = 10) +
  geom_bar(stat = "identity",fill = "lightblue") +
  labs(x = "商品",y = "商品出现次数") +
  coord_flip() +
  geom_text(aes(x = reorder(X2,num),y = num + 50,label = num),size = 3)
```

上面的程序首先导入所需要的包，并读取数据集。该数据集共有两个变量，第一个变量X1是用户的ID，第二个变量X2是用户购买的一件商品名称。可以利用group_by()函数对变量X2分组计数，再与ggpot2包中的条形图相结合，即可对每个商品出现的次数进行可视化，得到的频数条形图如图6-19所示。

从图6-19中可以看出，蔬菜（vegetables）被购买的次数最多，其他商品的购买频率相差不是很大。

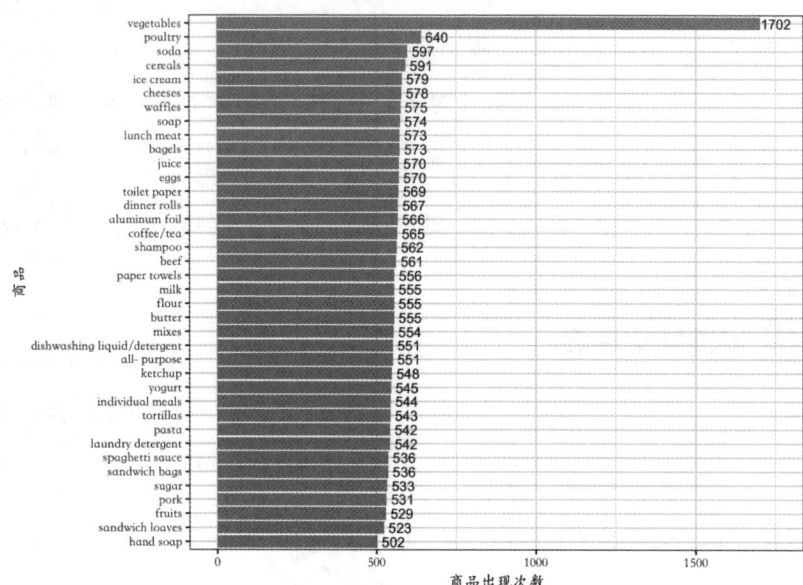

图6-19　所有商品类型出现的次数

上面读取的数据groupdata为数据表的形式，为了方便使用arules包找到规则，需要将数据进行预处理。可将每个用户的所有购物数据整理成为一个列表，列表中包含用户购买的所有商品，可以使用split()函数来完成，程序如下。

```
# 数据表转化为list
buy_data <- split(x=groupdata$X2,f=as.factor(groupdata$X1))
# 查看一共有多少个实例
sum(sapply(buy_data,length))
## [1] 22343
# 过滤掉每个购买记录中相同的实例
buy_data <- lapply(buy_data,unique)
sum(sapply(buy_data,length))
## [1] 16753
## 转化为("transactions")交易数据集
buy_data <- as(buy_data,"transactions")
```

上面的程序首先将数据转化为列表的形式，并去掉购买物品一样的记录，最后将列表形式的数据转化为交易数据（transactions），这样新的数据集buy_data就直接可以被arules包中的函数使用。

针对整理好的交易数据集buy_data，可以利用arules包中的itemFrequencyPlot()函数，可视化频繁出现的项目。程序如下。

```
## 可视化频繁项集，出现的频率大于等于0.25的项目
par(family = "STKaiti",cex = 0.7)
itemFrequencyPlot(buy_data,support = 0.25,col = "lightblue",
                  xlab = "频繁项目",ylab = "项目频率",
                  main = "频率>0.25的项目")
## 可视化top20的项目
par(family = "STKaiti",cex = 0.75)
itemFrequencyPlot(buy_data,top = 20,col = "lightblue",
                  xlab = "频繁项目",ylab = "项目频率",
                  main = "Top20的项目")
```

上面的程序使用了两种可视化方式：第一种是可视化支持度大于0.25的项目（使用参数support = 0.25控制），如图6-20（a）所示；第二种是可视化出现次数最多的前20个项目（使用参数top = 20控制），如图6-20（b）所示。

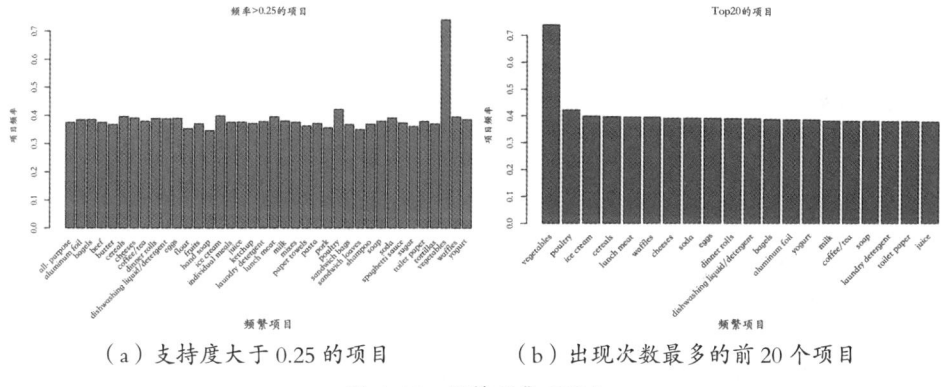

（a）支持度大于0.25的项目　　　　（b）出现次数最多的前20个项目

图 6-20　频繁项集可视化

图6-20所呈现的信息与前面的频数条形图是一致的，即蔬菜被购买的次数较其他商品要大很多。

6.6.2　发现关联规则

例6.13　对例6.12中预处理好的交易数据集进行关联规则挖掘。

解： 使用apriori()函数对数据进行关联规则挖掘，该函数可以通过指定规则的置信度、支持度、长度等参数来控制找到规则。程序如下。

```
## 找到规则
```

```
myrule <- apriori(data = buy_data,
                  parameter = list(support = 0.25,
                                   confidence = 0.4,
                                   minlen = 1))
## 找到了57个规则
summary(myrule)
## set of 57 rules
## rule length distribution (lhs + rhs):sizes
## 1 2
## 2 55
## summary of quality measures:
##     support          confidence         lift           count
##  Min.   :0.2704   Min.   :0.4002    Min.   :1.000   Min.   :308.0
##  1st Qu.:0.2915   1st Qu.:0.4216    1st Qu.:1.053   1st Qu.:332.0
##  Median :0.3003   Median :0.7728    Median :1.065   Median :342.0
##  Mean   :0.3107   Mean   :0.6631    Mean   :1.066   Mean   :353.9
##  3rd Qu.:0.3108   3rd Qu.:0.7875    3rd Qu.:1.078   3rd Qu.:354.0
##  Max.   :0.7392   Max.   :0.8378    Max.   :1.133   Max.   :842.0
## mining info:
##     data ntransactions support confidence
##  buy_data          1139    0.25        0.4
```

上述程序是在指定支持度最小为0.25（support = 0.25）、置信度最小为0.4（confidence = 0.4）、规则长度最小为1（minlen = 1）的情况下，找到数据中所有的规则。从输出结果可以发现，一共找到了57个满足条件的规则，其中长度为1的规则有2条，长度为2的规则有55条。

在上面的挖掘规则中，并没有限制规则的先导（左项）和后继（右项）的内容，在apriori()函数中，可以通过appearance参数控制规则中左项和右项的内容（可以指定具体的商品名称）。下面对数据集再一次进行关联规则挖掘，这次需要找出右项集是"ice cream"的规则。

```
## 关联分析2,指定右项集为是"ice cream"
myrule2 <- apriori(buy_data,                          ## 数据集
                   parameter = list(minlen =3,         ## 频数项集长度
                                    maxlen = 8,        ## 项集的最大长度
                                    supp = 0.1,        ## 支持度阈值
                                    conf = 0.45,       ## 置信度阈值
                                    target = "rules"),
                   ## 设定右项集只能出现"ice cream"
```

```
                        ## 左项集默认参数
                        appearance = list(rhs=c("ice cream"),
                                          default="lhs"))
summary(myrule2)
## set of 10 rules
## rule length distribution (lhs + rhs):sizes
##  3
## 10
## summary of quality measures:
##     support          confidence         lift            count
##  Min.   :0.1291   Min.   :0.4523   Min.   :1.135   Min.   :147.0
##  1st Qu.:0.1328   1st Qu.:0.4556   1st Qu.:1.143   1st Qu.:151.2
##  Median :0.1343   Median :0.4675   Median :1.173   Median :153.0
##  Mean   :0.1371   Mean   :0.4644   Mean   :1.165   Mean   :156.2
##  3rd Qu.:0.1431   3rd Qu.:0.4700   3rd Qu.:1.179   3rd Qu.:163.0
##  Max.   :0.1466   Max.   :0.4758   Max.   :1.194   Max.   :167.0
```

上面是指定右项集中出现"ice cream"的规则挖掘程序，并输出找到规则的汇总情况。从输出结果可以发现，一共找到了10条长度为3的规则。在输出中还包含了这10条规则的支持度、置信度、提升度等情况的五数取值的大小，便于分析规则的好坏。

如果想要详细地查看规则的内容，可以使用inspect()函数来显示规则。

```
## 探索更详细的规则信息, 将得到的规则按照提升度进行排序
myrule2_sortl <- sort(myrule2,by = "lift")
inspect(myrule2_sortl)
##      lhs                            rhs           support    confidence
## [1]  {paper towels,vegetables}   => {ice cream} 0.1378402  0.4757576
## [2]  {sandwich loaves,vegetables} => {ice cream} 0.1343284  0.4751553
## [3]  {lunch meat,vegetables}     => {ice cream} 0.1466198  0.4704225
## [4]  {aluminum foil,vegetables}  => {ice cream} 0.1457419  0.4689266
## [5]  {cheeses,vegetables}        => {ice cream} 0.1448639  0.4687500
## [6]  {pasta,vegetables}          => {ice cream} 0.1334504  0.4662577
## [7]  {fruits,vegetables}         => {ice cream} 0.1325724  0.4561934
## [8]  {soap,vegetables}           => {ice cream} 0.1343284  0.4553571
## [9]  {beef,vegetables}           => {ice cream} 0.1325724  0.4548193
## [10] {individual meals,vegetables} => {ice cream} 0.1290606  0.4523077
##      lift      count
## [1]  1.193586  157
```

```
## [2]   1.192075  153
## [3]   1.180201  167
## [4]   1.176448  166
## [5]   1.176005  165
## [6]   1.169752  152
## [7]   1.144503  151
## [8]   1.142405  153
## [9]   1.141055  151
## [10]  1.134754  147
```

输出结果显示，找到的10条规则的内容分别包含规则、支持度、置信度、提升度、出现次数等信息。可以发现，所有规则的右项都是指定的"ice cream"，左项的长度都为"2"，内容不固定。

6.6.3 关联规则可视化

在得到关联规则后，可以将规则可视化，便于更好地观察规则间的联系（尤其是得到大量的规则后）。

在arulesViz包中，提供多种可视化规则的方式，下面针对例6.13的分析结果，展示如何使用"graph"和"grouped"两种方式得到可视化结果。

```
## 可视化获取得到的规则
plot(myrule2, method="graph")
plot(myrule2, method="grouped")
```

上面的程序中使用"graph"和"grouped"对规则进行可视化，得到的图像分别如图6-21（a）和图6-21（b）所示。

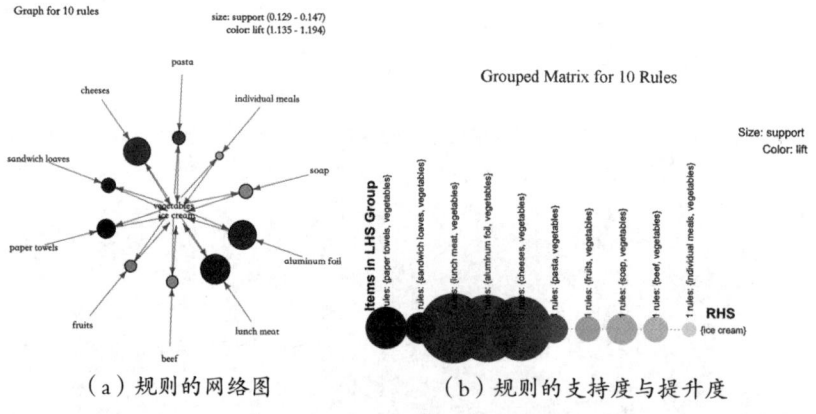

（a）规则的网络图　　　　　　（b）规则的支持度与提升度

图6-21　关联规则可视化图

图6-21（a）是规则的网络图，表明规则的购买方向和重要性等；图6-21（b）更重要的是突出规则的支持度和提升度的大小（分别使用圆的大小和颜色深浅表示），从中更容易对比哪些规则更常见。

6.7 本章小结

本章主要介绍了怎样使用R语言进行多元统计分析的相关应用实例。多元统计分析在统计分析中占据很大的一部分内容，而且应用广泛，是数据分析、数据挖掘中的一把"利剑"。

（1）本章主要介绍了以下几个主题。

① 主成分分析：为数据降维。

② 聚类分析：系统聚类、k-means聚类、密度聚类等。

③ 对应分析：分析分类变量的关系。

④ 典型相关分析：分析两组变量的相关性。

⑤ 判别分析：使用线性和非线性判别函数对数据进行分类。

⑥ 关联规则：挖掘数据中的频繁项集和有用的规则。

（2）本章主要介绍了下面几个应用实例。

① 通过主成分降维分析图像数据的位置分布。

② 通过主成分降维找到图像数据中的特征图像。

③ 对iris数据集进行系统聚类并可视化。

④ 对iris数据集进行k-means聚类并可视化。

⑤ 使用双月数据研究密度聚类。

⑥ 使用对应分析研究职位和抽烟情况的关系，研究学院、录取情况和性别之间的关系。

⑦ 使用典型相关分析研究运动员的上肢和下肢相关的测试数据。

⑧ 使用线性和非线性判别函数对iris数据进行分类。

⑨ 使用关联规则研究超市的购物数据。

（3）本章主要介绍的包和函数如表6-3所示。

表 6-3　主要介绍的包和函数

包	函 数	应 用
graphics	rasterImage	绘制一个或多个光栅图像
psych	fa.parallel	可视化碎石图，选择合适的主成分数
psych	principal	主成分分析函数
psych	predict.psych	预测主成分得分
stringr	str_replace	根据模式替换字符串
stats	hclust	系统聚类
stats	rect.hclust	为系统聚类结果绘制矩形框
stats	kmeans	k-means 聚类
stats	princomp	主成分分析函数
cluster	clusplot	可视化聚类数据
fpc	dbscan	进行密度聚类
ca	ca	对应分析
candisc	cancor	典型相关分析
CCA	matcor	典型相关分析
CCA	img.matcor	典型相关分析可视化
MASS	lda	线性判别分析
MASS	qda	二次判别分析
klaR	partimat	探索可视化判别分析
arules	itemFrequencyPlot	频繁项集可视化
arules	apriori	找到关联规则
arules	inspect	查看找到关联规则

习　题　6

6.1　在candisc包中包含一个Wine数据集，该数据集包含每种葡萄酒中含有的13种成分的数据。数据的主要内容如下：

```
head(Wine)
##   Cultivar Alcohol MalicAcid  Ash AlcAsh  Mg Phenols Flav
## 1   barolo   14.23      1.71 2.43   15.6 127    2.80 3.06
## 2   barolo   13.20      1.78 2.14   11.2 100    2.65 2.76
```

```
## 3      barolo   13.16      2.36 2.67   18.6 101      2.80 3.24
## 4      barolo   14.37      1.95 2.50   16.8 113      3.85 3.49
## 5      barolo   13.24      2.59 2.87   21.0 118      2.80 2.69
## 6      barolo   14.20      1.76 2.45   15.2 112      3.27 3.39
##     NonFlavPhenols Proa Color Hue   OD Proline
## 1             0.28 2.29  5.64 1.04 3.92    1065
## 2             0.26 1.28  4.38 1.05 3.40    1050
## 3             0.30 2.81  5.68 1.03 3.17    1185
## 4             0.24 2.18  7.80 0.86 3.45    1480
## 5             0.39 1.82  4.32 1.04 2.93     735
## 6             0.34 1.97  6.75 1.05 2.85    1450
```

请针对该数据集的12个数值变量进行主成分分析，并解释主成分分析的结果。

6.2 在mclust包中包含一个diabetes数据集，该数据集包含145名糖尿病患者的三个指标的测量数据，数据的基本情况如下：

```
head(diabetes)
##     class glucose insulin sspg
## 1  Normal      80     356  124
## 2  Normal      97     289  117
## 3  Normal     105     319  143
## 4  Normal      90     356  199
## 5  Normal      90     323  240
## 6  Normal      86     381  157
```

在数据集中，每个变量表示的含义如下。

class：糖尿病的类型，包含Normal、Overt和Chemical；
glucose：3小时口服葡萄糖耐量试验（OGTT）后血浆葡萄糖曲线下面积；
insulin：3小时口服葡萄糖耐量试验（OGTT）后血浆胰岛素曲线下面积；
sspg：稳态血浆葡萄糖。

针对该数据集，请进行如下分析：

（1）只考虑3个指标数据，使用k-means聚类对数据进行聚类分析，找到合适的聚类数目，并对聚类效果进行评估。

（2）在使用系统聚类时，使用不同的距离得到的聚类结果有何异同？

（3）该数据集的分布情况适合使用密度聚类吗？如果使用密度聚类，聚类的效果是否会比上述的两种聚类方法效果更好？

6.3 在习题4.3中，讨论了对HairEyeColor数据集的列联表分析，针对列联表分析的结果回答下面的问题。

（1）只考虑头发颜色和眼睛颜色，针对男性列联表和女性列联表，是否需要进行简单对应分析研究两种颜色之间的关系？如果需要，请分析得到的结果？

（2）对该三维列联表数据是否需要进行多重对应分析，如果需要，请介绍分析结果，如果不需要，请说明为什么？

6.4 使用习题6.1中的Wine数据集，将其中的前6个数值特征作为一组变量，后7个数值特征作为另一组变量，对这两组变量进行典型相关分析，并对分析结果进行解释。

6.5 对习题6.1中的Wine数据集进行主成分分析，得到主成分数据，使用判别分析对葡萄酒的种类进行判别。

6.6 针对习题6.2使用的数据集diabetes进行判别分析，在进行判别分析时，请解决下面提出的问题。

（1）将数据随机切分为训练集和测试集，并采用合适的数据切分比例。

（2）对比线性判别分析和非线性判别分析的分类效果。

6.7 在faraway包中包含一个数据集uswages，该数据集有2000行10列，是1988年人口调查中对美国男性工人的每周工资进行抽样调查结果，前几行内容如下所示：

```
head(uswages)
##           wage educ exper race smsa ne mw so we pt
## 6085    771.60   18    18    0    1  1  0  0  0  0
## 23701   617.28   15    20    0    1  0  0  0  1  0
## 16208   957.83   16     9    0    1  0  0  1  0  0
## 2720    617.28   12    24    0    1  1  0  0  0  0
## 9723    902.18   14    12    0    1  0  1  0  0  0
## 22239   299.15   12    33    0    1  0  0  0  1  0
```

针对该数据集请进行如下操作：

（1）通过适当的方法将数据集中的数值变量转化为具有合适水平数的因子变量。

（2）使用关联规则从中找到有趣的规则，并对规则结果进行可视化。

（3）在对数据进行关联规则分析时，指定要分析的高收入人群所具有的特点，请问该如何获取有用的结果？

第7章 时间序列分析

时间序列分析（Time Series Analysis）是统计学的分支之一，它是一种基于随机过程理论和数理统计学的方法，研究时间序列数据所遵从的统计规律，常用于系统描述、系统分析、预测未来等。

时间序列数据主要是根据时间的先后，对同样的对象按照等时间间隔收集的数据。比如每日的平均气温、每天的销售额、每月的降水量、太阳黑子数量等。虽然有些序列所描述的内容取值是连续的，比如气温的变化可能是连续的，但是由于观察的时间段并不是连续的，所以可以认为是离散的时间序列数据。一般来说，对任何变量的定期的记录就能构成一个时间序列。根据研究目的的不同，可以将时间序列数据分为一元时间序列数据和多元时间序列数据。

时间序列的变化可能受一个或多个因素的影响，导致它在不同时间取值有差异，这些影响因素分别是长期趋势、季节变动、循环波动（周期波动）和不规则波动（随机波动）等。

对于时间序列的分析，通常假设模型是由长期趋势、季节变动、循环波动和不规则波动这四种因素之和（加法模型）或之积（乘法模型）构成，即

$$x_t = T_t + S_t + C_t + \varepsilon_t \text{ 或 } x_t = T_t \cdot S_t \cdot C_t \cdot \varepsilon_t$$

其中，x_t是相关变量在时间t的观测值；T_t是长期趋势；S_t是季节变动；C_t是循环波动；ε_t是不规则波动。

时间序列分析主要有确定性变化分析和随机性变化分析。确定性变化分析包括趋势变化分析、周期变化分析、循环变化分析。随机性变化分析主要有AR、MA、ARMA、ARIMA模型等。

本章主要介绍与时间序列相关的一些假设检验方法，利用ARMA、ARIMA、SARIMA、ARIMAX等几种传统的时间序列模型，对需要预测的时间序列数据探索如何使用R语言进行建模和预测，以及利用Facebook提出的prophet方法对时间序列进行预测等。

在R中，常用的时间序列分析包主要有zoo、tseries、forecast、prophet等，通过ggfortify和ggplot2包可以方便地对时间序列数据进行可视化。

7.1　时间序列的相关检验

对于时间序列数据，最重要的检验是：时间序列数据是否为白噪声数据，以及时间序列数据是否平稳。如果时间序列数据是白噪声数据，说明其没有任何有用的信息。针对时间序列的很多分析方法，都要求所研究的时间序列是平稳的，所以判断时间序列是否平稳，以及如何将非平稳的时间序列转化为平稳序列，对时间序列数据的建模研究是非常重要的。

7.1.1　白噪声检验

如果一个序列是白噪声（即独立同分布的随机数据），那么就不用再对其建立时间序列模型进行预测了，因为预测随机数是无意义的。因此在建立时间序列分析之前，需要先对其进行白噪声检验。

常用的白噪声检验方法是Ljung-Box检验，其原假设和备择假设分别为：

H0：延迟期数小于或等于m期的序列之间相互独立（序列是白噪声）；

H1：延迟期数小于或等于m期的序列之间有相关性（序列不是白噪声）。

在R中，可以通过Box.test()函数进行时间序列的白噪声检验。

例7.1　在航空公司乘客信息数据集（AirPassengers.csv）中，包含了飞机乘客数量随时间的变化情况。请使用R生成一组与乘客数量平均值相同、标准差为50的随机数，对比分析这两组数据，进行白噪声检验，并对结果可视化分析。

解：首先读取实际数据和随机生成数据。程序如下。

```
library(dplyr);library(tidyr);library(zoo);library(tseries)
## 模拟一组随机数据和非随机数据进行白噪声检验
AirPas <- read.csv("data/chap7/AirPassengers.csv",stringsAsFactors=FALSE)
AirPas$Month <- as.yearmon(AirPas$Month)
set.seed(123)   ## 生成一组随机数据
AirPas$randdata <- round(rnorm(nrow(AirPas),mean = mean(AirPas$Passengers),
                        sd=50))
head(AirPas,2)
##     Month Passengers randdata
## 1  1 1949        112      252
## 2  2 1949        118      269
```

上面的程序从csv文件中读取飞机航班乘客数量随时间变化的数据，并生成一组随机数序列来进行白噪声检验。

为了更好地了解两组数据，可以将它们进行可视化，得到如图7-1所示的时间序列曲线图。

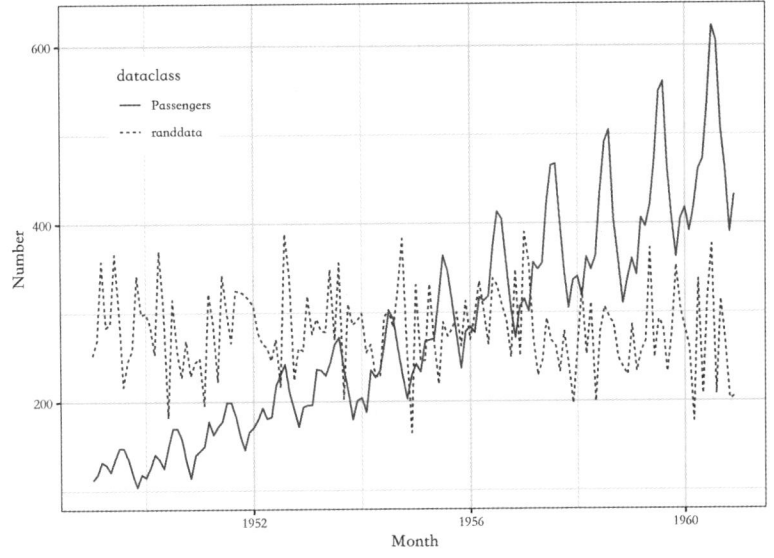

图 7-1　时间序列变化曲线

```
## 可视化两组数据集
AirPas%>%gather(key = "dataclass",value = "Number",-Month)%>%
  ggplot(aes(x=Month,y=Number))+
  geom_line(aes(colour=dataclass,linetype = dataclass))+
  theme(legend.position = c(0.15,0.8))
```

由图7-1可以发现，随机序列的变化情况几乎没有规律可循，而飞机乘客序列则是有规律变化的。

下面使用Box.test()函数，对航班乘客数量数据进行Ljung-Box检验（即白噪声检验）。

```
Box.test(AirPas$Passengers,type ="Ljung-Box")
##   Box-Ljung test
## data:  AirPas$Passengers
## X-squared = 132.14, df = 1, p-value < 2.2e-16
```

从Ljung-Box检验的输出结果可以发现，假设检验的p-value< 2.2e-16，说明在显著性水平为0.05的条件下，可以拒绝原假设，认为该序列不是白噪声数据，即航班乘客数量的变化序列有进一步分析的价值。

接下来对随机生成的数据（randdata），使用同样的方式进行白噪声检验。程序如下。

```
Box.test(AirPas$randdata,type ="Ljung-Box")
##   Box-Ljung test
## data:  AirPas$randdata
## X-squared = 0.13193, df = 1, p-value = 0.7164
```

从Ljung-Box检验的输出结果可以发现，"p-value = 0.7164"> 0.05，接受原假设，即认为该随机序列为白噪声数据，没有研究价值。

7.1.2 平稳性检验

如果一个时间序列是平稳的，那么发生在时间 t 的任何冲击，随着时间的推移会有一个递减效应，最后会消失在时间 $t+s, s \to \infty$，这种特性称为平均值回归。而非平稳的时间序列则不具有这种特性。

在实际的应用中，最常用的平稳性概念称为宽平稳或者协方差平稳。

对于一个时间序列 $\{x_t\}_{t=1}^{T}$，当且仅当满足以下条件，则认为其是宽平稳的。

$$\mu_t = \mu_{t-s} = \mu < \infty，对任意的 t,s$$

$$\mathrm{var}(x_t) = \mathrm{var}(x_{t-s}) = \sigma^2 < \infty，对任意的 t,s$$

$$\mathrm{cov}(x_t, x_{t-s}) = \mathrm{cov}(x_{t-j}, x_{t-j-s}) = \gamma_s < \infty, \text{对任意的} t, s, j$$

如果平均值和方差在一段时间内不变且是有界的，而协方差仅依赖于时间序列的两个元素之间的时间长度，与时间的起点无关，那么该时间序列是协方差平稳的。值得注意的是，白噪声序列显然是平稳的。

如果一个序列是不平稳的，常常需要使用差分对序列进行平稳化。

对相距1期的两个序列之间的减法运算称为1阶差分运算，记为：$\nabla x_t = x_t - x_{t-1}$；对1阶差分后序列再进行1阶差分运算称为2阶差分，记为：$\nabla^2 x_t = \nabla x_t - \nabla x_{t-1}$；以此类推，对$p-1$阶差分后序列再进行一次差分运算称为$p$阶差分，记为：$\nabla^p x_t = \nabla^{p-1} x_t - \nabla^{p-1} x_{t-1}$。

如果不平稳的时间序列，在经过d次差分后可以转化为平稳的序列，则称该序列为d阶单整。

时间序列是否是平稳的，对选择预测的数学模型非常关键。如果一组时间序列数据是平稳的，可以直接使用自回归移动平均模型（ARMA）进行预测，如果数据是不平稳的，就需要尝试建立差分移动自回归平均模型（ARIMA）等进行预测。

判断序列是否平稳有两种检验方法，一种是根据时序图和自相关图显示的特征进行判断，另一种是构造检验统计量进行假设检验，比如使用单位根检验。第一种的判断方法比较主观，而第二种方法则是客观的判断方法。

常用的单位根检验方法是ADF检验，它能够检验时间序列中单位根的存在性，其检验的原假设和备择假设分别为：

H0：序列是非平稳的（序列有单位根）

H1：序列是平稳的（序列没有单位根）

在tseries包中，包含一个adf.test()函数，该函数可以对序列进行单位根检验，判断序列是否平稳。

例7.2 请使用R中的arima.sim()函数生成一组符合ARIMA(2,2,2)模型的时间序列数据，用于演示如何将不平稳的序列转化为平稳的序列，并使用ADF检验方法判断该序列是否平稳。

解：求解程序如下。

```
## 生成随机时间序列数据，进行单位根检验演示
adfdata <- arima.sim(list(order = c(2,2,2),ar = c(0.8897, -0.4858),
                    d=2,ma = c(-0.2279, 0.2488)),n = 200)
diff1 <- diff(adfdata)
diff2 <- diff(diff1)
```

```
diff3 <- diff(diff2)
## 可视化4种曲线
par(mfrow=c(2,2),family = "STKaiti")
plot(adfdata,main="ARIMA(2,2,2)")
plot(diff1,main="差分1次")
plot(diff2,main="差分2次")
plot(diff3,main="差分3次")
```

上面是生成随机时间序列数据并对其进行差分操作的程序。在使用arima.sim()函数时，参数ar = c(0.8897, -0.4858)指定了AR(p)模型的两个系数，参数d=2表示序列为2阶单整，参数ma = c(-0.2279, 0.2488) 指定了MA(q)模型的两个系数，参数n=200表示序列的长度为200。

可以使用diff()函数对数据进行差分（后面的数据减去前面的数据）操作，得到新的时间序列数据。4种序列的可视化图像如图7-2所示。

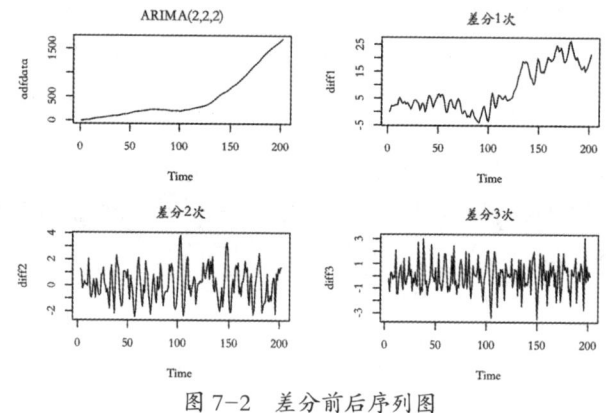

图 7-2　差分前后序列图

从图7-2中可以看出，原始ARIMA(2,2,2)序列和差分一次后的序列是不平稳的，而差分2次和差分3次后的序列是平稳的。

下面使用adf.test()函数进行单位根检验，结果如表7-1所示。

表 7-1　序列平稳性检验结果

检 验 程 序	p-value	结　　果
adf.test(adfdata)	0.9862	不平稳
adf.test(diff1)	0.5933	不平稳
adf.test(diff2)	0.01	平稳
Box.test(diff2,type ="Ljung-Box")	2.887e-15	不是白噪声
Box.test(diff3,type ="Ljung-Box")	0.5434	是白噪声

从单位根和白噪声检验结果可以发现，原始数据和1阶差分后的序列均是不平稳的，2阶差分后序列转化为平稳序列，且不是白噪声数据，3阶差分后已经是白噪声序列，即认为原始数据是2阶单整序列，因此可以对原始序列数据建立ARIMA(p,2,q)模型进行预测。

7.2 自回归移动平均模型

自回归移动平均模型（Auto-Regression and Moving Average，ARMA）是自回归模型（AR）和移动平均模型（MA）的组合。对于一个时间序列 $\{x_t\}_{t=1}^{T}$，单个模型和组合模型可以使用如下公式表示：

（1）p 阶自回归模型 $\mathrm{AR}(p)$ 定义为

$$x_t = a_0 + \sum_{i=1}^{p} a_i x_{t-i} + \varepsilon_t \tag{7-1}$$

（2）q 阶移动平均模型 $\mathrm{MA}(q)$ 定义为

$$x_t = \sum_{i=0}^{q} \beta_i \varepsilon_{t-i} \tag{7-2}$$

（3）p,q 阶自回归移动平均模型 $\mathrm{ARMA}(p,q)$ 定义为

$$x_t = a_0 + \sum_{i=1}^{p} a_i x_{t-i} + \sum_{i=0}^{q} \beta_i \varepsilon_{t-i} \tag{7-3}$$

上述公式中的系数 β_0 通常会标准化为1。

如果一个时间序列数据是平稳的，且不是白噪声数据，那么可以使用ARMA模型进行预测。建立ARMA模型的步骤如下。

（1）计算出并观察序列的样本自相关系数和样本偏相关系数。

（2）根据样本自相关系数和偏相关系数的显示情况，选择合适的ARMA(p,q)模型进行拟合。

（3）估计模型中的未知参数，并对模型和参数的显著性进行检验。若未通过检验，则转到（2）重新拟合新的模型。

（4）利用拟合好的时间序列模型，使用新的数据进行预测。

7.2.1 ARMA 数据准备

例7.3 针对一时间序列测试数据集（ARMAdata.csv），请可视化该数据集并进行白噪声检验和平稳性检验。

解：首先读取数据，程序如下。

```
library(ggfortify);library(gridExtra);library(forecast)
## 读取数据
ARMAdata <- read.csv("data/chap7/ARMAdata.csv")
ARMAdata <- ts(ARMAdata$x)
autoplot(ARMAdata)+ggtitle("序列变化趋势")
```

上面的程序首先读取数据集，并使用ts()函数将数据的取值转化为时序数据，利用autoplot()函数可视化序列的波动情况，得到如图7-3所示的图像。

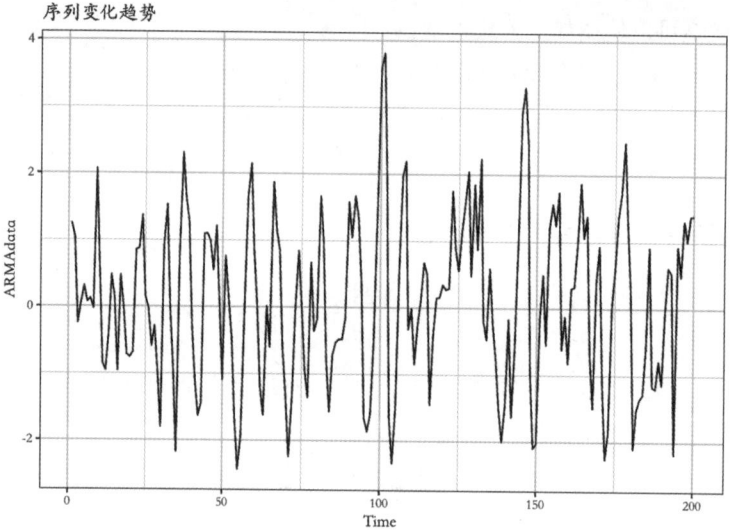

图 7-3 时间序列数据的波动

从图7-3中可以看出，该序列应该是平稳序列。但是想要判断序列是否为平稳的非白噪声序列，还需要通过白噪声检验和平稳性检验。程序如下。

```
Box.test(ARMAdata,type ="Ljung-Box")  ## 白噪声检验
##   Box-Ljung test
## data:  ARMAdata
## X-squared = 62.357, df = 1, p-value = 2.887e-15
adf.test(ARMAdata)   ## 平稳性检验,单位根检验
## Warning in adf.test(ARMAdata): p-value smaller than printed p-value
```

```
## Augmented Dickey-Fuller Test
## data:  ARMAdata
## Dickey-Fuller = -6.8816, Lag order = 5, p-value = 0.01
## alternative hypothesis: stationary
```

上面的程序对时间序列进行白噪声检验和单位根检验，检验结果的"p-value"均小于0.05，说明时间序列数据是平稳的非白噪声序列，可以使用ARMA模型进行建模预测。

7.2.2 可视化 ACF 和 PACF

在确定序列为平稳的非白噪声序列后，接下来通过序列的自相关函数（Autocorrelation Function，ACF，也称自相关系数）和偏自相关函数（Partial Autocorrelation Function，PACF，也称偏自相关系数）取值的大小来分析序列的截尾情况。

对于一个时间序列 $\{x_t\}_{t=1}^T$，如果样本的自相关系数ACF不等于0直到滞后期 $s = q$，而滞后期 $s > q$ 时ACF几乎为0，那么可以认为真实的数据生成过程是MA(q)。如果样本的偏自相关系数PACF不等于0直到滞后期 $s = p$，而滞后期 $s > p$ 时PACF几乎为0，那么可以认为真实的数据生成过程是AR(p)。更一般的情况是，根据样本的ACF和PACF的表现，可拟合出一个较合适的ARMA(p,q)模型。

在R中，可以通过acf()函数计算自相关系数，使用pacf()函数计算偏自相关系数，由相关系数的截尾情况判断模型的p和q的取值可以按照表7-2所示进行。

表 7-2 ARMA(p,q) 中 p 和 q 的确定方法

模 型	自相关系数	偏自相关系数
AR(p)	拖尾	p 阶截尾
MA(q)	q 阶截尾	拖尾
ARMA(p,q)	前 q 个无规律，其后拖尾	前 p 个无规律，其后拖尾

例7.4 请分析例7.3中时间序列测试数据集（ARMAdata.csv）的自相关系数和偏自相关系数的表现。

解：可视化这两个函数的取值情况。程序如下。

```
## 分析序列的自相关系数和偏自相关系数,确定参数p和q
p1 <- autoplot(acf(ARMAdata,lag.max = 30,plot = F))+
  ggtitle("序列偏自相关图")
p2 <- autoplot(pacf(ARMAdata,lag.max = 30,plot = F))+
```

```
ggtitle("序列偏相关图")
gridExtra::grid.arrange(p1,p2,nrow=2)
```

上面是计算并可视化序列自相关图和偏自相关图的程序,可以得到如图7-4所示的图像。

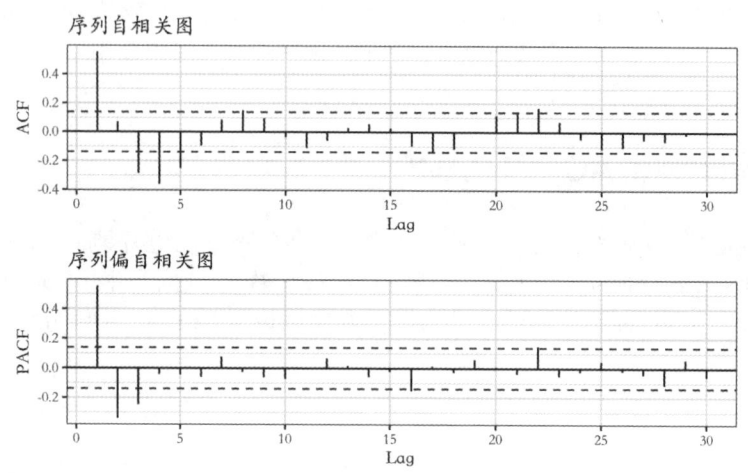

图 7-4　序列自相关图和偏自相关图

由图7-4可以发现:偏自相关图3阶后拖尾,即滞后期为3后偏自相关系数的大小几乎为0,可以认为p的取值约为3;自相关图5阶后拖尾,即滞后期为5后自相关系数的大小几乎为0,可以认为q的取值约为5。

7.2.3　建立 ARMA 模型

通过观察自相关图和偏自相关图虽然可以确定p和q,但这不是最好的方法。R中还提供了可自动寻找合适的p和q参数的auto.arima()函数,该函数可以快速方便地确定合适的ARMA(p,q)模型。

例7.5　请针对例7.3中的时间序列测试数据集(ARMAdata.csv),建立合适的ARMA模型,并进行预测分析。

解:求解程序如下。

```
auto.arima(ARMAdata)
## Series: ARMAdata
## ARIMA(2,0,1) with zero mean
## sigma^2 estimated as 0.9385:  log likelihood=-276.32
## AIC=560.65   AICc=560.85    BIC=573.84
```

上面的程序使用auto.arima()函数来寻找合适的p和q,结果表明,较好的ARMA

模型为ARMA(2,1)，此时AIC的取值为560.65，BIC的取值为573.84。

> **说明：** 在进行时间序列数据的建模时，有时会发现几种不同的ARMA(p,q)模型似乎都适合待拟合的数据。针对这种情况，可以通过信息准则来选择最好的模型。常用的信息准则为AIC（赤池信息准则）和BIC（贝叶斯信息准则）。

在确定ARMA模型的参数p和q后，可以通过arima()函数来建立ARMA(2,1)时间序列模型，程序如下。

```
## 对数据建立ARMA(2,1)模型,并预测后面的数据
ARMAmod <- arima(ARMAdata,order = c(2,0,1))
summary(ARMAmod)
## Call:
## arima(x = ARMAdata, order = c(2, 0, 1))
## Coefficients:
##          ar1      ar2      ma1    intercept
##       1.2059  -0.6074  -0.5455      0.1003
## s.e.  0.1030   0.0637   0.1217      0.0772
## sigma^2 estimated as 0.9168:  log likelihood = -275.5,  aic = 561.01
## Training set error measures:
##                   ME       RMSE       MAE        MPE      MAPE       MASE
## Training set 0.001170727 0.9574957 0.7646117 -38.47298 349.0644 0.8157659
```

在使用arima()函数时，可以通过指定参数order = c(2, 0, 1)来保证建立的模型为ARMA(2,1)模型。从输出结果可以发现，ar1、ar2、ma1 三个系数分别为1.2059、−0.6074、−0.5455，且在训练集上模型的拟合绝对值误差MAE = 0.7646117，数值非常小，说明模型的拟合效果很好。

在拟合好模型后，需要对模型的拟合残差进行白噪声检验，来确定序列的有用信息是否被充分提取。

```
## 对拟合残差进行白噪声检验
Box.test(ARMAmod$residuals,type ="Ljung-Box")
##  Box-Ljung test
##  data:  ARMAmod$residuals
##  X-squared = 0.074183, df = 1, p-value = 0.7853
```

上面是对ARMA(2,1)拟合残差进行白噪声检验的程序。从输出结果可以发现，"p-value = 0.7853" >0.05，说明残差序列已经是白噪声，即ARMA(2,1)已经充分地提取数据中的有用信息。

用ARMA(2,1)模型预测未来数据，程序如下。

```
## 可视化模型未来的预测值
```

```
par(family = "STKaiti")
plot(forecast(ARMAmod,h=20))
```

上面的程序使用forecast()函数来预测序列未来的20个数据,并将其可视化,得到的结果如图7-5所示。

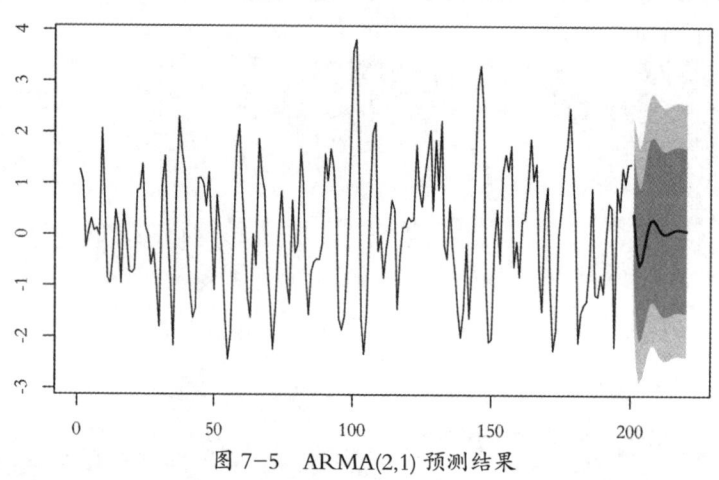

图7-5 ARMA(2,1)预测结果

图7-5包含了原始序列和预测的序列曲线,且给出预测值的置信度为80%(深色阴影部分)和95%(浅色阴影部分)的置信区间。观察未来20个预测值的变化趋势可以发现,预测值会逐渐平稳到序列的平均值附近。

7.3 季节ARIMA模型

ARMA模型主要针对的是平稳的一元时间序列。对不平稳的一元时间序列数据,由7.1.2小节可知,可采用差分运算得到平稳的序列,这样的序列称为差分平稳序列。

差分自回归移动平均模型(Auto-Regressive Integrated Moving Average,ARIMA)是差分运算与ARMA模型的组合,即任何非平稳序列如果能够通过适当阶数的差分实现平稳,就可以对差分后的序列拟合ARMA模型。

对于一个时间序列 $\{x_t\}_{t=1}^{T}$,ARIMA(p,d,q)模型可以表示为

$$(1-L)^d x_t = \frac{\left(1-\sum_{i=1}^{q}\beta_i L^i\right)}{\left(1-\sum_{i=1}^{p}a_i L^i\right)}\varepsilon_t \tag{7-4}$$

其中，L 是延迟算子，延迟算子使用 d 阶差分表示时可记为：$\nabla^d x_t = (1-L)^d x_t$，$d$ 是大于等于0的整数。若 $d=0$ 时，ARIMA(p,d,q)模型实际上就是ARMA(p,q)模型。

如果差分后平稳的序列同时具有时间周期性的趋势，则可使用季节性差分自回归移动平均模型（Seasonal Auto-Regressive Integrated Moving Average，SARIMA）来拟合数据。

SARIMA模型也可以写成季节ARIMA模型，它本质上是把一个时间序列模型通过ARIMA(p,d,q)中的3个参数来决定，其中p代表自相关（AR）的阶数，d代表差分的阶数，q代表滑动平均（MA）的阶数，然后加上季节性的调整。根据季节效应的相关特性，SARIMA模型可以分为简单SARIMA模型和乘积SARIMA模型。

简单SARIMA模型指的是序列中的季节效应和其他效应之间是加法关系，即

$$x_t = T_t + S_t + \varepsilon_t \tag{7-5}$$

通常情况下，简单步长的差分即可将序列中的季节信息充分提取，简单的低阶差分可将趋势信息提取充分，提取完季节信息和趋势信息后的残差序列就是一个平稳序列，可以使用ARMA模型拟合。

简单步长的差分通常称为 k 步差分，可表示为：$\nabla_k x_t = x_t - x_{t-k}$，延迟算子使用 k 步差分表示时可记为：$\nabla_k x_t = (1-L^k)x_t$。所以简单SARIMA模型实际上就是通过季节差分（k 步差分）、趋势差分（p 阶差分）将序列转化为平稳序列再对其进行拟合。它的模型结构可表示为

$$\nabla_k (1-L)^d x_t = \frac{\left(1-\sum_{i=1}^{q}\beta_i L^i\right)}{\left(1-\sum_{i=1}^{p}a_i L^i\right)}\varepsilon_t \tag{7-6}$$

其中，k 为周期步长，d 为提取趋势信息所用的差分阶数。

当序列具有季节效应，而且季节效应本身还具有相关性时，季节相关性可以使用周期步长为单位。当需要差分平稳时，可以使用ARIMA(P,D,Q)模型提取。由于短期相关性和季节效应之间具有乘积关系，所以拟合的模型为ARIMA(p,d,q)与ARIMA(P,D,Q)的乘积，用 $\text{SARIMA}(p,d,q) \times (P,D,Q)_{\text{period}}$ 表示，其模型结构为

$$\nabla_k (1-L)^d x_t = \frac{\left(1-\sum_{i=1}^{q}\beta_i L^i\right)}{\left(1-\sum_{i=1}^{p}a_i L^i\right)} \times \frac{\left(1-\sum_{i=1}^{Q}\theta_i L^{Di}\right)}{\left(1-\sum_{i=1}^{P}\varphi_i L^{Di}\right)} \varepsilon_t \qquad (7-7)$$

7.3.1 SARIMA 数据准备

例7.6 对飞机乘客信息数据集（AirPassengers.csv）中飞机乘客数量的变化进行可视化分析，判断该序列是否为平稳序列。为便于后面的研究，请将该序列切分为训练集和测试集两部分。

解：首先读取数据并对其可视化。程序如下。

```
AirPas <- read.csv("data/chap7/AirPassengers.csv",stringsAsFactors=FALSE)
## 处理为时间序列数据
AirPas$Month <- as.yearmon(AirPas$Month)
AirPas <- ts(AirPas$Passengers,start = AirPas$Month[1],frequency = 12)
head(AirPas)
##      Jan Feb Mar Apr May Jun
## 1949 112 118 132 129 121 135
## 可视化序列
autoplot(AirPas)+ggtitle("飞机乘客数量变化趋势")
```

上面的程序是执行数据准备工作的，在读取数据后，使用ts()函数将数量数据转化为时序数据，因为记录的是每个月的数据值，所以将参数frequency取值为12，序列可视化后的图像如图7-6所示。

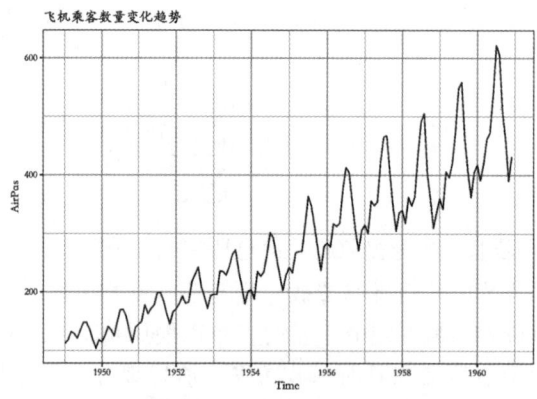

图 7-6 飞机乘客数量变化趋势

从图7-6中可以发现，飞机乘客变化的趋势整体上是不平稳的序列，而且还具有周期性的变化特点，数量的变化大约是以年为周期稳定增加的。

为了进一步评价时序模型，可以将飞机乘客数据集切分为训练集和测试集，如将1959年之前的数据作为训练集，用于训练一个合适的ARIMA模型，将1959年（含）之后的数据作为测试集来检验模型的预测效果。

时序数据的切分可以使用window()函数完成，程序如下。

```
## 将数据切分为两部分：一部分用于训练模型，另一部分用于查看预测效果
AirPas_train <- window(AirPas,end=c(1958,12))
AirPas_test <- window(AirPas,star=c(1959,1))
```

7.3.2 数据平稳性分析

例7.7 针对例7.6中切分后的飞机乘客数量变化数据集，使用adf.test()函数对序列及其差分结果进行单位根检验，分析序列的平稳性。

解： 对切分后的训练数据集进行分析。程序如下。

```
adf.test(AirPas_train,k=12)
##  Augmented Dickey-Fuller Test
## data:  AirPas_train
## Dickey-Fuller = -1.8449, Lag order = 12, p-value = 0.641
adf.test(diff(AirPas_train),k=12)
##  Augmented Dickey-Fuller Test
## data:  diff(AirPas_train)
## Dickey-Fuller = -1.9293, Lag order = 12, p-value = 0.6059
adf.test(diff(diff(AirPas_train)),k=12)
##  Augmented Dickey-Fuller Test
## data:  diff(diff(AirPas_train))
## Dickey-Fuller = -7.6169, Lag order = 12, p-value = 0.01
```

上面的程序对训练序列、训练序列的1阶差分、训练序列的2阶差分，分别进行了延迟阶数为12的单位根检验。从输出结果可以发现，在序列延迟12阶的情况下，原始数据和1阶差分数据都有单位根，而差分两次后的数据是平稳的。

接下来绘制2阶差分后序列的自相关系数图和偏自相关系数图，观察序列的特性。程序如下。

```
AirPasdiff2 <- diff(diff(AirPas_train))
## 分析序列的自相关系数和偏自相关系数，确定参数p和q
p1 <- autoplot(acf(AirPasdiff2,lag.max = 60,plot = F))+
  ggtitle("序列自相关图")
p2 <- autoplot(pacf(AirPasdiff2,lag.max = 60,plot = F))+
```

```
ggtitle("序列偏自相关图")
gridExtra::grid.arrange(p1,p2,nrow=2)
```

上面的程序对2阶差分后的序列自相关系数和偏自相关系数进行可视化，得到如图7-7所示的图像。

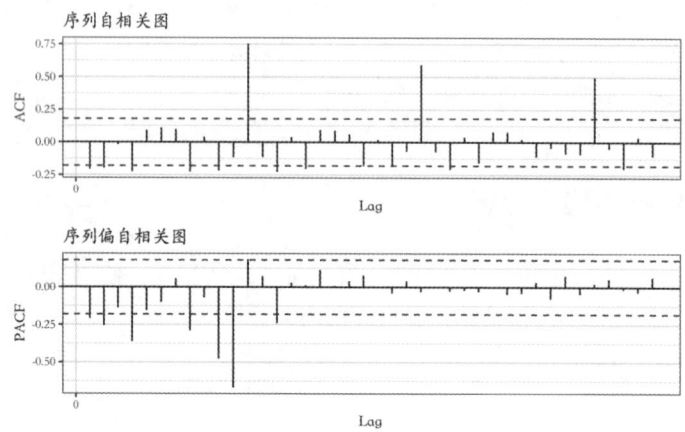

图7-7 2阶差分后序列的自相关系数图和偏自相关系数图

从图7-7的自相关图和偏自相关图可以发现，该序列具有周期性，其周期为12。然而，通过图像并不能很好地确定参数p和q的取值。

7.3.3 SARIMA 模型建立

例7.8 利用例7.7的分析结果，建立飞机乘客数量变化的季节SARIMA模型，并进行预测分析。

解：可以使用auto.arima()函数来确定ARIMA模型的参数。

```
## 使用auto.arima()函数确定模型的参数
auto.arima(AirPas_train)
## Series: AirPas_train
## ARIMA(1,1,0)(0,1,0)[12]
## sigma^2 estimated as 103.6:  log likelihood=-399.64
## AIC=803.28    AICc=803.4    BIC=808.63
```

上面的程序通过auto.arima()函数来确定模型的参数，而且输出中建议使用季节性ARIMA (1,1,0)x(0,1,0) [12]模型来拟合数据，这时模型的AIC取值为803.28。

下面使用arima()函数指定参数，拟合SARIMA (1,1,0)x(0,1,0) [12]模型，其程序如下。

```
ARIMA <- arima(AirPas_train,c(1, 1, 0),
               seasonal = list(order = c(0, 1, 0),period = 12))
summary(ARIMA)
## Call:
## arima(x = AirPas_train, order = c(1, 1, 0), seasonal = list(order = c(0, 1,
##     0), period = 12))
## Coefficients:
##          ar1
##       -0.2397
## s.e.   0.0935
## sigma^2 estimated as 102.7:  log likelihood = -399.64,  aic = 803.28
## Training set error measures:
##                  ME      RMSE       MAE          MPE     MAPE     MASE
## Training set -0.01614662 9.567988 7.120167 -0.03346415 2.90195 0.321312
Box.test(ARIMA$residuals,type ="Ljung-Box")
##   Box-Ljung test
## data:  ARIMA$residuals
## X-squared = 0.0083029, df = 1, p-value = 0.9274
```

上面的程序是在训练序列上建立SARIMA模型，并对模型的拟合残差进行白噪声检验。在arima()函数中，通过seasonal参数来指定季节模型需要的参数。从输出结果可以发现，在训练集上模型的平均绝对值拟合误差MAE = 7.12，非常小，说明SARIMA (1,1,0)x(0,1,0) [12]模型在训练数据集上拟合效果非常好。在拟合残差的白噪声检验中，"p-value = 0.9274"，即模型的残差已经是白噪声数据，数据中的有用信息已经得到充分的提取。

SARIMA (1,1,0)x(0,1,0) [12]模型在训练集上的拟合效果很好，那么在测试数据集上是否还能有很好的表现呢？下面使用forecast()函数预测后面的24个数据，并将预测结果可视化进行比较分析。

```
## 可视化模型的预测值和真实值之间的差距
par(family = "STKaiti")
plot(forecast(ARIMA,h=24),shadecols="oldstyle")
points(AirPas_test,col = "red")
lines(AirPas_test,col = "red")
```

上面是将预测结果和测试序列可视化的程序，得到的可视化图像如图7-8所示。

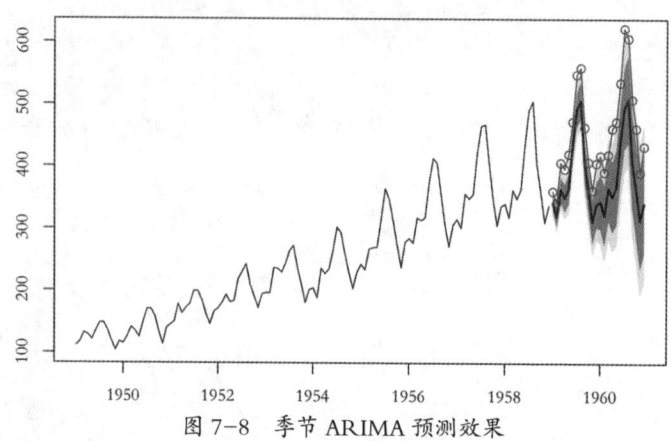

图 7-8 季节 ARIMA 预测效果

图7-8中带散点的细曲线为测试序列,由图7-8可知,模型很好地学习到了序列的周期性和增长趋势。最后两年的预测数据与实际数据相比,虽然大小偏低,但整体来说预测效果不错,是可以接受的。

7.4 多元时间序列ARIMAX模型

前面讨论的是一元时间序列,但在实际情况中,很多序列的变化规律会受到其他序列的影响,往往需要建立多元时间序列的ARIMAX模型。

ARIMAX模型是指带回归项的ARIMA模型,又称扩展的ARIMA模型。回归项的引入有利于提高模型的预测效果。引入的回归项一般是与预测对象(即被解释变量)相关程度较高的变量。比如分析居民的消费支出序列时,消费会受到收入的影响,如果将收入也纳入研究范围,就能够得到更精确的消费预测。

7.4.1 ARIMAX 数据准备

例7.9 对燃气炉数据集(gas furnace data.xlsx)中天然气的输入速率和CO_2的输出浓度随时间变化的情况进行可视化分析,判断该序列是否平稳。为便于后面的分析,请将序列切分为训练集和测试集两部分。

解:首先读取数据,并对数据进行可视化分析。程序如下。

```
library(readxl)
## 读取数据
gasco2 <- read_excel("data/chap7/gas furnace data.xlsx")
GasRate <- ts(gasco2$GasRate)
CO2 <- ts(gasco2$`C02%`)
p1 <- autoplot(GasRate)
p2 <- autoplot(CO2)
gridExtra::grid.arrange(p1,p2,nrow=2)
```

上面的程序首先读取数据集，然后对两组序列进行可视化，分别使用ts()函数将天然气的输入速率和CO_2的输出浓度转化为时序数据GasRate和CO2。得到的可视化时序曲线如图7-9所示。

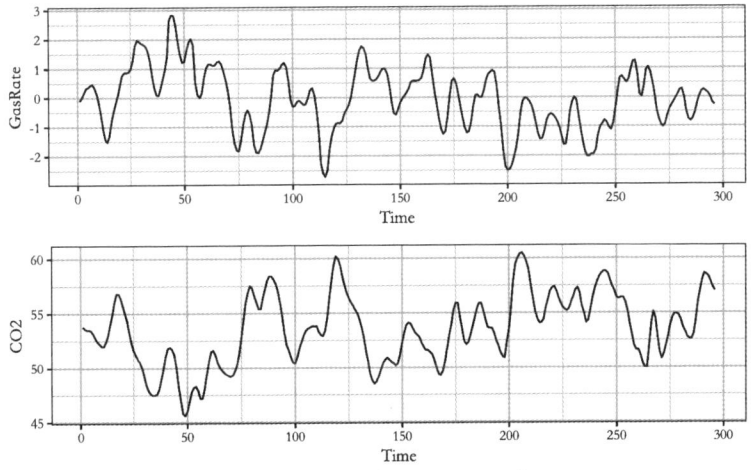

图 7-9 两个序列的变化曲线

通过图7-9可以发现，两个序列的波动情况都在一定的范围内，可以认为它们是平稳的时间序列数据。

将数据集的80%用于建立模型，剩下的20%作为测试集，使用window()函数进行数据切分。程序如下。

```
## 切分为训练集和测试集
trainnum <- round(nrow(gasco2)*0.8)
GasRate_train <- window(GasRate,end = trainnum)
GasRate_test <- window(GasRate,start = trainnum+1)
CO2_train <- window(CO2,end = trainnum)
CO2_test <- window(CO2,start = trainnum+1)
```

7.4.2 ARIMAX 模型建立

例7.10 针对例7.9中切分后的燃气炉数据集，请使用auto.arima()函数寻找合适的模型参数，建立多元时间序列ARIMAX模型，并进行预测分析，其中天然气的输入速率为输入变量，CO_2的输出浓度为需要预测的序列。

解：先对模型参数进行识别，和前面不同的是，需要指定要预测的序列和自变量序列数据。程序如下。

```
## 自动寻找合适的p,q
auto.arima(y=CO2_train,xreg = GasRate_train)
## Series: CO2_train
## Regression with ARIMA(2,1,2) errors
## sigma^2 estimated as 0.1006:  log likelihood=-62.46
## AIC=136.92   AICc=137.29   BIC=157.6
```

上面的程序在使用auto.arima()函数时，使用参数y=CO2_train来指定需要预测的序列为CO2_train，使用参数xreg = GasRate_train来指定建模时使用的自变量序列为GasRate_train。从输出结果可以发现，效果最好的ARIMAX模型为ARIMAX(2,1,2)。

使用arima()函数建立ARIMAX(2,1,2)模型，程序如下。

```
ARIMAXmod <- arima(CO2_train,order = c(2,1,2),xreg = GasRate_train)
summary(ARIMAXmod)
## Call:
## arima(x = CO2_train, order = c(2, 1, 2), xreg = GasRate_train)
## Coefficients:
##          ar1      ar2      ma1     ma2  GasRate_train
##       1.4773  -0.7232  -0.3818  0.2742         0.0520
## s.e.  0.0858   0.0710   0.1011  0.0881         0.1113
## sigma^2 estimated as 0.09846:  log likelihood = -62.46,  aic = 136.92
## Training set error measures:
##                        ME      RMSE       MAE         MPE      MAPE
## Training set 0.003694667 0.3131359 0.2320132 0.009857144 0.4359391
## 可视化模型的预测值和真实值之间的差距
par(family = "STKaiti")
plot(forecast(ARIMAXmod,h=length(GasRate_test),xreg = GasRate_test))
lines(CO2_test,col="black")
```

上面是建立ARIMAX(2,1,2)模型并可视化在测试集上的预测效果的程序。从输出结果可以发现，GasRate_train（天然气的输入速率）的系数为0.052，拟合模型在训练集上的预测的绝对值误差MAE为0.232，说明模型的拟合绝对值误差很小。

在使用forecast()函数预测ARIMAX模型时，需要通过xreg参数来指定输入自变量的数据，这里为GasRate_test（天然气的输入速率测试序列）。最后得到的可视化图像如图7-10所示。

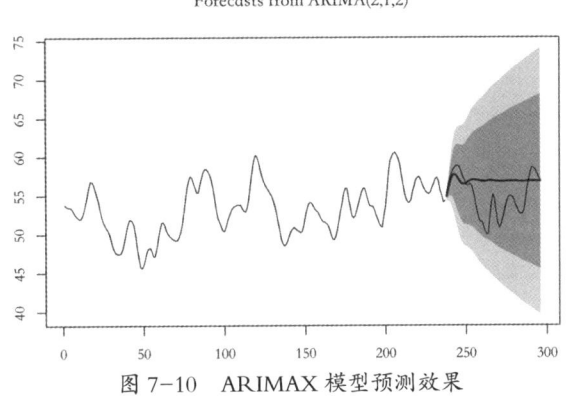

图 7-10 ARIMAX 模型预测效果

在图7-10中，黑色的细线为原始的CO_2的输出浓度序列，蓝色的粗线为对应测试集上的预测数据。从图7-10中可以发现，预测值在开始部分很好地拟合了真实数据的变化趋势，但是后面的预测结果就变得不准确了。这说明时间序列预测的相关算法在短期内还是非常有效的，所以在实际应用中，应尽可能地进行短期预测的应用。

7.5 prophet预测时间序列

prophet是Facebook的一款开源的时序预测工具，也提供了基于R调用的prophet包，该包提供的基本模型为

$$y = g(t) + s(t) + h(t) + \varepsilon \tag{7-8}$$

该公式将时间序列分为四个部分：$g(t)$为增长函数，表示线性或非线性的增长趋势；$s(t)$表示周期性变化，变化的周期可以是年、季度、月、每天等；$h(t)$表示时间序列中那些潜在的具有非固定周期的节假日对预测值造成的影响；ε为噪声项，表示随机的无法预测的波动。

与传统的时间序列处理的方式（如ARIMA等）不同，使用prophet进行时间序列预测，是将时间序列的预测作为曲线拟合问题，这样在拟合时就有很多传统方法所不具备的优点，具体有以下几点。

（1）灵活度很高，许多具有不同周期以及不同假设的季节性趋势能被很容易地引入。

（2）在建立模型时，无须担心数据存在缺失值带来的影响，因此可以不考虑缺失值的填充问题，而传统的时间序列模型（如ARIMA等）办不到。

（3）序列拟合得非常快，允许分析人员交互式地探索模型的拟合、预测效果。

（4）预测模型的参数非常容易解释，因此可以根据经验来设置一些参数。

prophet的整体使用框架如图7-11所示。

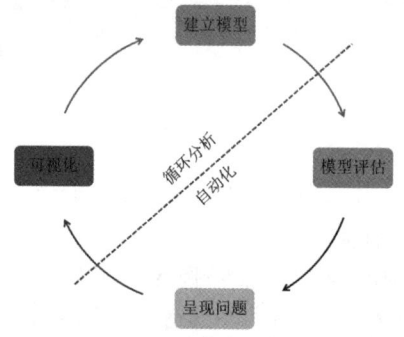

图7-11　prophet框架示意图

在图7-11所示的prophet框架中，分析预测流程分为四个部分：建立模型、模型评估、呈现问题、可视化分析预测效果。图7-11中的虚线可将框架切分为自动化部分和分析人员操作部分，因此，整个过程就是分析人员与自动化过程相结合的循环体系，可以将问题背景知识与统计分析融合起来，大大增加了模型的适用范围，提高了模型的准确性。

7.5.1 prophet 数据准备

例7.11　针对例7.6中使用过的飞机乘客信息数据集（AirPassengers.csv），请对其进行数据预处理，便于后面进行prophet框架下的建模和预测。

解： 对数据进行预处理。程序如下。

```
## 读取数据并对数据重新命名
AirPas <- read.csv("data/chap7/AirPassengers.csv",stringsAsFactors=FALSE)
colnames(AirPas) <- c("ds","y")
AirPas$ds <- as.yearmon(AirPas$ds)
```

```
head(AirPas,3)
##     ds  y
## 1 1 1949 112
## 2 2 1949 118
## 3 3 1949 132
```

上面是读取数据并对数据进行预处理的程序。在预处理过程中一共有两个操作，一个是将序列的列名进行调整，时间列使用"ds"命名，数据列使用"y"命名，这样在后面的预测中才能不出现错误；另一个操作是使用as.yearmon()函数，将字符串数据转化为时间。

7.5.2 使用prophet包建立预测模型

例7.12 使用prophet包对例7.11中处理后的飞机乘客数量变化数据集建立预测模型，并进行可视化分析。

解：在prophet包中，直接使用prophet()函数即可建立时序数据的拟合模型。程序如下。

```
library(prophet);library(zoo)
## 建立具有季节趋势的模型
model <- prophet(AirPas,growth = "linear",
                 yearly.seasonality = TRUE,weekly.seasonality = FALSE,
                 daily.seasonality = FALSE,seasonality.mode = "multiplicative")
## 预测后面两年的数据,并将预测结果可视化
future <- make_future_dataframe(model, periods = 24,freq = "month")
forecast <- predict(model, future)
plot(model, forecast)
```

上面的程序针对建模和预测一共有下面几个操作。

（1）使用prophet()函数建立时序数据的拟合模型model。在建模时，参数growth = "linear"指定序列的增长趋势为线性趋势；参数yearly.seasonality = TRUE表示序列包含以年为周期的季节趋势；参数weekly.seasonality = FALSE和daily.seasonality = FALSE表示序列不包含以周和天为周期的季节趋势；参数seasonality.mode = "multiplicative"表示时序季节趋势的模式为乘法模式，如果该参数取值为"additive"，则表示为加法模式。

（2）使用make_future_dataframe()函数来生成数据框，保证与未来的预测日期一致。其中periods = 24表示预测后面24个数据，参数freq = "month"表示数据的生成以月为周期。

（3）使用predict()函数预测后面的数据，并使用plot()函数将模型的预测效果进行可视化，得到的结果如图7-12所示。

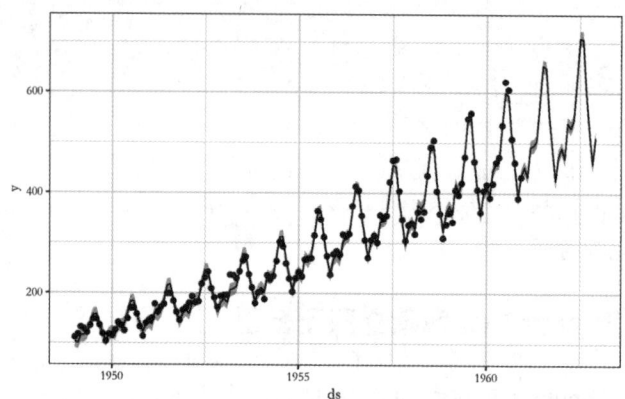

图 7-12　prophet 预测效果

在图7-12中，点表示原始的数据值，曲线表示拟合和预测的值，在曲线周围的阴影部分表示置信区间。从最后两年预测数据的变化趋势可以发现，使用prophet建立的模型，预测效果非常好，把序列的增长趋势、周期趋势和小的波动都预测出来了。

在prophet包中，还包含一个prophet_plot_components()函数，该函数可以可视化模型的组成部分，使用方法如下：

```
## 可视化预测的组成部分，主要有线性趋势和季节趋势
prophet_plot_components(model, forecast)
```

得出如图7-13所示的图像。

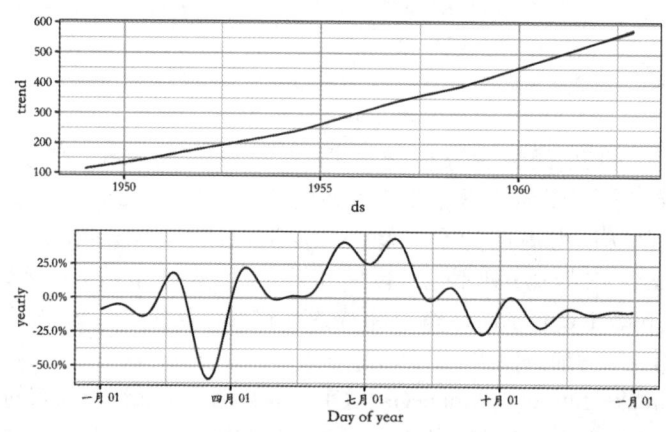

图 7-13　模型成分可视化

在图7-13中，一共有两个子图，分别为线性趋势曲线图和周期趋势曲线图。线

性趋势表明乘客的数量是逐年增加的，周期趋势表明一年中每个时间段数量的波动情况，可以发现在3月左右有一个最低点，7月前后会出现最高点。

7.6 本章小结

本章主要介绍了怎样使用R语言对时间序列模型进行预测的相关应用实例。时间序列分析通常用于预测序列数据，在实际生产生活中具有广泛的应用。

（1）本章主要介绍了以下几个主题。

① 时间序列分析中的相关检验。白噪声检验、平稳性检验（单位根检验）。

② 一元时间序列分析模型。ARMA、ARIMA、SARIMA、prophet框架。

③ 多元时间序列分析模型。ARIMAX。

（2）本章主要介绍了以下几种术语。

Ljung-Box检验、单位根检验、平稳序列、自相关系数和偏自相关系数、季节趋势。

（3）本章主要介绍了以下几个应用实例。

① 检验数据是否为白噪声，单位根检验数据的平稳性。

② 使用ARMA模型预测时间序列。

③ 使用季节趋势的ARIMA模型预测航班的客流量。

④ 使用ARIMAX模型进行多元时间序列分析预测二氧化碳浓度。

⑤ 使用prophet框架拟合时间序列并预测。

（4）本章主要介绍的包和函数如表7-3所示。

表7-3 主要介绍的包和函数

包	函数	应用
ggplot2	autoplot	自动可视化函数
tseries	adf.test	单位根检验
base	diff	差分操作
	arima	ARIMA、ARIMAX等相关时间序列模型
stats	acf	自相关系数
	pacf	偏自相关系数
	window	切分时间序列数据
	Box.test	白噪声检验

续表

包	函　　数	应　　用
forecast	forecast	时间序列模型进行预测
	auto.arima	拟合最好的时间序列模型
prophet	prophet	拟合时间序列数据模型
	make_future_dataframe	生成预测数据表格
	prophet_plot_components	可视化时序数据的组成部分

习　题　7

7.1　在R的datasets包中，包含一个名为Nile的数据集，该数据是一个时间序列数据，主要记录了1871-1970年尼罗河每年的流量，请进行如下分析：

（1）对该时间序列数据进行白噪声检验，判断其是否为白噪声？

（2）判断该时间序列数据是否平稳？

（3）选择合适的时间序列模型，对后面10年的流量情况进行预测，并对模型进行介绍。

7.2　在R的forecast包中，包含一个gold时间序列数据，该数据表示1985年1月1日至1989年3月31日每日早晨的黄金价格。数据的变化趋势如图7-14所示。

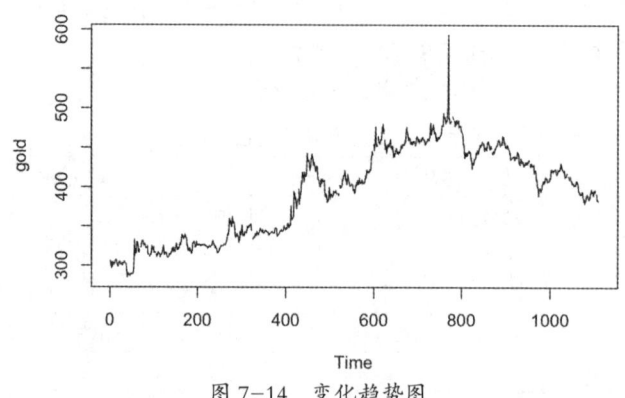

图7-14　变化趋势图

请解决以下问题：

（1）使用合适的时间序列模型，预测后面30天的黄金价格波动情况。

（2）如果将数据集切分为训练集和测试集，使用前面70%、80%和90%的样本分别作为训练数据集，以此得到的3种时间序列模型是否完全相同？如果不同，请介绍其不同之处，3种模型对测试集的预测精度有怎样的差异？

（3）使用prophet包中的函数对gold时间序列建立模型，预测后面30天的黄金价格波动，预测效果是否比传统的时间序列模型好？

第 3 篇 机 器 学 习

机器学习（Machine Learning，ML）是一门多领域交叉学科，涉及数学、统计学、计算机科学等多门学科。它是人工智能的核心，是使计算机具有智能的根本途径，其应用遍及人工智能的各个领域，它主要使用归纳、综合而不是演绎。

机器学习算法是将信息转化为具有可行性的情报的算法，是研究大数据的一把利器，正因为各种各样的机器学习算法的提出和应用，人们的生活才变得如此便利。当使用邮箱时，机器学习算法会自动为人们过滤掉垃圾邮件，防止人们淹没在垃圾邮件的海洋中；在人们购物时，机器学习算法自动根据浏览历史，为人们推荐更感兴趣的商品；未来公路上的汽车更将会迎来无人驾驶的时代。这些都是机器学习和大数据共同作用产生的结果。

机器学习方法的使用场景通常有两种：分类和回归。分类是预测离散型变量，回归是预测数值型连续变量。而针对分类问题提出的众多机器学习方法，经过发展和改进，在回归问题的预测效果上已逐渐超过了传统的回归方法。

R作为功能强大且免费的数据分析工具，在机器学习领域受到越来越多用户的青睐。在下面的章节中，将会详细介绍几种常见机器学习方法的理论、应用及其在R环境下的实现等。

Chapter 08

第8章

K-近邻和朴素贝叶斯

K-近邻和朴素贝叶斯算法是机器学习算法中比较简单、常用的分类方法。

K-近邻(K-Nearest Neighbor,KNN)算法是一种基于实例的学习方式,是局部近似和将所有计算推迟到分类之后的惰性学习方法。

朴素贝叶斯方法(Naive Bayes Method)是一种简单的分类方法,之所以称为朴素,是因为它有着非常强的前提条件——其所有特征都是相互独立的,是一种典型的生成学习算法。

朴素贝叶斯方法在文本分类问题上,预测精度表现非常好。例如识别垃圾邮件、据新闻内容判断其属于哪种新闻等。

本章将重点介绍如何使用朴素贝叶斯分类器对邮件数据进行分类,从而识别出垃圾邮件,使用KNN分类器来识别人脸,以及使用KNN回归来预测房价等。

8.1 KNN算法

KNN算法是所有机器学习算法中最简单、高效的一种分类和回归方法。

（1）在KNN分类问题中，输出的是一个分类的类别标签，且一个对象的分类结果是由其邻居的"多数表决"确定的，K（正整数，通常较小）个最近邻居中，出现次数最多的类别决定了赋予该对象的类别，若K=1，则该对象的类别直接由最近的一个节点赋予。

从图8-1给出的KNN分类器示意图可以发现，K的取值是一个非常重要的参数，针对同一个待测样本，不同的K值可能会得到不同的预测结果。如图8-1所示，对待预测的测试样本，若K=1或者K=5，则会被预测为负类；若K=3，则会被预测为正类。

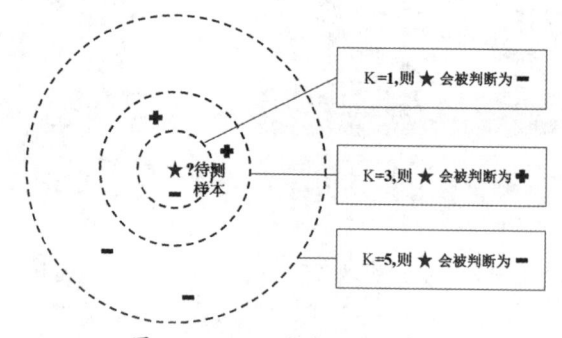

图8-1　KNN分类器的示意图

（2）在KNN回归中，输出的是该对象的实数值，通常该值是其K个最近邻居对应取值的平均值。

KNN算法的缺点也很明显，那就是对近邻数K的取值和数据的局部结构非常敏感。

如果K选择得较小，就相当于用较小的邻域中的训练实例进行预测，这样虽然会使"学习"得到的近似误差减小，但是"学习"的估计误差会增大，预测结果会对近邻的实例点非常敏感。也就是说K减小就意味着模型整体会变得复杂，容易发生过拟合。

如果K值较大，就相当于使用较大的邻域中的训练实例进行预测，优点是可以减少学习的估计误差,但缺点会增大学习的近似误差,K值增大意味着模型整体变得简单。例如,使用全部的训练集数量作为K值,那么针对分类问题,预测值将会是训练集中类别标签最大的类别,针对回归问题,预测值将会固定为所有数据的平均值。

KNN算法的计算和预测流程如下。

(1)确定度量是否为近邻的距离计算方法(比如使用欧氏距离等),确定使用的K值大小(K的取值通常为奇数,例如在二分类问题中,奇数个近邻中总有一类的样本数量多于另一类)。

(2)从训练数据集中,找到K个与测试样本距离最近的样本。

(3)针对分类问题,使用K个样本中样本数最多的类别,作为测试样本的预测类别;针对回归问题,可以使用K个近邻的平均值(或者加权平均值)作为测试样本的预测值。

8.1.1 KNN 分类识别图像

例8.1 针对例6.1中的物体在不同角度下进行拍照的图像数据集ETH,请使用主成分分析对数据集进行降维,然后建立KNN分类器进行图像分类,并使用参数搜索方法分析K值的变化对识别精度的影响。

解: 首先读取数据,分析数据中每类图片的数量。程序如下。

```
library(R.matlab);library(psych)
ETHdata <- readMat("data/chap6/ETH_8class_object_8_big_classes_32_32_1024D.mat")
ETHims <- t(ETHdata$A / 255.0)
dim(ETHims)
## [1] 3280 1024
labels <- as.vector(ETHdata$labels)
table(labels)
## labels
##   1   2   3   4   5   6   7   8
## 410 410 410 410 410 410 410 410
```

上面的程序是通过R.matlab包来读取图像数据,一共有3280张32×32的图像数据,图像中一共分为8种图像,每种包含410张图片,即ETHims数据矩阵的维度为3280×1024。

高维(该图像的原始维度为1024维)的数据会包含很多不必要的冗余信息,所以在使用KNN算法分类之前,首先使用主成分分析对数据集进行降维,然后再进行分类。选择合适主成分个数的程序如下。

```
## 可视化碎石图,选择合适的主成分数
parpca <- fa.parallel(ETHims,fa = "pc")
## Parallel analysis suggests that the number of factors =Naand the number of components =  40
## 可视化碎石图的部分图像
pcanum <- 50
plotdata <- data.frame(x = 1:pcanum,pc.values = parpca$pc.values[1:pcanum])
ggplot(plotdata,aes(x = x,y = pc.values))+
  theme_bw(base_family = "STKaiti")+
  geom_point(colour = "red")+geom_line(colour = "blue")+
  labs(x = "主成分个数")
```

上面的程序是使用fa.parallel()函数来寻找主成分降维需要保留的主成分个数,并且可视化主成分分析碎石图,得到的结果如图8-2所示。

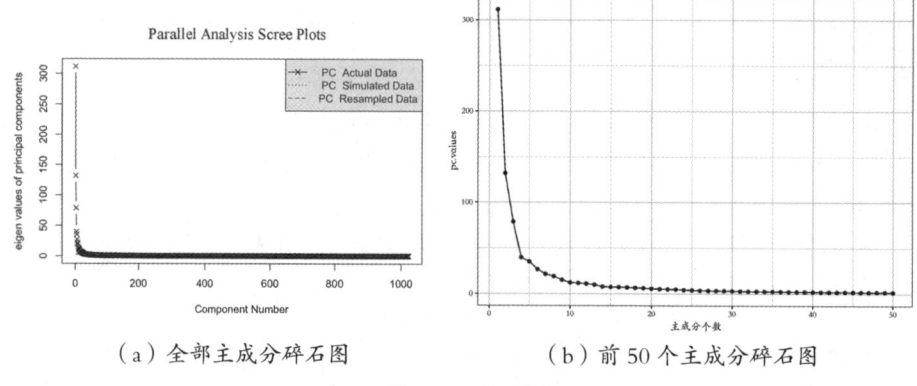

（a）全部主成分碎石图　　　　　（b）前50个主成分碎石图

图8-2　碎石图

图8-2（a）是fa.parallel()输出的碎石图,图8-2（b）是碎石图的局部放大图像,用于观察碎石图的变化情况。由图8-2和fa.parallel()的输出结果可知,保留40个主成分比较合理。

使用下面的程序提取数据的前40个主成分：

```
## 提取前40个主成分
ETHcor <- cor(ETHims,ETHims)
ETHpca2 <- principal(ETHims,nfactors = 40)
## 使用pca模型获取数据集的40个主成分
ETHpca40<- predict.psych(ETHpca2,ETHims)
```

使用principal()函数对图像数据进行主成分分析,保留提取前40个主成分,并将提取的主成分保存为ETHpca40矩阵。

接下来使用提取了40个主成分的数据集建立KNN分类模型。在建立模型之前将数据集切分为75%的训练集用于训练KNN模型，25%的测试集用于测试KNN分类器的性能和泛化能力。程序如下。

```
library(caret)
## 切分训练集和测试集
set.seed(12)
index <- createDataPartition(labels,p=0.75)
labels <- as.factor(labels)
train_ETH <- ETHpca40[index$Resample1,]
train_lab <- labels[index$Resample1]
test_ETH <- ETHpca40[-index$Resample1,]
test_lab <- labels[-index$Resample1]
```

上述程序是通过caret包中的createDataPartition()函数将数据进行随机切分。

> **说明**：在使用KNN进行分类时，近邻数K的取值通常是奇数，这样就可以保证每个样本近邻中尽可能存在一种类别的数据样本量最多。

下面使用训练集训练KNN模型，并测试KNN分类器在测试集上的精度。

```
## KNN分类器
ETHknn <- knn3(x=train_ETH,y=train_lab,k=5)
ETHknn
## 5-nearest neighbor model
## Training set outcome distribution:
##   1   2   3   4   5   6   7   8
## 309 306 306 309 300 315 302 313
test_pre <- predict(ETHknn,test_ETH,type = "class")
## 计算KNN模型的精度
sprintf("KNN分类精度为%.4f",accuracy(test_lab,test_pre))
## [1] "KNN分类精度为0.8537"
```

程序中使用caret包中knn3()函数建立KNN分类器，使用参数K=5来指定近邻数的取值为5。在使用predict()函数预测测试集的类别时，通过type = "class"指定预测结果为类别。可以发现，K=5的KNN分类器在测试集上的识别精度为85.37%。

为了更好地检查测试集上预测类别和真实类别的差异，可以对混淆矩阵进行可视化分析。程序如下。

```
## 使用混淆矩阵热力图可视化哪些预测正确哪些预测不正确
confum <- confusionMatrix(test_lab,test_pre)
confumat <- as.data.frame(confum$table)
```

```
confumat[,1:2] <- apply(confumat[,1:2],2,as.integer)
ggplot(confumat,aes(x=Reference,y = Prediction))+
  geom_tile(aes(fill = Freq))+
  geom_text(aes(label = Freq))+
  scale_x_continuous(breaks = c(0:8))+
  scale_y_continuous(breaks = unique(confumat$Prediction),
                     trans = "reverse")+
  scale_fill_gradient2(low="darkblue", high="lightgreen",
                       guide="colorbar")+
  ggtitle("KNN分类器在测试集结果")
```

上面的程序是使用confusionMatrix()函数计算出在测试集上的混淆矩阵,并通过ggplot2包进行可视化热力图,结果如图8-3所示。

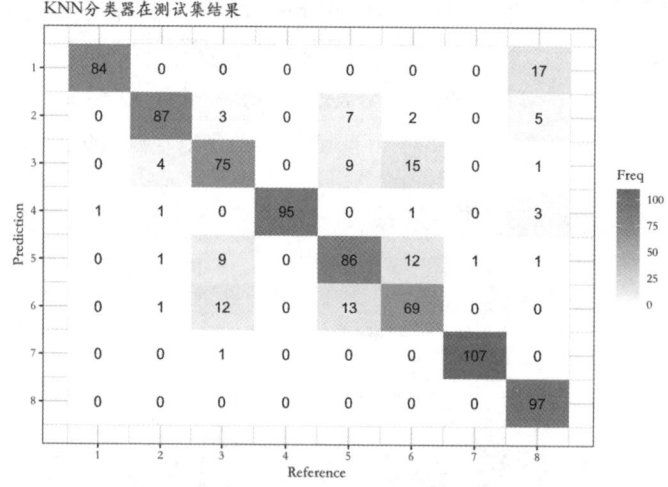

图8-3 KNN 分类混淆矩阵

由图8-3可知,第1类和第8类数据之间预测错误的样本有17个,第3类和第6类之间预测错误的样本有15个,其余类别之间预测错误的样本较少。

使用近邻数为5得到的KNN分类器是预测精度最高的分类器吗?在caret包中,还提供了一种寻找模型合适参数的方法,即使用train()函数进行参数搜索。

下面通过交叉验证的方法,搜索KNN分类器中合适的近邻数量,程序如下。

```
## 参数搜索,找到精度更高的模型
set.seed(123)
## 使用交叉验证,5 fold cv
trcl <- trainControl(method="cv",number = 5)
trgrid <- expand.grid(k=seq(1,25,2))
```

```
ETHknnFit <- train(x=train_ETH,y=train_lab, method = "knn",
                   trControl = trcl,tuneGrid = trgrid)
## plot 近邻数和精度的关系
plot(ETHknnFit,main="KNN",family = "STKaiti")
```

在参数搜索时，通过trainControl()函数指定使用5折交叉验证来分析不同参数k下的精度。expand.grid()函数用于指定需要搜索的模型参数（这里指k的取值）。在train()函数中，通过method = "knn"指定训练KNN分类器。最后使用plot()函数绘制不同k下的KNN分类器的精度图像，结果如图8-4所示。

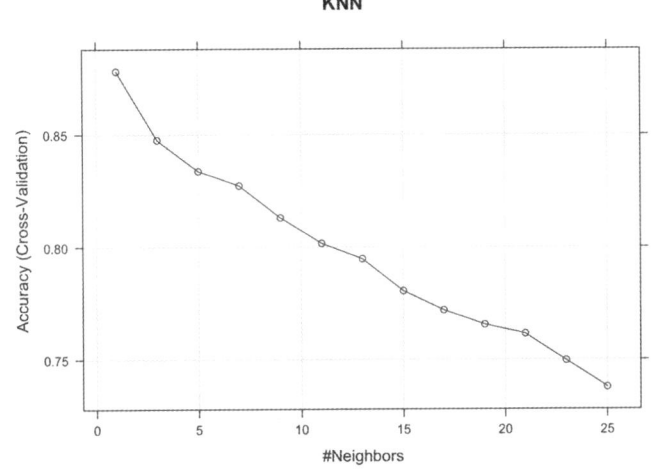

图 8-4　KNN 分类器参数搜索

从图8-4中可以发现，随着近邻数K的增加，分类器的分类效果在下降，当近邻数等于1时分类效果最好。这说明了该数据集中每类样本的聚集性很好，同类的样本更容易聚集在一起。

8.1.2　KNN 回归预测房价

8.1.1小节介绍了如何使用KNN分类算法识别图像，在本小节将会使用KNN算法进行回归分析，预测房屋的价格。

例8.2　针对例5.3中的美国房屋信息数据集（USA_Housing.csv，包含美国5000个地区的平均房价和房屋的相关信息），请使用KNN回归算法预测平均房价。

解： 读取数据，程序如下。

```
## 读取数据
house <- read.csv("data/chap5/USA_Housing.csv")
```

```
dim(house)
## [1] 5000    6
```

可以发现，数据维度为5000×6，说明数据中除了房屋价格外，还包含5个相关的房屋信息。

在进行KNN回归之前，将数据集切分为70%的训练集和30%的测试集。程序如下。

```
## 数据标准化, 切分为训练数据和测试数据
set.seed(12)
house[,1:5] <- apply(house[,1:5],2,scale)
index <- createDataPartition(house$AvgPrice,p=0.7)
train_house <- house[index$Resample1,]
test_house <- house[-index$Resample1,]
```

在数据切分以前对数据中房屋信息相关的5个变量分别进行了标准化，这样做的好处是防止各特征之间因取值量纲不同而影响近邻的计算。例如，房屋的面积取值一般在50～200m²，而房屋卧室的数量往往在1～10间，所以需要对每个特征进行标准化，来消除特征之间的量纲差异。在数据切分时使用了createDataPartition()函数。

下面建立KNN回归模型，程序如下。

```
## KNN 回归
houseknn <- knnreg(AvgPrice~.,train_house,k=5)
housetest_pre <- predict(houseknn,test_house)
errormae <- mae(test_house$AvgPrice,housetest_pre)
sprintf("KNN回归的绝对值误差为%.2f",errormae)
## [1] "KNN回归的绝对值误差为102201.42"
```

上面的程序使用knnreg()函数进行KNN回归分析，在回归时使用k=5来表明使用5个近邻。使用predict()函数对测试集进行预测，并使用mae()函数来计算预测值和真实值之间的绝对值平均误差。可以发现，KNN回归预测的绝对值平均误差在10万美元左右。

上面是使用5个近邻的KNN回归结果，改变近邻的数量KNN回归的预测精度会发生怎样的变化呢？可以通过for循环，根据不同的K值计算相应的KNN回归在测试集上的预测结果，最后比较预测误差和K值的关系，程序如下。

```
## 分析不同的K值下, KNN回归对测试集的预测值的误差
ks <- seq(1,30,2)
pricemae <- ks
for(ii in 1:length(ks)){
  houseknnii <- knnreg(AvgPrice~.,train_house,k=ks[ii])
```

```
    housetest_preii <- predict(houseknnii,test_house)
    pricemae[ii] <- mae(test_house$AvgPrice,housetest_preii)
}
data.frame(k = ks,error_mae = pricemae)%>%
    ggplot(aes(x=k,y=error_mae))+
    geom_line()+geom_point(colour="red")+
    scale_x_continuous(breaks = ks)+
    labs(x="近邻数量",y = "绝对值误差",title = "房价的KNN回归")
```

程序中使用一个for循环对指定不同近邻数量的情况下进行回归分析，并计算出在测试集上的绝对值平均误差，最后将精度的变化趋势使用ggplot2包进行可视化，得到的结果如图8-5所示。

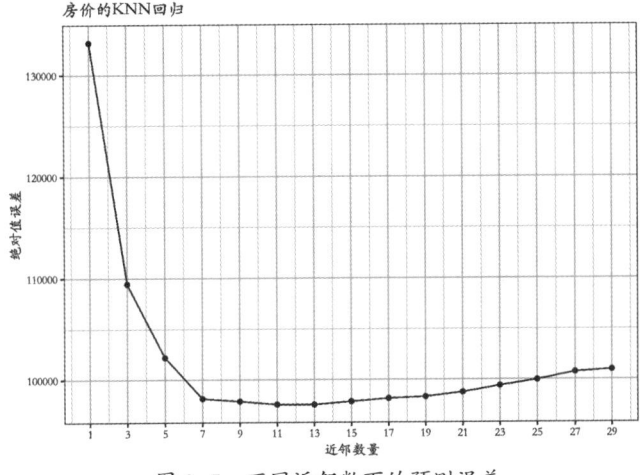

图 8-5　不同近邻数下的预测误差

由图8-5中可以看出，随着近邻数K值的增加，KNN回归的预测误差在快速减小，并且在K=13时预测误差最小，然后随着K值的增加KNN回归的预测误差会缓慢地增大。

8.2　朴素贝叶斯方法

在介绍朴素贝叶斯算法之前，需要先了解先验概率、后验概率、贝叶斯公式等概念。

1. 先验概率（Prior Probability）

先验概率是指根据以往经验和分析得到的概率。它往往作为"由因求果"问题中的"因"出现的概率。对某一假设 h，用 $P(h)$ 表示在没有训练数据前假设 h 拥有的初始概率，则 $P(h)$ 被称为先验概率，它反映了 h 是一正确假设的可能性的背景知识。例如，我们知道抛出一枚硬币出现正反面的概率都是50%，这个50%就可以认为是先验概率。在实际问题中，很多事件的先验概率是不确定的，如果没有这一先验知识，可以简单地将每一候选假设赋予相同的先验概率。

2. 后验概率（Posterior Probability）

后验概率是指在得到"结果"的信息后重新修正的概率，是"执果寻因"问题中的"果"。令 $P(D)$ 表示训练数据 D 的先验概率，$P(h|D)$ 表示在已知 D 的情况下假设 h 成立的概率，即后验概率。例如，在过去的10次抛硬币实验中，出现的都是正面，那么我们就会有信心认为下一次也会出现正面（这时我们有理由怀疑这个硬币有问题），这里10次出现正面就表示条件 D，h 就是下次抛硬币会出现正面的假设。

先验概率与后验概率有不可分割的联系，后验概率的计算要以先验概率为基础。

3. 贝叶斯公式（Bayes Rule）

从先验概率 $P(h)$、$P(D)$ 和 $P(D|h)$ 计算后验概率 $P(h|D)$ 的方法

$$P(h|D) = \frac{P(D|h)P(h)}{P(D)} \tag{8-1}$$

可以看出，$P(h|D)$ 随着 $P(D|h)$ 和 $P(h)$ 的增长而增长，$P(h|D)$ 随着 $P(D)$ 的增加而减小，即如果 D 独立于 h 时被观察到的可能性越大，那么 D 对 h 的支持度就越小。

朴素贝叶斯分类方法是在贝叶斯公式的基础上变化而来，它假设各个属性之间是相互独立的，即它们之间不存在影响关系，而是独立地对结果产生影响。这也是贝叶斯分类器被称为朴素贝叶斯分类器的原因，即只考虑简单"朴素"的情况，不考虑复杂情况。

在使用朴素贝叶斯进行分类时，针对输入 x，若要预测其所属的类别 c，就需要利用贝叶斯公式进行计算，根据各个属性之间是相互独立的假设，可得到

$$P(c|x) = \frac{P(x|c)P(c)}{P(x)} = \frac{P(c)}{P(x)} \prod_{i=1}^{d} P(x_i|c) \tag{8-2}$$

其中，d 表示输入 x 具有的属性数目，x_i 表示输入 x 在第 i 个属性上的取值。

针对相同的类别，通过上述公式都能计算出一个概率值，而且公式中分母相同，所以输入样本的类别的预测可以简化为

$$y = \arg\max_c P(c) \prod_{i=1}^{d} P(x_i | c) \tag{8-3}$$

这就是朴素贝叶斯分类器的表达式。

假设训练集 D 中每个样本的特征属性均是离散的，令 N 为 D 包含的样本数量，N_c 为 D 中第 c 类样本的数量，N_{c,x_i} 表示在第 c 类样本中，第 i 个属性取值为 x_i 的样本数量，则对先验概率 $P(c)$ 和条件概率 $P(x_i|c)$ 计算，可以使用下面的公式

$$P(c) = \frac{N_c}{N}, \quad P(x_i|c) = \frac{N_{c,x_i}}{N_c} \tag{8-4}$$

需要注意的是，在计算 $P(x_i|c)$ 时，如果在训练集上，第 c 类的所有样本中 x_i 的出现次数为0，那么此时会造成所有属性的概率乘积为0，即 $P(x_i|c)=0$。为了解决其他属性携带的信息被训练集中未出现的属性值间接"抹去"的问题，在估计概率值时通常要进行平滑处理，如拉普拉斯平滑（Laplace Smoothing）。即针对训练集 D 一共有 d 类样本，k_i 为训练集 D 中第 i 个属性的可能取值数量，新的先验概率可以使用下面的公式计算

$$P(c) = \frac{N_c + 1}{N + d}, \quad P(x_i|c) = \frac{N_{c,x_i} + 1}{N_c + k_i} \tag{8-5}$$

朴素贝叶斯方法是最常见的使用贝叶斯思想进行分类的方法，它是目前所知文本分类算法中最有效的一类，常常应用于文本分类，比如，从众多邮件中识别出垃圾邮件等。该算法的优缺点如表8-1所示。

表 8-1 朴素贝叶斯分类算法的优缺点

优 点	缺 点
① 容易理解、计算快速、分类精度高 ② 可以处理带有噪声和缺失值的数据 ③ 对待类别不平衡的数据集也能有效分类 ④ 能够得到属于某个类别的概率	① 依赖于一个理想的假设，即一样的重要性和独立特征，在现实中基本不存在 ② 通过概率来分类具有较强的主观性

针对垃圾邮件预测问题，使用朴素贝叶斯分类器的预测流程如图8-6所示。

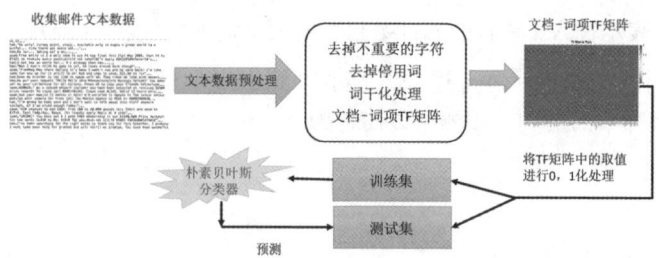

图 8-6　朴素贝叶斯分类器使用流程

8.2.1 垃圾邮件数据预处理和探索

例8.3　来自UCI数据库中的垃圾邮件数据集（SMS Spam Collection Data Set，spam.csv），该数据集包含5574个英文邮件文本样例，且对邮件已经标好了是否为垃圾邮件。请对该数据集进行预处理，并进行可视化分析。

解：首先对数据集进行预处理和探索分析，程序如下。

```
library(tm);library(dplyr);library(tidytext);library(tidyr);library(pheatmap)
library(textreg);library(reshape2);library(wordcloud);library(stringr)
## 读取数据
spam <- read.csv("data/chap8/spam.csv",stringsAsFactors = F)
## 对没有正确读取的数据进行修正
strjoin <- function(x){
  x <- as.vector(x)
  text <- ""
  for (ii in 1:length(x)){
text <- str_c(text,x[ii],sep = " ")
  }
  return(text)
}
spam[,2] <- apply(spam[,2:ncol(spam)],1, strjoin)
spam[,3:ncol(spam)] <- NULL
colnames(spam) <- c("label","text")
spam$label <- as.factor(spam$label)
table(spam$label)
##  ham spam
## 4825  747
```

因为数据文件是csv文件，所以文本中的某些字符会影响读取的正确性。例如，一段文本中的标点符号"，"会将其剪断，所以需要将其重新拼接为完整的文本。在拼接时使用apply()函数和自定义的strjoin()函数共同完成。

> **说明**：tidytext 包是基于 tidy 包开发，用于对文本文档进行预处理和建模的文本处理专用包。

可以发现，在所有的邮件数据中一共有4825封正常邮件和747封垃圾邮件。现在的任务就是从众多的邮件中准确地识别垃圾邮件，从而对数据进行分类。

由于原始的邮件文本内容非常混乱，需要对文本数据进行预处理和数据清洗，这里主要利用tm包进行数据预处理。程序如下。

```
## 构建语料库
spam_cp <- Corpus(VectorSource(spam$text))
## 剔除非英文字符
deletnoneEng <- function(s){
  gsub(pattern = "[^a-zA-Z0-9\\s]+",
       x = s,replacement = "",
       ignore.case = TRUE,
       perl = TRUE)
}
spam_cp <- tm_map(spam_cp, content_transformer(deletnoneEng))
## 去除语料库中的所有数字
spam_cp <- tm_map(spam_cp,removeNumbers)
## 从文本文档中删除标点符号
spam_cp <- tm_map(spam_cp,removePunctuation)
## 将所有的字母均转化为小写
spam_cp_clearn <- tm_map(spam_cp,tolower)
## 去除停用词
spam_cp <- tm_map(spam_cp,removeWords,stopwords())
## 去除额外的空格
spam_cp <- tm_map(spam_cp,stripWhitespace)
## 将文本词干化
spam_cp <- tm_map(spam_cp,stemDocument)
save(spam_cp,file = "data/chap8/spam_cp.RData")       ## 保存文件备用
```

在处理过程中，首先将所有的文本文件使用Corpus()函数转化为语料库，然后进行剔除非英文字符、剔除数字、剔除标点符号、所有字母转化为小写、去掉停用词、去掉多余的空格、将文本单词词干化等操作，最后将文件保存备用。

> **说明**：词干化处理就是把一些名词的复数去掉，动词的不同时态去掉等类似的处理，如 needs → need、got → get 就是词干化处理，这种处理方式将会大大减少语料库中词语的数量，降低模型的复杂度。

在文本数据清洗后，可以针对两类邮件文本使用词云进行可视化，分析垃圾邮件和正常邮件在词频方面的差异。

首先计算每个词语出现的频率，程序如下。

```
## 数据准备
spam_pro <- data.frame(text=sapply(spam_cp, identity), stringsAsFactors=F)
spam_pro$label <- spam$label
wordfre <- spam_pro%>%unnest_tokens(word,text)%>%
  group_by(label,word)%>%
  summarise(Fre = n())%>%
  arrange(desc(Fre)) %>%
  acast(word~label,value.var = "Fre",fill = 0)
```

上述程序中首先通过sapply(spam_cp, identity)的方式从语料库spam_cp中抽取出所有的文本文档；其次通过tidytext包中的unnest_tokens()函数将每个文本文档切分为单个词条，并整理为简洁的数据结构；再次使用group_by()函数计算不同类型邮件下每个单词出现的频数；最后使用acast()函数将宽型数据转化为长型数据。

词云可视化程序如下。

```
## 可视化两种类型邮件的词云
comparison.cloud(wordfre,scale=c(4,.5),max.words=180,
                 title.size=1.5,colors = c("gray50","gray10"))
```

上面的程序是使用comparison.cloud()函数来可视化词云，该函数可以针对每个词语的不同类别标签分别进行可视化。因为邮件数据有两种类型，所以可以得到如图8-7所示的可视化图像。

图 8-7　邮件数据词云

图8-7中显示出两种类型邮件中出现频率大的单词，其中ham表示正常的邮件，spam表示垃圾邮件。通过词云可以直观地分析两种邮件的用词偏好。

如果使用邮件中所有的词语构建文档-词项矩阵会使矩阵的维度很高且非常稀疏，因此可以使用出现频次很高的词语作为分类的特征。下面使用出现次数多于5次的词语作为词典来构建文档-词项矩阵。

```
## 找到频繁出现的词语,出现频率大于5
dict <- names(which(wordfre[,1]+wordfre[,2] >5))
## 构建TF矩阵
spam_dtm <- DocumentTermMatrix(spam_cp,control = list(dictionary = dict))
spam_dtm
## <<DocumentTermMatrix (documents: 5572, terms: 1416)>>
## Non-/sparse entries: 36809/7853143
## Sparsity           : 100%
## Maximal term length: 19
## Weighting          : term frequency (tf)
```

程序中首先统计出现次数多于5次的所有词语（向量dict），然后使用DocumentTermMatrix()函数来计算文档-词项的频数矩阵，并且只使用dict里的词作为词项。可以发现，一共有1416个词项，矩阵的维度为5572×1416。

得到的文档-词项的TF矩阵还是非常的稀疏，进一步使用removeSparseTerms()函数删除一些不重要的词来缓解矩阵的稀疏性，同时提高计算的效率。

```
Spam_dtm <- removeSparseTerms(spam_dtm,0.999)
spam_dtm
## <<DocumentTermMatrix (documents: 5572, terms: 1252)>>
## Non-/sparse entries: 36634/6939510
## Sparsity           : 99%
## Maximal term length: 19
## Weighting          : term frequency (tf)
```

此时词项的数量也减少到了1252个，文档-词项的TF矩阵稀疏性得到了缓解。

为了查看TF矩阵中的内容，可以随机抽取100行和100列的数据，使用热力图对其进行可视化，程序如下。

```
## 随机抽取100行和100列,可视化TF矩阵热力图
set.seed(123)
index <- sample(min(dim(spam_dtm)),100)
pheatmap(as.matrix(spam_dtm)[index,index],cluster_rows = FALSE,
         cluster_cols = FALSE,show_rownames = FALSE,
         show_colnames = T,main = "TF Matrix Part",
```

```
                fontsize_col = 5)
```
可视化时使用了pheatmap()函数来绘制矩阵的热力图，结果如图8-8所示。

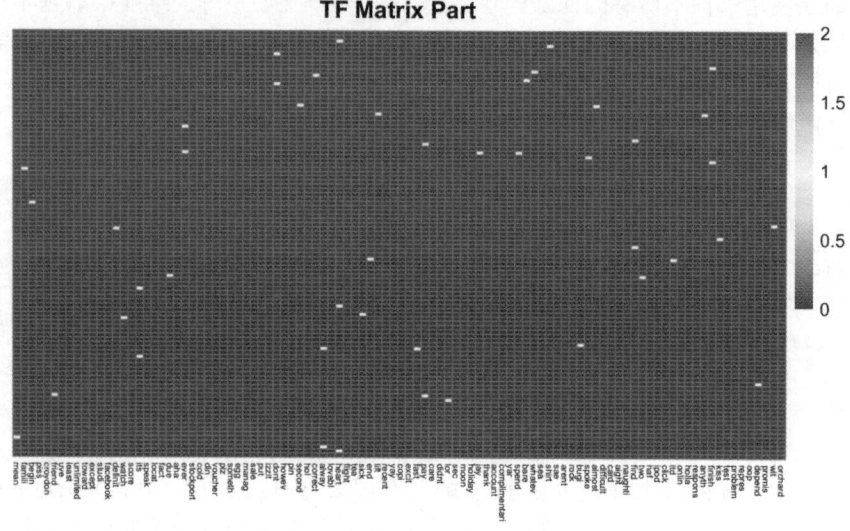

图 8-8　文档 - 词项 TF 矩阵热力图

由图8-8可以发现，文档–词项的频数矩阵是非常稀疏的，很多位置的元素取值均为0，这说明很多邮件使用词语的数量并不是很多，与实际情况相符。

8.2.2　朴素贝叶斯分类器

例8.4　针对例8.3中预处理后的邮件数据集，请使用朴素贝叶斯方法构建分类器识别垃圾邮件。在建立分类器时，使用75%的样本作为训练集，剩余的25%作为测试集。

解：利用e1071包中的naiveBayes()函数进行建模，并将文档–词项的频数矩阵切分为75%的训练集和25%的测试集。程序如下。

```
library(e1071);library(Metrics)
## 数据随机切分为75%训练集和25%测试集
set.seed(123)
index <- sample(nrow(spam),nrow(spam)*0.75)
spam_dtm2mat <- as.matrix(spam_dtm)
train_x <- spam_dtm2mat[index,]
train_y <- spam$label[index]
test_x <- spam_dtm2mat[-index,]
test_y <- spam$label[-index]
```

因为朴素贝叶斯方法通常是训练有明确特征的数据，如一封邮件中有没有出现单词"hello"等，但是文档–词项的频数矩阵中每一个元素代表一封邮件中出现对应单词的次数，所以需要对矩阵中的取值进行处理，将其转化为"出现"（用1表示）和"未出现"（用0表示）对应单词的因子变量。程序如下。

```
train_x <- apply(train_x, 2, function(x) as.factor(ifelse(x>0,1,0)))
test_x <- apply(test_x, 2, function(x) as.factor(ifelse(x>0,1,0)))
```

上述程序在使用apply()函数进行批量处理时，调用了定义的新函数将数值大于0的元素取值为1，否则取值为0。

> **说明**：如果没有把每个词项所代表的特征转化为因子变量，则训练出的朴素贝叶斯分类器的分类能力会非常差。

建立朴素贝叶斯分类器的程序如下。

```
## 使用e1071包中的naiveBayes建立模型
spamnb <- naiveBayes(x = train_x,y = train_y,laplace = 1)
## 对测试集进行预测，查看模型的精度
test_pre <- predict(spamnb,test_x,type = "class")
table(test_y,test_pre)
##        test_pre
## test_y   ham  spam
##    ham  1204     2
##   spam    22   165
sprintf("朴素贝叶斯的识别精度为%.4f",accuracy(test_y,test_pre))
## [1] "朴素贝叶斯的识别精度为0.9828"
```

上面的程序是使用naiveBayes()函数对训练集训练朴素贝叶斯分类器，然后测试分类器在测试集上的预测效果。

从输出的预测结果可以看出，朴素贝叶斯分类器的预测精度非常高，正确率达到98.28%。在测试集的垃圾邮件中，正确识别出了165封垃圾邮件，只有22封垃圾邮件没有被正确识别，而非垃圾邮件只有2封被识别成了垃圾邮件，这都说明了朴素贝叶斯分类器非常适用于垃圾邮件识别。

8.3 本章小结

本章主要介绍了KNN算法和朴素贝叶斯方法的相关应用实例。主要内容包括：

使用朴素贝叶斯方法进行文本分类,使用KNN算法建立分类和回归模型。本章所讨论的建模和机器学习方法,在实际的机器学习问题中非常常见。

(1) 本章主要介绍了以下几个主题。

① K-近邻算法:使用KNN算法分别进行分类和回归的相关研究。

② 垃圾邮件识别:垃圾邮件数据预处理和探索,使用朴素贝叶斯分类器,识别数据中的垃圾邮件。

(2) 本章主要介绍了以下几种术语。

① KNN算法。

② 先验概率、后验概率、贝叶斯公式、朴素贝叶斯。

(3) 本章主要介绍了下面几个应用实例。

① 使用KNN分类器对图像数据进行分类。

② 使用KNN算法进行回归分析预测房价。

③ 对垃圾邮件数据集进行预处理、探索性分析及可视化。

④ 使用朴素贝叶斯算法来识别垃圾邮件。

(4) 本章主要介绍的包和函数如表8-2所示。

表8-2 主要介绍的包和函数

包	函 数	应 用
wordcloud	comparison.cloud	比较词云可视化
pheatmap	pheatmap	热力图可视化
e1071	naiveBayes	朴素贝叶斯分类器
caret	knn3	KNN算法分类和回归
caret	train	参数搜索训练指定模型

习 题 8

8.1 在MASS包中包含一个Boston数据集,该数据是波士顿郊区的住房价格,为506行14列的数据框。数据集的前几行如下所示:

```
head(Boston)
##      crim zn indus chas   nox    rm  age    dis rad tax ptratio  black lstat medv
## 1 0.00632 18  2.31    0 0.538 6.575 65.2 4.0900   1 296    15.3 396.90  4.98 24.0
## 2 0.02731  0  7.07    0 0.469 6.421 78.9 4.9671   2 242    17.8 396.90  9.14 21.6
```

```
## 3 0.02729  0  7.07    0 0.469 7.185 61.1 4.9671   2 242   17.8 392.83   4.03 34.7
```

数据中的14个变量的含义如下。

crim：按城镇划分的人均犯罪率；

zn：25000平方英尺以上地段的住宅用地比例；

indus：每个城镇的非零售商业用地比例；

chas：是否为河流边界，如果是取值为1；否则为0；

nox：氮氧化物浓度；

rm：每个住宅的平均房间数；

age：1940年以前建造的比例；

dis：到五个波士顿就业中心距离的加权平均值；

rad：公路可达性指数；

tax：每10000美元的全额财产税税率；

ptratio：按城镇划分的师生比例；

black：计算方法为$1000(Bk - 0.63)^2$，其中Bk是城镇黑人的比例；

lstat：较低的人口状况（百分比）；

medv：自住房屋的中值/ $1000。

请使用该数据进行如下分析。

（1）将数据随机划分为训练集和测试集，使用KNN回归模型，对房屋的价格变量medv进行预测。

（2）如果改变使用的近邻数量K，KNN回归模型在测试集上的预测效果会如何变化？

8.2　在UCI数据库中包含一个Adult数据集，http://archive.ics.uci.edu/ml/datasets/Adult为数据网站链接，该数据包含一个年收入变量，分别是大于等于$50K或者小于$50K，请使用该数据集进行如下操作：

（1）充分提取数据中你认为有用的信息，并说明为什么获取这样的数据特征。

（2）将预处理好的数据集随机切分为训练集和测试集，使用朴素贝叶斯方法对数据进行分类，并计算在测试集上的分类效果。

（3）使用KNN模型建立分类器，计算随着K值的变化模型在测试集上的预测效果。

Chapter 09
第9章

决策树和集成学习

在众多的机器学习算法中,决策树算法是一种非常基础的基于规则进行分类的算法。在决策树的基础上发展出了效果更好的集成学习(Ensemble Learning)算法。比如,随机森林算法可以看作很多个独立的决策树组成的一个分类器集合(森林),通过森林里的多数表决来进行问题研究,通常情况下根据多数投票表决作出的判断,往往会比其中一个人作出的决定要好;而梯度提升机的基础分类器也是决策树算法,它可以看成由很多个决策树依次根据前面的决策错误的信息来作出自己的决定,期望能够获得更准确的预测。所以准确地掌握决策树算法,也是研究集成学习的基础。

本章首先介绍决策树算法在实际问题中的应用,然后以此为基础研究随机森林算法和梯度提升机。在分析过程中,使用R语言对泰坦尼克号数据集和建筑能耗数据集进行建模分析及预测。

9.1 决策树模型

扫一扫，看视频

决策树（Decision Tree，DT）是应用最广的归纳推理算法之一，它是一种逼近离散函数值的方法，通过学习析取表达式，找到针对目标的学习规则。该方法学习得到的函数被表示为一棵决策树，并且对噪声数据有很好的健壮性。

决策树通常把实例从根节点排列到某个叶子节点来分类实例，在分析数据时和流程图很相似，模型包含一系列的逻辑决策，有表明根据某一情况作出决定的决策节点，决策节点的不同分支表明有不同的选择，最终到达叶子节点得到逻辑规则，叶子节点即为实例所属的类别（待预测的变量）。决策树上的每一个节点指定了实例的某个特征（预测变量），并且该节点的每一个后继分支对应于该特征变量的一个可能值。决策树的形式如图9-1所示。

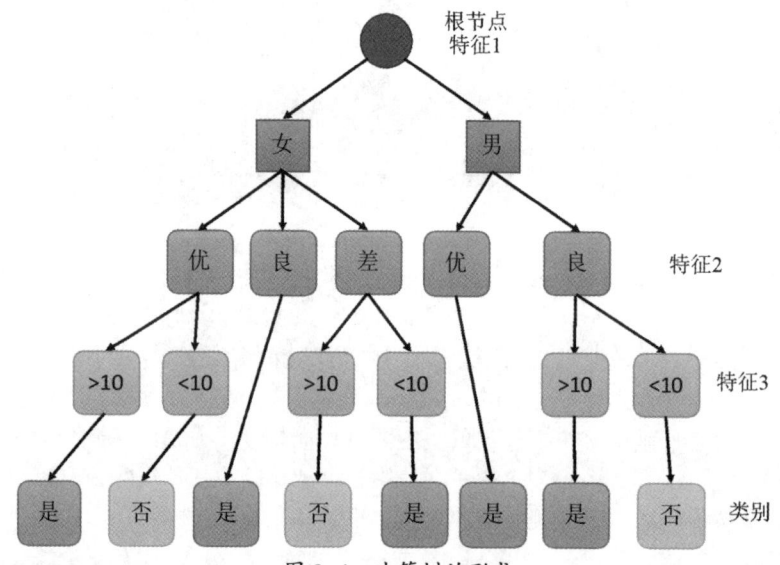

图 9-1 决策树的形式

图9-1是决策树的一个简单示意图，图中每个特征下的相应取值，都可以作为树的一个中间节点，最后的类别（"是"和"否"）称为叶子节点。图9-1中的决策树一共有8条规则，如第一条规则为：特征1=女,特征2=优,特征3>10，则可以判定样

本的类别为"是"。

通常情况下,决策树学习适合具有以下特征的问题。

(1)样本是由"属性-值"对来表示的,当然拓展的算法也能够处理值域为实数的属性。

(2)目标函数具有离散的输出值,主要应用于分类问题。一些扩展性的方法也用于实数域的预测,如使用决策树进行回归预测。

(3)训练数据可以包含错误或者噪声,决策树算法具有很好的健壮性,无论样本有属性值错误还是类别错误,都可以处理。

(4)训练数据可以包含缺少属性值的实例。

决策树方法的核心内容包括节点的选择、决策树的剪枝、决策树算法的选取等。

1. 节点的选择

决策树在选择使用哪个特征作为当前节点来划分数据时,可以有不同的方式来判断,其中信息增益是用于衡量在给定的属性(特征)来区分训练样本的能力,而信息增益是通过熵来定义的。

熵(Entropy)是随机变量不确定性的度量方法,设离散型随机变量 X 的分布列为

$$P(X=x_i)=p_i, \quad i=1,2,3,\cdots,n \tag{9-1}$$

则 X 的熵可定义为

$$\text{Ent}(X)=-\sum_{i=1}^{n}p_i\log_2 p_i \tag{9-2}$$

$\text{Ent}(X)$ 的值越小,表明变量的不确定性程度越弱。

信息增益(Information Gain)表示在知道特征 a 的条件下,使数据集的类别 Y 的信息不确定性减少的程度。假设数据集 D 中的一个离散的特征 a 有 v 个属性,则使用特征 a 作为一个节点时,会有 v 个分支,每个分支会包含 N_v 个样本。针对特征 a 对训练数据集 D 的信息增益 $\text{Gain}(D,a)$ 可以使用下面的公式计算

$$\text{Gain}(D,a)=\text{Ent}(D)-\text{Ent}(D|a)=\text{Ent}(D)-\sum_{v=1}^{V}\frac{N_v}{N}\text{Ent}(D_v) \tag{9-3}$$

因为不同的特征对数据集会有不同的信息增益,所以信息增益越大,表明使用该特征作为节点划分数据时,将数据切分得越好,分类能力越强。

信息增益并不是唯一的分隔标准,其他常用的还有基尼系数、卡方统计量和增

益比等。

2. 决策树的剪枝

在解决了决策树节点的选择问题后，还会遇到怎样确定决策树的生长深度问题。过深的决策树会导致数据过拟合，只能在训练集上有很好的预测效果，在测试集上预测效果会很差，从而模型没有泛化能力。但如果决策树生长不充分，就会没有判别能力。针对该问题，常用的解决方案就是进行剪枝处理。

剪枝可分为预剪枝和后剪枝。预剪枝是指在决策树的生成过程中，对每个节点进行划分之前就进行相应的估计，如果当前节点的划分对决策树模型的泛化能力没有提升，则不对当前节点进行划分，将它看成叶节点。而后剪枝表示如果决策树生长得过大，就根据节点处的错误率，使用修剪准则将其减小到更合适的大小；如果减去某个子树能够提升模型的泛化能力，那么就将其减去得到新的叶子节点，从而避免决策树的过拟合问题。

3. 决策树算法

常见的决策树算法有ID3、C4.5和CART算法。

（1）ID3（Iterative Dichotomiser 3）算法，是由澳大利亚计算机科学家Quinlan于1986年提出的，它是经典的决策树算法之一。ID3算法在选择划分节点的属性时，使用信息增益来选择。由于ID3算法不能处理非离散型特征，而且由于没有考虑每个节点的样本大小，所以可能导致叶子节点的样本数量过小，往往会带来过拟合的问题。

（2）C4.5算法是对ID3算法的进一步改进，它能够处理不连续的特征，在选择划分节点的属性时，使用信息增益率来选择。因为信息增益率考虑了节点分裂信息，所以不会过分偏向于取值数量较多的离散特征。

（3）ID3算法和C4.5算法主要用于解决分类问题，不能用于解决回归问题，而CART（Classification And Regression Tree）算法则能同时处理分类和回归问题。CART算法在解决分类问题时，使用Gini系数（基尼系数）的下降值，选择划分节点属性的度量指标；在解决回归问题时，根据节点数据目标特征值的方差下降值，作为节点分类的度量标准。

表9-1对上述三种决策树算法的使用场景和划分节点选择情况进行了归纳总结。

表 9-1　常见决策树算法的对比

算　　法	数据集特征	预测值类型	划分节点指标	适 用 场 景
ID3	离散值	离散值	信息增益	分类
C4.5	离散值、连续值	离散值	信息增益率	分类
CART	离散值、连续值	离散值、连续值	Gini系数、方差	分类、回归

在R中，有多个包可以进行决策树建模分析，其中rpart包可进行决策树模型的建立，rpart.plot包可对决策树模型进行可视化。

9.1.1 数据准备和预处理

例9.1 泰坦尼克号数据集（可从网址https://www.kaggle.com上下载，本书也提供了下载好的数据集）为1912年泰坦尼克号撞击冰山沉没事件中一些乘客和船员的个人信息及是否幸存的状况。该数据已经切分为训练集Titanic train.csv和测试集Titanic test.csv，其中训练数据集包含891个样本，共12个特征，测试数据集包含418个样本，11个特征。2个数据集的原始数据中包含很多缺失值、内容冗余等不能直接用于分析的信息。请针对该数据进行数据预处理，挖掘数据中有用的信息，供后面建模分析使用。

解： 首先读取两个数据集，并计算在训练集中幸存者和遇难者的数量。程序如下。

```
library(readr);library(VIM);library(caret);library(rpart);library(rpart.plot)
library(Metrics);library(ROCR);library(stringr);library(ggplot2)
## 读取训练集和测试集
Ttrain <- read_csv("data/chap9/Titanic train.csv")
Ttest <- read_csv("data/chap9/Titanic test.csv")
## 组合数据
Alldata <- rbind.data.frame(Ttrain[,-2],Ttest)
Survived <- Ttrain$Survived
table(Survived)
## Survived
##   0   1
## 549 342
```

上面的程序中，首先导入后面分析所需要的R包，然后使用readr包的read_csv()函数读取训练集和测试集，最后将训练集（去除是否存活变量）和测试数据集组合在一起，方便后面对数据特征的统一处理。

从输出结果可以发现，训练数据集中存活下来的人数有342人，遇难人数有549人。数据中的其他特征分别为：乘客ID（PassengerId）、是否获救（Survived）、乘客分类（Pclass）、姓名（Name）、性别（Sex）、年龄（Age）、有多少兄弟姐妹/配偶同船（SibSp）、有多少父母/子女同船（Parch）、票号（Ticket）、票价（Fare）、客舱号（Cabin）、出发港口（Embarked）。

针对合并后的数据集首先需要分析数据的缺失值情况，可以使用VIM包中的

aggr()函数，得到如图9-2所示的缺失值分布图。

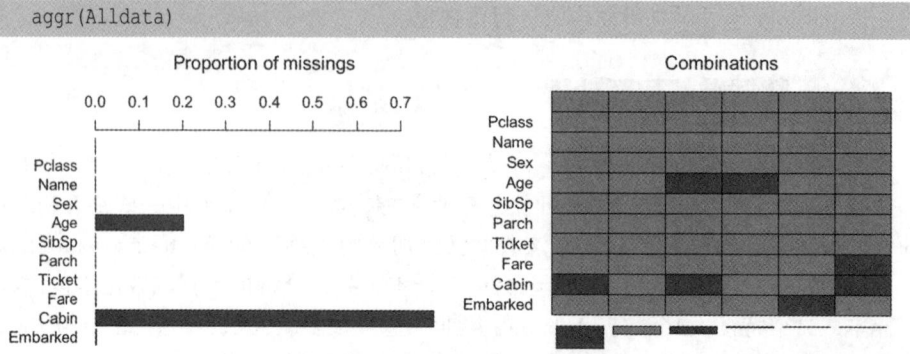

图 9-2 Titanic 数据缺失值分布

从图9-2中可以发现：Cabin变量的缺失值已经超过70%，所以该变量可以直接剔除，Age变量缺失值也较多，而且Fare和Embarked变量也有较少部分的缺失值。接下来对数据集进行缺失值处理和特征筛选。

```
## Cabin缺失值太多，可以直接剔除，船票和ID具有识别性所以需要剔除
Alldata$Cabin <- NULL
Alldata$PassengerId <- NULL
Alldata$Ticket <- NULL
```

上面的程序剔除了建模不需要的变量，其中Cabin变量，因为其缺失值太多，进行缺失值填补得到的结果反而会起到反作用；而PassengerId和Ticket这两个变量，都可以直接对应到乘客个体，所以需要剔除。

针对其他具有缺失值的变量，可以使用简单的缺失值填补方法（比如中位数、平均值、众数等）进行缺失值填补。程序如下。

```
## 年龄变量的缺失值可以使用中位数来填补
Alldata$Age[is.na(Alldata$Age)] <- median(Alldata$Age,na.rm = TRUE)
## fare变量的缺失值可以使用平均值来填补
Alldata$Fare[is.na(Alldata$Fare)] <- mean(Alldata$Fare,na.rm = TRUE)
## Embarked变量的缺失值,可以使用众数来填补
Embarkedmod <- names(sort(table(Alldata$Embarked),decreasing = T)[1])
Alldata$Embarked[is.na(Alldata$Embarked)] <- Embarkedmod
```

上面的程序分别使用了中位数、平均值、众数来填补Age、Fare和Embarked三个变量的特征。

下面分析数据中的Name变量，该变量通常会体现样本的社会地位、年龄阶段、性别等信息。程序如下。

```
## 获取新的特征,提取Name变量中的特征
```

```
newname <- str_split(Alldata$Name," ")
newname <- sapply(newname, function(x) x[2])
sort(table(newname),decreasing = T)
## newname
##     Mr.      Miss.      Mrs.     Master.       Dr.
##     736        256       191         59          8
##     Rev.         y       Col.     Planke,      …
##       8          8         4          4        …
```

针对Name变量，因为名称中主要包含的称谓为Mr.、Miss.、Mrs.、Master.等，所以可以将该特征转化为新的特征，即保留Mr.、Miss.、Mrs.、Master.四种称呼，其余的使用other代替。程序如下。

```
newnamepart <- c("Mr.","Miss.","Mrs.","Master.")
newname[!(newname %in% newnamepart)] <- "other"
Alldata$Name <- as.factor(newname)
Alldata$Sex <- as.factor(Alldata$Sex)
Alldata$Embarked <- as.factor(Alldata$Embarked)
str(Alldata)
## Classes 'tbl_df', 'tbl' and 'data.frame':   1309 obs. of  8 variables:
## $ Pclass  : int  3 1 3 1 3 3 1 3 3 2 ...
## $ Name    : Factor w/ 5 levels "Master.","Miss.",...: 3 4 2 4 3 3 3 1 4 4 ...
## $ Sex     : Factor w/ 2 levels "female","male": 2 1 1 1 2 2 2 2 1 1 ...
## $ Age     : num  22 38 26 35 35 28 54 2 27 14 ...
## $ SibSp   : int  1 1 0 1 0 0 0 3 0 1 ...
## $ Parch   : int  0 0 0 0 0 0 0 1 2 0 ...
## $ Fare    : num  7.25 71.28 7.92 53.1 8.05 ...
## $ Embarked: Factor w/ 3 levels "C","Q","S": 3 1 3 3 3 2 3 3 3 1 ...
```

上面的程序在处理好Name特征后，将Name、Sex、Embarked等特征转化为因子变量。最终数据集中就有3个因子变量和5个数值变量。

```
## 将处理好的训练数据和测试数据分开
Ttrainp <- Alldata[1:nrow(Ttrain),]
Ttrainp$Survived <- Survived
Ttestp <- Alldata[(nrow(Ttrain)+1):nrow(Alldata),]
write.csv(Ttrainp,"data/chap9/Titanic处理后数据.csv",row.names = F)
```

上面的程序是将处理好的数据重新切分为训练数据集和测试数据集，并将训练数据集Ttrainp写入csv文件，以备后面建模分析时使用。

9.1.2 决策树模型建立

例9.2 请使用例9.1已经进行预处理后的泰坦尼克号数据集Ttrainp，建立决策树分类模型，对是否为幸存者进行分析。

解：可以使用rpart()函数对泰坦尼克号数据建立决策树模型，先将数据集Ttrainp重新切分为训练集和测试集，其中80%的数据为训练集，剩下的数据作为测试集来验证决策树模型的泛化能力。

```
## 数据切分为训练集和测试集，训练集为80%
set.seed(123)
CDP <- createDataPartition(Ttrainp$Survived,p = 0.8)
train_data <- Ttrainp[CDP$Resample1,]
test_data <- Ttrainp[-CDP$Resample1,]
```

上面的程序使用createDataPartition()函数将数据集Ttrainp随机切分为两部分，80%的数据为训练决策树模型，20%的数据用于验证决策树模型的效果。

使用训练数据建立决策树分类器的程序如下。

```
mod1 <- rpart(Survived~.,data = train_data,method="class",cp = 0.000001)
par(family = "STKaiti")
rpart.plot(mod1, type = 2,extra="auto", under=TRUE,
         fallen.leaves = FALSE,cex=0.7, main="决策树")
```

上面的程序使用rpart()函数建立决策树分类模型，并使用rpart.plot()函数将建立的决策树进行可视化，得到的决策树图像如图9-3所示。

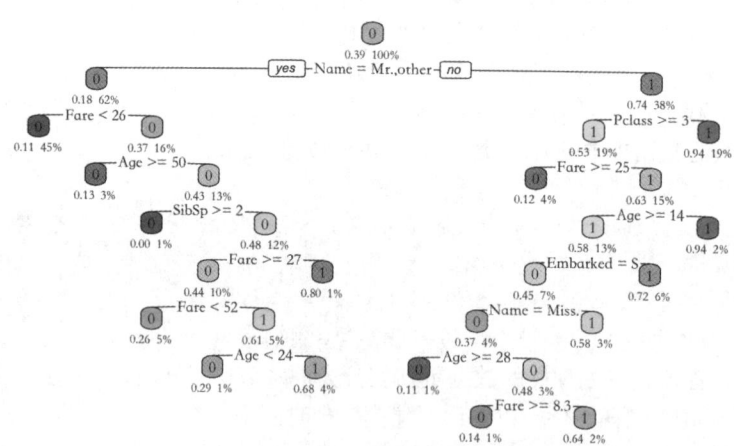

图9-3 决策树分类模型

分析图9-3所示的决策树,可以发现根节点为Name变量,而且如果Name=Mr.或者other,则更倾向于划分为遇难的叶子节点,说明有更多的男性会将危险留给自己,去保护女性和儿童。

下面使用测试集来验证模型的预测精度,程序如下。

```
## 查看模型在训练集和测试集上的预测效果
pre_train <- predict(mod1,train_data,type = "prob")
pre_train2<-as.factor(as.vector(ifelse(pre_train[,2]>0.5,1,0)))
pre_test <- predict(mod1,test_data)
pre_test2<-as.factor(as.vector(ifelse(pre_test[,2]>0.5,1,0)))
sprintf("决策树模型在训练集精度为: %f",accuracy(train_data$Survived,pre_train2))
## [1] "决策树模型在训练集精度为: 0.856942"
sprintf("决策树模型在测试集精度为: %f",accuracy(test_data$Survived,pre_test2))
## [1] "决策树模型在测试集精度为: 0.837079"
## 计算混淆矩阵和模型的精度
cfm <- confusionMatrix(pre_test2,as.factor(test_data$Survived))
cfm$table
##           Reference
## Prediction   0   1
##          0 101  14
##          1  15  48
```

上面为检验模型性能的程序,使用predict()函数预测决策树在训练集和测试集上的取值,通过参数type = "prob"输出是否存活的概率,并将概率大于0.5的样本判定为存活。使用accuracy()函数计算在训练集和测试集上的精度,可以发现,在训练集上决策树模型的精度为85.69%,在测试集上的精度为83.7%。程序中还通过confusionMatrix()函数计算出在测试集上的混淆矩阵,共有29个样本预测错误。

9.1.3 决策树优化

在9.1.2小节中训练得到的决策树分类器,是使用系统默认参数让其任意生长的决策树,该模型的深度较深,从而更复杂,容易对数据过拟合,所以需要对其进行优化。

最常用的优化方法就是对决策树进行剪枝。

在rpart()函数中,cp参数(复杂性参数)可指定决策树模型在剪枝时采用的阈值,plotcp()函数可以可视化决策树模型的复杂程度。

例9.3 对例9.2所建立的决策树分类模型进一步剪枝优化,并进行可视化分析。

解：首先可视化mod1决策树模型的复杂程度，程序如下。

```
plotcp(mod1)
```

可视化结果如图9-4所示。

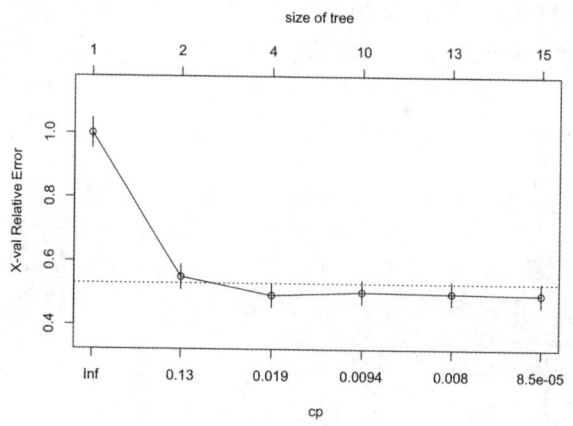

图 9-4 决策树的复杂性参数

在图9-4中，每一个深度的决策树（图的上横坐标）都对应着一个复杂性程度的阈值（图的下横坐标），而且每一个cp取值会对应一个相对误差（图的纵坐标），所以可以通过设置参数cp的取值对决策树模型进行剪枝优化。根据图9-4中曲线的变化情况，发现cp取值在减小时，决策树的深度增大，相对误差是先减小后增大。

可以根据相对误差最小时所对应的cp取值，训练新的决策树分类器。程序如下。

```
bestcp <- mod1$cptable[which.min(mod1$cptable[,"xerror"]),"CP"]
bestcp
## [1] 0.01
mod1.pruned <- prune(mod1, cp = bestcp)
par(family = "STKaiti")
## 可视化剪枝后的决策树
par(family = "STKaiti")
rpart.plot(mod1.pruned, type = 2,extra="auto", under=TRUE,
           fallen.leaves = FALSE,cex=0.7, main="剪枝后决策树")
```

上面的程序中，首先求得xerror取值最小情况下cp的取值（0.01），然后通过该值利用prune()函数对决策树进行剪枝，得到剪枝后的决策树模型，并对新的决策树分类器可视化，得到如图9-5所示的新的决策树模型。

从图9-5中可以发现，剪枝后的决策树模型已经简化了很多，而且决策树的深度只有4，模型更容易理解。剪枝后的决策树模型有如下4条规则。

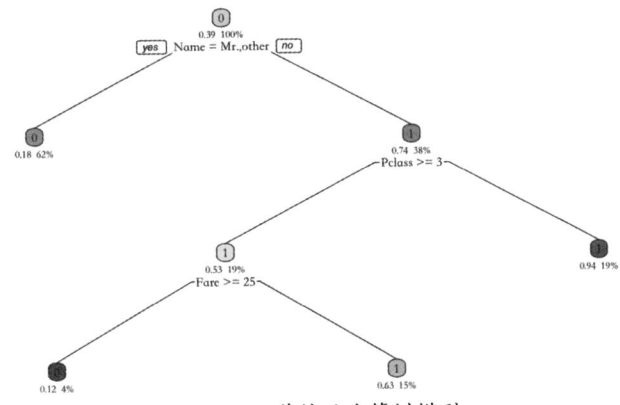

图 9-5　剪枝后决策树模型

（1）如果Name＝Mr.或者other，则对应的人会被预测为遇难者。

（2）如果Name不等于Mr.或者other，Pclass取值≥3，Fare取值≥25，则对应的人会被预测为遇难者。

（3）如果Name不等于Mr.或者other，Pclass取值≥3，Fare取值<25，则对应的人会被预测为幸存者。

（4）如果Name不等于Mr.或者other，Pclass取值<3，则对应的人会被预测为幸存者。

获得剪枝后更简洁的决策树分类器后，仍然需要计算新分类器在训练集和测试集上的预测精度，来评价分类器的好坏。程序如下。

```
## 查看剪枝后模型在训练集和测试集上的预测效果
pre_train_p <- predict(mod1.pruned,train_data)
pre_train_p2<-as.factor(as.vector(ifelse(pre_train_p[,2]>0.5,1,0)))
pre_test_p <- predict(mod1.pruned,test_data)
pre_test_p2<-as.factor(as.vector(ifelse(pre_test_p[,2]>0.5,1,0)))
sprintf("剪枝后决策树模型在训练集精度为：%f",accuracy(train_data$Survived, pre_train_p2))
## [1] "剪枝后决策树模型在训练集精度为：0.816269"
sprintf("剪枝后决策树模型在测试集精度为：%f", accuracy(test_data$Survived, pre_test_p2))
## [1] "剪枝后决策树模型在测试集精度为：0.859551"
```

上面的程序为检验剪枝后决策树模型在训练集和测试集上的预测精度。可以发现，修剪后的决策树模型在训练集上的预测精度只有81.6%，相比剪枝之前精度有所下降，但是在测试集上的精度为85.95%，即在测试集上的预测精度得到了提升。

为了更好地对比在测试集上决策树模型在剪枝前后预测能力的变化，绘制出两模型的ROC曲线进行比较。程序如下。

```
## 绘制出ROC曲线对比两种模型的效果，计算决策树模型的ROC坐标
pr <- prediction(pre_test[,2], test_data$Survived)
prf <- performance(pr, measure = "tpr", x.measure = "fpr")
prfdf <- data.frame(x = prf@x.values[[1]],
                    y = prf@y.values[[1]],
                    model = "rpart")
## 计算剪枝后决策树模型的ROC坐标
pr <- prediction(pre_test_p[,2], test_data$Survived)
prf <- performance(pr, measure = "tpr", x.measure = "fpr")
prfdf2 <- data.frame(x = prf@x.values[[1]],
                     y = prf@y.values[[1]],
                     model = "rpart.prund")
## 合并数据，plot ROC
prfdf <- rbind.data.frame(prfdf,prfdf2)
ggplot(prfdf,aes(x= x,y = y,colour = model))+
  geom_line(aes(linetype = model),size = 1)+
  theme(aspect.ratio=1)+
  labs(x = "假正例率",y = "真正例率")
```

上面是可视化ROC曲线的程序，利用ROCR包中的prediction()函数和performance()函数计算曲线的横纵坐标——假正例率和真正例率，然后利用ggplot2包对曲线进行可视化，得到的图像如图9-6所示。

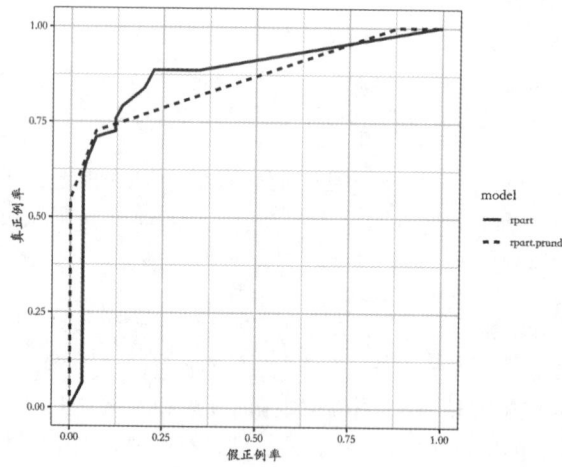

图9-6 剪枝前后决策树模型的ROC曲线

分类器模型的好坏，可以使用ROC曲线的下面积AUC的大小来度量。AUC的取值就是将ROC图看作二维正方形，然后测量ROC曲线下面积的大小，AUC的取值通常从0.5（无用的分类器）到1（非常完美的分类器）。通过AUC的取值可以分为表9-2所示的几个区间。

表 9-2 分类器模型的判别

标　　准	等　　级
AUC=0.9~1	优秀的分类器
AUC=0.8~0.9	良好的分类器
AUC=0.7~0.8	一般的分类器
AUC=0.6~0.7	较差的分类器
AUC=0.5~0.6	无用的分类器

```
## 计算AUC的取值
auc(test_data$Survived,as.vector(pre_test[,2]))
## [1] 0.8717325
auc(test_data$Survived,as.vector(pre_test_p[,2]))
## [1] 0.8638765
```

在通过auc()函数计算出剪枝前后决策时模型的AUC取值后，可以发现其取值分别为0.87和0.86，说明剪枝前后的决策树均为分类效果较好的分类器，但是剪枝后的分类器更便于理解，而且效果和剪枝前的分类器相差无几，所以可以认为剪枝后的决策树更易于使用。

9.2 随机森林模型

扫一扫，看视频

随机森林（Random Forest，RF）是一个包含多个决策树（"森林"）的分类器，其输出的类别是由所有决策树输出类别的众数而定（即通过所有单一的决策树模型投票来决定），它在选择划分属性时引入了随机因素（"随机"）。

传统决策树算法在选择划分属性时，从当前节点属性集合中选择一个最优属性；而在随机森林中，对决策树的每个节点，先从该节点的属性集合中随机选择一个包含 k 个属性的子集，然后从这个子集中选择一个最优属性用于划分。这里的参数 k 控制了随机性的引入程度：若 $k=d$（所有特征数量），则决策树的构建与传统决策树相同；令 $k=1$，则随机选择一个特征用于划分，以构建决策树；一般情况下,推荐 $k = \log_2 d$。

随机森林算法简单、容易实现、计算开销小,具体优点如下。

(1)对于很多种数据,它可以产生高精度的分类器。
(2)它可以处理大量的输入变量,而且数据特征越多,模型会越稳定。
(3)它可以在决定类别同时,评估变量的重要性。
(4)在建造森林时,对泛化误差使用的是无偏估计,模型泛化能力强。
(5)它可以估计含有缺失值的数据,当有很大一部分的数据缺失时,仍可以维持其一定的精度。
(6)对于不平衡的分类数据集来说,它可以平衡误差,使模型更稳定。

随机森林算法是一种经典的Bagging算法,其算法原理中包含了随机采样(Bootstrap)。假设训练数据集为 $D = \{X,Y\}$,一共有 N 个样本,在预测数据 X 中每个样本有 d 个特征,那么训练一个包含 T 棵决策树的随机森林算法流程如表9-3所示。

表9-3 随机森林算法

输入:训练数据集D,每个决策树使用的特征数量m,使用的决策树算法 tree
输出:随机森林模型RF
① for t=1 to T
② 使用 Bootstrap 抽样算法,从训练数据集D中抽取一个样本数量为n的子集D_t
③ 在子集D_t中随机从所有特征中选取m个特征,并使用决策树算法 tree 训练得到一个决策树
④ 得到包含T棵决策树模型的随机森林模型RF

针对随机森林模型,如果是回归问题,那么预测值使用所有树的平均值;如果是分类问题,那么预测值使用所有决策树的投票来决定(或者预测值的众数)。

在R中,可使用randomForest包实现随机森林的分类和回归,以及可视化分析。

9.2.1 随机森林分类

例9.4 针对例9.2中切分后的泰坦尼克号数据集,请使用随机森林模型训练分类器,并评估分类器的性能。

解: 在R中,建立随机森林模型主要使用randomForest包。程序如下。

```
library(tidyr);library(randomForest);library(caret)
train_data$Survived <- as.factor(train_data$Survived)
rfcla <- randomForest(Survived~.,data = train_data,ntree=200, proximity=TRUE)
## 可视化随机森林的训练过程,随着树的增加,训练误差的变化
```

```
trainerror <- as.data.frame(plot(rfcla,type = "l"))
colnames(trainerror) <- paste("error",colnames(trainerror),sep = "")
trainerror$ntree <- 1:nrow(trainerror)
trainerror <- gather(trainerror,key = "Type",value = "Error",1:3)
ggplot(trainerror,aes(x = ntree,y = Error))+
  geom_line(aes(linetype = Type,colour = Type))+
  ggtitle("随机森林分类模型")+
  theme(plot.title = element_text(hjust = 0.5))
```

上面是使用泰坦尼克号训练集建立随机森林模型的程序，使用的数据和训练决策树模型时一样，都是train_data。在使用randomForest()函数建立随机森林分类器时，参数ntree=200表示使用200棵决策树模型用于随机森林的分类。在得到随机森林分类器rfcla后，使用plot()函数获取随机森林的训练过程，随着决策树数量的增加，模型训练误差也随之变化，为了更好地区分每条曲线所表达的意思，程序重新对训练误差变化数据进行了整理，并利用ggplot2包进行数据可视化。使用ggplot2包得到的分类误差的变化曲线如图9-7所示。

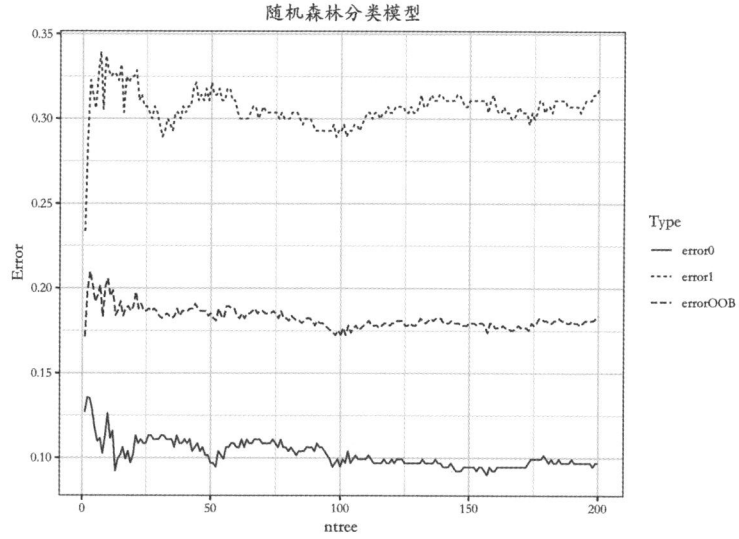

图9-7　随机森林的误差

在图9-7中，一共包含3条曲线，分别表示随着随机森林算法使用树的增多，类别为0的预测误差、类别为1的预测误差和包外（OOB）预测误差。从图9-7中可以发现，随着使用树数量的增加，这3种误差曲线逐渐变得平稳；在该训练数据集中，遇难者（类别为0）的预测准确率更高。

包外（out-of-bag，OOB）错误率是对测试集合错误的一个无偏估计，表示对随机森林模型未来性能的一个合理估计。OOB是在随机森林构建后计算的,因为随机森林的每棵树并没有使用全部的样本,所以任何没有选择在某棵树上的自助抽样中的样本,都可以用于预测模型对未来未知数据的性能。在随机森林构建结束时,每个样本的每次预测值都会被记录,通过投票来决定该样本的最终预测值,这种预测的总错误率就构成了OOB估计错误率。

在构建随机森林模型时,模型还会计算出数据中每个自变量(特征)的重要程度,并且可以使用varImpPlot()函数将其可视化。特征的重要程度的计算方式通常有两种:一种是记录平均信息增益的大小;另一种是每个特征对模型分类准确率的影响程度。

该随机森林分类器的变量重要性可视化结果如图9-8所示。

```
varImpPlot(rfcla,pch = 20, main = "Importance of Variables")
```

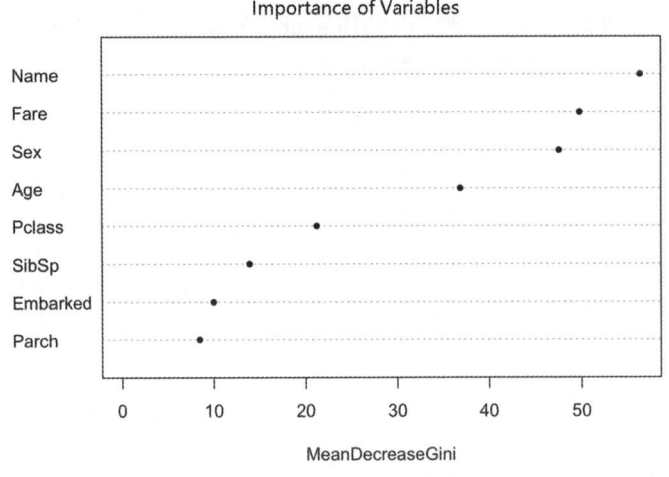

图9-8 随机森林变量重要性

在图9-8中,特征重要性的度量方法为平均信息增益的大小,由图9-8可知,重要程度较高的变量为Name、Fare、Sex等,而SibSp、Embarked、Parch等变量的重要性不高。

```
## 查看模型在测试集上的精度
rfclapre<- predict(rfcla,test_data)
sprintf("随机森林模型测试集精度为: %f",accuracy(test_data$Survived,rfclapre))
## [1] "随机森林模型测试集精度为: 0.876404"
```

上面的程序使用了predict()函数预测随机森林分类器在测试数据集上的取值,并计算出了模型的精度为87.6%,可以发现其预测的精度比使用决策树算法的预测精度高。

如果想要预测包含418个样本的原始测试数据集Ttestp，可以使用所有的训练数据集重新建立随机森林分类器，在训练模型时使用更多的训练样本，才能保证训练出的模型更加稳定、预测的精度更高。

```
Ttrainp$Survived <- as.factor(Ttrainp$Survived)
rfclanew <- randomForest(Survived~.,data = Ttrainp,ntree=200, proximity=TRUE)
rfclanew
## Call:
##  randomForest(formula = Survived ~ ., data = Ttrainp, ntree = 200,
    proximity = TRUE)
##                Type of random forest: classification
##                      Number of trees: 200
## No. of variables tried at each split: 2
##         OOB estimate of  error rate: 16.61%
## Confusion matrix:
##     0   1 class.error
## 0 502  47   0.0856102
## 1 101 241   0.2953216
```

上面的程序是使用Ttrainp数据集建立了包含200棵树的随机森林分类器rfclanew，可以发现该模型包含200棵树，并且每棵树使用2个变量建立决策树模型，包外错误估计值为OOB=16.61%。

下面使用predict()函数预测未知样本的类别。程序如下。

```
## 预测测试集
Ttestpre <- predict(rfclanew,Ttestp)
table(Ttestpre)
## Ttestpre
##   0   1
## 271 147
```

上面的程序使用新的分类器rfclanew对418个样本原始的测试数据集进行预测。可以发现，在预测结果中，有271个人会遇难，只有147个幸存者。因为在原始的测试数据中没有类别标签，所以无法估计该预测值的准确率，但是根据上面的预测结果，可以知道随机森林分类器的预测精度已经很准确了。

9.2.2 随机森林回归

随机森林模型不仅可以用于分类，还可以建立回归模型，用于预测连续值。在建立回归模型时,每棵树都会建立一个决策树回归模型,最终的预测结果是所有决策树预测结果的平均值。

例9.5 针对第6章回归分析中的建筑能耗数据集(ENB2012.xlsx),请使用随机森林建立回归模型,并与多元回归模型的预测结果进行对比分析。

解: 建立随机森林回归模型,来预测数据集中的因变量Y。程序如下。

```
## 使用随机森林的方法,对ENB2012数据进行回归分析
ENB <- read_excel("data/chap9/ENB2012.xlsx")
## 数据切分为训练集和测试集,训练集为70%
set.seed(12)
index <- sample(nrow(ENB),round(nrow(ENB)*0.7))
trainEnb <- ENB[index,]
testENB <- ENB[-index,]
## 建立随机森林回归模型
rfreg <- randomForest(Y1~.,data = trainEnb,ntree=500)
## 可视化模型随着树的增加,误差的变化
par(family = "STKaiti")
plot(rfreg,type = "l",col = "red",main = "随机森林回归")
```

上面是建立随机森林回归并可视化模型结果的程序。在该程序中,使用read_excel()函数读取Excel数据表格,并将数据随机切分为70%的训练集和30%的测试集。使用randomForest()函数建立随机森林回归模型rfreg,并指定树的数目为500。在randomForest()函数中,会自动根据因变量的数据类型建立分类模型或者回归模型,如果因变量为因子类型,则建立分类模型;如果因变量为数值型变量,则建立回归模型。最后,使用plot()函数将rfreg模型随着树的增加预测误差的变化曲线进行可视化,得到的结果如图9-9所示。

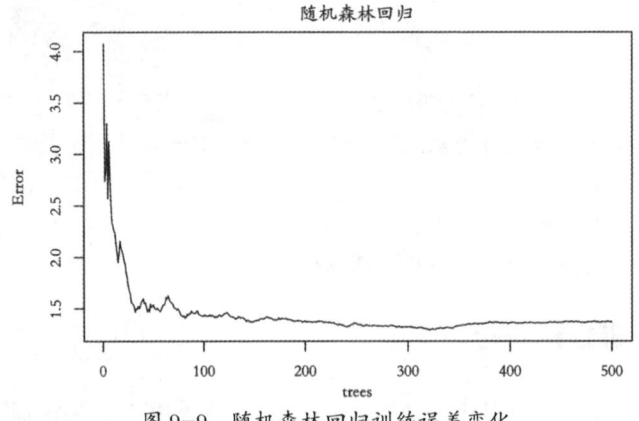

图9-9 随机森林回归训练误差变化

从图9-9中可以发现，随着树的增加，模型的预测误差逐渐趋于平稳。

使用varImpPlot()函数分析数据集中每个特征的重要程度。

```
varImpPlot(rfreg,pch = 20, main = "Importance of Variables")
```

上面的程序使用varImpPlot()函数可视化随机森林回归模型中每个变量的重要性情况，其结果如图9-10所示。

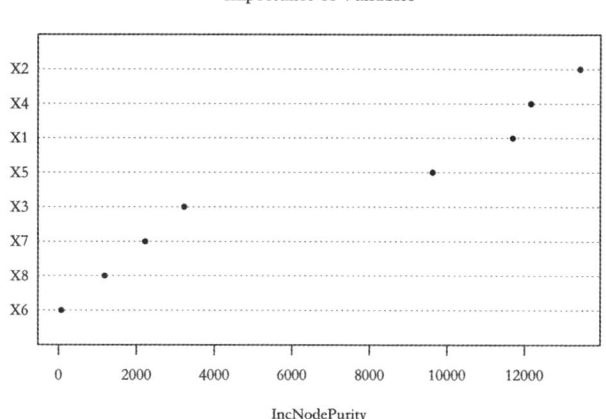

图 9-10　回归模型的变量重要性程度

从图9-10中可以发现，8个变量的重要性可以分为2组，其中X2、X4、X1和X5这4个变量可以认为是非常重要的变量，而X3、X7、X8和X6这4个变量可以认为是不怎么重要的变量。

使用训练好的回归模型对测试集进行预测，程序如下。

```
## 对测试集进行预测，并计算 Mean Squared Error
rfpre <- predict(rfreg,testENB)
sprintf("均方根误差为: %f",mse(testENB$Y1,rfpre))
## [1] "均方根误差为: 1.463758"
```

上面的程序用于计算随机森林回归模型在测试集上的预测误差。可以发现，在测试集上的预测均方根误差只有1.464，这个结果较第6章的回归模型精度要高。

9.2.3　优化随机森林回归

在9.2.2小节中，已经获得了预测误差很小的随机森林回归模型，那么该回归模型的预测精度还可以更高吗？答案是肯定的。

在randomForest包中，提供了一个优化随机森林模型参数mtry的tuneRF()函数，该函数可以寻找更优的随机森林模型的参数。

例9.6 对例9.5所建立的随机森林回归模型进一步优化,并进行可视化分析。

解:首先使用tuneRF()函数优化模型参数。程序如下。

```
## 参数搜索,寻找合适的 mtry参数,训练更好的模型
set.seed(1234)
rftune <- tuneRF(x = trainEnb[,1:8],y = trainEnb$Y1,
                 stepFactor=1.5,ntreeTry = 500)
```

上面的程序是使用tuneRF()函数来寻找更合适模型参数的程序,其得到的可视化图像如图9-11所示。

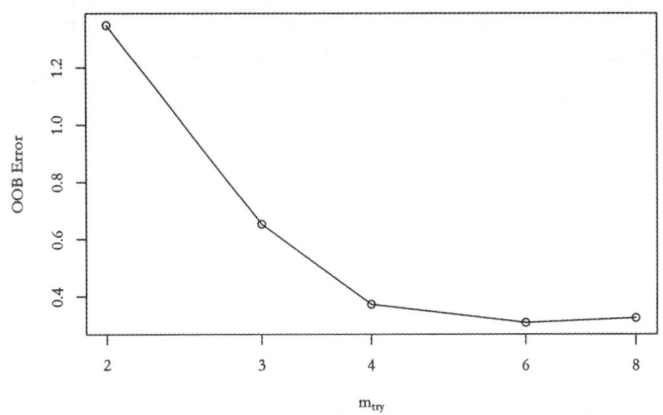

图 9-11 寻找随机森林模型的参数

从图9-11中可以发现,随着参数mtry取值的增加,OOB Error的取值先迅速变小,然后又略微有所增加。在mtry=6时,OOBError误差取值最小,说明使用参数mtry=6可以建立预测精度更准确的随机森林回归模型。程序如下。

```
## 建立优化后的随机森林回归模型
rfregbest <- randomForest(Y1~.,data = trainEnb,ntree=500,mtry = 6)
## 可视化两种模型随着树的增加,误差OOB的变化
rfregerr <- as.data.frame(plot(rfreg))
colnames(rfregerr) <- "rfregerr"
rfregbesterr <- as.data.frame(plot(rfregbest))
colnames(rfregbesterr) <- "rfregbesterr"
plotrfdata <- cbind.data.frame(rfregerr,rfregbesterr)
plotrfdata$ntree <- 1:nrow(plotrfdata)
plotrfdata <- gather(plotrfdata,key = "Type",value = "Error",1:2)
ggplot(plotrfdata,aes(x = ntree,y = Error))+
  geom_line(aes(linetype = Type,colour = Type),size = 0.9)+
  theme(legend.position = "top")+
```

```
ggtitle("随机森林回归模型")+
theme(plot.title = element_text(hjust = 0.5))
```

上面的程序建立了优化后的随机森林回归模型，并将优化前后模型误差的变化情况进行可视化。as.data.frame(plot(rfreg))可以获得对应模型rfreg中随着树的增加误差变化的数据表。最后，使用ggplot2包将优化前后的模型误差进行可视化，得到的结果如图9-12所示。

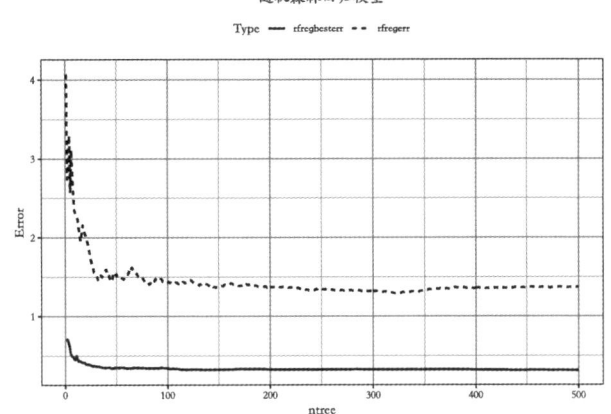

图 9-12　优化前后随机森林回归误差对比

图9-12表明，优化后的随机森林模型的误差更小，而且稳定得更快，所以会得到更精确的预测值。

```
## 使用优化后的随机森林回归,对测试集进行预测,并计算Mean Squared Error
rfprebest <- predict(rfregbest,testENB)
sprintf("优化后均方根误差为: %f",mse(testENB$Y1,rfprebest))
## [1] "优化后均方根误差为: 0.263617 "
```

上面的程序是计算优化后随机森林回归模型在测试集上的均方根误差。可以发现，误差值只有0.26，相比优化前模型的1.46，预测误差大大减小，模型精度大大提升。

下面将测试集数据、优化前后随机森林在测试集上的预测值同时进行可视化，对比模型的预测值和真实值之间的差异。程序如下。

```
## 数据准备
index <- order(testENB$Y1)
X <- sort(index)
Y1 <- testENB$Y1[index]
rfpre2 <- rfpre[index]
```

```
rfprebest2 <- rfprebest[index]
plotdata <- data.frame(X = X,Y1 = Y1,rfpre =rfpre2,rfprebest = rfprebest2)
plotdata <- gather(plotdata,key="model",value="value",c(-X))
## 可视化模型的预测误差
ggplot(plotdata,aes(x = X,y = value))+
  geom_line(aes(linetype = model,colour = model),size = 0.8)+
  theme(legend.position = c(0.1,0.8),
        plot.title = element_text(hjust = 0.5))+
  ggtitle("随机森林回归模型")
```

上面的程序将测试集的原始因变量、优化前随机森林回归的预测值、优化后随机森林回归的预测值同时进行可视化，这样便于对模型预测效果的对比，得到的结果如图9-13所示。

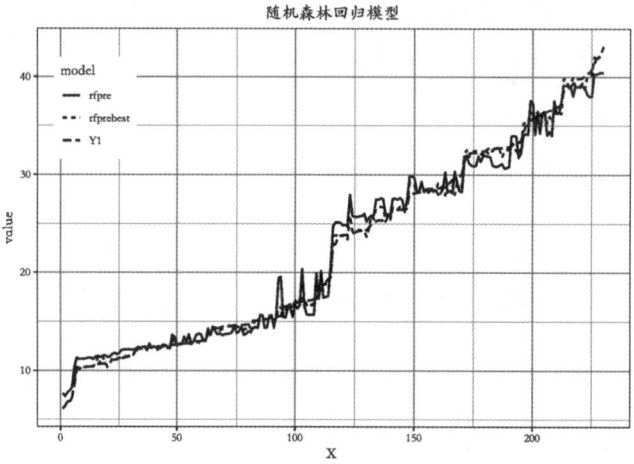

图 9-13　随机森林回归优化前后预测结果

从图9-13中可以发现，优化前后的随机森林模型都很好地预测了原始数据的变化趋势，但是优化后的随机森林的预测效果更好，而优化前的预测效果在原始数据发生突变的前后部分并不是很好。

9.3　梯度提升机

扫一扫，看视频

随机森林模型要求每一个学习器（决策树）都是独立的，而梯度提升机的学习器之间可以不独立。

梯度提升机（Gradient Boosting Machine，GBM）是一种常用于回归和分类问题的机器学习技术，该技术以弱预测模型（通常为决策树）集合的形式产生预测模型。

GBM算法非常有效，它具有以下特点。

（1）预测结果精度很高，可以和随机森林这样的高性能算法竞争。
（2）能够有效地处理带有缺失值的数据集。
（3）不需要对特征进行缩放。
（4）在处理具有因子水平的数据集时，效果比随机森林更好。
（5）对高维或低维数据都非常有效。

在实际问题中，一个弱学习器的预测效果是有限的，直观的提升方法就是训练第二个学习器去学习特征到残差的映射（即第一个学习器的输出与真实标签的差距），把两个学习器的预测结果加起来得到最终的预测结果。通常情况下，只使用两个学习器也无法做到完美，因此上述过程可以一直迭代下去，得到多个学习器，从而增强模型的预测效果。

在R中，有多个可以建立GBM模型的包，其中比较常用的是h2o包，该包可建立GBM分类和回归模型。

9.3.1 GBM 分类

例9.7 针对例9.1中预处理后的泰坦尼克数据集（Titanic处理后数据.csv），请使用GBM模型训练分类器，并评估分类器的性能。

解：使用h2o包建立分类模型，程序如下。

```
library(h2o);library(Metrics);library(dplyr)
## 启动初始化一个h2o实例；定义为2核同时计算
h2o.init(nthreads=2,max_mem_size='4G')
## 读取数据
train<-h2o.uploadFile("data/chap9/Titanic处理后数据.csv",
                      destination_frame = "train.hex")
train$Survived <- as.factor(train$Survived)
```

上面是建立模型的准备程序。在使用h2o包中的函数前，需要先使用h2o.init()函数初始化一个h2o实例，可以根据自己设备的情况，设置在使用h2o包中函数时，消耗的计算核心数量和内存大小，这里设置使用2核、4GB内存。h2o.uploadFile()函数可以读取多种数据类型的数据集，这里读取的数据集是h2o可直接调用的形式，当然，在R语言中，对于其他类型的数据集只需要使用as.h2o()函数，即可转化为h2o

可直接调用的形式。

建立GBM分类模型之前，需要将读取的数据集切分为训练集和测试集，其中70%用于训练、30%用于测试，在h2o包中带有数据切分函数，非常方便。程序如下。

```
## 数据切分为训练集和测试集,70%为训练集,30%为测试集
splits <- h2o.splitFrame(data = train, ratios = 0.7,seed = 1234)
train_data <- splits[[1]]
test_data <- splits[[2]]
dim(train_data)
## [1] 634   9
```

在h2o包中，切分数据使用h2o.splitFrame()函数，在函数中的ratios参数可以是一个数值或数组，用于指定数据集的每个拆分中包含样本数占总行数的比率。

在上面的程序中，ratios = 0.7表示将数据集切分为70%和30%，如果ratios = c(0.6,0.2)，则表示将数据集切分为60%、20%和20%共3个部分。在该例中训练集有634个样本。

下面使用训练数据集训练GBM分类器，程序如下。

```
## GBM模型
name1 <- colnames(train)
predictors <- name1[1:8]
target <- "Survived"
gbm <- h2o.gbm(x = predictors, y = target,
            training_frame = train_data,
            distribution="bernoulli",      ## 二分类模型
            ntrees = 100,                  ## 模型使用树的数量
            learn_rate=0.01,               ## 学习率
            sample_rate = 0.8,             ## 每棵树使用80%的样本
            col_sample_rate = 0.6,         ## 每次拆分使用60%的特征
            seed = 1234)
## 可视化模型中变量的重要性
h2o.varimp_plot(gbm)
```

上面是建立GBM分类模型的程序，并可视化每个特征在分类器中的重要性。在使用h2o.gbm()函数时，参数x和y分别指定数据集中数据特征和预测标签的名称或者所在的列，参数training_frame指定GBM模型所使用的训练数据集，参数distribution="bernoulli"表示建立二分类模型（该参数可以忽略，让模型自动根据y的取值建立回归或者分类模型），参数ntrees = 100表示该GBM分类模型会使用100个

基础树模型来预测最终的结果。使用h2o.varimp_plot()函数可以将每个变量在模型中的重要程度进行可视化，结果如图9-14所示。

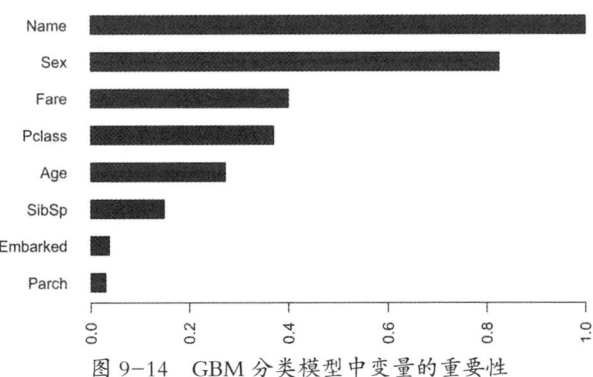

图9-14 GBM 分类模型中变量的重要性

从图9-14中可以看出，重要性最大的特征是Name，重要性最小的特征是Parch。

使用h2o.predict()函数可以得到训练好的模型作用于新的数据集时的预测值。程序如下。

```
## 计算模型在测试集上的预测值和性能
gbmpre <- as.data.frame(h2o.predict(gbm, newdata = test_data))
head(gbmpre)
##   predict        p0        p1
## 1       0 0.7895975 0.2104025
## 2       1 0.2456006 0.7543994
## 3       1 0.2885600 0.7114400
## 3       ...
```

在该函数的输出中，会同时包含所预测的类别、属于每类的概率。而且在h2o包中还带有模型性能的评估函数，例如：

```
acc <- accuracy(as.vector(test_data$Survived),gbmpre$predict)
auc <- h2o.auc(h2o.performance(gbm, newdata = test_data))
sprintf("GBM model acc: %f",acc)
## [1] "GBM model acc: 0.832685"
sprintf("GBM model AUC: %f",auc)
## [1] "GBM model AUC: 0.869749"
```

上面的程序用于计算GBM模型在测试集上的性能。使用accuracy()函数计算出在测试集上的精度为83.37%，在h2o包中的h2o.performance()函数可以计算建好的模型在新数据集上的多种指标，使用h2o.auc()可以获得在测试数据集上的AUC值。

9.3.2 优化 GBM 分类

上面建立的GBM模型在测试集上的预测精度只有83.3%，在建立GBM分类器时，有多个参数可以设置，因此可以通过调整模型的参数来获取精度更高的GBM分类器。

例9.8 对例9.7的结果进一步使用参数网格搜索的方式，找到对模型更适合的参数，获取更优的分类器。

解：针对该数据集，获取更优的GBM模型的程序如下。

```
## 使用参数网格搜索，寻找更合适的模型
ntrees_opt <- c(20,50,100,200,500)        ## 树的数量
maxdepth_opt <- c(2,4,6,8,10)             ## 树的最大深度
balance_opt <- c(TRUE,FALSE)              ## 是否对数据进行类别平衡
hyper_par <- list(ntrees=ntrees_opt, max_depth=maxdepth_opt,
                  balance_classes= balance_opt)
## 使用GBM模型进行超参数搜索
grid <- h2o.grid("gbm", hyper_params = hyper_par,grid_id = "gbm_grid_mol.hex",
                 x = predictors, y = target, distribution="bernoulli",
                 training_frame =train_data,learn_rate=0.01)
## 查看模型的输出
sortedGrid <- h2o.getGrid("gbm_grid_mol.hex", sort_by=c("accuracy"),
                          decreasing = TRUE)
sortedGrid@summary_table%>%head()
## Hyper-Parameter Search Summary: ordered by decreasing accuracy
##   balance_classes max_depth ntrees          model_ids
## 1            true        10    500 gbm_grid_mol_model_139
## 2            true        10    500 gbm_grid_mol_model_189
## 3           false        10    500 gbm_grid_mol_model_190
## 4            ...
##            accuracy
## 1 0.9497549019607843
## 2 0.9476309226932669
## 3 0.9416403785488959
```

上面的程序是使用超参数网格搜索的方式来发现训练效果更好的模型。

首先，将需要搜索的3个参数ntrees（树的数量）、max_depth（树的最大深度）、balance_classes（是否对数据进行类平衡）组成列表。在对训练数据集进行参数优化时，可以使用h2o.grid()函数，并通过hyper_params参数来指定需要搜索的超

参数列表。

在获得使用所有参数组合获得的训练结果grid后，h2o.getGrid()函数可以获取每对参数下的模型在训练数据集上的效果，上面的程序输出了按照精度（accuracy）降序排列的前几个模型的参数和精度。可以发现，在训练集上精度最高的模型所对应的参数为balance_classes = true、max_depth =10、ntrees = 500。

上述结果是在训练数据集上的效果，那么每个模型在测试数据集上的预测效果如何呢？下面将计算每组参数所对应的GBM模型在测试数据集上的预测效果，程序如下。

```
## 将搜索的每个模型均作用于测试集，查看在测试集上的模型精度
grid_models <- lapply(grid@model_ids,
                      function(model_id) {model = h2o.getModel(model_id) })
acc <- vector()
modelid <- vector()
for (i in 1:length(grid_models)) {
  gbmpre <- as.data.frame(h2o.predict(grid_models[[i]], newdata = test_data))
  acc[i] <- accuracy(as.vector(test_data$Survived),gbmpre$predict)
  modelid[i] <- grid_models[[i]]@model_id
}
data.frame(modelid = modelid,acc = acc) %>%
  inner_join(sortedGrid@summary_table,by = c("modelid"="model_ids"))%>%
  group_by(modelid)%>%arrange(desc(acc))%>%head()
##     modelid              acc  balance_classes  max_depth  ntrees  accuracy
## 1 gbm_grid_mol.hex_mode... 0.844  false           6          500     0.9242902208201...
## 2 gbm_grid_mol.hex_mode... 0.840  false           4          500     0.9006309148264...
## 3 gbm_grid_mol.hex_mode... 0.840  false           8          200     0.8974763406940...
## 4 gbm_grid_mol.hex_mode... 0.837  false           10         500     0.9416403785488...
## 5 gbm_grid_mol.hex_mode... 0.837  true            8          500     0.9371069182389...
## 6 gbm_grid_mol.hex_mode... 0.837  false           10         200     0.8974763406940...
```

上面的程序通过for循环，将每组参数所对应的GBM模型作用于测试集，并计算在测试集上的模型精度。可以发现，在测试集上模型精度最高的为84.4%，相应的参数为balance_classes=false、max_depth=10、ntrees=500。但该模型在训练数据集上的精度并不是最高的，说明在使用参数网格搜索的同时，还要防止模型过拟合。

9.3.3 GBM 回归

GBM算法不仅可以用于分类问题，针对连续的预测值，还可以建立回归模型。

例9.9 请使用例9.5中的建筑能耗数据集（ENB2012.xlsx）建立GBM回归模型，并对因变量进行预测分析。

解：程序如下。

```
ENB <- read_excel("data/chap9/ENB2012.xlsx")
set.seed(12)
index <- sample(nrow(ENB),round(nrow(ENB)*0.7))
trainEnb <- as.h2o(ENB[index,])
testENB <- as.h2o(ENB[-index,])
```

上面的程序读取了建筑能耗数据Excel数据集，并将数据中的70%作为训练数据，30%作为测试数据，来验证GBM回归模型的预测效果。

```
## GBM回归模型
name1 <- colnames(trainEnb)
predictors <- name1[1:8]
target <- "Y1"
## 使用训练集训练一个基础GBM回归模型
gbmreg <- h2o.gbm(x = predictors, y = target,
                  training_frame = trainEnb,
                  distribution="AUTO", ## 回归模型
                  ntrees = 100,seed = 1234)
## 查看在测试集上的模型表达能力
h2o.performance(gbmreg,testENB)
## H2oRegressionMetrics: gbm
## MSE:   0.2195698
## RMSE:  0.4685828
## MAE:   0.3385799
## RMSLE: 0.02049184
## Mean Residual Deviance :   0.2195698
```

上面的程序使用h2o.gbm()函数建立回归模型，该函数会根据预测值Y1的数据类型，自动地建立回归模型。模型建立后，使用h2o.performance()函数可以输出模型gbmreg在新的测试数据集上的预测效果。从输出结果可以看出，模型在测试数据集上的误差mae=0.3385、MSE=0.2195，说明GBM回归模型在测试集上的预测效果很好。

对于GBM回归模型，同样可以使用h2o.grid()函数对模型进行超参数搜索，找到效果更好的回归模型。程序如下。

```
## 使用参数网格搜索，寻找更合适的模型
ntrees_opt <- c(50,100,200,500)   ## 树的数量
```

```
maxdepth_opt <- c(2,4,6,8,10)    ## 树的最大深度
hyper_par <- list(ntrees=ntrees_opt, max_depth=maxdepth_opt)
## 使用GBM模型进行超参数搜索
gbm_grid_reg <- h2o.grid(algorithm="gbm", x = predictors,
                         grid_id ="gbm_grid_reg",
                         y = target,distribution="AUTO",
                         training_frame = trainEnb,hyper_params = hyper_par)
## 查看模型的输出
sortedGrid <- h2o.getGrid("gbm_grid_reg", sort_by="mse",
                          decreasing = FALSE)
sortedGrid@summary_table%>%head()
## Hyper-Parameter Search Summary: ordered by increasing mse
##   max_depth ntrees          model_ids                   mse
## 1        10    500 gbm_grid_reg_model_19 0.01179430490515737
## 2         8    500 gbm_grid_reg_model_18 0.01979649020249206
## 3         6    500 gbm_grid_reg_model_17 0.038631146565467726
## 4 ...
```

上面是使用参数网格搜索的程序，从输出结果可以发现，在训练数据集上回归效果最好的GBM模型对应的参数为ntree=500、maxdepth=10，可以使用h2o.gbm()函数并利用该参数训练新的回归模型。

```
## 使用新的参数重新训练模型
gbmreg <- h2o.gbm(x = predictors, y = target,
                  training_frame = trainEnb,
                  distribution="AUTO",       ## 回归模型
                  ntrees = 500,              ## 模型使用数的树量
                  max_depth = 10,seed = 1234)
## 查看在测试集上的预测性能
h2o.performance(gbmreg,newdata = testENB)
## H2oRegressionMetrics: gbm
## MSE:  0.1430377
## RMSE:  0.3782032
## MAE:  0.2733413
## RMSLE:  0.01897752
## Mean Residual Deviance :  0.1430377
```

上面的程序使用ntree=500、maxdepth=10建立GBM回归模型。可以发现，模型在测试数据集上的误差mae=0.2733、MSE=0.1430，即优化后得到的模型在测试集上的预测效果更好。

为了更好地分析GBM模型在测试集上的预测效果，可以将GBM模型的预测值进行可视化。程序如下。

```r
## 可视化模型的预测效果
gbmpre <- as.data.frame(h2o.predict(gbmreg,testENB))
testENBdf <- as.data.frame(testENB)
index <- order(testENBdf$Y1)
X <- sort(index)
Y1 <- testENBdf$Y1[index]
gbmprebest2 <- gbmpre$predict[index]
plotdata <- data.frame(X = X,Y1 = Y1, gbmprebest = gbmprebest2)
plotdata <- gather(plotdata,key="model",value="value",c(-X))
## 可视化模型的预测误差
ggplot(plotdata,aes(x = X,y = value))+
  geom_line(aes(linetype = model,colour = model),size = 0.8)+
  theme(legend.position = c(0.1,0.8),
        plot.title = element_text(hjust = 0.5))+
  ggtitle("GBM回归模型")
```

上面的程序将优化后GBM回归模型在测试集上的预测效果进行了可视化，其结果如图9-15所示。

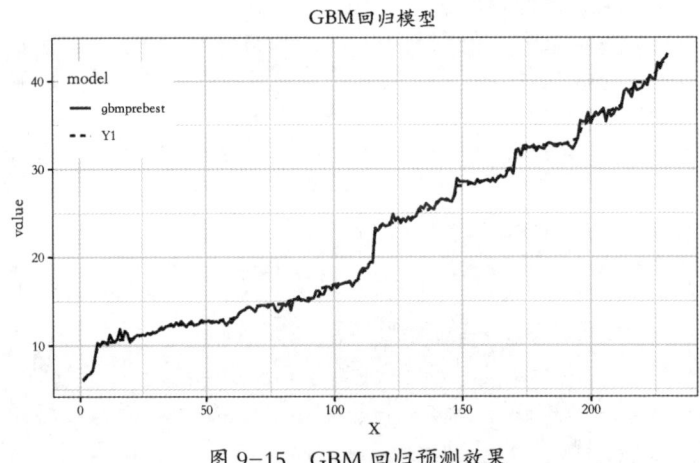

图 9-15　GBM 回归预测效果

从图9-15中可以发现，GBM回归模型在测试集上的预测值和原始值非常接近，预测效果非常好。

9.4 本章小结

本章主要介绍了怎样利用决策树、随机森林、梯度提升机等算法进行回归和分类的相关应用。在机器学习的众多应用中，决策树算法和基于决策树的集成学习算法在分类和回归问题中都有广泛的应用。能够很好地理解和应用决策树、随机森林、梯度提升机等算法，并且利用R语言将其应用在实际问题的解决上，是对机器学习使用能力的一种挑战。

（1）本章主要介绍了以下几个主题。

① 决策树算法。使用决策树算法预测泰坦尼克号数据集，然后优化决策树模型，并对决策树模型、预测的结果进行可视化等分析。

② 随机森林算法。在分类问题上，使用随机森林算法预测泰坦尼克号数据集，并对结果、模型训练过程等进行可视化，在回归问题上，使用随机森林算法预测建筑能效数据，并优化随机森林模型。

③ 梯度提升机算法。如何利用GBM算法解决回归和分类问题，对建筑能效数据集和泰坦尼克号数据集进行建模分析。

（2）本章主要介绍了以下几种术语。

① 决策树、决策树剪枝、随机森林、梯度提升机。

② 假正例率和真正例率、ROC曲线。

（3）本章主要介绍了下面几个应用实例。

① 对泰坦尼克号数据集进行预处理。

② 使用决策树算法建立分类模型，分析泰坦尼克号数据集。

③ 使用随机森林算法对建筑能效数据集建立回归预测模型，对泰坦尼克号数据集建立分类模型。

④ 使用梯度提升机算法对建筑能效数据集建立回归预测模型，对泰坦尼克号数据集建立分类模型。

（4）本章主要介绍的包和函数如表9-4所示。

表 9-4 主要介绍的包和函数

包	函 数	应 用
base	rbind.data.frame	连接数据框
rpart	rpart	决策树模型
	plotcp	可视化复杂度系数
	prune	对决策树模型进行剪枝
rpart.plot	rpart.plot	可视化决策树模型
caret	confusionMatrix	计算混淆矩阵
ROCR	prediction	创建预测对象
	performance	创建计算性能的对象
	auc	计算 AUC 的取值
randomForest	randomForest	随机森林模型
	varImpPlot	可视化随机森林模型中变量的重要性
	tuneRF	为随机森林模型寻找合适的 mtry 参数
h2o	h2o.uploadFile	读取数据
	h2o.init	初始化并启动一个 h2o 实例
	h2o.splitFrame	切分数据
	h2o.gbm	梯度提升机模型
	h2o.varimp_plot	可视化模型中变量的重要性
	h2o.performance	计算模型的性能
	h2o.predict	对新的数据进行预测
	h2o.grid	超参数搜索
	h2o.getGrid	获取超参数搜索的结果
	as.h2o	将数据转化为 h2o 包中的格式

习 题 9

9.1 针对习题8.2中使用过的Adult数据集（其下载网址为http://archive.ics.uci.edu/ml/datasets/Adult），请进行下面的操作。

（1）对数据进行可视化分析，探索数据所表达的信息。

（2）将数据集随机切分为训练集和测试集，并使用决策树模型训练一个合适的分类模型，对模型的预测效果进行分析，将决策树进行可视化。

（3）使用随机森林模型建立分类器，判断模型的预测效果是否比决策树分类器的好。

（4）使用梯度提升机模型，对Adult数据集进行分类，比较模型效果是否比随机森林模型好。

（5）使用参数搜索方法，对随机森林和梯度提升机两种模型进行优化，找到分类效果更好的模型。

9.2 针对习题8.1中使用过的MASS包中的Boston数据集（波士顿郊区的住房价格），请解决以下问题。

（1）使用随机森林模型对房屋的价格变量medv进行预测，并计算出其余13个特征在模型中的重要程度。

（2）使用梯度提升机模型对房屋的价格变量medv进行预测。

（3）使用合适的指标比较随机森林模型与梯度提升机模型的预测效果，并说明哪种模型的预测效果好。

Chapter

第10章

文本挖掘和社交网络分析

　　文本挖掘和社交网络分析均是用于处理非结构化数据的方法，它们是数据挖掘的重要组成部分。随着社交网络的日益盛行及其所产生的大量数据，借助文本挖掘和社交网络分析技术来处理这些非结构化数据，已成为包括Facebook、Twitter、腾讯等众多公司提高广告收入、制定营销策略的重要依据。

　　文本数据（书籍、报刊等）是最常见的非结构数据类型之一，文本挖掘就是从文本数据中获取有用的信息的方法，它在机器学习及人工智能领域扮演着重要的角色。

　　文本挖掘（Text Mining）有时也被称为文本数据挖掘，一般指通过对文本数据进行处理，从中发现高质量的、可利用的信息。文本中的高质量信息通常通过分类和预测来产生，如模式识别、情感分类等。本章介绍的文本挖掘内容如图10-1所示。

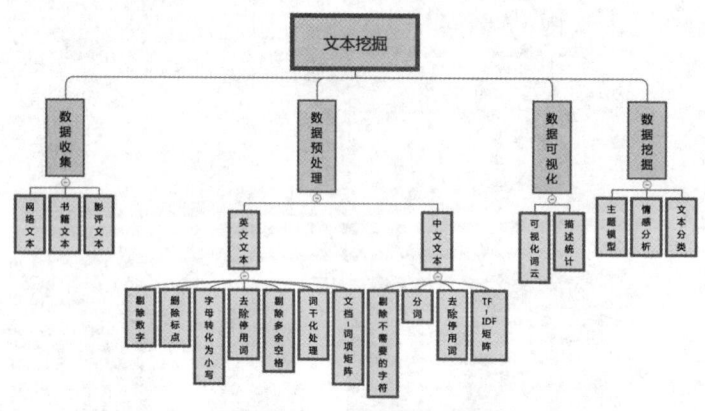

图 10-1 文本挖掘流程图

在图10-1中，针对文本挖掘的内容可以分为4个部分：数据收集、数据预处理、数据可视化和通过数学模型进行文本挖掘。

（1）数据收集。文本数据无处不在，所以收集时非常方便，如网络上的文本数据、电影评论、新闻等，还有书籍的内容也是文本数据，在数据收集时爬虫技术非常有用。

（2）数据预处理。在文本数据预处理阶段根据文本语言的不同，处理方式会有差异。针对英文文本，通常会包括：剔除文本中的数字、标点符号、剔除多余的空格；将所有字母都转化为小写字母；剔除不能有效表达信息甚至会对分析起干扰作用的停用词；对文本进行词干化处理，只保留词语的词干；针对语料库获取所有文本的特征。而针对中文文本，除了要剔除不需要的字符外，还需要首先对文本进行分词操作，然后剔除数据中的停用词，最后是从语料库中获取特征。

（3）数据可视化。针对文本数据的可视化方式通常是可视化词语出现的次数，如使用词云、频数条形图等方式，数据可视化也是为了能够快速地从大量的文本数据中，对数据进行一些概括性的了解，以帮助后面的数据挖掘的过程。

（4）数据挖掘。这部分主要是使用一些有监督或无监督的机器学习算法，从文本中获取更深层次的信息。如使用无监督的主题模型来分析文本中包含的主题；使用情感分析的相关算法，分析文本的感情色彩；使用有监督的机器学习算法，对文本数据进行分类等。

网络数据是一种非结构化的数据，人们之间的社交网络无处不在并且非常庞大，隐藏着很多有用的信息，社交网络分析已成为机器学习中的重要研究内容之一。

人们常说，有人的地方就会有江湖。江湖之所以能够形成，是因为江湖中人之间的关系，编织出了一张无形的网。而社交网络分析就是分析这张网，使用相应的算法将其抽丝剥茧，形象地展示在人们面前。

社交网络分析（Social Network Analysis）是指基于信息学、数学、社会学、管理学、心理学等多学科的融合理论和方法，为理解人类各种社交关系的形成、行为特点分析以及信息传播的规律提供的一种可计算的分析方法。它主要是从网络图中挖掘出感兴趣的信息，内容包括网络数据可视化、网络图的相关描述统计、网络图的分割等，其中网络图的分割主要用于研究网络图中节点的聚集性。

本章重点介绍如何使用R语言中的相关包进行文本挖掘和社交网络分析，结合具体的数据集，展示分析过程。

10.1 文本数据预处理

扫一扫，看视频

常见的文本类型主要有外文文本（这里主要指英文）和中文文本，不同类型的文本在识别方式上往往不同。另外，文本文件常使用一系列文件存储，读取时也与通常的数据框数据大不相同。因此，在进行文本挖掘之前，需要对文本数据进行预处理。

10.1.1 多个文本文件读取

在文本数据预处理阶段，首先面对的问题是将文本数据读入R中，在很多情况下，每一段文本数据都会以一个单独的txt文件进行保存。

例10.1 在一份电影评论的情感数据集中，一共有两个文件夹neg和pos，并且每个文件夹中都包含1000个独立的txt文件，如图10-2所示。请针对该文本数据，将它们读取到R环境中，并计算每个文档的长度。

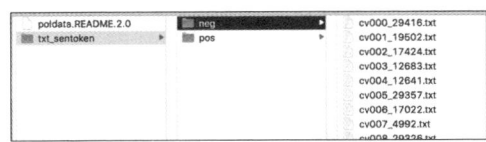

图 10-2 数据保存形式

解：可以使用dir()、str_c()、readChar()、sapply()等函数将多个文件依次读入R环境中，程序如下。

```
library(stringr)
## 从文件夹中批量读取数据，查看工作文件夹下的文件名
flodername <- "data/chap10/review_polarity/txt_sentoken/neg"
```

```
filenames <- dir(flodername)
length(filenames)   ## 1000个数据文件
## [1] 1000
head(filenames)
## [1] "cv000_29416.txt" "cv001_19502.txt" "cv002_17424.txt" "cv003_12683.txt"
## [5] "cv004_12641.txt" "cv005_29357.txt"
```

上面的程序使用dir()函数获取指定文件夹下的所有文件名,可以发现1000个后缀名为txt文件的名称已经保存为变量filenames。

为了依次读取所有的txt文件,需要获得每个txt文件的绝对路径,所以可以使用字符串连接函数str_c()。

```
## 连接每个评论文件的工作目录
filenames <- str_c(flodername,filenames,sep = "/")
head(filenames)
## [1] "data/chap10/review_polarity/txt_sentoken/neg/cv000_29416.txt"
## [2] "data/chap10/review_polarity/txt_sentoken/neg/cv001_19502.txt"
## [3] "data/chap10/...
```

上面的程序使用str_c()函数已经获取了可以指定每个txt文件的路径。

批量地读取后缀名为txt文件里的内容,程序如下。

```
## 定义读取单个文本的函数
readonetxt <- function(fn){
  return(readChar(fn,file.info(fn)$size))
}
## 读取所有文件
neg_text <- sapply(filenames, readonetxt)
length(neg_text)
## [1] 1000
```

在批量读取文件之前,首先定义一个读取单个txt文件的readonetxt()函数,该函数利用readChar()函数读取单个文件的内容,最后使用sapply()函数将文件夹中的1000个txt文件全部读入了neg_text中。

针对另一个文件夹的数据读取程序如下。

```
flodername <- "data/chap10/review_polarity/txt_sentoken/pos"
filenames <- dir(flodername)
## 连接每个评论文件的工作目录
filenames <- str_c(flodername,filenames,sep = "/")
## 读取所有文件
pos_text <- sapply(filenames, readonetxt)
```

上面的程序以相同的方式，读取pos文件夹里的1000个txt文件，并保存为pos_text。在两个文件夹的数据读取完后，可以使用append()函数，拼接两个列表。

```
polarity <- append(pos_text,neg_text)         ## 连接两个list文本文件
length(polarity)
## [1] 2000
names(polarity) <- NULL                       ## 删除列表的名称
## 探索这2000个文档中，每个文档包含多少个字符
charnum <- as.vector(sapply(polarity,nchar))
hist(charnum,breaks = 20)
```

上面的程序将读取的两个列表连接为一个列表，并且将列表的names属性定义为NULL，这样得到的polarity情感数据中，前1000条为正向的情感，后1000条为负向的情感。使用nchar()函数计算每个评论文本所含字符数量，并绘制出直方图，如图10-3所示。

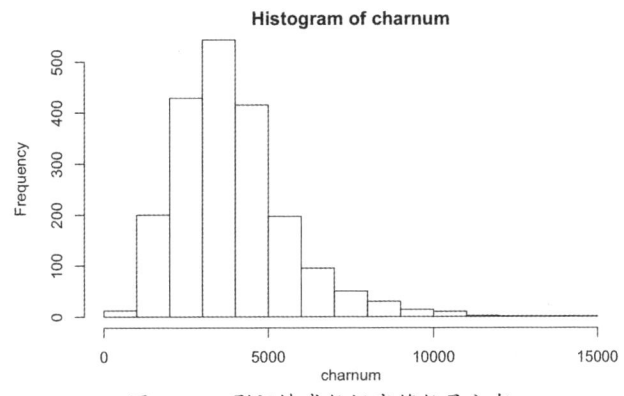

图10-3　影评情感数据字符数量分布

从图10-3中可以发现，大部分的评论数据字符使用数量在5000个字符以下。

由于原始文本文件内容中包含很多无用、杂乱、冗余的信息，在建立数据挖掘模型之前，还需要对读入R环境的每个文本进行预处理。

10.1.2 英文文本预处理

针对英文文本数据，在R环境中最常用的预处理工具就是tm包。

例10.2　针对例10.1中读取的英文文本数据集，请使用tm包中相关函数对文本进行预处理（去除不需要的字符、停用词，大写字母转换为小写字母，提取词干等），然后使用词云可视化预处理后的文本。

解：为便于对文本进行预处理，可以使用Corpus()函数创建一个语料库。程序

如下。

```
library(tm)
## 创建一个语料库，前1000条为正向内容，后1000条为负向内容
pol_cp <- Corpus(VectorSource(polarity))
## 输出语料库的内容
print(pol_cp)
## <<SimpleCorpus>>
## Metadata:  corpus specific: 1, document level (indexed): 0
## Content:  documents: 2000
## 查看语料库中的内容
inspect(pol_cp[1])
## <<SimpleCorpus>>
## Metadata:  corpus specific: 1, document level (indexed): 0
## Content:  documents: 1
## [1] films adapted from comic books have had plenty of success , whether they're
about superheroes ( batman , superman , spawn ) , or geared toward kids…
```

上面的程序将文本列表转化为便于分析处理的语料库。在tm包中，创建语料库可以使用Corpus()函数，使用print()函数可以对语料库的内容进行输出，从该情感语料库pol_cp的输出中可以发现，该语料库一共包含2000个文档。inspect()函数是tm包中查看语料库内容的函数，inspect(pol_cp[1])操作将会输出语料库中第一个文档所包含的文本内容。

之所以将文本文档数据集创建为语料库，是因为针对语料库对数据进行预处理、建立模型等操作会非常方便。尤其是可以使用tm_map()函数，该函数的用法和lapply()函数相似，可以将指定的操作作用于语料库上每一个文档，并且处理速度非常迅速。

```
## 去掉语料库中的所有数字
pol_clearn <- tm_map(pol_cp,removeNumbers)
## 从文本文档中删除标点符号
pol_clearn <- tm_map(pol_clearn,removePunctuation)
```

上面的程序就是使用tm_map()函数将removeNumbers（去除文档中的数字）和removePunctuation（删除文档中的标点）作用于语料库的每一条文档。

在英文语句中，很多时候会有相同的词使用大小写的情况出现，如Hello、hello它们表示相同的意思，但是会被当成不同的词语，所以需要将语料库中的每一个文档转换为小写字母，可以通过使用tm_map()函数调用tolower()函数来实现字母的转换。程序如下。

```
## 将所有的字母均转换为小写字母
pol_clearn <- tm_map(pol_clearn,tolower)
```

上面的程序是通过tolower()函数将语料库中的文档内容转化为小写字母。

在语言表达中包含出现很多次但是对语言分析模型没有帮助的词语，它们被称作停用词，如i、me、my、myself、we、our等。tm包的stopwords()函数中包含着一些常用的英文停用词，想要知道都有哪些停用词，在命令行输入stopwords()函数即可。下面使用tm_map()函数操作来去除语料库中的停用词。程序如下。

```
pol_clearn <- tm_map(pol_clearn,removeWords,stopwords())## 去掉停用词
```

在去除停用词时使用的函数为removeWords，该函数可以指定单词，并从语料库中去除这些词。

前面使用的操作去除了语料库中的数字、标点符号、停用词等，那么原来的位置就变成了空格，所以最后还需要将文本中不需要的空格进行剔除。程序如下。

```
pol_clearn <- tm_map(pol_clearn,stripWhitespace)  ## 去掉多余的空格
```

该程序利用stripWhitespace()函数来去除语料库中多余的空格。

对上述处理前和处理后的部分文档内容进行对比，内容如表10-1所示。

表10-1 文本处理前后对比

文本预处理前	文本预处理后
inspect(pol_cp[c(1,1001)])	inspect(pol_clearn[c(1,1001)])
① films adapted from comic books have had plenty of success , whether they're about superheroes (batman , superman , spawn) , or geared toward kids (casper) or the arthouse crowd (ghost world) , but there's never really been a comic book like from hell before . \nfor starters , it was created by alan moore (and eddie campbell) , who brought the medium to a whole new level in the mid '80s with a 12-part series called the watchmen ... ② plot : two teen couples go to a church party , drink and then drive . \nthey get into an accident . \nnone of the guys dies , but his girlfriend continues to see him in her life , and has nightmares . \nwhat's the deal ? \nwatch the movie and "sorta" find out ... \ncritique : a mind-fuck movie for the teen generation that touches on a very cool idea , but presents it in a very bad package ...	① films adapted comic books plenty success whether theyre superheroes batman superman spawn geared toward kids casper arthouse crowd ghost world theres never really comic book like hell starters created alan moore eddie campbell brought medium whole new level mid s part series called watchmen say moore campbell thoroughly researched subject... ② plot two teen couples go church party drink drive get accident one guys dies girlfriend continues see life nightmares whats deal watch movie sorta find critique mindfuck movie teen generation touches cool idea presents bad package makes review even harder one write since generally applaud films attempt break mold mess head lost highway memento good bad ways making types films folks just didnt snag one correctly seem taken pretty neat concept executed ...

由表10-1可以发现，预处理后的文本内容比处理前的内容更加简洁，而且没有

了干扰和冗余信息。接下来可以将处理好的文本数据进行可视化词云，来探索数据中一些有用的信息。

词云是一种通过可视化的方法，来描述词语在文本数据中出现的频率。词云会根据词语出现的频率，将其随机地分布于画面中，并且出现的频率越高，使用的字体越大，出现的频率越小，使用的字体越小。通过词云可以突出显示文本数据的主要内容，能够快速洞察文本的主要信息。

在R中有两个包可以可视化词云，分别为wordcloud包和wordcloud2包，可以将wordcloud2包作为wordcloud包的一个升级版本，通过wordcloud2包可以绘制可交互的词云。

在可视化词云前，需要计算出语料库中每个词语出现的次数。程序如下。

```
library(RColorBrewer)
library(wordcloud)
library(wordcloud2)
## 将清洗好的语料库转化为文档-词项TF矩阵
pol_dtm <- DocumentTermMatrix(pol_clearn)
## 查看每个词语的词频
freq.terms <- sort(colSums(as.matrix(pol_dtm)),decreasing = TRUE)
freq.terms <- data.frame(name = names(freq.terms),
                         fre = freq.terms,row.names = NULL)
head(freq.terms,5)
##       name  fre
## 1     film 8861
## 2      one 5521
## 3    movie 5440
## 4     like 3554
## 5     just 2900
```

上面的程序计算每个词语出现的频次，首先通过DocumentTermMatrix()函数，将清洗好的语料库数据转化为文档–词项频数矩阵，该矩阵的列为语料库中所有出现过的词语，它的行表示每一个文本文件，矩阵中的内容表示每个词语在对应的文本中出现的次数。这样对文档–词项频数矩阵的列求和，即可计算出每个词语出现的次数，可以发现语料库pol_clearn中出现次数最多的词语为：film（8861次）、one（5521次）、movie（5440次）、like（3554次）、just（2900次）。

在可视化词云时，因为语料库中的词语很多，不可能把所有的词都可视化在图中，所以下面只可视化出现次数较多的词语。程序如下。

```
length(which(freq.terms$fre>500))
```

```
## [1] 175
## 可视化所有文档的词云
set.seed(375)  # to make it reproducible
wordcloud(words=freq.terms$name, freq=freq.terms$fre,
          min.freq = 500,random.color = FALSE,
          scale=c(4,0.5), colors=brewer.pal(8,"Dark2"))
```

上面的程序利用wordcloud包中的wordcloud()函数，通过指定参数min.freq = 500，将出现次数大于500次的词语进行可视化的操作，可以得到如图10-4所示的词云图。

图10-4　评论数据词云

使用wordcloud2包可视化两种不同情感下的词云，程序如下。

```
## 计算不同类型数据的词频
freq.pos <- sort(colSums(as.matrix(pol_dtm[1:1000,])),decreasing = TRUE)
freq.pos <- data.frame(name = names(freq.pos),fre = freq.pos,
                       row.names = NULL)
freq.neg <- sort(colSums(as.matrix(pol_dtm[1001:2000,])),decreasing = TRUE)
freq.neg <- data.frame(name = names(freq.neg),fre = freq.neg,
                       row.names = NULL)
set.seed(375)
```

```
freq.neg[freq.neg$fre>200,] %>%
  wordcloud2()
freq.pos[freq.pos$fre>200,] %>%
  wordcloud2()
```

上面的程序分别进行正向评论数据和负向评论数据，得到的可视化词云结果如图10-5所示。

图10-5 负向和正向情感的词云

从图10-5中可以发现，在负向的词云中bad出现的频次很高，而正向的词云中，bad出现的频次很低。而且负向评论中movie出现的次数，比正向评论中出现的次数更高。

在数据集中，前面的1000条为负向情感文本，而后面的1000条为正向情感文本，那么正向评论的用户和负向评论的用户相比较，评论者会使用更多的词来表达自己的喜好吗？针对评论中用词的长度，可以使用小提琴图进行对比。程序如下。

```
polaritydf <- data.frame(text=sapply(pol_clearn, identity), stringsAsFactors=F)
polaritydf$label <- rep(c("pos","neg"),each = 1000)
## 对比分析两种情感评论的用词长度
wordlist <- str_split(polaritydf$text,"[[:space:]]+")
wordlen <- unlist(lapply(wordlist,length))
polaritydf$wordlen <- wordlen
ggplot(polaritydf,aes(x = label,y = wordlen))+
  geom_violin(fill = "red",alpha = 0.5)
```

上面的程序是将两种用户用词多少进行可视化的过程。首先从清洗后的语料库中提取文本，保存在数据表中，获取语料库中的文本内容可以使用identity()函数。然后使用str_split()函数，根据空格将每个句子切分为一个个词，并计算出用词的数量，最后使用ggplot2包中的geom_violin()绘制小提琴图，得到的图像如图10-6所示。

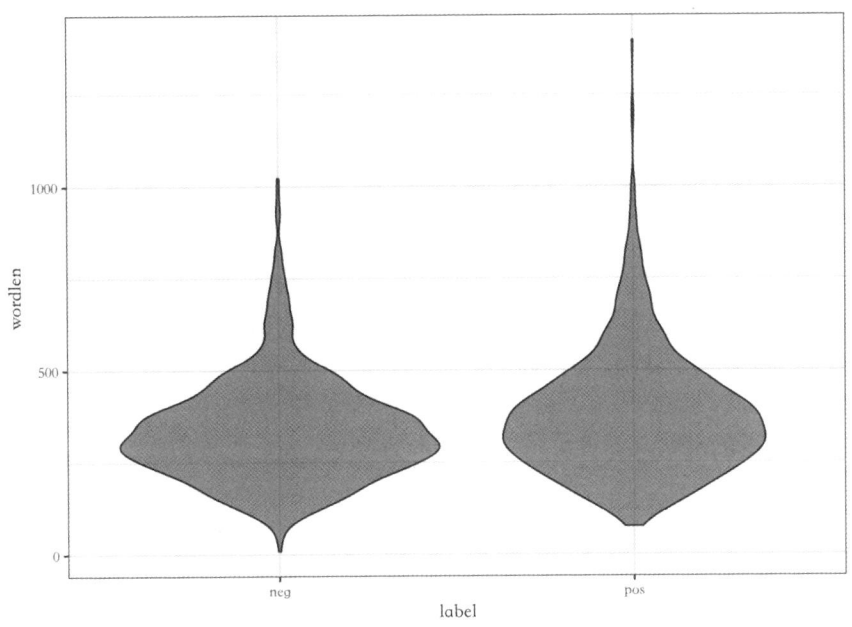

图 10-6　不同情感的评论用词数

由图10-6可以看出，正向情感的用户倾向于使用更多的词，来表达自己对电影的喜爱。为了更准确地说明这一点，可以使用t检验，比较两组样本的平均用词长度。程序如下。

```
t.test(wordlen~label,data = polaritydf)
##   Welch Two Sample t-test
## data:  wordlen by label
## t = -5.9188, df = 1937, p-value = 3.827e-09
## alternative hypothesis: true difference in means is not equal to 0
## 95 percent confidence interval:
##  -53.66942 -26.95458
## sample estimates:
## mean in group neg mean in group pos
##          337.027           377.339
```

上面的程序使用t.test()函数进行两独立样本t检验，从输出结果可以发现，两组样本的平均值不同，说明人们愿意用更多的文字来表达正向的情感。实际上喜欢者平均会使用377个词进行评论，而不喜欢者平均只使用337个词进行评论。

为了便于后面分析使用，可将该处理好的数据表格保存为csv格式文件。程序如下。

```
## 将处理好的数据表格保存
write.csv(polaritydf,"data/chap10/review_polarity.csv",row.names = FALSE)
```

10.1.3 中文文本预处理

10.1.2小节介绍的是英文文本的预处理操作，接下来讨论如何使用R进行中文文本的预处理操作。

中文文本数据挖掘和英文不同的是，中文文本在建立模型之前，需要进行分词操作，这是因为中文文本没有像空格一样的标示符将其切分为相应的词语。

针对中文分词，R中常用的包为jiebaR包。

例10.3 将收集好的《红楼梦》文本数据（如图10-7所示）读入R中，要求每一个段落作为数据表中的一行。针对该读取的文本数据，请完成下列问题。

（1）使用正则表达式找到每个章节的名字和内容，剔除不重要的行，如第几卷等。

（2）计算每个章节包含的段落数量。

（3）计算每个章节的长度，使用必要的辅助词典用于分词。

（4）可视化分词后的词云。

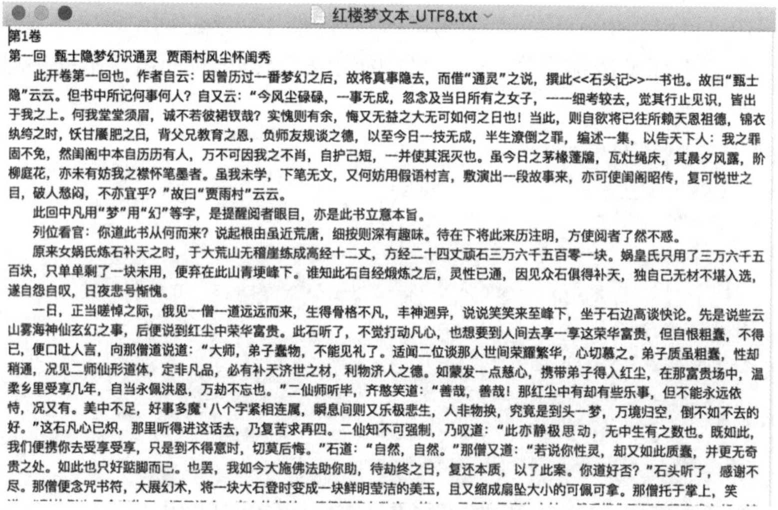
红楼梦文本_UTF8.txt

第1卷

第一回　甄士隐梦幻识通灵　贾雨村风尘怀闺秀

此开卷第一回也。作者自云：因曾历过一番梦幻之后，故将真事隐去，而借“通灵”之说，撰此<<石头记>>一书也。故曰“甄士隐”云云。但书中所记何事何人？自又云：“今风尘碌碌，一事无成，忽念及当日所有之女子，一一细考较去，觉其行止见识，皆出于我之上。何我堂堂须眉，诚不若彼裙钗哉？实愧则有余，悔又无益之大无可如何之日也！当此，则自欲将已往所赖天恩祖德，锦衣纨绔之时，饫甘餍肥之日，背父兄教育之恩，负师友规谈之德，以至今日一技无成，半生潦倒之罪，编述一集，以告天下人：我之罪固不免，然闺阁中本自历历有人，万不可因我之不肖，自护己短，一并使其泯灭也。虽今日之茅椽蓬牖，瓦灶绳床，其晨夕风露，阶柳庭花，亦未有妨我之襟怀笔墨者。虽我未学，下笔无文，又何妨用假语村言，敷演出一段故事来，亦可使闺阁昭传，复可悦世之目，破人愁闷，不亦宜乎？”故曰“贾雨村”云云。

此回中凡用“梦”用“幻”等字，是提醒阅者眼目，亦是此书立意本旨。

列位看官：你道此书从何而来？说起根由虽近荒唐，细按则深有趣味。待在下将此来历注明，方使阅者了然不惑。

原来女娲氏炼石补天之时，于大荒山无稽崖练成高经十二丈，方经二十四丈顽石三万六千五百零一块。娲皇氏只用了三万六千五百块，只单单剩了一块未用，便弃在此山青埂峰下。谁知此石自经煅炼之后，灵性已通，因见众石俱得补天，独自己无材不堪入选，遂自怨自叹，日夜悲号惭愧。

一日，正当嗟悼之际，俄见一僧一道远远而来，生得骨格不凡，丰神迥异，说说笑笑来至峰下，坐于石边高谈快论。先是说些云山雾海神仙玄幻之事，后便说到红尘中荣华富贵。此石听了，不觉打动凡心，也想要到人间去享一享这荣华富贵，但自恨粗蠢，不得已，便口吐人言，向那僧道说道：“大师，弟子蠢物，不能见礼了。适闻二位谈那人世间荣耀繁华，心切慕之。弟子质虽粗蠢，性却稍通，况见二师仙形道体，定非凡品，必有补天济世之材，利物济人之德。如蒙发一点慈心，携带弟子得入红尘，在那富贵场中，温柔乡里受享几年，自当永佩洪恩，万劫不忘也。”二仙师听毕，齐憨笑道：“善哉，善哉！那红尘中有却有些乐事，但不能永远依恃，况又有。美中不足，好事多魔'八个字紧相连属，瞬息间则又乐极悲生，人非物换，究竟是到头一梦，万境归空，倒不如不去的好。”这石凡心已炽，那里听得进这话去，乃复苦求再四。二仙知不可强制，乃叹道：“此亦静极思动，无中生有之数也。既如此，我们便携你去受享受享，只是到不得意时，切莫后悔。”石道：“自然，自然。”那僧又道：“若说你性灵，却又如此质蠢，并更无奇贵之处。如此也只好踮脚而已。也罢，我如今大施佛法助你助，待劫终之日，复还本质，以了此案。你道好否？”石头听了，感谢不尽。那僧便念咒书符，大展幻术，将一块大石登时变成一块鲜明莹洁的美玉，且又缩成扇坠大小的可佩可拿。那僧托于掌上，笑

图 10-7 《红楼梦》文本示例

解：首先需要导入下面这些包：

```
library(jiebaR);library(stringr);library(parallel);library(ggplot2)
library(GGally);library(ggExtra);library(tm);library(wordcloud2)
```

```
library(dplyr)
```

其中，jiebaR包用于进行中文分词，stringr包用于字符串的处理，parallel包用于并行计算，ggplot2、GGally、wordcloud2等包用于数据可视化等操作。

然后读取文本数据，程序如下。

```
## 读取停用词
filename <- "data/chap10/Red_dream/红楼梦停用词.txt"
mystopwords <- readLines(filename)
## 读取红楼梦文本
filename <-"data/chap10/Red_dream/红楼梦文本_UTF8.txt"
Red_dream <- readLines(filename,encoding='UTF-8')
```

上面的程序是从文本文件中读取小说《红楼梦》的文本数据，以及在分词时将会剔除掉的中文停用词文件。

读取数据后，进行一系列的文本预处理操作，程序如下。

```
## 提取读入的文本的每个章节数据##
Red_dream <- Red_dream[!is.na(Red_dream)]       ## 去掉空白行
juan <- grep(Red_dream,pattern = "^第+.+卷")     ## 删除卷数据
Red_dream <- Red_dream[(-juan)]
## 提取每一章节的名字
nameindex <- grep(Red_dream,pattern = "^第+.+回")
Red_dreamname <- data.frame(name = Red_dream[nameindex],
                            chapter = 1:120)
head(Red_dreamname)
##                                    name chapter
## 1 第一回 甄士隐梦幻识通灵 贾雨村风尘怀闺秀    1
## 2 第二回 贾夫人仙逝扬州城 冷子兴演说荣国府    2
## 3 第三回 ……
```

上面的程序主要操作是，去除不需要的文本内容，并提取出每一章节的名字，将其保存为数据表格的形式。在处理时使用grep()函数进行字符串操作，找到需要匹配的字符串所在的位置。

```
## 处理章节名,切分字符串
names <- data.frame(str_split(Red_dreamname$name,pattern = " ",simplify =TRUE))
Red_dreamname$chapter2 <- names$X1
## 连接字符串
Red_dreamname$Name <- apply(names[,2:3],1,str_c,collapse = ",")
## 每章的开始行数
Red_dreamname$chapbegin<- grep(Red_dream,pattern = "^第+.+回")
```

```
## 每章的结束行数
Red_dreamname$chapend <- c((Red_dreamname$chapbegin-1)[-1],length(Red_dream))
## 每章的段落长度
Red_dreamname$chaplen <- Red_dreamname$chapend - Red_dreamname$chapbegin
## 每章的内容
for (ii in 1:nrow(Red_dreamname)){
  ## 将一章的所有段落连接起来
  chapstrs <- str_c(Red_dream[ (Red_dreamname$chapbegin[ii] +1 ): Red_
  dreamname$chapend[ii]], collapse = "")
  ## 剔除不必要的空格
  Red_dreamname$content[ii] <- str_replace_all(chapstrs,pattern =
  "[[:blank:]]]", replacement = "")
}
## 每章节的内容
content <- Red_dreamname$content
Red_dreamname$content <- NULL
## 计算每章有多少个字
Red_dreamname$numchars <- nchar(content)
head(Red_dreamname,3)
##                              name           chapter chapter2
## 1 第一回 甄士隐梦幻识通灵 贾雨村风尘怀闺秀    1      第一回
## 2 第二回 贾夫人仙逝扬州城 冷子兴演说荣国府    2      第二回
## 3 第三回 贾雨村夤缘复旧职 林黛玉抛父进京都    3      第三回
##                           Name chapbegin chapend chaplen numchars
## 1 甄士隐梦幻识通灵,贾雨村风尘怀闺秀      1      50     49    7775
## 2 贾夫人仙逝扬州城,冷子兴演说荣国府     51      80     29    5882
## 3 贾雨村夤缘复旧职,林黛玉抛父进京都     81     119     38    8481
```

上面的程序主要完成了以下几个步骤的操作:

(1) 对每个章节的名称进行处理,将第几回和名称内容进行字符串切分和连接。

(2) 通过字符串的"^第+.+回"模式找到每个章节的开始和结束位置,并计算出每个章节一共有多少个段落和字符数量。

(3) 使用str_c()函数将每个章节的所有内容连接起来,并使用str_replace_all()函数对文本中多余的空格进行删除。书中每个章节的内容保存在content中。

(4) 将获取的所有的数据信息都保存在数据表中,数据表的前几行如上面的输出所示。

提取了文本的内容后,就可以对文本进行分词,分词将会使用jiebaR包进行。

> 说明：结巴分词（jiebaR）是一款高效的 R 语言中文分词包，底层使用的是 C++，通过 Rcpp 进行调用很高效，而且在使用上也非常方便。

对文本content的分词程序如下。

```
## 定义使用自定义词典的分词器，分词方式为"mix"：最大概率分割模型
Red_fen <- jiebaR::worker(type = "mix",
                          user = "data/chap10/Red_dream/红楼梦词典.txt")
Fen_red <- apply_list(as.list(content),Red_fen)
length(Fen_red)
## [1] 120
lapply(Fen_red[1:3],head)
## [[1]]
## [1] "此"     "开卷"    "第一回"  "也"    "作者"   "自云"
## [[2]]
## [1] "诗云"   "一局"    "输赢"    "料不真" "香销"   "茶"
## [[3]] ...
```

上面的程序使用jiebaR进行分词的操作，可以发现分析方法非常简单，而且分词效果很好。在使用worker()函数定义分词器时，参数type = "mix"表示分词的方法为最大概率分割模型，而且在分词时使用user参数引入了自定义的词典，词典中包含书籍中人物的名字、特有的词语等，这样分词的准确率会提高很多。

中文分词后，接下来就是去掉分词结果的停用词的操作。程序如下。

```
## 去掉停用词，使用并行的方法
cl <- makeCluster(4)
Fen_red <- parLapply(cl = cl,Fen_red, filter_segment,filter_words=mystopwords)
stopCluster(cl)
## 每章节最终有多少个词
Red_dreamname$wordlen <- unlist(lapply(Fen_red,length))
## 添加分组变量，前80章为1组，后40章为2组
Red_dreamname$Group <- factor(rep(c(1,2),times = c(80,40)),
                              labels = c("前80章","后40章"))
Red_dreamname$name <- NULL
head(Red_dreamname,3)
##   chapter chapter2                            Name           chapbegin chapend
## 1       1     第一回 甄士隐梦幻识通灵,贾雨村风尘怀闺秀           1      50
## 2       2     第二回 贾夫人仙逝扬州城,冷子兴演说荣国府          51      80
## 3       3     第三回 贾雨村夤缘复旧职,林黛玉抛父进京都          81     119
##   chaplen numchars wordlen   Group
```

```
## 1         49      7775      1939    前80章
## 2         29      5882      1488    前80章
## 3         38      8481      2228    前80章
```

上面的程序中在去掉停用词时，使用了并行的方法，makeCluster(4)表示开启一个4核运行的集群，而stopCluster(cl)表示终止集群cl。parLapply()函数的用法和lapply()函数的用法非常相似，不同的是parLapply()函数可以指定用于并行计算的集群，在运算时会比lapply()函数更快速。在去掉停用词时使用filter_segment()函数，该函数可以使用filter_words参数指定需要剔除的词语。在并行剔除停用词后，程序还计算出了每个章节分词得到的词语数量，保存在Red_dreamname数据表中。

例10.4 对于《红楼梦》这本古典名著，普遍认为书的前80章为曹雪芹所著，而后40章为他人续写，那么到底是不是这样呢？请利用文本挖掘方法，可视化分析《红楼梦》前80章和后40章的文本段落数、字数、词数等特征，进而判断这种说法是否可信。

解：先将这些特征进行可视化，程序如下。

```
## 每章节的段落数
p1 <- ggplot(Red_dreamname,aes(x = chapter,y = chaplen)) +
  theme_bw(base_family = "STKaiti",base_size = 10) +
  geom_point(colour = "red",size = 1) +geom_line() +
  geom_text(aes(x = 25,y = 0.9*max(Red_dreamname$chaplen)),
            label="前80章",family = "STKaiti",colour = "Red") +
  geom_text(aes(x = 100,y = 0.9*max(Red_dreamname$chaplen)),
            label="后40章",family = "STKaiti",colour = "Red") +
  geom_vline(xintercept = 80.5,colour = "blue") +
  labs(x = "章节",y = "段数",title = "《红楼梦》每章段数")
## 每章节的字数
p2 <- ggplot(Red_dreamname,aes(x = chapter,y = numchars)) +
  theme_bw(base_family = "STKaiti",base_size = 10) +
  geom_point(colour = "red",size = 1) +geom_line() +
  geom_text(aes(x = 25,y = 0.9*max(Red_dreamname$numchars)),
            label="前80章",family = "STKaiti",colour = "Red") +
  geom_text(aes(x = 100,y = 0.9*max(Red_dreamname$numchars)),
            label="后40章",family = "STKaiti",colour = "Red") +
  geom_vline(xintercept = 80.5,colour = "blue") +
  labs(x = "章节",y = "字数",title = "《红楼梦》每章字数")
p3 <- ggplot(Red_dreamname,aes(x = chapter,y = wordlen)) +
  theme_bw(base_family = "STKaiti",base_size = 10) +
```

```
    geom_point(colour = "red",size = 1) +geom_line() +
    geom_text(aes(x = 25,y = 0.9*max(Red_dreamname$wordlen)),
              label="前80章",family = "STKaiti",colour = "Red") +
    geom_text(aes(x = 100,y = 0.9*max(Red_dreamname$wordlen)),
              label="后40章",family = "STKaiti",colour = "Red") +
    geom_vline(xintercept = 80.5,colour = "blue") +
    labs(x = "章节",y = "词数",title = "《红楼梦》每章词数")
## 绘制每一章节的平行坐标图
p4 <- ggparcoord(Red_dreamname,columns = 6:8,scale = "center",
                 groupColumn = "Group",showPoints = TRUE,
                 title = "《红楼梦》") +
    theme_bw(base_family = "STKaiti",base_size = 10) +
    theme(legend.position = "bottom",axis.title.x = element_blank()) +
    scale_x_discrete(labels = c("段落数","字数","词数")) +
    ylab("中心化数据大小")
gridExtra::grid.arrange(p1,p2,p3,p4,ncol = 2)
```

上面的程序将书中每个章节的段落数量、章节的字数及用词的数量使用可视化的方式绘制出来，得到的结果如图10-8所示。

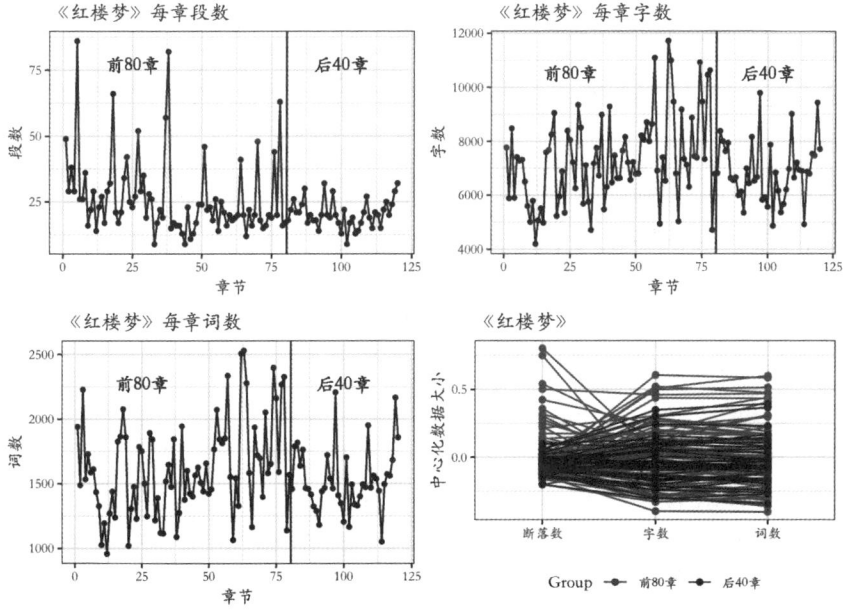

图 10-8　红楼梦前 80 章和后 40 章的特征

由图10-8可以发现，前80章和后40章在使用的段落数、每章字数、每章词数等方面都有很大的差异。

上述的这些差异还可以使用t检验来进行比较，程序如下。

```
t.test(chaplen~Group,data = Red_dreamname)
t.test(numchars~Group,data = Red_dreamname)
t.test(wordlen~Group,data = Red_dreamname)
```

上面的程序分别对段落数量、字数和词数进行了t检验，检验的结果如表10-2所示。

表10-2　两样本t检验结果

类　型	前80章平均值	后40章平均值	p-value
段落数量	26.4	20.5	0.002158
字数	7319.4	6886.175	0.09359
词数	1618.25	1528.025	0.1138

从t检验结果可以看出，前80章的段落数大于后40章，差异是显著的（"p-value=0.002158"<0.05）；字数、词数的差异在显著性水平为0.05的条件下虽然是不显著的，但是t检验的p-value均很小，说明它们还是有差别的。这也从某种程度上证明了《红楼梦》不是同一个人完成的说法并不是凭空想象的。

上面分析的是《红楼梦》宏观上的特征，接下来分析书中都有哪些关键词及哪些关键的人物。

首先是通过构建语料库，计算词频分析书中出现次数较多的词都有哪些。程序如下。

```
## 构建文档-词项频数矩阵
corpus <- Corpus(VectorSource(Fen_red))
Red_dtm <- DocumentTermMatrix(corpus,control = list(wordLengths=c(1,Inf)))
## 词频统计
word_freq <- sort(colSums(as.matrix(Red_dtm)),decreasing = TRUE)
word_freq <- data.frame(word = names(word_freq),freq=word_freq,row.names = NULL)
## 绘制词频图
nn = 300
word_freq[word_freq$freq >= nn,] %>%
    ggplot(aes(x = reorder(word,-freq),y = freq)) +
    theme_bw(base_size = 12,base_family = "STKaiti") +
    geom_bar(stat = "identity",fill="red",colour="lightblue",alpha=0.6) +
    scale_x_discrete() +
    theme(axis.text.x = element_text(angle = 75,hjust = 1,size = 8),
```

```
            plot.title = element_text(hjust = 0.5)) +
   labs(x = "词项",y = "频数",title = "《红楼梦》词频图")
```

上面的程序是通过文档-词项频数矩阵来计算每个词语出现的频数,并将出现次数大于300词的词语使用条形图绘制出来,得到的图像如图10-9所示。

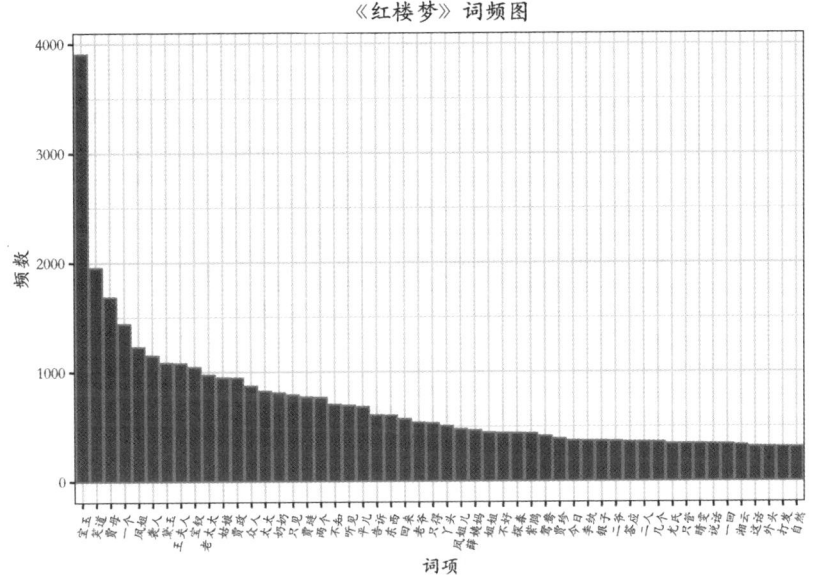

图 10-9　词频条形图

从图10-9中可以看出,宝玉出现的次数最多,接近4000次,贾母、凤姐、袭人、黛玉、王夫人、宝钗等人出现的次数也较多,这些都是书中的主要人物。

说明: 在统计中文词频时,如果使用DocumentTermMatrix()等函数无法正确计算,可以使用jiebaR包中的freq()函数。

例如,使用下面的程序统计词频:

```
fen_vet <- as.vector(unlist(Fen_red))
word_freq <- freq(fen_vet)
colnames(word_freq) <- c("word","freq")
```

由于绘图空间的限制,使用条形图并不能很好地可视化更多的词语。可以通过词云来查看《红楼梦》书中的内容。程序如下。

```
set.seed(123)      ## 词云
word_freq[word_freq$freq>60,] %>%
  wordcloud2(color = "random-dark",backgroundColor = "white",shape = "star")
```

上面的程序使用wordcloud2()函数可视化书中出现次数大于60的词语,并且使用shape = "star"参数指定绘图的形状为五角星，结果如图10-10所示。

图 10-10　红楼梦词云

10.2　文本主题模型挖掘

主题模型（Topic Model）是机器学习和自然语言处理等领域的常用文本挖掘方法，主要用于在一系列文档中发现抽象主题，是统计模型的一种。它是一种无监督的文档分组方法，和聚类类似，它是根据每个文档之间的相似性，将文档进行分组。

一般来说，如果一篇文章有一个描述的中心主题，那么一些特定词语会频繁地出现。例如，一篇介绍狗的文章，与"狗"相关的词语出现的频率会高些，如骨头、狗粮、哈士奇等；如果一篇文章是关于猫的，那么与"猫"相关的词语出现的频率会高些，如猫粮、鱼干、猫奴等。而有些词，如"这个""和""它们"等词语在两篇文章中出现的频率会大致相等。很多时候都会希望一篇文章表达一种主题，但真实的情况是一篇文章通常包含多种主题，而且每个主题所占的比例各不相同。因此，如果一篇文章10%和猫有关，90%和狗有关，那么与狗相关的关键字出现的次数大概会是与猫相关的关键字出现次数的9倍。

主题模型就是试图用数学框架来体现文档的这种特点。它通过自动分析每个文档，统计文档内的词语出现特性，根据统计的信息来断定当前文档含有哪个或者哪些主题，以及每个主题所占的比例。然而，由于语言在语义上非常丰富，很多时候会表达很多意思，如"单身狗"它本身是对某类人的描述，而不是字面意思上的对狗的描述，所以这些也会对主题挖掘算法的准确性提出挑战。

LDA（Latent Dirichlet Allocation，隐狄利克雷分配模型）是一种文档主题生成模型，包含词、主题和文档三层结构，可用于识别文档集或语料库中潜藏的主题信息，是一种无监督的机器学习技术。它把每一篇文档视为一个词频向量，从而将文本信息转化为易于建模的数字信息。每一篇文档代表了一些主题所构成的一个概率分布，而每一个主题又代表了很多单词所构成的一个概率分布。图10-11给出了LDA文档主题和特征词的结构。

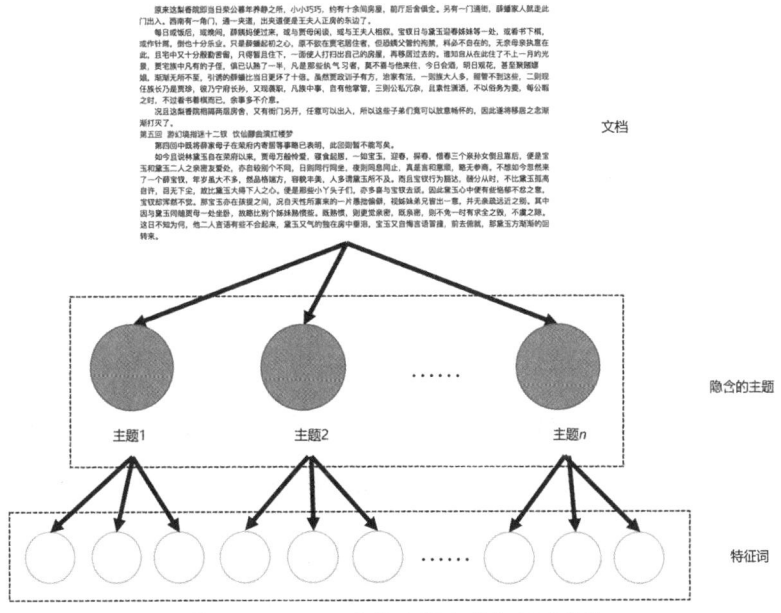

图 10-11　LDA 文档主题和特征词的结构

在图10-11中，LDA模型定义每篇文档均为隐含主题集的随机混合，从而可将整个文档集特征化成隐含主题的集合。LDA模型的层次结构可分为文档集层、隐含主题层及特征词层。

在LDA主题模型中，假设文档的主题分布和主题在词上的分布都是多项式分布，而且将狄利克雷分布（Dirichlet Distribution）作为多项式分布的共轭先验概率分布，因此使用狄利克雷分布能够更方便求解主题模型。针对 M 个文档，每个文档有 N 个词语 K 个主题的LDA贝叶斯网络结构如图10-12所示。

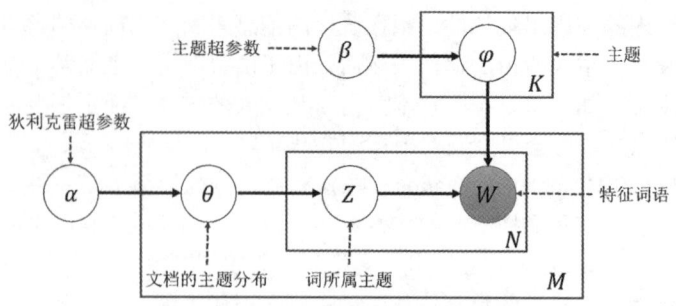

图 10-12　LDA 贝叶斯网络结构

根据图10-12所示的LDA贝叶斯网络结构的描述,在LDA主题模型中,一篇文档可以根据下面的方式生成:

(1) 从狄利克雷分布超参数 α 中取样生成第 i 个文档的主题分布 θ_i。

(2) 从主题多项式分布 θ_i 中抽取生成文档 i 第 j 个词所属的主题 $z_{i,j}$。

(3) 从主题超参数的狄利克雷分布 β 中抽取生成主题 $z_{i,j}$ 的特征词语分布 $\varphi_{z_{i,j}}$。

(4) 从特征词语的多项式分布 $\varphi_{z_{i,j}}$ 中采样最终生成特征词语 $w_{i,j}$。

因此,LDA模型中的可观察变量 w 和隐含变量 θ, z, β 的联合密度分布为

$$p(w_i, z_i, \theta_i, \phi \mid \alpha, \beta) = \prod_{j=1}^{N} p(\theta_i \mid \alpha) p(z_{i,j} \mid \theta_i) p(\phi \mid \beta) p(w_{i,j} \mid \varphi_{z_{i,j}}) \qquad (10\text{-}1)$$

最终一篇文档的特征词分布的最大似然估计可以通过对 θ_i, ϕ 进行积分,然后对 z_i 求和计算得到,最常用的计算方法是通过吉布斯采样(Gibbs)进行参数估计得出模型中的参数。

在R中,有多个可用于建立主题模型的包,常用的有lda包、LDAvis包和topicmodels包,其中LDAvis包可用于主题模型的可视化。

10.2.1　影评数据准备

例10.5　对例10.2中英文影评情感文本数据集(review_polarity.csv)进行词频统计等预处理,并整理为lda包可使用的数据形式。

解: 在使用lda包的主题模型之前,首先计算每个词语出现的频率。程序如下。

```
library(lda);library(LDAvis);library(stringr)
## 读取数据
polarity <- read.csv("data/chap10/review_polarity.csv")
```

```
textlist <- str_split(polarity$text,"[[:space:]]+")
#计算词的频率,获取模型所需要使用的词库
term_table <- table(unlist(textlist))
term_table <- sort(term_table, decreasing = TRUE)
term_table[1:10]
##        film       one       movie      like                just
##        8861      5521       5440       3554      3024      2900
##        even       good       time       can       will
##        2555      2321       2283       2232      2194
```

上面的程序是计算文本中每个词语出现频率的操作。程序读取文本数据后,将所有的文本使用空格进行切分,然后利用unlist()函数和table()函数计算每个词语出现的频率,并查看出现次数排前10名的词语。

如果对语料库中出现的所有词语进行建模,会占用大量的内存,因此出现次数较少的词可以不予考虑。

下面选出用于LDA模型的词语,程序如下。

```
## 剔除空的数据
del <- (names(term_table)) %in% c("")
term_table <- term_table[!del]
dim(term_table)
## [1] 46702
# 删除出现次数小于10次的词语
del <- term_table < 10
term_table <- term_table[!del]
vocab <- names(term_table)
```

在所有的文本中,一共出现了46702个词语,很多词语的出现次数非常低。为了降低语料库中词的数量,只使用出现次数大于10的词语。

在使用lda包建立LDA模型之前,需要将选出来的词库整理为lda包可使用的数据形式。程序如下。

```
Get_terms <- function(x) {
  index <- match(x, vocab)
  index <- index[!is.na(index)]
  rbind(as.integer(index - 1), as.integer(rep(1, length(index))))
}
documents <- lapply(textlist, get_terms)
```

上面的程序将数据整理为lda包可使用的形式,在输出的documents列表中,包含以下信息。

（1）documents[[i]]：表示第i个文档的数据。
（2）documents[[i]][1,j]：表示文档i中第j个单词对应在词库中的索引编号。
（3）documents[[i]][2,j]：表示文档i中第j个单词出现的次数。

在获得documents列表后，就可以用其建立LDA主题模型，分析文档数据集中所包含的主题。

10.2.2 lda 包分析影评数据

例10.6 对例10.5中处理后的影评情感数据集（列表形式）建立LDA主题挖掘模型，并进行可视化分析。

解：使用lda包建立主题模型的程序如下。

```
## 使用LDA模型
alpha <- 0.02
eta <- 0.02
set.seed(357)
t1 <- Sys.time()
fit <- lda.collapsed.gibbs.sampler(documents = documents, K = 4,
                                    vocab = vocab,
                                    num.iterations = 50, alpha = alpha,
                                    eta = eta, initial = NULL, burnin = 0,
                                    compute.log.likelihood = TRUE)
t2 <- Sys.time()
t2 - t1
## Time difference of 3.647314 secs
```

上面的程序使用了lda.collapsed.gibbs.sampler()函数建立LDA主题模型，其中参数K=4表示从文档中挖掘出4个主题，vocab参数指定文档中所使用的词库。可以发现，上述迭代50次的LDA模型只使用了4s左右的计算时间。

使用lda包得到LDA主题模型后，如果直接查看输出的结果并不容易理解主题的内容，可以使用LDAvis包对主题模型进行可视化。程序如下。

```
## 可视化LDA模型准备
theta <- t(apply(fit$document_sums + alpha, 2, function(x) x/sum(x)))
phi <- t(apply(t(fit$topics) + eta, 2, function(x) x/sum(x)))
doc_length <- sapply(documents, function(x) sum(x[2, ]))
term_frequency <- as.vector(term_table)
pol_ldavis <- list(phi = phi,theta = theta,doc_length = doc_length,
                   vocab = vocab,term_frequency = term_frequency)
```

```
#可视化LDA模型
json <- createJSON(phi = pol_ldavis$phi,
                   theta = pol_ldavis$theta,
                   doc.length = pol_ldavis$doc_length,
                   vocab = pol_ldavis$vocab,
                   term.frequency = pol_ldavis$term_frequency)
serVis(json, out.dir = "data/chap10/vis")
```

上面的程序中首先是处理可视化前需要的一些参数，然后使用createJSON()函数将需要使用的参数保存为JSON格式的文件，最后使用serVis()函数输出可视化结果，得到如图10-13所示的可交互式图像。

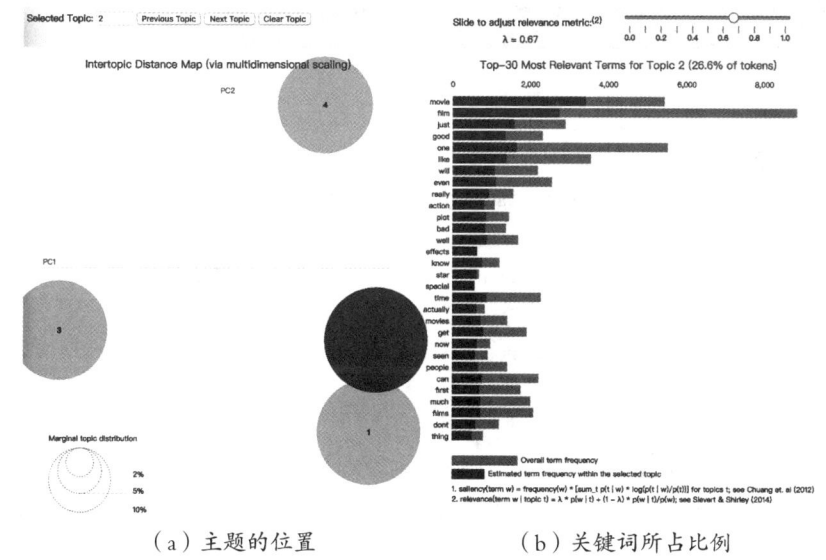

（a）主题的位置　　　　　　　　（b）关键词所占比例

图10-13　LDA 主题模型可视化

图10-13是LDA主题模型可视化交互图像中的一张截图，图10-13（a）为4个主题所在的位置，圆圈大小表示所包含的文档的多少，图10-13（b）为相应的关键词在所有词语中所占的比例。通过该交互图可以方便地分析每个主题所包含的内容。

10.2.3　topicmodels 包文本聚类

在R中，topicmodels包也可用于建立主题模型，而且在建立主题模型时，可直接使用文档-词项矩阵，这样比使用lda包更加方便。

例10.7　请使用topicmodels包对例10.3中已经预处理的《红楼梦》数据集进行

主题模型挖掘，并利用ggplot2包对所建主题模型进行可视化。

解： 前面利用tm包获得的文档–词项矩阵中词项一共有4万多个词语，非常稀疏，所以需要使用tm包中的removeSparseTerms()函数剔除一些不重要的词语。程序如下。

```
library(topicmodels)
library(tidytext)
library(tidyr)
## 减少文档–词项TF矩阵Red_dtm的稀疏性
Red_dtm2 <- removeSparseTerms(Red_dtm,0.98)
Red_dtm2
## <<DocumentTermMatrix (documents: 120, terms: 8374)>>
## Non-/sparse entries: 80322/924558
## Sparsity           : 92%
## Maximal term length: 7
## Weighting          : term frequency (tf)
```

上面的程序中通过removeSparseTerms(Red_dtm,0.98)操作，获得了新的文档–词项矩阵Red_dtm2，一共包含8374个词项。

接下来使用topicmodels包的LDA()函数建立主题模型，程序如下。

```
## LDA主题模型
lda <- LDA(Red_dtm2,k = 2,method= "Gibbs",control = list(seed = 1234))
lda
## A LDA_Gibbs topic model with 2 topics.
```

上面的程序使用Gibbs方法获得了LDA主题模型，一共得到了两个主题。

为了更好地理解两个主题的用词差别，可以使用tidytext包的tidy()函数计算每个主题中包含词项的beta取值的大小，并且使用直方图，将每个主题的前30个重要主题词项进行可视化。程序如下。

```
## 计算每个词项属于每个主题的可能性，词项–主题矩阵
term_topics <- tidy(lda, matrix = "beta")
## 每个主题的前30个主题词
topicplotdata <- term_topics %>% group_by(topic) %>%
  top_n(30,beta)%>%ungroup()%>%
  arrange(topic,desc(beta))%>%
  mutate(term = reorder(term, beta))
head(topicplotdata)
## # A tibble: 6 x 3
##   topic term       beta
```

```
##    <int> <fct>   <dbl>
## 1      1 宝玉    0.0209
## 2      1 贾政    0.0129
## 3      1 凤姐    0.0118
## 4      1 王夫人  0.0109
## 5      1 贾琏    0.0105
## 6      1 老太太  0.00965
```

使用tidy(lda, matrix = "beta")进行计算得到的term_topics数据表中有三列，分别为主题（topic）、词项（term）和对应beta值大小（beta）。使用group_by()和top_n()函数将每个主题中beta取值前30的词项提取出来，得到topicplotdata数据表。

使用ggplot2包的相关函数进行每个主题的重要词项可视化，程序如下。

```
ggplot(topicplotdata,aes(x = term,y = beta))+
  geom_bar(aes(fill = factor(topic)),stat = "identity",show.legend = FALSE)+
  facet_wrap(~topic,scales = "free",ncol = 2)+coord_flip()+
  theme(axis.text.x = element_text(size = 6))+labs(x = "",y = "")
```

这样就得到如图10-14所示的每个主题的重要词直方图。

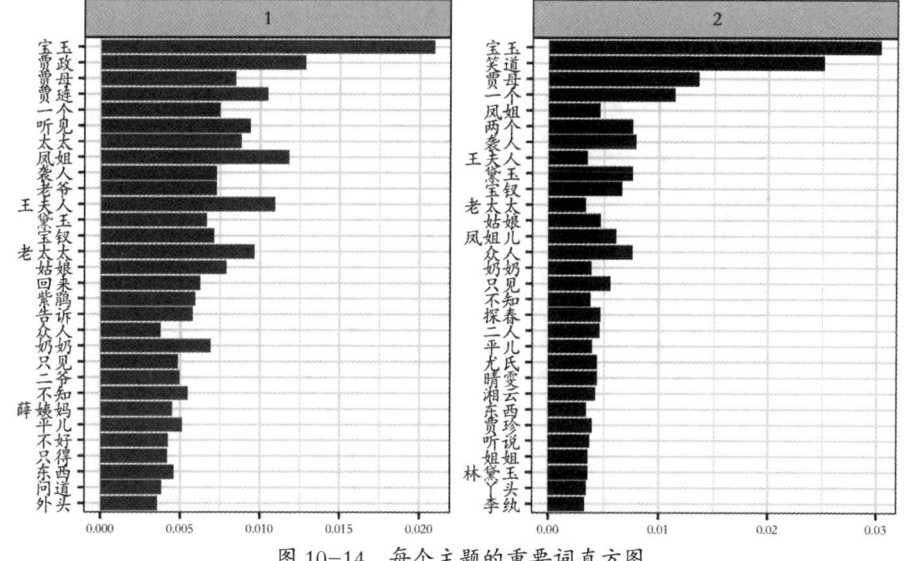

图10-14 每个主题的重要词直方图

针对建立的LDA主题模型，还可以计算出每个文档属于某个主题的可能性大小。下面将每个章节属于某个主题的可能性大小进行可视化，用于分析书籍的主题分布。程序如下。

```
## 计算章节属于主题的可能性大小
doc_topics <- tidy(lda, matrix = "gamma")
doc_topics$document <- as.integer(doc_topics$document)
doc_topics$topic <- factor(doc_topics$topic)
## 直方图可视化属于相应主题的可能性
ggplot(doc_topics,aes(x = document,y = gamma,fill = topic))+
  geom_bar(stat = "identity")+
  geom_hline(yintercept = 0.5)+
  geom_vline(xintercept = 80)+
  labs(x = "章节",y = "可能性",
       title = "《红楼梦》每章表示的主题")+
  theme(legend.position = "top",
        plot.title = element_text(hjust = 0.5))+
  scale_x_continuous(seq(0,120,by = 10),seq(0,120,by = 10))
```

在上面的程序中，使用tidy(lda, matrix = "gamma")函数，可得到包含topics、document、gamma三个变量的数据表，得到的直方图如图10-15所示。

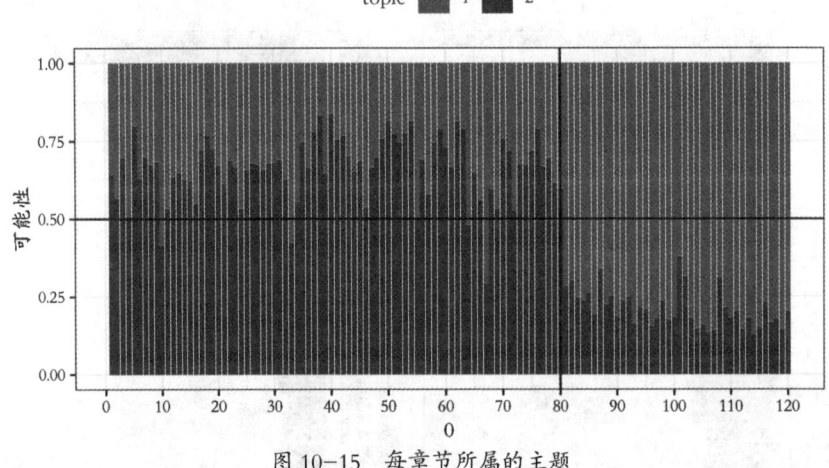

图10-15 每章节所属的主题

从图10-15中可以发现，书中一共有120个章节，其中前80个章节大部分属于第二个主题，而后40个章节大都属于第一个主题，可以说明书中前80个章节和后40个章节的风格、故事内容等具有明显的差异，这在一定程度上说明了后40章并非曹雪芹所著。

10.3 文本情感分析

扫一扫，看视频

文本情感分析（Text Emotion Analysis）是指用自然语言处理、文本挖掘、计算机语言学等方法来识别和提取原素材中的主观信息（主要是情感方面）。

情感分析的目的是找出说话者（或作者）在某些话题上或者针对一个文本两极或多极观点的态度。这个态度可以是他个人的判断，也可能是他当时的情感状态（有这个言论时的情绪状态），还有可能是作者有意向的情感交流（就是作者想要读者所体验的情绪）等。比如，从评论文本中分析用户对一部新上映电影的喜欢、厌恶等情感倾向。

文本情感分析的一个基本步骤就是对文本中的某段已知文字的两极性进行分类，通常是分析一个句子或一段话表示喜欢还是厌恶。

文本情感分析可以使用无监督和有监督的机器学习方法。有监督的机器学习是将情感分类看作分类问题，通过标注好情感的语料来学习一个分类器；而无监督的机器学习方法是通过文本用词的特点，利用词语的情感特性来分析文本的情绪。

下面使用有监督的分类方法对英文影评数据集进行情感分析，使用基于字典的无监督方法对《红楼梦》进行情感分析。

10.3.1 影评情感分类

针对影评数据的情感分类问题，在特征提取阶段可以使用n-gram模型来提取特征词项，然后计算文档-词项的TF-IDF矩阵，最后使用Lasso广义分类模型进行情感分类。

n-gram也称为n元语法，是一种基于统计语言模型的算法。它的基本思想是将文本内容按照字节进行大小为n的滑动窗口操作，形成了长度是n的字节片段序列。每一个字节片段被称为gram，对所有gram的出现频度进行统计，并且按照事先设定好的阈值进行过滤，形成关键gram列表（语料库的向量特征空间），列表中的每一种gram就是一个特征向量维度。通常使用的方式有：1-gram就是将一个单词作为一个词项，2-gram就是将两个相邻的单词作为一个词项。

TF-IDF（Term Frequency–Inverse Document Frequency）是一种用于信息检索与数据挖掘的常用加权技术，经常用于评估一个词项对于一个文件集或一个语料库中的一份文件的重要程度。词的重要性与它在文件中出现的次数成正比，而与它在语料库中出现的频率成反比下降。

在一份给定的文件里，词频（Term Frequency，TF）指的是某一个给定的词语在该文件中出现的频率。这个数字是对词数（Term Count）的归一化，以防止它偏向长的文件。对于一特定文件中的词语 $term_i$ 来说，词频可记为

$$tf_{i,j} = \frac{n_{i,j}}{\sum_k n_{k,j}} \tag{10-2}$$

其中，$n_{i,j}$ 为词语 $term_i$ 出现的次数，k 表示包含词语 $term_i$ 的文档数量，而分母则表示所有词项出现的次数之和。

逆向文件频率（Inverse Document Frequency，IDF）是一个词语普遍重要性的度量。某一特定词语的IDF，可以由总文件数目除以包含该词语文件的数目，再将得到的商取以10为底的对数得到

$$idf_i = \lg \frac{|D|}{|\{j : term_i \in d_j\}|} \tag{10-3}$$

其中，$|D|$ 表示语料库中所有的文档数量；$|\{j : term_i \in d_j\}|$ 表示包含词语 $term_i$ 的文档数量。

TF-IDF的取值是TF和IDF的乘积，记为

$$tfidf_{i,j} = tf_{i,j} \times idf_i \tag{10-4}$$

例10.8 请使用例10.2中已经预处理后的英文影评情感数据集（review_polarity.csv），将其切分为训练集和测试集，利用广义Lasso回归算法建立分类模型。

解： 在数据预处理之前，先将文本数据切分为训练集和测试集。程序如下。

```
library(text2vec);library(dplyr);library(glmnet);library(Metrics)
polarity <- read.csv("data/chap10/review_polarity.csv",
                    stringsAsFactors = FALSE)
polarity$label2 <- as.factor(ifelse(polarity$label == "neg", 0,1))
## 切分训练集和测试集，70%为训练集，30%为测试集
set.seed(123)
index <- sample(nrow(polarity),round(nrow(polarity)*0.7))
pol_train <- polarity[index,]
pol_test <- polarity[-index,]
```

上面的程序从文件夹中读取已经预处理的电影影评数据review_polarity.csv，该

数据包含已经过滤后的影评文档和所对应的情感标签,在建立模型之前,将数据集的70%作为训练集来训练分类器,30%作为测试集来测试分类器的泛化能力。

数据切分完毕后,需要分别计算训练集和测试集的文档–词项的TF-IDF矩阵。在获取特征时,可以使用text2vec包中的迭代器进行处理。程序如下:

```
## 数据集迭代器
pol_train_it <- pol_train$text%>%word_tokenizer()%>%itoken()
## 获取n-gram得到的词项,并对词项库进行修剪
vocab = create_vocabulary(pol_train_it, ngram = c(1L, 2L))%>%
  prune_vocabulary(term_count_min=15,doc_proportion_max=0.5)
## 得到每个词项的哈希矢量化
vocab_vect <- vocab_vectorizer(vocab)
```

上面的程序中首先使用word_tokenizer()函数和itoken()函数,将训练集中的所有文档转化为文档迭代器,以便于接下来提取n-gram模型的词项。在提取n-gram模型的词项时采用1-gram和2-gram结合的方式,就是文档中的单个单词和任意两个相邻的单词都作为一个词项。这种方式得到的词项维度很高,所以需要使用prune_vocabulary()函数对这些词项进行过滤,函数中的参数term_count_min=15,表示只保留出现次数大于15的词项。

在得到所有的词项后,使用vocab_vectorizer()函数对这些词项进行向量化编码,便于后面的TF-IDF特征矩阵的计算。

```
## 计算TF-IDF矩阵
pol_train_tfidf <- create_dtm(pol_train_it,vocab_vect)%>%
  fit_transform(TfIdf$new())
dim(pol_train_tfidf)
## [1] 1400 6069
## 获取测试集特征
pol_test_it <- pol_test$text%>%word_tokenizer()%>%itoken()
pol_test_tfidf <- create_dtm(pol_test_it,vocab_vect)%>%
  fit_transform(TfIdf$new())
dim(pol_test_tfidf)
## [1]  600 6069
```

上面的程序是根据训练集得到的词项库,分别计算测试集和训练集TF-IDF特征矩阵。针对word_tokenizer()函数和itoken()函数得到的文档迭代器,使用create_dtm()函数来获取文档–词项矩阵,而矩阵中的权重使用TfIdf$new()函数来指定计算TF-IDF权值。

根据计算结果可以发现,训练集为1400×6069的矩阵,测试集为600×6069的

矩阵，说明n-gram模型从训练集中获得的词项数量为6069个。

接下来使用训练集训练Lasso分类器，并使用测试集测试分类器的精度。由第5章内容可知，使用glmnet包建立Lasso分类模型，首先需要使用cv.glmnet()函数寻找合适的正则化参数。

```
Set.seed(123)  ## 使用Lasso分类器进行二分类模型
lasso_cv = cv.glmnet(x = pol_train_tfidf, y = pol_train$label2,alpha = 1,
                     family = "binomial",type.measure = "auc",
                     nfolds = 3,maxit = 1e3)
## 可视化不同参数下训练集的精度
plot(lasso_cv)
```

上面的程序通过交叉验证的方法针对训练数据集寻找合适的分类模型参数。通过plot(lasso_cv)函数将交叉验证结果可视化，结果如图10-16所示。

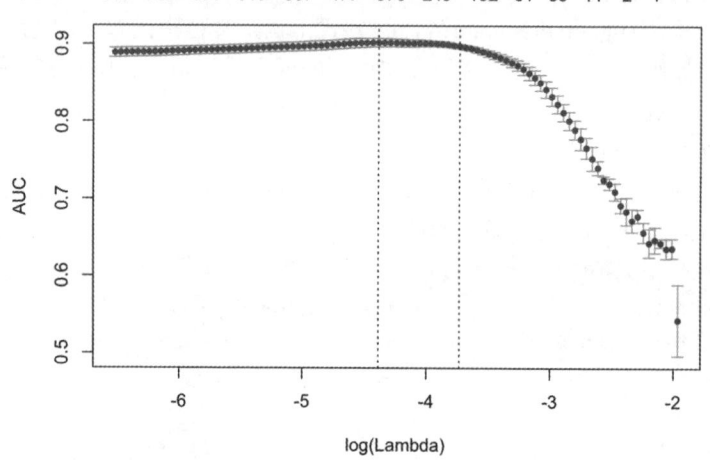

图 10-16 Lasso 不同参数下交叉验证结果

由图10-16可以发现，在测试集上交叉验证的精度最大值约0.9，精度较高。针对训练数据集，使用最优lambda参数获取新的Lasso分类器，程序如下。

```
## 使用最优的lambda参数训练分类器
best_lam <- lasso_cv$lambda.min
lasso_cla <- glmnet(x = pol_train_tfidf, y = pol_train$label2,
                    family = "binomial",alpha = 1,
                    lambda = best_lam,maxit = 1e3)
lasso_cla
## Call:  glmnet(x = pol_train_tfidf, y = pol_train$label2, family = "binomial", alpha = 1, lambda = best_lam, maxit = 1000)
```

```
##        Df   %Dev  Lambda
## [1,] 405 0.6994 0.01248
```

上面的程序使用lasso_cv$lambda.min来获取分类误差最小的lambda参数，再用其重新训练Lasso回归分类器。从分类器的输出中可以发现，此处lambda=0.01248，模型的自由度为405表示有405个重要的词项特征参与了Lasso分类器的建立。

下面使用测试集来检验分类器的识别精度，程序如下。

```
## 输出在测试集上的识别精度
test_pre <- predict(lasso_cla,pol_test_tfidf)
test_pre <- ifelse(test_pre > 0.5,1,0)
sprintf("在测试集上的情感识别精度为: %f",accuracy(pol_test$label2,test_pre))
## [1] "在测试集上的情感识别精度为: 0.843333"
```

由程序输出结果可以发现，模型在测试集上分类的准确率为84%，效果较好。

10.3.2 《红楼梦》情感分析

10.3.1小节针对英文影评数据集使用了有监督的方式来识别文档的情感，但是很多时候有些文档是没有监督信息的，这就需要使用无监督的方法来识别文本的情感。

最简单的无监督的文本情感分析方法就是基于情感词典的情感分析。该方法是利用事先准备好的情感词库，给每个词以相应的情感倾向度的权值，然后从文本中提取出所有的情感词，并根据句子的特点（反问句、疑问句等）计算最后的情感得分总和，以此判断文本的情感极性。

例10.9　由台湾大学整理并发布的情感词典（National Taiwan University Sentiment Dictionary，NTUSD）分为繁体中文和简体中文两个版本，包括2810个正向情感词语（ntusd-positive.txt）和8276个负向情感词语（ntusd-negative.txt）。请使用该词典对《红楼梦》预处理后的文本数据进行情感分析。

解：该词典没有给出每个词语的权值，可将每个词语表达情感的权重均设为1。在进行情感分析之前，首先进行数据准备，读取词典和导入相关包。程序如下。

```
library(jiebaR);library(ggplot2);library(dplyr);library(tidyr)
## 读取数据
load("data/chap10/Readdream_content.Rdata")
## 读取情感辞典
ntusd_neg <- readLines("data/chap10/ntusd-negative.txt",warn = F)
ntusd_pos <- readLines("data/chap10/ntusd-positive.txt",warn = F)
```

上面的程序导入了所需要的R包，并读取Readdream_content.Rdata文本数据（例

10.3处理后的《红楼梦》每个章节内容的数据集）和正向、负向的情感词典。

由于读取的《红楼梦》文本数据是没有分词的文本，需要对每个章节的数据进行分词。程序如下。

```
## 将两个情感词典也作为分词的词典进行分词
Red_fen <- jiebaR::worker(type = "mix",
                          user = "data/chap10/Red_dream/红楼梦词典.txt")
new_user_word(Red_fen,ntusd_neg)
## [1] TRUE
new_user_word(Red_fen,ntusd_pos)
## [1] TRUE
Fen_red <- apply_list(as.list(content),Red_fen)
## 去掉停用词
mystopwords <- readLines("data/chap10/Red_dream/红楼梦停用词.txt")
Fen_red <- lapply(Fen_red, filter_segment,filter_words=mystopwords)
```

为了能够正确地识别文本中表达情感的词语，在分词时将两个情感词典也作为分词的词典加入分词器中，通过语句new_user_word(Red_fen,ntusd_neg)将词典ntusd_neg加入分词器Red_fen中。对分词后的结果剔除停用词，就得到了每个章节的最终分词结果。

接下来识别每个章节正向词语和负向词语的数量，程序如下。

```
## 简单的方式就是计算分词后的文本中,有多少negative和positive的词语
neg_score<-unlist(as.vector(lapply(Fen_red,function(x){sum(x %in% ntusd_neg)})))
pos_score<-unlist(as.vector(lapply(Fen_red,function(x){sum(x %in% ntusd_pos)})))
red_pol <- data.frame(neg_score=-neg_score,pos_score=pos_score,chap = 1:120)
head(red_pol)
##   neg_score pos_score chap
## 1       -87        46    1
## 2       -91        34    2
## 3       -93        55    3
## 4       -93        29    4
## 5       -68        34    5
## 6       -70        31    6
```

上面的程序是分别计算每个章节中正向词语和负向词语出现的次数，最后将计算得到的负向词数量、正向词数量、章节数统一保存到数据表red_pol中，以便于对比每章节的情感倾向。

为了更好地分析每个章节的情感情况，可以将情感得分进行可视化。程序如下。

```
## 可视化每个章节正向词语和负向词语使用的数量
red_pol%>%gather(key = "pol",value = "score",-chap)%>%
  ggplot(aes(x =chap,fill =pol))+
  geom_bar(aes(y = score),stat = "identity")+
  theme(legend.position = "top")+
  labs(x = "章节",y = "得分",title = "《红楼梦》各章情感")+
  theme(plot.title = element_text(hjust = 0.5))
```

上面的程序是使用条形图绘制出各章的情感情况，得到如图10-17所示的图像。

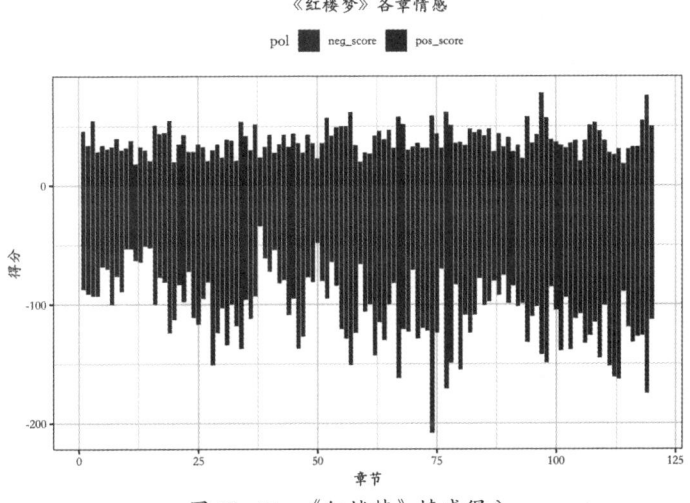

图 10-17 《红楼梦》情感得分

在图10-17中分别绘制了情感的正向得分条形图和负向得分条形图。由图10-17可以发现，全书每个章节的负向词使用数量远大于正向词，可以认为《红楼梦》更偏向于悲剧。

10.4 网络数据可视化及描述

扫一扫，看视频

现如今人们生活在一个相互连接的世界，从QQ、微信等社交网络到互联网，每个人都被各种网络所包围。这些网络结构由许多节点（个体）以及节点间的关系构成，节点通常可以是组织、个人、网络ID等不同含义的实体或虚拟个体，而节点之间的相互关系可以是亲友、动作行为、收发消息等多种关系。

在很多不同的领域会有不一样的网络关系，比如最常见的社交网络。社交网络代表各种社会关系，经由这些社会关系，从偶然相识的泛泛之交到紧密结合的家人关系的各种个人或组织都被串联在了一起。

每个领域的网络都有其独特的研究方法，但是从统计学的角度去观察，它们的研究具有很多相似的地方，通常都包含基于信息学、数学、社会学、管理学、心理学等多学科的融合理论和方法，主要内容为网络数据的可视化（网络图）、相关描述统计，以及面对一个完整的网络结构，如何对网络数据通过聚类等无监督的学习方法进行网络的分割等。

网络图主要有两种，一种是节点之间没有方向连接的无向图，如图10-18（a）所示，另一种是节点之间有方向的有向图，如图10-18（b）所示。接下来的内容如果没有特别说明，均指无向图。

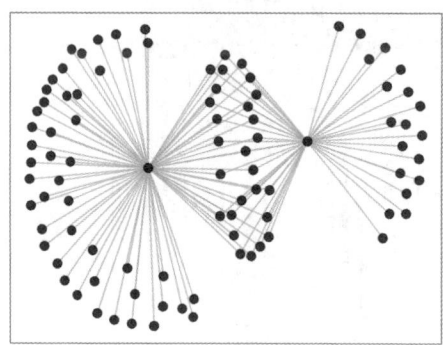

（a）无向网络图　　　　　　　　（b）有向网络图

图10-18　两种形式的网络图

在R中，用于分析网络数据的包主要有igraph包和igraphdata包，其中igraph是一个用于创建、操作网络图形和分析网络的包，igraphdata包中包含多个网络数据集。

10.4.1　网络数据可视化

例10.10　在igraphdata包中包含一个karate网络（空手道俱乐部网络）数据集，请读取该数据集，并对其进行网络可视化分析。

解：首先导入包和读取数据，程序如下。

```
library(igraph);library(igraphdata);library(ggplot2)
data("karate")   ## 读取并查看数据
karate
## IGRAPH 4b458a1 UNW- 34 78 - Zachary's karate club network
```

```
## + attr: name (g/c), Citation (g/c), Author (g/c), Faction (v/n),
## | name (v/c), label (v/c), color (v/n), weight (e/n)
## + edges from 4b458a1 (vertex names):
## [1] Mr Hi  --Actor 2   Mr Hi  --Actor 3   Mr Hi  --Actor 4
## [4] Mr Hi  --Actor 5   Mr Hi  --Actor 6   Mr Hi  --Actor 7
## [7] Mr Hi  --Actor 8   Mr Hi  --Actor 9   Mr Hi  --Actor 11
## + ... omitted several edges
```

上面的程序是从igraphdata包中读取karate数据集,网络中的节点代表俱乐部的成员,连接两个节点的边代表两个节点之间的社交关系。在数据的输出中,Mr Hi --Actor 2表示Mr Hi和Actor 2之间有一条边。

直接观察数据的输出不容易理解网络之间的具体情况,接下来使用as_data_frame()函数将网络数据转化为数据表格,并对数据进行观察。程序如下。

```
## 将网络图数据转化为数据表
karate_df <- as_data_frame(karate,what = "both")
head(karate_df$vertices,3)
##          Faction    name  label color
## Mr Hi          1   Mr Hi      H     1
## Actor 2        1 Actor 2      2     1
## Actor 3        1 Actor 3      3     1
head(karate_df$edges,3)
##    from      to weight
## 1 Mr Hi Actor 2      4
## 2 Mr Hi Actor 3      5
## 3 Mr Hi Actor 4      3
```

程序输出结果为两个数据表格,一个是节点数据表格vertices:包含Faction(派系)、name(节点名称)、label(节点标签)、color(节点颜色)等属性;另一个是边属性数据表格edges:包含from(开始节点)、to(结束节点)、weight(连接的权重)等信息。可以发现,转化为数据表格后,可以很好地理解节点之间的关系和节点具有的特性。

观察数据表并不是理解网络关系的最好方式,将其可视化为网络图是理解网络关系的非常高效的方法。针对该网络数据karate,可以直接使用plot()函数将其可视化。程序如下。

```
## 弹簧模型图网络图可视化
set.seed(12)
plot(karate,layout = layout.fruchterman.reingold)
```

程序中使用layout参数来指定弹簧模型(layout.fruchterman.reingold)的可视化

网络图。得到的可视化图像如图10-19所示。

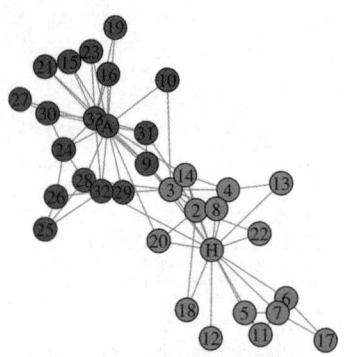

图 10-19 基础的空手道网络

> **说明**：弹簧模型的绘图方法就是为图中的节点定义一种力的作用、力的大小节点对的位置和相互之间的距离，迭代更新节点的位置，直到节点之间的力趋向于稳定。

图10-19是基础的空手道网络，图中每个节点都是用圆圈表示的。该图并没有经过修饰，使用igraph包可以将图进一步修饰来表达更多的信息。程序如下。

```
karate2 <- karate
# 生成节点的颜色和形状
colrs <- c("pink","tomato", "gold")
V(karate2)$color <- colrs[V(karate2)$color]
## 单独设置主管和教练节点的颜色
V(karate2)[V(karate2)$label %in% c("H","A")]$color <- "lightblue"
## 调整节点的形状
V(karate2)$shape <- "circle"
V(karate2)[V(karate2)$label %in% c("H","A")]$shape <- "rectangle"
## 根据节点的度，设置节点的大小
V(karate2)$size <- 12+degree(karate2)
## 设置边的粗细
E(karate2)$width <- E(karate2)$weight
## 可视化调整后的网络图
plot(karate2,layout = layout.fruchterman.reingold)
```

上面的程序是通过V()函数和E()函数来调整网络图的可视化效果，其中V()函数表示获取或修改网络图的节点属性，E()函数表示获取或修改网络图的边属性。得到的修改后的可视化图像如图10-20所示。

对比图10-20和图10-19所示的网络图，可以发现修饰后的图像能够传达更多有效、详细的信息。

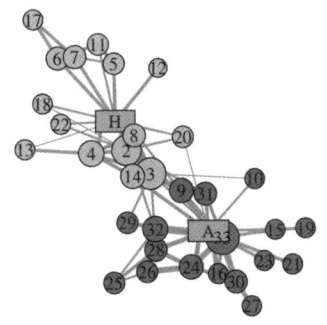

图 10-20　修饰后空手道网络可视化图

> 说明：在使用 igraph 包可视化网络图时，不仅仅只有弹簧模型，还有其他的可视化方式供选择，其他几种图形模型如表 10-3 所示。

表 10-3　igraph 包中可视化网络方式

参　　数	功　　能	描　　述
layout.circle	环形布局	所有节点分布在一个圆的圆周上，边通过圆进行绘制
layout.sphere	球形布局	在球体表面上分布图的顶点
layout.random	随机布局	随机地确定图中节点的位置
layout.kamada.kawai	能量布局	选择使系统能量最小的节点位置

10.4.2　网络图的描述

网络图的描述是指图的相关统计信息，主要包括度、是否为简单图、节点的邻居节点、是否为连通图、图的直径、边的数量、节点邻居平均度、节点的中心性、图的密度等内容，这些内容可以帮助人们更好地了解网络图的内部信息。

节点的度可以使用 degree() 函数来计算，无向图某个节点的度是指和该节点所连接边的数目。例如：

```
## 查看每个节点的度
degree(karate)
##     Mr Hi  Actor 2  Actor 3  Actor 4  Actor 5  Actor 6  Actor 7  Actor 8
##        16        9       10        6        3        4        4        4
...
## Actor 33  John A
##       12      17
```

> 说明：如果图中的某个节点出现自己指向自己，或者两个节点之间存在多于一条边相连的情况，则称这种图为多重图，否则称其为简单图。

使用is.simple()函数可以判断一个图是否为简单图,如karate图即为一个简单图。程序如下。

```
## 判断图是否为简单图
is.simple(karate)
## [1] TRUE
```

使用neighbors()函数可以查看图中有几个点会与指定的点相连。例如,在图karate中有16个节点(图一共有34个节点)和Mr Hi相连,分别为Actor 2、Actor 3等。程序如下。

```
## 查看图中某个节点的邻居节点
neighbors(karate,"Mr Hi")
## + 16/34 vertices, named, from 4b458a1:
##  [1] Actor 2  Actor 3  Actor 4  Actor 5  Actor 6  Actor 7  Actor 8
##  [8] Actor 9  Actor 11 Actor 12 Actor 13 Actor 14 Actor 18 Actor 20
## [15] Actor 22 Actor 32
```

> 说明:若图从节点A到达另一个节点B有一条通络,则可称节点A到节点B是可达的。若所有的节点从任一其他节点均可达,则可称该图为连通图。

判断图是否为连通图可使用is.connected()函数。例如,图karate即为一个连通图。程序如下。

```
## 判断图是否为连通图
is.connected(karate)
## [1] TRUE
```

> 说明:网络图中两个节点的距离是两个节点之间经过最短路径的边的数目。节点A的偏心率用于表示图中节点A到图中其他节点的最大距离。图的直径(diameter)表示取遍图的所有节点得到的偏心率的最大值。

图的直径可以使用diameter()函数来计算。例如,karate图节点的直径为13。程序如下。

```
## 计算图的直径
diameter(karate,directed = F)
## [1] 13
```

使用ecount()函数可以计算图中边的数目;使用vcount()函数可以计算图中节点的数目。例如,karate图一共有78条边、34个节点。程序如下。

```
## 计算边的数目
ecount(karate)
## [1] 78
```

```
## 计算节点的数目
vcount(karate)
## [1] 34
```

graph.knn()函数可以计算所有与指定节点连接的节点的平均度。例如，图karate中，与Mr Hi节点连接的所有节点的平均度为5，与John A节点连接的所有节点的平均度为4.0625。程序如下。

```
## 计算节点邻居平均度
graph.knn(karate,c("Mr Hi","John A"))$knn
##   Mr Hi  John A
## 5.0000  4.0625
```

> 说明：节点的中心性是节点在图中重要程度的度量指标，常用的一种节点中心性为接近中心性。节点的接近中心性指：如果一个节点和很多其他节点接近，那么该节点处于网络中心位置，说明该节点很重要。

可以使用closeness()函数计算图中每个节点的接近中心性。

```
Clos <- closeness(karate)
data.frame(vex = names(clos),weight = clos)%>%
  ggplot(aes(x=reorder(vex,weight),y = weight))+
  geom_bar(stat = "identity",fill = "tomato")+coord_flip()+
  labs(x="节点",y = "节点中心性")
```

上面是计算karate中每个节点的接近中心性并将其可视化的程序。得到的可视化图像如图10-21所示。

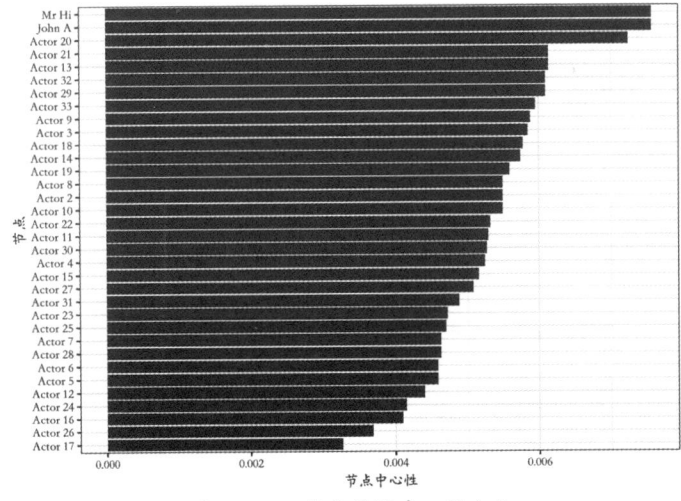

图10-21 节点接近中心性大小

从图10-21可以发现，Mr Hi和John A节点的接近中心性最大，它们分别为俱乐部的教练和主管，而剩下的成员中，重要性最大的成员为Actor20。

> 说明：网络图的密度表示实际出现的边与可能的边的频数之比。

可以通过graph.density()函数计算图的密度。例如，在空手道网络中图的密度为0.1390374。程序如下。

```
## 图的密度：实际出现的边与可能的边的比值
graph.density(karate)
## [1] 0.1390374
```

10.5 网络图的分割

针对一个网络图，人们往往想要知道图中的关系可以分割为几个不重叠的小社群，这样便于针对性地研究社群之间的联系。社群的特点是，其内部的点与点之间的联系很紧密，而与其他社群的连接比较稀疏。网络图分割常用的方法是使用聚类算法对网络图进行聚类分析。

在igraph包中，cluster_fast_greedy()函数可以针对网络图数据进行层次聚类分析。

例10.11 针对例10.10中修饰后的空手道俱乐部网络数据karate2，请使用聚类方法对网络进行分割，并将分割结果进行可视化。

解：对karate2网络的分割程序如下。

```
## 使用聚类分割网络图
kclu1 <- cluster_fast_greedy(karate2)
sizes(kclu1)
## Community sizes
##  1  2  3
## 18 11  5
## 可视化聚类结果
set.seed(12)
plot(kclu1,karate2)
Par(cex=0.8) ## 可视化系统聚类树
dendPlot(kclu1,mode = "hclust")
```

上面的程序对空手道俱乐部网络进行层次聚类，使用plot()函数将聚类结果可视化，结果如图10-22（a）所示；使用dendPlot()函数将聚类结果使用层次聚类树可视化，结果如图10-22（b）所示。

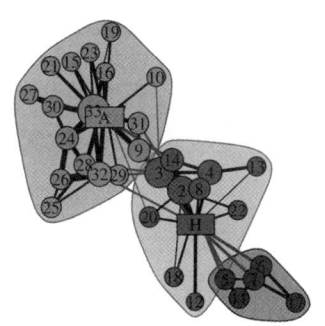
（a）网络分割图

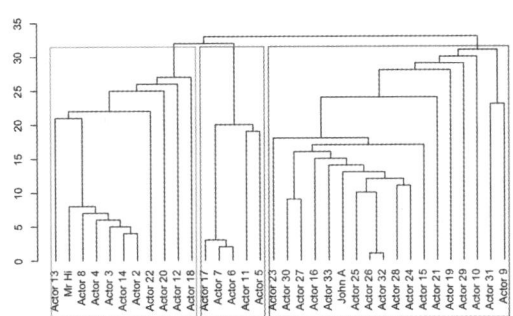
（b）层次聚类树

图10-22 网络层次聚类可视化结果

从图10-22中可以发现，网络被切分为3个部分，分别包含18、11、5个节点，通过层次聚类树可以分析簇形成的过程。

在igraph包中还包含多种通过聚类将图进行分割的方法，使用不同的方法会得到不同的分割结果。例如，cluster_louvain()函数通过模块化的多级优化算法对网络结构进行聚类。分割的可视化结果如图10-23所示。程序如下。

```
## 模块化的多级优化算法对网络结构进行聚类
kclu2 <- cluster_louvain(karate2)
sizes(kclu2)
## Community sizes
##   1  2  3  4
##   5 11  6 12
plot(kclu2,karate2)
```

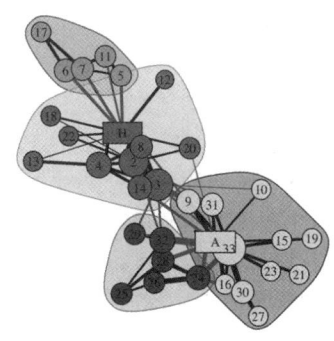

图10-23 多级优化算法下的网络图分割结果

从图10-23中可以看出，使用多级优化算法将空手道俱乐部网络分割为包含5、11、6、12个节点的4个簇。

10.6 本章小结

本章主要介绍了怎样使用R语言进行文本挖掘和社交网络分析的相关应用实例。在文本挖掘方面，主要分析了英文文本和中文文本挖掘的异同，介绍如何建立LDA主题模型及对文本进行情感分析。在社交网络分析方面，主要介绍了社交网络关系中的数据可视化、网络图的相关描述统计、使用聚类分析的思想对网络图进行分割等内容。

（1）本章主要介绍了以下几个主题。

① 英文影评情感数据挖掘。主要有英文文本数据预处理及数据可视化、使用LDA模型挖掘影评中的主题、对影评数据利用分类模型分析文本的情感。

② 中文《红楼梦》数据挖掘。主要有中文文本数据预处理及数据可视化、使用无监督的方法对《红楼梦》章节的情感分析。

③ 社交网络数据分析。主要有社交网络数据的可视化、对网络图的相关描述统计、图分割及其可视化等内容。

（2）本章主要介绍了以下几种术语。

① 词云、主题模型、n-gram、TF-IDF、情感分析、情感词典。

② 度、简单图、连通图、图的直径、节点邻居平均度、图的密度、节点的中心性、图分割。

（3）本章主要介绍了下面几个应用实例。

① 对影评情感数据进行预处理、探索性分析及相关可视化分析。

② 对《红楼梦》数据进行预处理、探索性分析及相关可视化分析。

③ 使用LDA模型对影评情感数据和《红楼梦》数据进行主题挖掘。

④ 使用Lasso分类模型，对影评情感数据进行情感分类分析。

⑤ 分析《红楼梦》数据每个章节的情感倾向性。

⑥ 对空手道俱乐部数据进行可视化及描述统计。

⑦ 利用聚类分析对空手道俱乐部数据进行图分割。

（4）本章主要介绍的包和函数如表10-4所示。

表10-4 主要介绍的包和函数

包	函数	应用
base	dir	环境所在路径
	append	往向量中添加元素
	readLines	根据行读取文本数据
	nchar	计算字符串的长度
	unlist	展开列表
tm	Corpus	创建语料库
	tm_map	作用于语料库上的转换函数
	removeNumbers	去掉数字
	removePunctuation	删除标点符号
	tolower	所有字母均转化为小写
	removeWords	去掉指定的词
	stripWhitespace	去掉多余的空格
	DocumentTermMatrix	构建文档-词项矩阵
wordcloud	wordcloud	词云可视化
stringr	str_split	切分字符串
	str_replace_all	替换字符串
	str_c	连接字符串
jiebaR	worker	中文分词器
	apply_list	对列表进行并行操作
parallel	makeCluster	开启并行集群
	parLapply	使用多个节点的并行运算
wordcloud2	wordcloud2	可视化交互词云
igraph	as_data_frame	将网络图数据转化为数据表
	V	网络图的节点
	E	网络图的边
	degree	网络图每个节点的度
	is.simple	判断图是否为简单图
	neighbors	查看图中某个节点的邻居节点
	is.connected	判断图是否为连通图
	diameter	计算图的直径
	is.dag	判断图是否为有向无环图
	ecount	计算图边的数目
	vcount	计算图节点的数目
	graph.knn	计算图节点邻居平均度
	closeness	图中节点的接近中心性
	graph.density	图的密度
	cluster_fast_greedy	使用聚类分割关系网络图
	dendPlot	可视化系统聚类树

习 题 10

10.1 在UCI机器学习数据库中，有一个20种新闻的数据集（Twenty Newsgroups Data Set），数据网址为：https://archive.ics.uci.edu/ml/datasets/Twenty+Newsgroups。

请对该数据集进行如下分析：

（1）对数据集进行文本预处理，计算出每个词语的频率，分析每类新闻的高频词之间有什么不同。

（2）使用词云可视化该文本的每类数据。

（3）如果忽略原始的类别，使用LDA主题模型对数据进行分析，例如使用10、20、30个主题进行分析，得到的结果有什么异同？

10.2 从网上下载《三国演义》这本书的文本数据，并且下载针对本书分词的外部辞典，对本书进行如下分析。

（1）将文本数据导入R中，对数据进行预处理，并对本书进行探索性分析。

（2）针对本书进行分词并计算词频，尝试分析本书的主要人物有哪些。

（3）对本书每章节的情感状况进行分析。

（4）如果每章同时出现两个人物，则将两人的关系权重加1，找到本书出现次数前100名的人物关系网络，并使用网络图将其清晰可视化，对关系网络进行分析。

（5）计算出现次数前20名的人物在每章节出现的次数，并将数据进行可视化分析，尝试分析这20个人物出现频率的相关性。

10.3 在igraphdata包中，有一个Ukfaculty数据集，该数据集是关于英国大学的学生友谊数据，请针对该数据进行如下分析。

（1）对该网络数据进行可视化。

（2）对该网络数据进行描述统计，计算哪些节点的度更大、图的直径等内容。

（3）使用聚类方法对网络图进行分割，并将分割结果进行可视化。

Chapter 11
第11章

支持向量机和神经网络

支持向量机和神经网络均属于黑箱方法（通过观测外部输入信息和输出信息的变化关系来探索黑箱内部构造和机理的方法），它们在机器学习、计算机视觉、自然语言处理等方面发挥着重要的作用。

支持向量机（Support Vector Machine，SVM）是一种有监督的学习模型（也可用于无监督学习），常用于数据的分类和回归问题，是深度学习提出之前的重要算法之一。针对二分类问题，每个训练样本被标记为属于两个类别中的某一类，SVM分类算法是想要训练出一个最好的高维空间分隔超平面，将新的样品分配给两个类别之一的模型，所以SVM可看成非概率二元线性分类器。SVM如果作为无监督的学习模型，通常可用于异常值识别等方面，在识别时会将数据划分为异常值类和非异常值类。

在实际应用中,SVM的分类和回归的效果都很好,其优缺点如表11-1所示。

表11-1 SVM的优缺点

优　点	缺　点
① 可应用于分类和回归问题。 ② 不会过多地受到噪声数据的影响,而且不容易过拟合。 ③ 在分类和回归问题中预测的准确率高,容易使用。 ④ 可应用于无监督的异常值识别。	① 通常需要测试多种核函数和参数组合才能找到效果较优的模型。 ② 训练速度慢,尤其是数据量较大时。 ③ 使用核函数会得到一个复杂的黑箱模型,不容易理解。

人工神经网络（Artificial Neural Network，ANN）简称神经网络,是机器学习和认知科学领域中一种模仿生物神经网络（动物的中枢神经系统,特别是大脑）的结构和功能的数学模型或计算模型,用于对函数进行估计或近似。神经网络由大量的人工神经元联结进行计算,大多数情况下人工神经网络能在外界信息的基础上改变内部结构,是一种自适应系统。

适合使用人工神经网络进行学习的问题主要有以下几个特征。

(1) 实例是用很多"属性-值"对来表示的,输入的数据也可以是任何实数。

(2) 目标函数的输出值可以是离散值、实数值或者由若干个实数属性或离散属性组成的向量。

(3) 训练数据可能包含错误,神经网络算法对数据集中的错误有很好的鲁棒性。

(4) 使用者可以容忍长时间的训练,神经网络算法的训练时间一般比较长,并且对硬件要求较高。

(5) 神经网络算法的训练时间较长,但是一旦模型训练完成,对后续实例的预测计算是非常快速的,可以快速求解出目标的函数值。

(6) 人类能否理解学到的目标函数不重要,由于神经网络的参数非常多,所以神经网络方法学习得到的权值经常是人类难以解释的。

全连接神经网络（Multi-Layer Perception，MLP，或者称多层感知机）是一种连接方式较为简单的人工神经网络结构,属于前馈神经网络的一种,主要由输入层、隐藏层和输出层构成。在机器学习中MLP较为常用,可用于分类和回归。

本章重点介绍在R语言中如何使用SVM进行分类、回归和异常值识别,使用MLP进行分类和回归等。

11.1 支持向量机分类

扫一扫,看视频

SVM分类的基本思想是求解能够正确划分数据集并且几何间隔最大的分离超平面,利用该超平面使任何一类的数据划分得相当均匀。对于线性可分的训练数据而言,线性可分离超平面有无穷多个,但是几何间隔最大的分离超平面是唯一的。

间隔最大化的直观解释是对训练数据集找到几何间隔最大的超平面,意味着以充分大的确信度对训练数据进行分类。而最大间隔是由支持向量来决定的,针对二分类问题,支持向量是指距离划分超平面最近的正类的点和负类的点。图11-1给出了在二维空间中,二分类问题的支持向量、最大间隔以及分隔超平面的位置示意图。

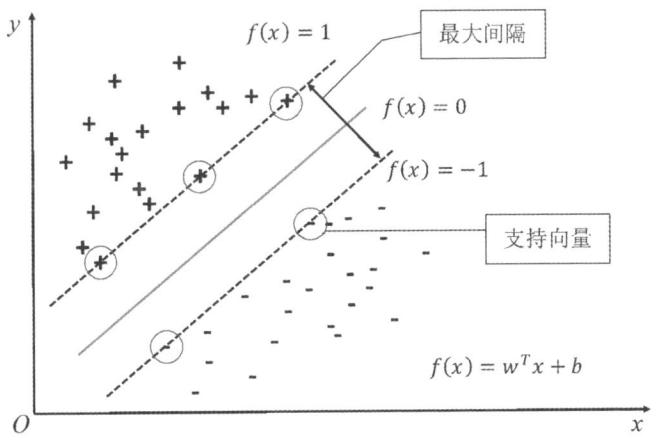

图 11-1 支持向量与最大间隔

在使用支持向量机算法时,由于并不是所有的问题都是线性可分的,这就需要使用不同的核函数。正是因为核函数的引入才使支持向量机能够训练出任意形状的超平面。

使用核函数的方式又称为核技巧,核技巧可以将需要处理的问题映射到一个更高维度的空间,从而对在低维度不易处理的问题转到高维度空间中进行处理,进而得到精度更高的分类器。核函数的作用效果如图11-2所示。

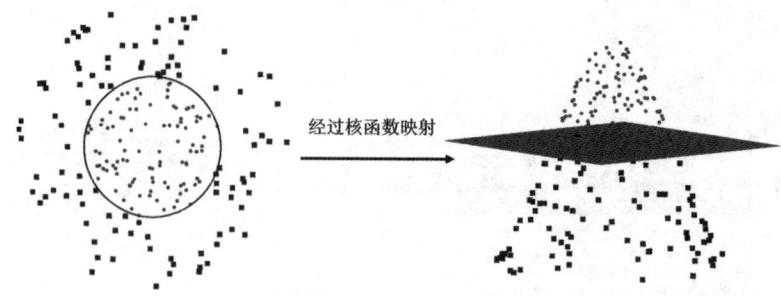

图 11-2 使用核函数将数据从低维度空间映射到高维度空间

从图11-2中可以发现，在低维度空间中线性不可分的问题，当使用核函数映射到高维度空间后，变得线性可分。

在R中，常用的核函数有线性核函数、多项式核函数、径向基核函数、sigmoid核函数等，它们的形式和参数如表11-2所示。

表 11-2 R 中 SVM 的核函数

核 函 数	形 式	参 数
线性核函数	$u^T v$	无
多项式核函数	$\gamma(u^T v + c_0)^d$	γ, c_0, d
径向基核函数	$\exp\{-\gamma|u-v|^2\}$	γ
sigmoid 核函数	$\tanh\{\gamma u^T v + c_0\}$	γ, c_0

在支持向量机的实际使用中，很少会有一个超平面将不同类别的数据完全分开，所以对划分边界近似线性的数据使用软间隔的方法，允许数据跨过划分超平面，这样就会使一些样本分类错误。通过对分类错误的样本施加惩罚，可在最大间隔和确保划分超平面边缘的正确分类之间寻找一个平衡。

在R中，可使用e1071包实现支持向量机的分类、回归、异常值的识别，及其可视化分析等。

11.1.1 数据降维

利用SVM算法进行分类，有时候由于数据集的维度过高，分类后不易观察SVM是如何划分数据的，所以常常需要对数据集进行降维。

例11.1 从kaggle的数据库中免费下载的Breast Cancer Wisconsin.csv数据集也称癌症数据集，该数据集一共有569个样本、32个特征，类别指标"diagnosis"分别取值为B（良性）和M（恶性）。为方便可视化支持向量机的分类界面，使用主成分分析对数据进行降维。

解：首先导入所需要的相关包，读取数据，查看数据中每类样本的数量。程序如下。

```
library(e1071);library(Metrics);library(readr);library(gmodels)
## 读取数据
Cancer <- read_csv("data/chap11/Breast Cancer Wisconsin.csv")
Cancer$diagnosis <- as.factor(Cancer$diagnosis)
table(Cancer$diagnosis)
##   B   M
## 357 212
```

在该数据集中，需要分类的变量为diagnosis，并且其被划分成了两类，其中良性样本357个、恶性样本212个，因此这是一个二分类问题。

因为数据集的维度过高，在使用支持向量机分类器进行分类后，不容易观察SVM是如何划分数据的，所以要对数据集进行降维。这里主要使用主成分分析对数据进行降维。程序如下。

```
Library(psych);library(ggplot2);library(pheatmap)
## 可视化碎石图，选择合适的主成分数
parpca <- fa.parallel(Cancer[,3:32],fa = "pc")
```

上面是选择合适的主成分个数的程序，并使用碎石图可视化主成分降维的过程，得到的碎石图如图11-3所示。

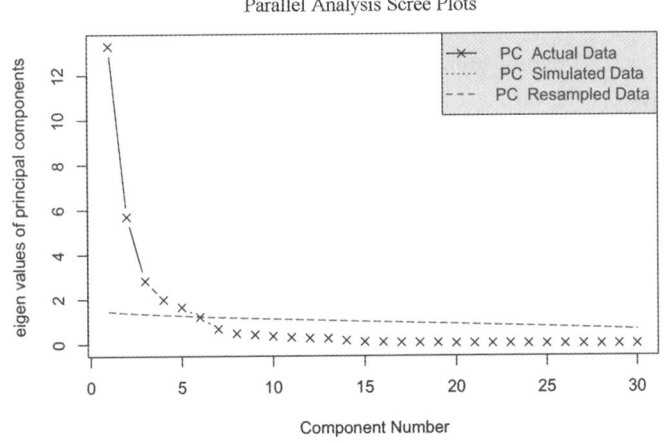

图 11-3　主成分分析碎石图

从图11-3所示的碎石图曲线的变化趋势可以看出，对数据降维保留5个主成分比较合适，并且能够保留数据的大部分信息。

```
## 主成分分析，提取前5个主成分
can_cor <- cor(Cancer[,3:32],Cancer[,3:32])
canpca <- principal(can_cor,nfactors = 5,rotate = "cluster")
## 可视化主成分和每个变量的相关性
pheatmap(canpca$loadings,cluster_rows = F,cluster_cols = F)
```

上面的程序使用principal()函数对原始数据进行主成分分析，参数nfactors = 5表示获取数据集的前5个主成分，将结果保存在canpca变量中。使用pheatmap()函数将主成分得分的载荷进行了可视化，结果如图11-4所示。

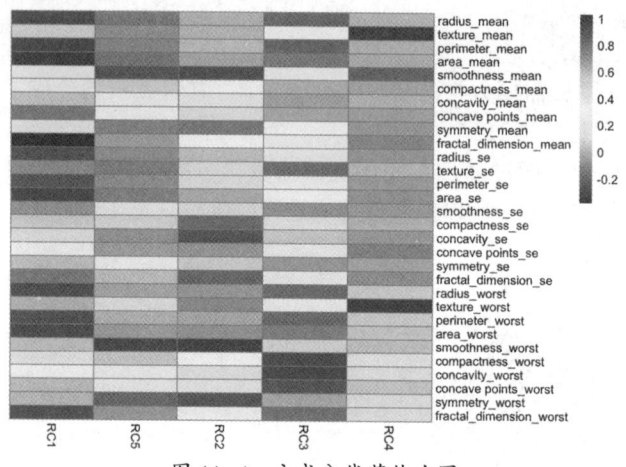

图11-4　主成分载荷热力图

根据图11-4可以观察每个主成分得分和原始数据特征之间的关系。针对主成分RC4，可以发现其与texture_mean、texture_se、texture_worst的载荷取值为正，而与其他特征之间的载荷为负。

计算各主成分的得分，程序如下。

```
## 使用pca模型获取数据集的5个主成分
can_score<- predict.psych(canpca,Cancer[,3:32])
dim(can_score)
## [1] 569   5
head(can_score,2)
##              RC1        RC5       RC2        RC3         RC4
## [1,] 2.14398826  2.6686188 1.2409385  0.1051650 -1.424708623
## [2,] 1.26818755 -0.4886897 -0.3731027 -1.0945307 -0.047042941
## 可视化前两个维度的数据分布
plotdata <- data.frame(PC1 = can_score[,1],PC2 = can_score[,2],
                       diagnosis = Cancer$diagnosis)
```

```
ggplot(plotdata,aes(x=PC1,y= PC2,colour = diagnosis,shape = diagnosis))+
  geom_point()+theme(legend.position = "top")
```

上面的程序是使用predict.psych()函数来获取原始数据的主成分得分，并通过ggplot()函数可视化前两个主成分，得到如图11-5所示的散点图。

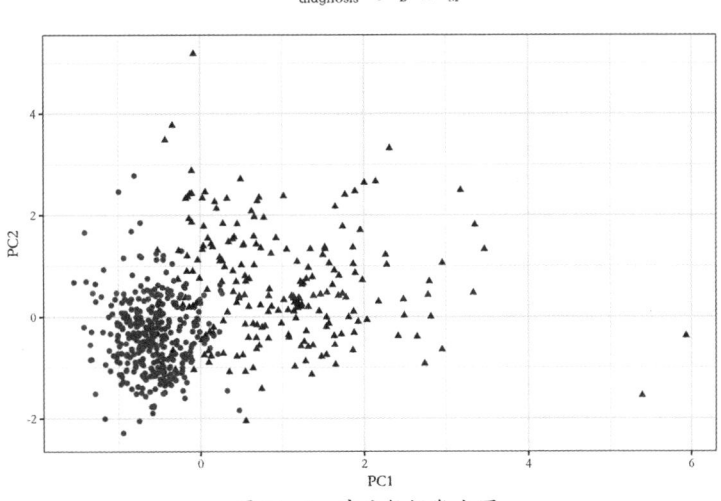

图 11-5　癌症数据散点图

在图11-5中，圆点数据表示良性的样本，三角形数据表示恶性的样本。可以发现，数据的前两个主成分之间只有少量数据重合。

在对数据降维后，可以在主成分得分上应用SVM算法，构建分类器。

11.1.2　SVM 识别癌症

例11.2　请利用e1071包对例11.1中降维后的癌症数据集建立SVM分类器，进行癌症的识别与预测。

解：将数据切分为两部分，其中70%用于训练、30%用于测试模型效果。为了可视化SVM分类器的分类超平面，只使用前两个主成分来构建分类器。程序如下。

```
## 数据70%用于训练,30%用于测试,为了方便可视化,只使用前两个主成分
set.seed(123)
index <- sample(nrow(can_score),round(0.7*nrow(can_score)))
cancerdata <- data.frame(can_score[,1:2])
cancerdata$diagnosis <- as.factor(Cancer$diagnosis)
colnames(cancerdata) <- c("PC1","PC2","y")
train_data <- cancerdata[index,]
```

```
test_data <- cancerdata[-index,]
```

上面的程序将数据切分为70%和30%两部分，只使用can_score的前两个主成分得分。接下来可使用svm()函数来建立分类器。程序如下。

```
## 线性核的支持向量机分类模型
can_svm <- svm(y~.,data = train_data,kernel ="linear")
summary(can_svm)
## Call:
## svm(formula = y ~ ., data = train_data, kernel = "linear")
## Parameters:
##    SVM-Type:  C-classification
##  SVM-Kernel:  linear
##        cost:  1
##       gamma:  0.5
## Number of Support Vectors:  67
## ( 34 33 )
## 在训练数据集上，可视化支持向量和分类面
plot(can_svm,train_data)
```

上面的程序中使用svm()函数来建立SVM分类器，用kernel = "linear"来指定使用一个线性超平面进行划分两种类型的数据，其他模型参数使用系统默认值。在使用svm()函数时，会根据y的取值类型自动进行分类或者回归建模，这里y是因子变量，所以可建立分类模型。从输出结果可以发现，一共使用了67个支持向量，两类数据中支持向量分别为34个和33个。最后使用plot()函数将分类器进行可视化，结果如图11-6所示。

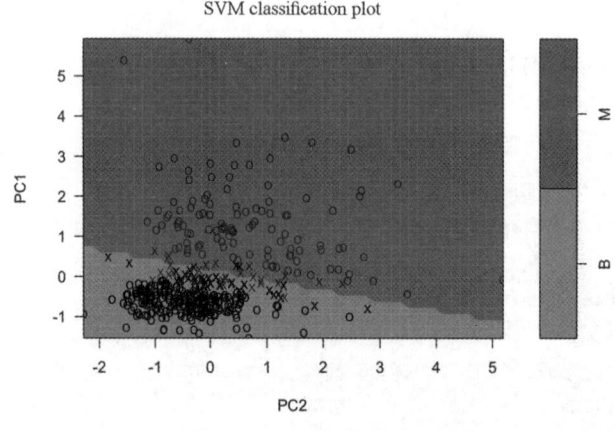

图11-6　SVM分类器可视化

在图11-6中,圆圈表示支持向量之外的数据样本,叉号表示数据中的支持向量。数据的切分超平面是一条直线(由于绘图精度等因素,直线看起来会有锯齿等情况)。

在获得SVM分类器后,查看使用该线性核的分类器在测试集上的效果。程序如下。

```
## 查看模型在测试集上的预测效果
test_pre <- as.character(predict(can_svm,test_data))
sprintf("base SVM model acc: %f",accuracy(test_data$y,test_pre))
## [1] "base SVM model acc: 0.947368"
table(test_data$y,test_pre)
##    test_pre
##      B   M
##  B  104   2
##  M    7  58
```

从输出结果可以发现,使用两个主成分构建的SVM分类器在测试集上的精度为94.7368%,一共有9个测试集预测错误,有2个良性样本和7个恶性样本预测错误。

使用线性核的SVM模型的分类精度还能提升吗?在e1071包中提供了tune.svm()函数,该函数可用于搜索不同参数下预测效果较好的模型。程序如下。

```
set.seed(1)  ## 调整参数提升模型的精度
svm_opt <- tune.svm(y~.,data = train_data,kernel ="linear",cost =seq(1,20,1))
## 可视化参数搜索的结果
plot(svm_opt,main = "SVM best cost parameter")
```

上面的程序使用tune.svm()函数搜索cost参数在不同取值下的模型效果,并使用plot()函数绘制不同参数对应的模型效果。结果如图11-7所示。

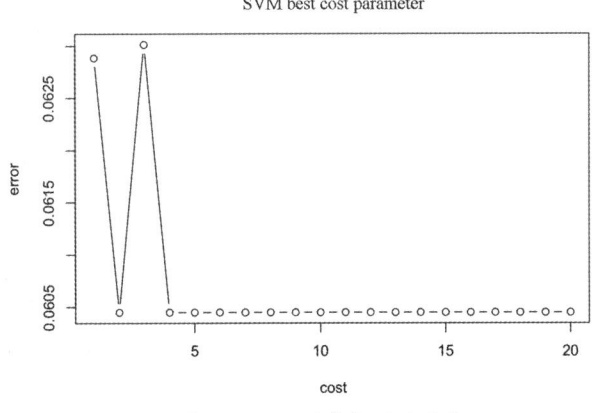

图 11-7 不同参数下的误差

图11-7描述了参数cost在不同的取值情况下的模型分类误差。结果表明，在cost取值大于等于4后的分类误差相对较小。

在tune.svm()函数的输出结果中还包含best.parameters属性（可以用于查看精度最好的参数）、best.performance属性（可以查看最好参数所对应模型下的分类误差）和best.model参数（保存着最好的SVM模型），这些属性都能通过$符号获取。程序如下。

```
svm_opt$best.parameters
##   cost
## 2   2
svm_opt$best.performance
## [1] 0.06044872
svmbest <- svm_opt$best.model
summary(svmbest)
## Call:
## best.svm(x = y ~ ., data = train_data, cost = seq(1, 20, 1), kernel =
     "linear")
…
## Number of Support Vectors:  63
##  ( 32 31 )
```

从上面的程序输出结果可以发现，在cost=2时，SVM分类器的精度最高，在训练集上的10折交叉验证的分类误差为6.044872%，其中模型中支持向量一共有63个。

将参数搜索后最好的分类器svmbest作用于测试集。

```
## 查看模型在测试集上的预测效果
test_pre <- as.character(predict(svmbest,test_data))
sprintf("best SVM model acc: %f",accuracy(test_data$y,test_pre))
## [1] "best SVM model acc: 0.947368"
table(test_data$y,test_pre)
##    test_pre
##      B   M
##   B 101   5
##   M   4  61
```

结果表明，在测试集上的预测精度为94.7368%，虽然模型的精度没有变化，但是将恶性样本预测为良性的样本由原来的7个减少到了4个，这在实际的应用中具有重要意义，因为这样可以保证更多的恶性癌症被诊断出，从而避免更多的恶性疾病被漏检。

SVM的核函数不仅可以是线性的，也可以是非线性的。下面通过更改SVM的分类kernel=" radial" 即高斯RBF核函数,以及对cost和gamma两个参数进行搜索,尝试提高模型的预测效果。程序如下。

```
set.seed(1)
## 模型是否还能进一步提高性能,搜索更多的参数
Optvm <- tune.svm(y~.,data = train_data,kernel ="radial",
                  cost = seq(1,20,1),gamma = seq(0.1,1,0.1))
plot(Optvm)
```

上面是使用radial核进行参数搜索的程序,不同参数组合下的搜索结果如图11-8所示。

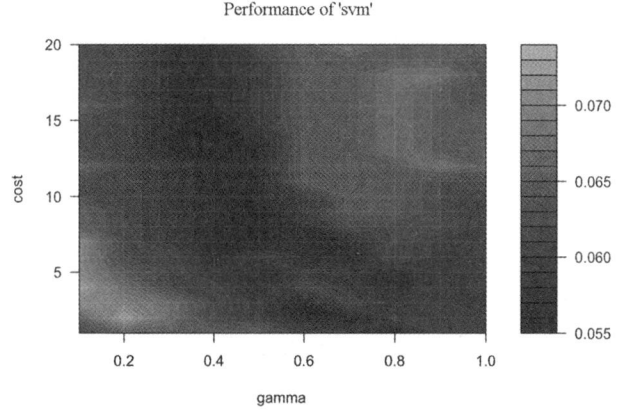

图11-8 radial核参数搜索

图11-8为radial核下参数搜索结果,因为同时搜索两个参数,所以得到的是热力图,其中颜色越深表示分类器的精度越高。

下面输出最好的模型参数和分类器,程序如下。

```
Optvm$best.parameters
##    gamma cost
## 17   0.7    2
Optvm$best.performance
## [1] 0.05532051
svmbest2 <- Optvm$best.model
## 可视化新的支持向量机分类面
plot(svmbest2,data = train_data)
```

将最好的分类器模型保存为svmbest2,且最好的参数组合为gamma=0.7、cost=2,分类器的误差为0.05532051。为了观察svmbest2的划分数据集的超平面,可以使用plot()函数将其在训练集上的切分超平面进行可视化。结果如图11-9所示。

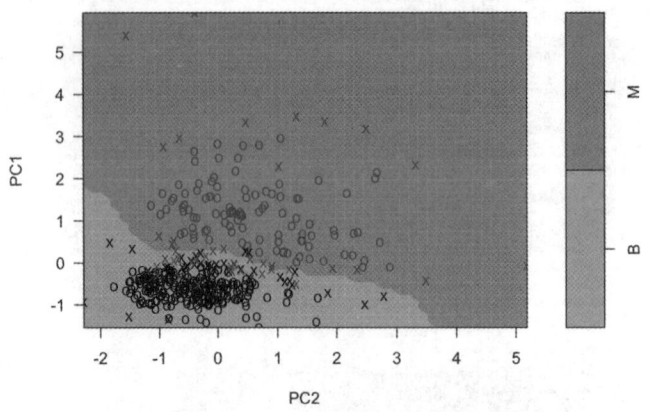

图 11-9 radial 核对应的超平面

由图 11-9 可以发现，radial 核对应的训练数据的切分超平面是一条曲线，这样的曲线能够获得更好的分类效果。

下面查看模型在测试集上的预测效果，程序如下。

```
## 查看模型在测试集上的预测效果
test_pre <- as.character(predict(svmbest2,test_data))
sprintf("best SVM model acc: %f",accuracy(test_data$y,test_pre))
## [1] "best SVM model acc: 0.959064"
table(test_data$y,test_pre)
##    test_pre
##       B   M
##    B 104   2
##    M   5  60
```

从输出结果可知，radial 核对应的 SVM 分类器的识别精度为 95.9064%，此时只有 7 个测试样本被预测错误，比使用线性核训练的 SVM 分类器的识别精度更高。

11.2 SVM 识别异常值

朴素贝叶斯分类是一种有监督的学习方法，在 8.2 节中已经利用该方法进行识别垃圾邮件。如果将少量的垃圾邮件看成正常邮件中的异常值数据，那么是否可以通过无监督的学习方法识别垃圾邮件呢？ SVM可以实现无监督的对异常值的识别。

异常值识别，又称异常值检测或离群点识别，是对不匹配预期模式或数据集中其他的项目、事件或观测值的识别。如在银行欺诈的识别、网络攻击的识别等，这些欺诈和攻击事件都不常出现，因此所呈现的模式往往会和众多正常的数据模式差别很大，从而成为事件集合中的异常值、孤立点。

11.2.1 常用异常值识别方法

一维数据常用的异常值识别方法是使用箱线图，但在实际中高维数据往往更常见。下面介绍一些针对高维数据进行异常值处理的方法，分别为局部离群值因子和SVM异常值识别。

DMwR包中包含一个lofactor()函数，该函数是使用局部离群值因子（Local Outlier Factor，LOF）来识别数据集合中的异常值。该方法通过估计每个样本和它的局部邻域的分离程度来获得样本的离群值得分。如果样本的局部密度低，LOF得分会很大，那么可能会被看成离群值，但不能给出是否为异常值的确切判断。

针对数据点 x 的LOF得分大小 x_{lof}，如果 x_{lof} 在1附近，则表明点 x 的局部密度跟它的邻居们差不多；如果 $x_{lof}<1$，则表明数据点 x 处在一个数据分布相对密集的区域，不应该为一个异常点；如果 x_{lof} 远大于1，则表明数据点 x 和其他点的距离较疏远，很有可能是一个异常点。

e1071包中的svm()函数（SVM方法对应的函数）在指定分类方式参数type = "one-classification"时（表示数据只有一类，比较特别的样本属于异常值），可以直接给出数据中的样本是否为异常值。SVM识别异常值的方法，主要是通过获取一个非异常值的球面包围，从而得到一个分隔球面，将异常值和非异常值分开。

例11.3 针对二维离群值数据集（outlierdata.csv），请分别使用LOF得分和SVM判断样本是否为异常值，并分析这两种方式对异常值识别的影响。

解：首先使用lofactor()函数进行异常值识别，程序如下。

```
## 二维数据中的异常值
library(ggplot2); library(DMwR); library(e1071)
## 读取异常值数据
outlierdata <- read.csv("data/chap11/outlierdata.csv")
## LOF方法识别异常值
lof_score <- lofactor(outlierdata,k=6)
outlierdata$lof_score <- lof_score
outlierdata$scorecut <- cut_width(lof_score,2)
```

```
## 可视化LOF得分
ggplot(outlierdata,aes(x=x,y=y,colour=lof_score))+
  geom_point(aes(shape = scorecut))+
  ggtitle("LOF得分")
```

在读取数据后，使用lofactor()函数来获取数据outlierdata中每个样本的异常值得分，其中参数"k"用于指定近邻个数。在获取得分后，通过ggplot2包将样本数据和得分大小进行可视化。结果如图11-10所示。

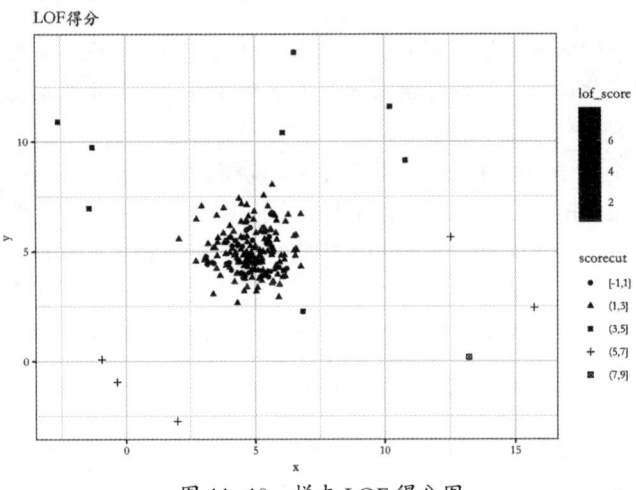

图 11-10　样本 LOF 得分图

在图11-10中，数据点越密集的地方，LOF得分越小，说明对应的样本属于异常值的可能性越小（如图中的圆点和三角形所对应的样本点）；数据越稀疏的地方，LOF得分越大，说明数据是异常值的可能性越大（如图11-10中的加号和矩形所对应的样本点）。

通过LOF得分判断异常值，往往会带有主观因素，不同的分析者会有不同的判断标准。

下面使用SVM来识别数据中异常值，程序如下。

```
## 使用支持向量机来识别异常值
out_svm <- svm(x = outlierdata[,c("x","y")],y = NULL,
               type = "one-classification",nu = 0.08)
## 预测是否为异常值
svmpre <- predict(out_svm,outlierdata[,c("x","y")])
outlierdata$isoutlier <- !svmpre
## 可视化SVM的识别结果
ggplot(outlierdata,aes(x=x,y=y))+
```

```
    geom_point(aes(shape = isoutlier))+
    ggtitle("SVM识别异常值")
```

在使用svm()函数训练识别异常值的模型后,使用predict()函数来预测数据是否为异常值,并将识别的结果可视化。得到的图像如图11-11所示。

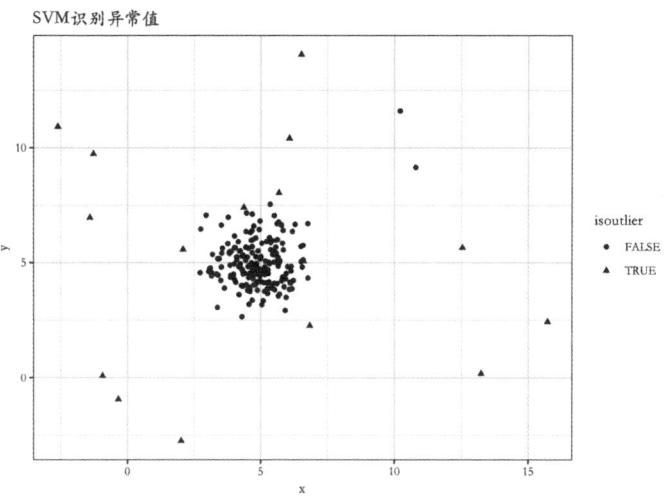

图 11-11　SVM 识别异常值结果

在图11-11中,圆点所代表的样本是正常的数据,三角形所代表的样本为异常值。可以发现,大部分的异常值分布在数据的外围,当然还有一些点直观上感觉是异常值,如图像右上角的两个圆点,但是SVM并没有将其归为异常值。

11.2.2 SVM 识别垃圾邮件

11.2.1小节介绍了R中两种识别异常值的方法,下面使用SVM识别异常值的方法来判断邮件数据中的垃圾邮件。

例11.4　针对例8.3中预处理后的垃圾邮件信息数据集,使用SVM来识别邮件数据中的垃圾邮件。

解:在8.2节使用朴素贝叶斯分类器时,需要计算得到文档–词项的词频矩阵,而使用SVM模型时,会使用文档–词项的TF-IDF矩阵作为建模时的数据特征。

计算数据TF-IDF矩阵的程序如下。

```
library(tm);library(gmodels)
load("data/chap8/spam_cp.RData") ## 读取数据
load("data/chap8/spam.RData")
## 构建TF - IDF矩阵
```

```
controls = list(weighting = function(x) weightTfIdf(x,normalize = FALSE))
spam_dtm <- DocumentTermMatrix(spam_cp,control = controls)
spam_dtm <- removeSparseTerms(spam_dtm,0.999)
spam_dtm
## <<DocumentTermMatrix (documents: 5572, terms: 1252)>>
## Non-/sparse entries: 36634/6939510
## Sparsity           : 99%
## Maximal term length: 19
## Weighting          : term frequency - inverse document frequency (tf-idf)
```

程序中计算垃圾邮件数据的文档–词项TF-IDF矩阵,并对其稀疏程度进行缩减,最后得到的TF-IDF矩阵维度为5572×1252。

在应用SVM识别异常值之前,将矩阵切分为75%训练数据集和25%测试数据集。

```
## 数据随机切分为75%训练集和25%测试集
set.seed(123)
index <- sample(nrow(spam),nrow(spam)*0.75)
spam_dtm2mat <- as.matrix(spam_dtm)
train_x <- spam_dtm2mat[index,]
train_y <- spam$label[index]
test_x <- spam_dtm2mat[-index,]
test_y <- spam$label[-index]
```

下面使用svm()函数来建立识别垃圾邮件的模型。在使用svm()函数时,只需要指定训练数据中的x参数,不需要标明数据集邮件的类别标签,指定参数type = "one-classification"即可。程序如下。

```
## 使用支持向量机来识别异常值
out_svm <- svm(x = train_x,y = NULL,type = "one-classification",nu = 0.1)
## 预测是否为异常值
svmpre <- predict(out_svm,test_x)
table(svmpre)
## svmpre
## FALSE  TRUE
##   214  1179
```

在训练好通过识别异常值的方法识别垃圾邮件的模型后,使用predict()函数作用于测试集来预测每条测试数据是否为垃圾邮件。从输出结果可以发现,SVM方法将测试集预测为214条是异常值、1179条是正常数据。

因为该测试集有真实的类别标签,可以计算异常值识别模型识别垃圾邮件的准确率。程序如下。

```
svmpre2 <- ifelse(svmpre == TRUE, "ham","spam")
table(test_y,svmpre2)
##         svmpre2
## test_y   ham spam
##    ham  1060  146
##    spam  119   68
sprintf("异常值检测识别精度为%.4f",accuracy(test_y,svmpre2))
## [1] "异常值检测识别精度为0.8098"
```

上面的程序中计算了SVM异常值识别模型识别垃圾邮件的准确率。从输出结果可以发现，有119条垃圾邮件识别为正常邮件、146条正常邮件识别为垃圾邮件，整体异常值识别准确率为80.98%。

综上可知，无监督的异常值识别方法可以应用于识别垃圾邮件，但识别的精度并不是很高，会将很多重要的邮件识别为垃圾邮件，过滤掉很多有用的信息，从而给客户带来不利的影响，这种失误在实际中是很不可取的。但是这并不能说明异常值识别的方法是无效的，因为实际中识别时往往是没有监督信息的，使用无监督的异常值识别还是不错的选择。

11.3 支持向量回归

SVM不仅可以用于识别异常值，预测离散的变量（分类），也可以建立回归模型预测连续的变量。

对于样本(x,y)，传统的回归模型通常直接基于模型输出$f(x)$与真实输出y之间的差异来计算损失，当且仅当$f(x)$和y完全相同时，损失才为零。

支持向量回归（Support Vector Regression，SVR）则假设能够容忍$f(x)$和y之间最多有ε的偏差，即当$|f(x)-y|\leqslant\varepsilon$时，认为预测是准确的，只有$f(x)$和$y$之差的绝对值大于$\varepsilon$时才计算损失。如图11-12所示，这相当于以$f(x)$为中心，构建了一个宽度为$2\varepsilon$的间隔带，若训练样本落入此间隔带，则认为预测结果是正确的。

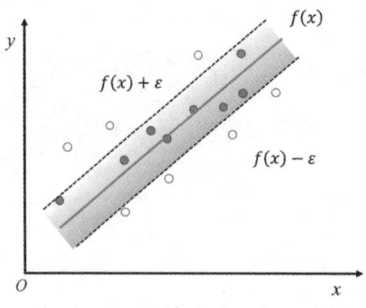

图 11-12　支持向量回归示意图

11.3.1　数据预处理

例11.5　kaggle网站的"House Sales in King County, USA"数据集（kc_house_data.csv）为美国房屋销售情况与价格等相关信息的数据，为便于后面使用SVR模型预测房屋的价格，请对该数据集进行预处理，并可视化变量之间的关系。

解： 对数据进行预处理，主要是进行剔除异常样本、将数据集切分为训练集和测试集等操作。程序如下。

```
library(e1071);library(caret);library(Metrics);library(readr);library(outliers);
library(Ggally)
library(corrplot);library(lubridate)
kc_house <- read_csv("data/chap11/kc_house_data.csv")
kc_house$date <- year(kc_house$date)
kc_house <- kc_house[,2:21]
## 剔除价格异常的数据
outlierval <- boxplot.stats(kc_house$price)$out
kc_house <- kc_house[!(kc_house$price %in% outlierval),]
## 剔除 bedrooms 异常的数据(==0,>6)
index <- c(which(kc_house$bedrooms == 0),which(kc_house$bedrooms > 6))
kc_house <- kc_house[-index,]
## 剔除 bathrooms 取值为异常值的数据
outlierval <- boxplot.stats(kc_house$bathrooms)$out
kc_house <- kc_house[!(kc_house$bathrooms %in% outlierval),]
## 剔除 sqft_lot 取值为异常值的数据
outlierval <- boxplot.stats(kc_house$sqft_lot)$out
kc_house <- kc_house[!(kc_house$sqft_lot %in% outlierval),]
## 剔除特征 waterfront 和 view
kc_house$waterfront <- NULL
```

```
kc_house$view <- NULL
## 剔除 condition 取值为异常值的数据
outlierval <- boxplot.stats(kc_house$condition)$out
kc_house <- kc_house[!(kc_house$condition %in% outlierval),]
## 剔除 sqft_basement 取值为异常值的数据
outlierval <- boxplot.stats(kc_house$sqft_basement)$out
kc_house <- kc_house[!(kc_house$sqft_basement %in% outlierval),]
## 房子建立的时间长短,并剔除取值小于0的数据
kc_house$yr_built <- kc_house$date - kc_house$yr_built
index <- which(kc_house$yr_built < 0)
kc_house <- kc_house[-index,]
## 房子是否装修过,装修过为1,没装修过为0
index <- which(kc_house$yr_renovated != 0)
kc_house$yr_renovated[index] <- 1
dim(kc_house)
## [1] 17675      18
kc_house$zipcode <- as.factor(kc_house$zipcode)
## 剔除不需要的特征
kc_house <- kc_house[,2:14]
```

因为数据集中包含各种各样的房子信息,有些房屋是不常见的(如非常豪华的大型别墅,或者一个面积很小的小木屋等),这样的数据就会对由众多常见数据建立的模型造成影响,从而影响房价的整体预测精度,所以对数据的每个变量进行处理,剔除数据异常的样本。在判断数据取值是否为异常值时使用了boxplot.stats()函数,该函数的out属性给出了一组数据中异常值的取值。上述过程主要进行的操作如表11-3所示。

表11-3 房屋信息数据预处理内容

① 剔除房价异常的样本
② 剔除卧室数量(bedrooms)异常的样本(==0,>6)
③ 剔除 bathrooms 取值为异常值的样本
④ 剔除 sqft_lot 取值为异常值的样本
⑤ 剔除特征 waterfront 和 view
⑥ 剔除 condition 取值为异常值的样本
⑦ 剔除 sqft_basement 取值为异常值的样本
⑧ 获取房子建立的时长,并剔除取值小于 0 的样本
⑨ 处理房子是否装修过,装修过为 1,没装修过为 0
⑩ 将 zipcode 变量处理为因子变量

为了观察房屋的售价情况，对price变量进行可视化，得到如图11-13所示的直方图。

```
## 可视化房子售价的分布
ggplot(kc_house)+geom_histogram(aes(price),fill = "lightblue",bins = 60)
```

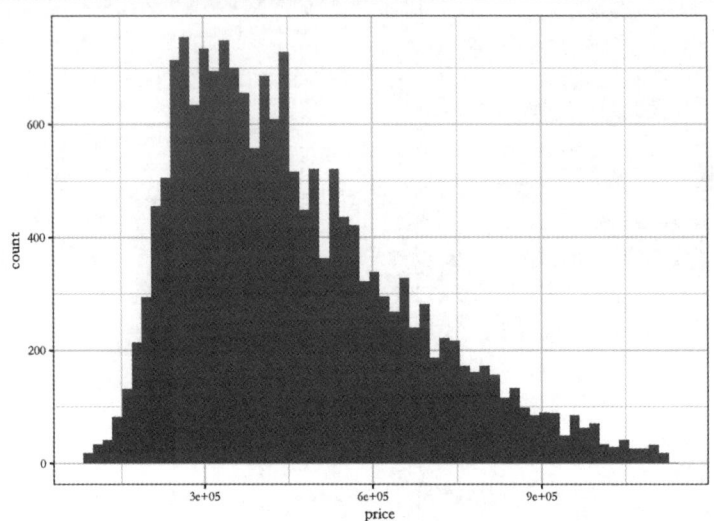

图 11-13　房子售价分布直方图

由图11-13可以发现，房价的分布并不是正态分布，而且房屋的价格主要集中在30万美元左右。

使用corrplot.mixed()函数对18个特征进行可视化，得到的相关系数图如图11-14所示。

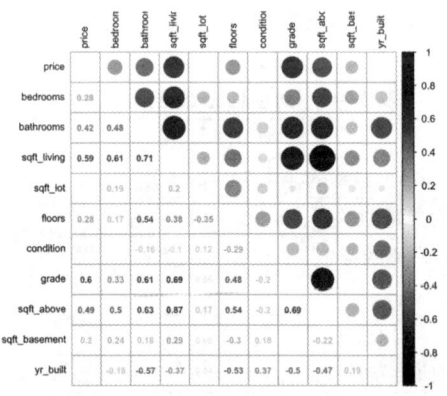

图 11-14　房屋数据各特征之间的相关系数

```
## 可视化特征之间的相关系数
kc_cor <- cor(kc_house[1:11],kc_house[1:11])
```

第11章 支持向量机和神经网络

```
corrplot.mixed(kc_cor,tl.col="black",tl.pos = "lt",
               tl.cex = 0.8,number.cex = 0.7)
```

从图11-14可以发现，和房价线性相关性较大的特征为sqft_living、bathrooms、grade、sqft_above等变量。

将处理好的数据进行保存，便于后面的使用。程序如下。

```
Dim(kc_house)
## [1] 17675     13
anyNA(kc_house)
## [1] FALSE
write.csv(kc_house,"data/chap11/kc_house_clean.csv",row.names = FALSE)
```

可以发现，处理好的数据有17675个样本和13个特征，而且不存在缺失值。

11.3.2 SVR 预测房价

例11.6 请使用例11.5中预处理后的美国房屋数据集构建SVR模型，预测房屋的价格。

解：将数据切分为两部分，70%作为训练集，30%作为测试集。

```
set.seed(123)  ## 切分数据
index <- sample(nrow(kc_house),round(0.7*nrow(kc_house)))
train_data <- kc_house[index,]
test_data <- kc_house[-index,]
dim(train_data)
## [1] 12372    13
dim(test_data)
## [1] 5303   13
```

数据切分后，12372个样本为训练集，5303个样本为测试集。

在建立SVR模型时，首先使用radial核作为核函数，其他参数使用系统默认值训练出回归模型。在训练好模型后，分别在训练集和测试集上进行预测，并计算出绝对值误差，分析模型的预测效果。程序如下。

```
system.time(
  svmreg <- svm(price~.,data = train_data,kernel = "radial")
)
##    user  system elapsed
##  14.977   0.117  15.149
summary(svmreg)
## Call:
```

```
## svm(formula = price ~ ., data = train_data, kernel = "radial")
## Parameters:
##    SVM-Type:  eps-regression
##  SVM-Kernel:  radial
##        cost:  1
##       gamma:  0.01234568
##     epsilon:  0.1
## Number of Support Vectors:  8922
## 在训练集上的误差
train_pre <- predict(svmreg,train_data)
train_mae <- mae(train_data$price,train_pre)
sprintf("训练集上的绝对值误差: %f",train_mae)
## [1] "训练集上的绝对值误差: 56757.636326"
test_pre <- predict(svmreg,test_data)
test_mae <- mae(test_data$price,test_pre)
sprintf("测试集上的绝对值误差: %f",test_mae)
## [1] "测试集上的绝对值误差: 56957.989321"
```

system.time()函数用于计算SVR模型在训练集上的训练时间,一共使用了约15s的时间。SVR模型中参数cost=1、gamma=0.01234568、epsilon=0.1,且一共使用了8922个支持向量。SVR模型在训练集上的平均绝对值误差为56757.636326,在测试集上的平均绝对值误差为56957.989321,回归模型的预测效果稳定。

和SVM分类一样,可以使用tune()函数进行参数搜索。因为数据量很大,在进行参数搜索时不再使用交叉验证的方法,而是使用bootstrap采样的方法进行参数搜索,进而节省更多的训练时间。程序如下。

```
set.seed(234)  ##使用参数搜索,寻找更好的模型
tunecontrols <- tune.control(sampling = "bootstrap",boot.size = 0.8)
system.time(
## 注意该部分程序运行时间较长
  svmregopt <- tune(svm,price~.,data = train_data,kernel = "radial",
                    ranges = list(gamma = seq(0.01,0.1,0.02),
                                  cost= seq(11,20,2)),
                    tunecontrol = tunecontrols)
)
## 找到的模型参数
plot(svmregopt,main = "Performance of svm regression")
```

在tune()函数中通过tunecontrols函数获取搜索时使用的方法,程序中使用tune.

control()函数设置使用bootstrap采样的方法进行参数搜索。SVR使用的核函数为radial。最后对参数搜索结果使用plot()函数进行可视化。结果如图11-15所示。

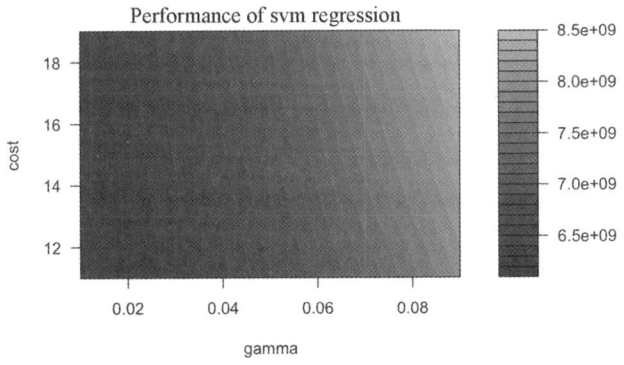

图 11-15 SVR 参数搜索

由图11-15可知，在参数搜索的结果中，精度最高的SVR模型所对应的参数为cost=19, gamma=0.01。

针对这组参数，使用svm()函数重新训练新的回归模型，并计算在训练集和测试集上的预测误差。程序如下。

```
## 使用找到的最好参数进行SVR
system.time(
  svmregbest <- svm(price~.,data = train_data,kernel = "radial",
                    cost=19,gamma=0.01)
)
##    user  system elapsed
##  21.642   0.149  21.860
## 在训练集上的误差
train_pre <- predict(svmregbest,train_data)
train_mae <- mae(train_data$price,train_pre)
sprintf("训练集上的绝对值误差: %f",train_mae)
## [1] "训练集上的绝对值误差: 49067.009403"
test_pre <- predict(svmregbest,test_data)
test_mae <- mae(test_data$price,test_pre)
sprintf("测试集上的绝对值误差: %f",test_mae)
## [1] "测试集上的绝对值误差: 51927.538927"
```

从输出结果可以发现，新的模型在训练集上的绝对值误差为49067.009403，在测试集上的绝对值误差为51927.538927，和原始的支持向量回归相比，预测的精度提升了5000多。

11.4 MLP神经网络分类

从广义上讲，人工神经网络是可以应用于几乎所有的学习任务的多功能学习方法，它可以用于分类，也可以用于回归，甚至可以用于无监督的学习模式。

人工神经网络的结构有很多种，通常都包含激活函数、网络结构、优化算法等。

1. 激活函数

将神经元的净输入信号转换成单一的输出信号，以便进一步在网络中传播。它是人工神经元处理信息并将信息传递到整个网络的机制，是模仿生物神经元的模型。

常用的激活函数有ReLU函数、Sigmoid函数和tanh函数，如图11-16所示。

ReLU函数又称修正线性单元，计算公式为

$$f(x) = \max(0, x) \tag{11-1}$$

ReLU函数的优点主要有：在输入正数的时候，不存在梯度饱和问题；计算速度相对于其他类型激活函数要快很多，因为ReLU函数只有线性关系，所以不管前向传播还是反向传播，都比Sigmoid函数和tanh函数要快很多。

Sigmoid函数也称logistic函数，计算公式为

$$f(x) = \frac{1}{1 + e^{-x}} \tag{11-2}$$

其输出在(0,1)开区间内。

该函数在神经网络早期也是很常用的激活函数之一，但是存在一些缺点：当输入稍微远离坐标原点时，函数的梯度就变得很小，几乎为零。

tanh函数也称双曲正切函数，计算公式为

$$\tanh(x) = \frac{e^x - e^{-x}}{e^x + e^{-x}} \tag{11-3}$$

tanh函数和Sigmoid函数的曲线比较相近，这两个函数在输入很大或很小的时候，输出都几乎平滑，梯度很小，不利于权重更新；tanh函数与Sigmoid函数不同的是输出区间，tanh函数的输出区间是在(-1,1)，而且整个函数是以0为中心的，这个

特点比Sigmoid函数的要好得多。

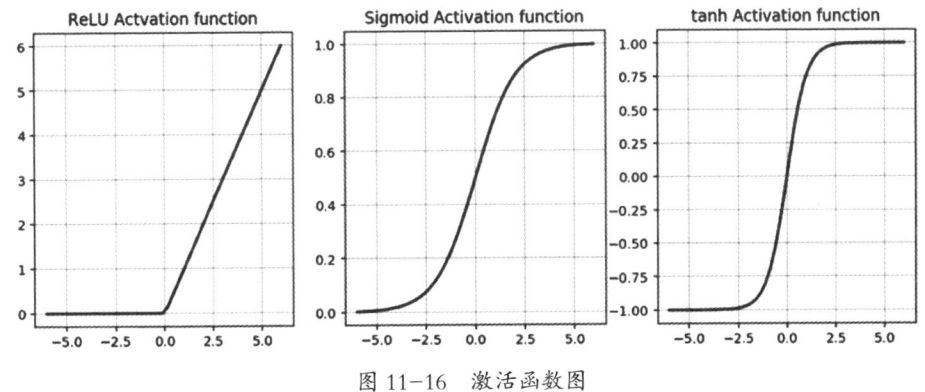

图 11-16 激活函数图

2. 网络结构

网络结构主要是模型中神经元的层数、每层神经元的个数以及它们的连接方式。

神经网络的学习能力主要来源于网络结构，而且根据层的数量不同、每层神经元的数量多少以及信息在层之间的传播方式，可以组合成无数的神经网络模型。针对全连接神经网络MLP，其主要由输入层、隐藏层和输出层构成。输入层仅接受外界的输入，不进行任何函数处理，隐藏层和输出层神经元对信号进行加工，最终结果由输出层神经元输出。根据隐藏层的数量可以分为单隐藏层MLP和多隐藏层MLP，它们的网络拓扑结构如图11-17所示。

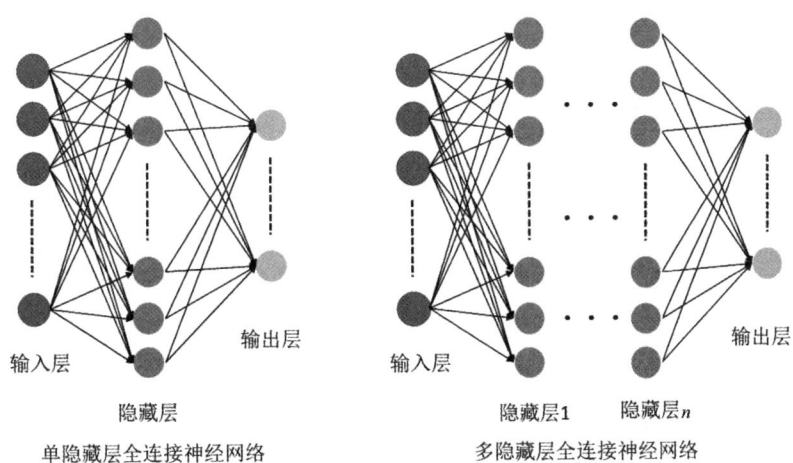

图 11-17 全连接神经网络 MLP 拓扑结构

针对单隐藏层MLP和多隐藏层MLP，每个隐藏层的神经元的数量也是可以变化的，而且通常来说，并没有一个很好的标准来确定每层神经元的数量和隐藏层的个数。在经验上更多的神经元就会有更强的表示能力，同时也更容易造成网络的过拟合。所以在使用全连接神经网络时，对模型泛化能力的测试也很重要。最好的方式是在训练模型时，使用验证集来验证模型的泛化能力，而且尽可能地尝试多种网络结构，寻找更好的模型，但是这往往需要耗费大量的时间。

3. 优化算法

针对神经网络的优化算法有很多种，常用的是基于随机梯度下降（Stochastic Gradient Descent，SGD）类的算法。

针对神经网络的训练过程，通常可分为前向传播和后反向传播两个阶段。网络在前向传播阶段，针对输入层的输入数据，经过每层的权重参数和神经元的激活函数后，会向后传播直到输出层得到一个输出信号。获得输出信号后，就会将输出和相应训练数据中的真实输出进行比较，这样网络的输出和真实值之间的差异就会获得，然后进入后向传播阶段，通过差异带来的损失将会向前逐层传播，并且更新每层神经元之间的权重参数来减小后面数据训练产生的误差。

在误差的反向传播过程中，使用的反向传播算法首先会对误差函数求导计算梯度，然后计算连接的权重参数的调整大小，这样经过多次的反复迭代，直到获得最优解。根据训练样本的输入方式不同，最常用的就是每次在迭代计算时，只使用训练数据中的一小部分样本，当所有的样本全部迭代训练一轮后，再重新将训练集以一次迭代小部分样本的方式再次训练，这样对所有训练集的多轮训练，直到模型稳定。这样的优化方法也称随机梯度下降算法。由于随机梯度下降算法在每次更新网络参数时，只使用了一小部分的训练样本，每次迭代后样本集的变化趋势会发生改变，所以有时会陷入局部最优解，但是很多时候使用随机梯度下降算法都会得到较稳定的模型效果。

针对随机梯度下降算法的一些缺点，尤其是权重的更新只根据梯度的大小进行改变，人们也提出了一些新的优化方法，如Nesterov动量法、RMSporp算法等。其中，Nesterov动量法是在随机梯度下降的基础上添加动量的概念，这样在参数更新时会考虑到历史的梯度信息，并能够防止在参数更新时陷入局部最优解。而RMSporp算法则是根据历史的梯度信息，来修改参数的学习率，并且能够针对不同的参数调整到不同大小的学习率，从而影响参数的更新情况，优化迭代过程，进而提高学习效率。

在R中，可使用neuralnet包和h2o包实现单隐藏层与双隐藏层的MLP分类，使用NeuralNetTools包对其进行可视化分析。

11.4.1 单隐藏层 MLP 识别癌症

针对单隐藏层MLP，可以使用neuralnet包得到网络结构，使用NeuralNetTools包进行可视化。

例11.7 针对例11.1中预处理后的（提取前5个主成分）癌症数据集，请使用单隐藏层MLP建立分类模型识别癌症，并对网络结构进行可视化分析。

解：首先读取数据集。程序如下。

```
library(neuralnet);library(NeuralNetTools);library(dplyr);library(readr)
library(psych);library(Metrics);library(ggplot2)
## 读取数据
Cancer <- read_csv("data/chap11/Breast Cancer Wisconsin.csv")
Cancer$diagnosis <- as.integer(as.factor(Cancer$diagnosis))-1
```

针对要识别的类别变量，需要将其数据转化成取值为0和1的整数，其中0代表良性样本，1代表恶性样本。

不同于11.1节中建立SVM分类器只使用前两个主成分，建立单隐藏层MLP会使用前5个主成分。特征提取程序如下。

```
## 主成分分析,提取前5个主成分
can_cor <- cor(Cancer[,3:32],Cancer[,3:32])
canpca <- principal(can_cor,nfactors = 5,rotate = "cluster")
can_score<- predict.psych(canpca,Cancer[,3:32])
## 数据70%用于训练, 30%用于测试模型效果
set.seed(123)
index <- sample(nrow(can_score),round(0.7*nrow(can_score)))
train_data <- as.data.frame(can_score[index,])
train_data$y <- Cancer$diagnosis[index]
test_data <- as.data.frame(can_score[-index,])
test_data$y <- Cancer$diagnosis[-index]
```

程序中在提取数据的前5个主成分后，随机将70%的数据作为训练集，30%的数据作为测试集。

下面使用neuralnet包建立单隐藏层MLP分类器，程序如下。

```
## 单隐藏层 MLP model
sigmlp <- neuralnet(y~RC1+RC5+RC2+RC3+RC4,data = train_data,
                    hidden = c(10),linear.output = FALSE,
                    act.fct = "logistic",algorithm = "rprop+")
par(cex = 0.6)
```

```
plotnet(sigmlp,pos_col = "red", neg_col = "grey")
```

在程序中使用neuralnet()函数来建立模型,在函数中hidden = c(10)表示只有一个隐藏层,并且使用10个神经元,参数act.fct = "logistic"表示使用logistic函数作为神经元激活函数,参数algorithm = "rprop+"表示使用rprop+算法来优化网络的参数。使用neuralnet()函数获得的神经网络模型sigmlp可以使用plotnet()函数进行可视化,其中pos_col = "red"和 neg_col = "grey"两个参数来指定正数参数使用红色的线连接、负数参数使用灰色的线连接。结果如图11-18所示。

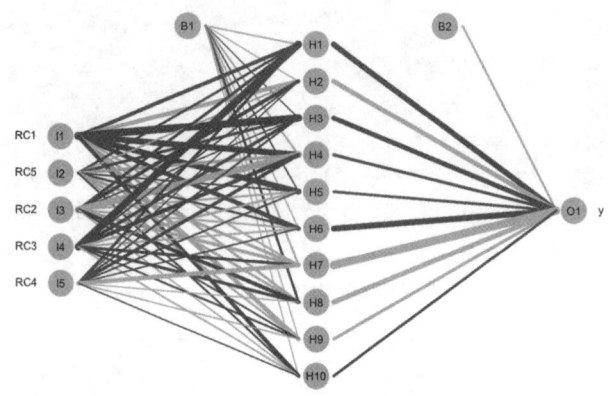

图 11-18 单隐藏层 MLP 神经网络结构

在图11-18中,输入层分别为5个主成分得分,隐藏层包含10个神经元。在神经元之间的连线中,数值越大使用的线越粗。通过可视化MLP结构图,可以直观了解神经元之间的联系。

将训练好的单隐藏层MLP神经网络作用于测试集,分析模型的预测精度。程序如下。

```
## 测试集上的精度
test_pre <- neuralnet::compute(sigmlp,test_data[,1:5])
test_pre <- as.vector(ifelse(test_pre$net.result >0.5,1,0))
accuracy(test_data$y,test_pre)
## [1] 0.9707602339
```

在使用neuralnet包训练的神经网络模型作用于测试集时,需要使用compute()函数,该函数的输出中包含一个net.result属性值,表示属于每类的概率。从accuracy()函数的输出结果可以发现,该MLP在测试集上的预测精度为97.07602339%。

上述是10个神经元的单隐藏层MLP的预测效果,假如改变隐藏层神经元的数量,识别精度会怎样变化呢?下面分析隐藏层中不同神经元数量对预测精度的影响。程序如下。

```
set.seed(123)  ##分析隐藏层的不同对测试集上精度的影响
size <- seq(2,20,1)
netacc <- size
for (ii in 1:length(size)) {
  signet <- neuralnet(y~RC1+RC5+RC2+RC3+RC4,data = train_data,
                      hidden = c(size[ii]),linear.output = FALSE,
                      act.fct = "logistic",algorithm = "rprop+")
  test_pre <- neuralnet::compute(signet,test_data[,1:5])
  test_pre <- as.vector(ifelse(test_pre$net.result >0.5,1,0))
  netacc[ii] <- accuracy(test_data$y,test_pre)
}
data.frame(size = size,netacc = netacc) %>%
  ggplot(aes(x=size,y = netacc))+
  geom_line()+geom_point(colour="red")
```

通过for循环训练出不同隐藏神经元下的MLP，以及在测试集上对应的识别精度，最后通过ggplot()函数使用折线图进行可视化，结果如图11-19所示。

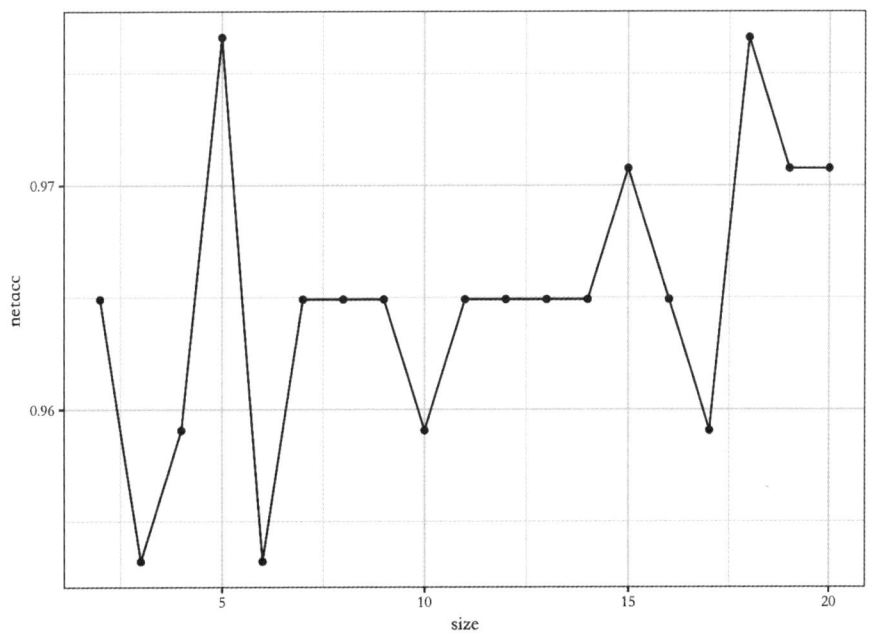

图 11-19 不同隐藏神经元数的癌症识别精度

从图11-19可以看出，神经元数在2～20时测试集上的精度均大于95%，精度最高的模型所对应的神经元数量分别为5和18。

11.4.2 多隐藏层 MLP 识别图像

11.4.1小节介绍了使用单隐藏层MLP识别癌症,下面介绍如何使用多隐藏层MLP识别图像。

例11.8 kaggle网站上提供的数据集fashion-mnist为衣服、包、鞋子等类型的28×28的图像数据,请使用h2o包对该数据建立多隐藏层MLP进行图像识别,其中训练数据集包含60000张图片,测试集包含10000张图片。

解: 建立多隐藏层MLP分类器,需要使用h2o包中的h2o.deeplearning()函数。首先导入相关包并读取数据,程序如下。

```
library(h2o);library(caret);library(ggcorrplot);library(RcolorBrewer)
## 启动初始化一个h2o实例:定义为2核同时计算
h2o.init(nthreads=4,max_mem_size="8G")
fashion <- read_csv("data/chap11/fashion-mnist_train.csv")
fashion_test <- read_csv("data/chap11/fashion-mnist_test.csv")
fashion$label <- as.factor(fashion$label)
fashion[2:785] <- fashion[2:785] / 255.0
fashion_test[2:785] <- fashion_test[2:785] / 255.0
dim(fashion)
## [1] 60000   785
dim(fashion_test)
## [1] 10000   785
```

因为原始灰度图像的取值在0～255之间,可将数据中的每个像素除以255转化到0～1之间。在构建分类模型时,需要将数据中的类别变量转化为因子变量。

为了观察图像数据中每类图像的内容,可随机抽取部分图像进行可视化。程序如下。

```
set.seed(123)  ## 可视化部分样本的图像
index <- sample(nrow(fashion),50)
par(mfrow = c(5,10),mai=c(0.05,0.05,0.05,0.05))
for(ii in seq_along(index)){
  im <- as.numeric(fashion[index[ii],2:785])
  im <- matrix(im,nrow=28,ncol = 28,byrow = F)
  im <- apply(apply(im, 1, rev),1,rev)
  image(im,col = gray(seq(0, 1, length = 256)),xaxt= "n", yaxt= "n")
}
```

上面的程序随机抽取出50个样本进行可视化,得到如图11-20所示的图像。

图 11-20 fashion-mnist 数据形式

在构建分类器前, 将60000张数据集切分为两部分, 其中80%的数据用于训练模型, 20%的数据作为验证集。切分数据之前需要使用as.h2o()函数将数据集转化为h2o包可用的数据形式, 再使用h2o.splitFrame()函数即可对数据进行随机切分。程序如下。

```
## 数据切分为训练集和验证集, 80%为训练集, 20%为验证集
fashion_h2o <- as.h2o(fashion)
splits <- h2o.splitFrame(data = fashion_h2o, ratios = 0.8,seed = 1234)
train_data <- splits[[1]]
val_data <- splits[[2]]
dim(train_data)
## [1] 48009   785
dim(val_data)
## [1] 11991   785
```

数据切分后, 可见训练集包含48009张图像, 验证集包含11991张图像数据。接下来使用h2o.deeplearning()函数构建MLP分类器。

```
## MLP分类模型
mlpclf <- h2o.deeplearning(x = 2:785, y = 1, train_data, activation = "Tanh",
                          hidden=c(100,100,100,100),epochs = 5,
                          loss = "CrossEntropy",score_each_iteration = TRUE,
                          mini_batch_size = 500,validation_frame = val_data,
```

```
                         stopping_rounds=0,seed = 123)
h2o.mse(mlpclf)
## [1] 0.07716486579
## 可视化模型误差的收敛过程
plot(mlpclf)
```

在上面的程序中，使用h2o.deeplearning()函数构建MLP分类器，参数x和y分别用于指定数据集中自变量和类别标签所对应的列；参数activation指定每个神经元所使用的激活函数，此处使用的是tanh函数；hidden参数用于指定每个隐藏层神经元的个数，此模型为4个隐藏层，每层100个神经元；参数epochs = 5表示MLP分类器最多将所有的数据迭代5轮；loss参数指定如何计算损失函数；mini_batch_size参数指定每次优化时使用的样本数量；validation_frame参数用于指定验证集所使用的数据集。

在模型训练结束后，可以使用plot()函数可视化模型在训练过程中的收敛情况。包含4个隐藏层的MLP分类器的训练过程如图11-21所示。

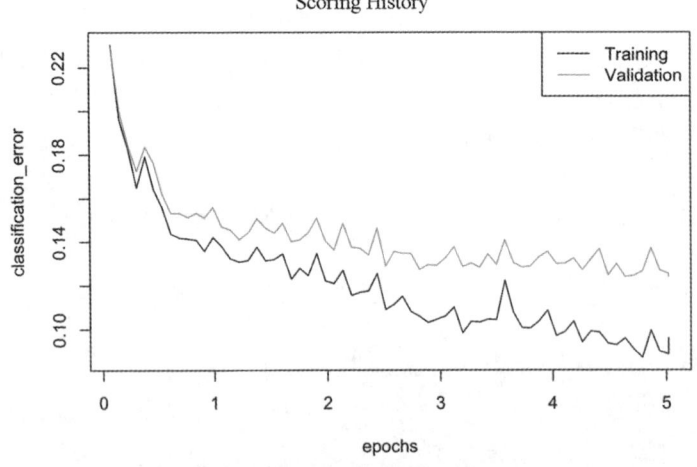

图 11-21   MLP 分类器收敛过程

从图11-21可以看出，随着训练epochs的增加，模型在训练集和验证集上的分类误差都在减小，但是在验证集上的分类误差逐渐趋于稳定，说明模型已经收敛。

如何分析一张图像经过每个神经元时的输出结果呢？可以使用h2o包中的h2o.deepfeatures()函数获取每个样本在特定隐藏层的输出情况。上述MLP分类器每层有100个神经元，下面将每层神经元的输出值转化为10×10的图像块进行可视化。程序如下。

```
## 查看5张图像经过MLP模型后的特征变化情况
```

```
index <- seq(200,nrow(fashion),6000)[1:5]
par(mfrow = c(5,5),mai=c(0.1,0.1,0.1,0.1))
for(ii in seq_along(index)){
  imone <- fashion_h2o[index[ii],2:785]
  imlay1 <- h2o.deepfeatures(mlpclf,imone,layer = 1)
  imlay2 <- h2o.deepfeatures(mlpclf,imone,layer = 2)
  imlay3 <- h2o.deepfeatures(mlpclf,imone,layer = 3)
  imlay4 <- h2o.deepfeatures(mlpclf,imone,layer = 4)
  imone <- matrix(imone,nrow = 28,ncol = 28)
  imone <- apply(apply(imone, 1, rev),1,rev)
  image(imone,axes = FALSE,main = "image")
  image(matrix(imlay1,nrow = 10,ncol = 10),axes = FALSE,main = "layer1")
  image(matrix(imlay2,nrow = 10,ncol = 10),axes = FALSE,main = "layer2")
  image(matrix(imlay3,nrow = 10,ncol = 10),axes = FALSE,main = "layer3")
  image(matrix(imlay4,nrow = 10,ncol = 10),axes = FALSE,main = "layer4")
}
```

上面的程序从训练数据集中抽取了5张不同的图像，然后依次使用h2o.deepfeatures()函数获得在每个隐藏层的输出并将其可视化，得到如图11-22所示的图像。

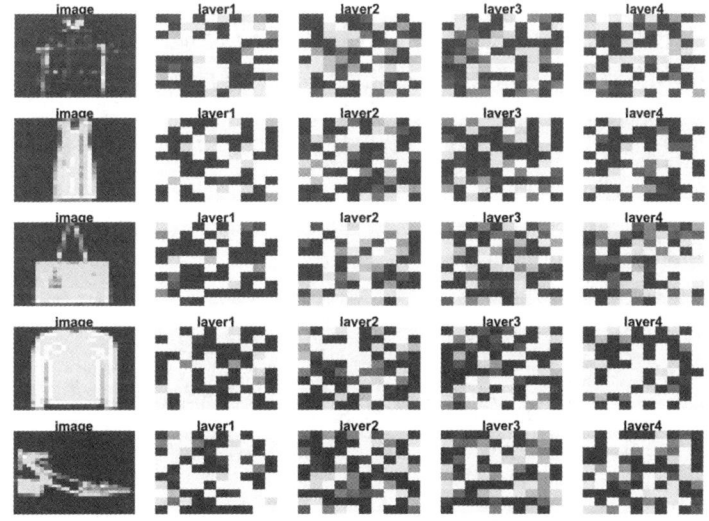

图 11-22 每个隐藏层的输出

在多隐藏层MLP分类器训练完成后，可以使用测试集测试模型的泛化能力，使用h2o.predict()函数来预测在新数据集上的类别。程序如下。

```
## 计算模型在测试集上的预测值和性能
test_data <- as.h2o(fashion_test)
mlp_pre <- as.data.frame(h2o.predict(mlpclf, newdata = test_data))
head(mlp_pre,2)
##   predict              p0                p1                p2
## 1       0 0.8736847843818173 0.0000019763662196 0.005953406548881387
## 2       1 0.0000003886566246 0.9999918954421683 0.000000006168367238
##                 p3                 p4                 p5
## 1 0.000451905151399 0.000185896589069 0.0000236403395838064
## 2 0.000003708490957 0.000003312086712 0.0000000003223907706
##                 p6                 p7                 p8
## 1 0.11916950259080260 0.0000023450336126 0.0002570631938021
## 2 0.00000004033525008 0.0000001657615860 0.0000003165195523
##                 p9
## 1 0.0002694798048803
## 2 0.0000001077995703
acc <- accuracy(fashion_test$label,mlp_pre$predict)
sprintf("MLP model acc: %f",acc)
## [1] "MLP model acc: 0.876400"
```

从程序输出可以看出，h2o.predict()函数不仅输出预测的类别，还输出属于每个类别的概率，模型mlpclf在测试集上的预测精度为87.64%。为了更好地分析哪些类别之间更容易预测错误，可以通过可视化混淆矩阵进行分析。程序如下。

```
## 在测试集上的混淆矩阵热力图
confum <- caret::confusionMatrix(as.factor(fashion_test$label),mlp_pre$predict)
confumat <- as.data.frame(confum$table)
confumat[,1:2] <- apply(confumat[,1:2],2,as.integer)
ggplot(confumat,aes(x=Reference,y = Prediction))+
  geom_tile(aes(fill = Freq))+
  geom_text(aes(label = Freq))+
  scale_x_continuous(breaks = c(0:9))+
  scale_y_continuous(breaks = unique(confumat$Prediction),
                     trans = "reverse")+
  scale_fill_gradient2(low="darkblue", high="lightgreen",
                       guide="colorbar")+
  ggtitle("MLP分类器在测试集结果")
```

上面是可视化在测试集上预测结果的混淆矩阵的程序，得到如图11-23所示的热力图。

第11章 支持向量机和神经网络

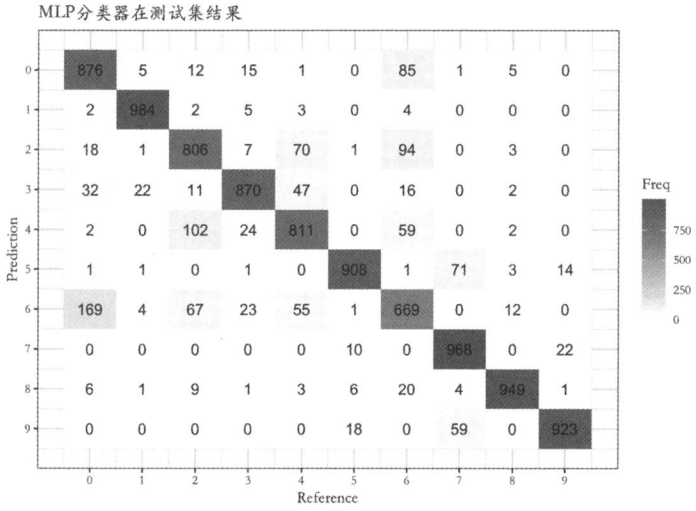

图 11-23 MLP 在测试集上的混淆矩阵

由图11-23可以发现，使用MLP分类器容易预测错误的情况是将第0类数据预测为第6类，预测错误的样本数量有169个。

 **MLP神经网络回归**

扫一扫，看视频

全连接神经网络MLP不仅可以用于分类，还能用于回归模型预测连续数值。在R中，可使用RSNNS包实现MLP回归及可视化分析。

例11.9 请使用例11.5中预处理后的美国房屋销售信息数据集（kc_house_clean.csv），建立MLP模型来预测房价。

解：SNNS（Stuttgart Neural Network Simulator）是德国斯图加特大学开发的优秀神经网络仿真软件，RSNNS是基于该仿真软件的 R 包，它包含建立多种结构神经网络模型的函数，其中mlp()函数就是全连接神经网络。

使用mlp()函数建立MLP回归模型之前，首先需要对数据进一步预处理。

```
library(RSNNS)
kc_house <- read_csv("data/chap11/kc_house_clean.csv")
## 将zipcode进行label编码
zipcode <- decodeClassLabels(kc_house$zipcode)
kc_house <- cbind(kc_house[1:12],zipcode)
```

395

```
## 数据max-min归一化到0-1之间
kc_house[,2:11] <- normalizeData(kc_house[,2:11],"0_1")
## 房价归一化到0-1之间，并获取归一化参数
price <- normalizeData(kc_house$price,type = "0_1")
NormParameters <- getNormParameters(price)
dim(kc_house)
## [1] 17675      82
```

因为原始数据中的zipcode是多类别的因子变量，所以需要对其进行one-hot编码，使用decodeClassLabels()函数将每个类别的因子重新编码为一个向量，并且取值只包含0或1。为了防止回归模型不收敛，需要将数据的特征变量和房价变量归一化，此处使用RSNNS包的normalizeData()函数进行0-1标准化（归一化）。

数据预处理后，kc_house数据中一共有82个特征变量，其中price变量的归一化参数使用getNormParameters()函数记录下来，以便于将最后的预测值逆变换为原始的数据尺度。

使用RSNNS包中的splitForTrainingAndTest()函数对数据集进行随机切分，70%作为训练集，30%作为测试集。程序如下。

```
## 数据切分
set.seed(123)
datasplist <- splitForTrainingAndTest(kc_house[,2:82],price,ratio = 0.3)
```

切分后的数据datasplist中一共包含4个数据表：inputsTrain（训练数据自变量）、targetsTrain（训练数据因变量）、inputsTest（测试数据自变量）、targetsTest（测试数据因变量）。

对上述处理后的数据使用mlp()函数建立回归模型。程序如下。

```
## MLP回归模型
system.time(
mlpreg <- mlp(datasplist$inputsTrain,datasplist$targetsTrain,maxit = 200,
              size = c(100,50,100,50),learnFunc = "Rprop",
              inputsTest=datasplist$inputsTest,
              targetsTest = datasplist$targetsTest,
              metric = "RSME")
)
##    user  system elapsed
## 480.022   2.131 483.179
```

在上面的程序中，参数size指定了每个隐藏层神经元的数量，learnFunc参数指定训练模型使用的优化方法，metric = "RSME"表示使用均方根误差来度量回归模型的性能。

使用plotIterativeError()函数可视化MLP回归模型的优化过程。程序如下。

```
## 可视化模型的效果
plotIterativeError(mlpreg,main = "MLP Iterative Erro")
```

得到的迭代误差图像如图11-24所示。

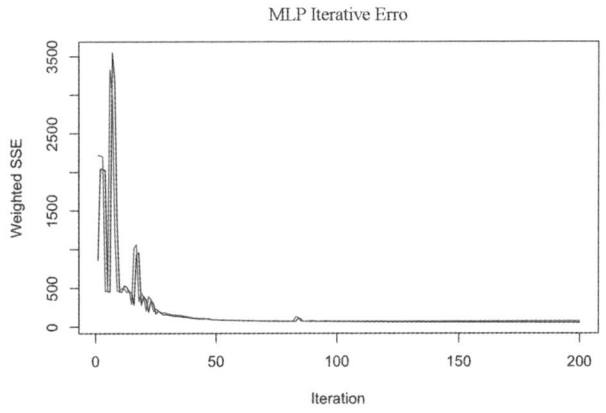

图 11-24　MLP 迭代误差

由图11-24可以发现，训练集上和测试集上的迭代误差在前50次很不稳定，但经过50次迭代后，两者的误差均趋于稳定。

使用plotRegressionError()函数来可视化MLP回归模型的拟合误差。程序如下。

```
plotRegressionError(datasplist$targetsTrain,mlpreg$fitted.values,
                    main="MLP train fit")
plotRegressionError(datasplist$targetsTest,mlpreg$fittedTestValues,
                    main="MLP test fit")
```

结果如图11-25所示。

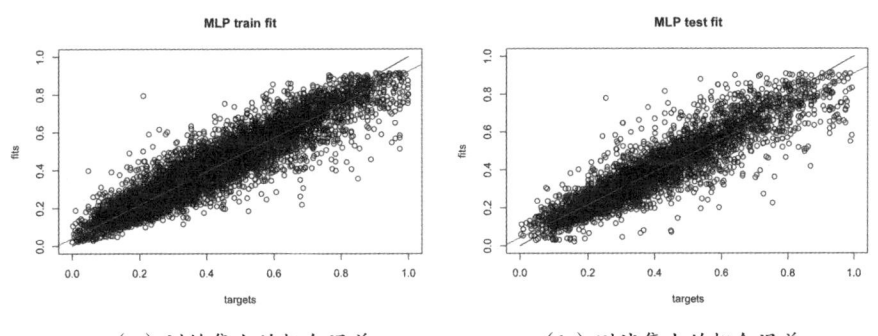

（a）训练集上的拟合误差　　　　　　　　（b）测试集上的拟合误差

图 11-25　MLP 模型拟合误差

图11-25（a）为在训练数据集上的拟合误差，图11-25（b）为在测试数据集上的拟合误差，红色直线越接近于对角线，说明模型的预测效果越好。

进一步计算MLP回归模型在训练数据集和测试数据集上的平均绝对值误差。程序如下。

```
## 在训练集和测试集上的误差
mlppre_train <- denormalizeData(mlpreg$fitted.values,NormParameters)
mlp_train <- denormalizeData(datasplist$targetsTrain,NormParameters)
train_mae <- mae(mlp_train,mlppre_train)
sprintf("训练集上的绝对值误差: %f",train_mae)
## [1] "训练集上的绝对值误差: 47971.117964"
mlppre_test <- denormalizeData(mlpreg$fittedTestValues,NormParameters)
mlp_test <- denormalizeData(datasplist$targetsTest,NormParameters)
test_mae <- mae(mlp_test,mlppre_test)
sprintf("测试集上的绝对值误差: %f",test_mae)
## [1] "测试集上的绝对值误差: 55811.877215"
```

程序中使用denormalizeData()函数将前面0-1标准化后的数据进行逆变换，转化为原来的数据尺度。结果表明，MLP回归模型在训练集上的平均绝对值误差为47971.117964，拟合效果非常好，但是在测试集上的平均绝对值误差为55811.877215，对于几十万元甚至几百万元的房价，该误差还是可以接受的。

11.6 本章小结

本章主要介绍了怎样使用R语言进行支持向量机和全连接神经网络建模的相关应用实例。支持向量机和全连接神经网络模型在机器学习的众多算法中是相对难理解的算法，但是在实际应用中，这两种算法的使用效果往往比其他算法好。

（1）本章主要介绍了以下几个主题。

① 支持向量机SVM。支持向量机分类、支持向量回归、支持向量机识别异常值及支持向量机模型的优化等相关分析。

② 全连接神经网络模型MLP。单隐藏层MLP分类、多隐藏层MLP分类及多隐藏层MLP回归等相关分析。

（2）本章主要介绍了以下几种术语。

① 支持向量机（SVM）、核技巧。

② 异常值识别、局部离群值因子（LOF）。
③ 激活函数、单隐藏层MLP神经网络、多隐藏层MLP神经网络。
（3）本章主要介绍了下面几个应用实例。
① 使用支持向量机模型对癌症数据集进行分类，并对结果进行可视化。
② 使用支持向量回归模型，分析房价数据、预测房价，并对结果进行可视化。
③ 使用局部离群值因子（LOF）系统分析异常值，使用支持向量机（SVM）算法的异常值识别方式，识别垃圾邮件数据。
④ 使用单隐藏层MLP神经网络对癌症数据集进行分类，并对结果进行可视化。
⑤ 使用多隐藏层MLP神经网络对图像数据集进行分类，并对结果进行可视化。
⑥ 使用多隐藏层MLP神经网络分析房价数据、预测房价，并对结果进行可视化。
（4）本章主要介绍的包和函数如表11-4所示。

表 11-4　主要介绍的包和函数

包	函　　数	应　　用
e1071	svm	支持向量机分类和回归
	tune.svm	支持向量机模型参数搜索
DMwR	lofactor	局部离群值因子（LOF）得分
neuralnet	neuralnet	MLP 神经网络
	compute	MLP 神经网络预测新的数据
NeuralNetTools	plotnet	可视化 MLP 神经网络
h2o	h2o.deeplearning	MLP 神经网络
	h2o.deepfeatures	获取模型不同层的特征
RSNNS	normalizeData	数据标准化
	getNormParameters	获取数据标准化的参数
	splitForTrainingAndTest	数据集切分
	mlp	MLP 神经网络
	plotIterativeError	可视化模型的迭代误差
	plotRegressionError	可视化回归误差
	denormalizeData	数据标准化的逆运算

习 题 11

11.1 针对习题8.1中使用过的MASS包中的Boston数据集（波士顿郊区的住房价格），请解决以下问题：

（1）将数据随机划分为训练集和测试集，使用合适的核函数和参数，建立支持向量回归模型，对房屋的价格变量medv进行预测；

（2）使用全连接神经网络模型，对房屋的价格变量medv进行预测，看模型在测试集上的预测效果是否比支持向量机的预测效果好。

11.2 在keras包中包含手写字体MNIST数据集（可使用dataset_mnist()函数导入），该数据集中有60000张28×28的手写数字图像作为训练集，10000张28×28的手写数字图像作为测试集，请建立一个全连接神经网络模型，对该数据进行训练，获得手写字体分类器，并对建立的模型进行分析。

Chapter 12

第12章

深度学习入门

近年来,深度学习(Deep Learning,DL)的概念被提出后,迅速在各个领域得到了广泛的关注和应用。

2012年,Hinton课题组首次参加ImageNet图像识别比赛,使用卷积神经网络(Convolutional Neural Networks,CNN)AlexNex获得冠军,其性能比第二名使用SVM分类器高出很多,从而吸引了很多学者对卷积神经网络的注意。2016年,以深度学习方法开发的围棋程序AlphaGo,在围棋比赛中多次击败人类顶尖选手,再一次引发了深度学习浪潮。自此深度学习被看成通向人工智能的重要一步,许多机构和学者也加大了对深度学习理论及其实际应用的研究。

现如今已有多种深度学习算法,如深度神经网络、卷积神经网络、深度置信网络、循环神经网络等,它们已被广泛地应用于计算机视觉、语音识别、自然语言处理、音频识别与生物信息学等领域,并获得了良好的应用效果。其中卷积神经网络在计算机视觉方面表现出色;循环神经网络在文本挖掘方面有突出的表现,且针对图像分类问题也有较好的表现。

深度学习一般是指具有多层结构的网络,但是对网络的层数并没有严格的要求,而且网络的连接和生成方式多种多样。在使用深度学习解决问题时,很多时候需要针对问题的特点设计不同的网络结构,如使用VGG(由Visual Geometry Group提出)卷积神经网络进行图像识别,使用长短期记忆网络(Long Short Term Memory,LSTM Networks)进行文本识别等。

由于深度学习的网络结构很深,所以需要优化的参数很多,需要使用更多的训练数据对模型进行训练,以防止模型的过拟合或者欠拟合。越复杂、越深的网络结构,训练时速度就越慢。随着数据量的增大,对计算机的存储性能和计算性能都有很高的要求,所以大型的深度学习算法,通常会使用GPU进行训练。

深度学习和以往的机器学习算法最大的不同在于,深度学习是一类端到端的学习算法,不需要经过数据的特征提取等过程,它能够自动提取数据的有用特征。图12-1给出了以往的机器学习和深度学习在处理上的差异。

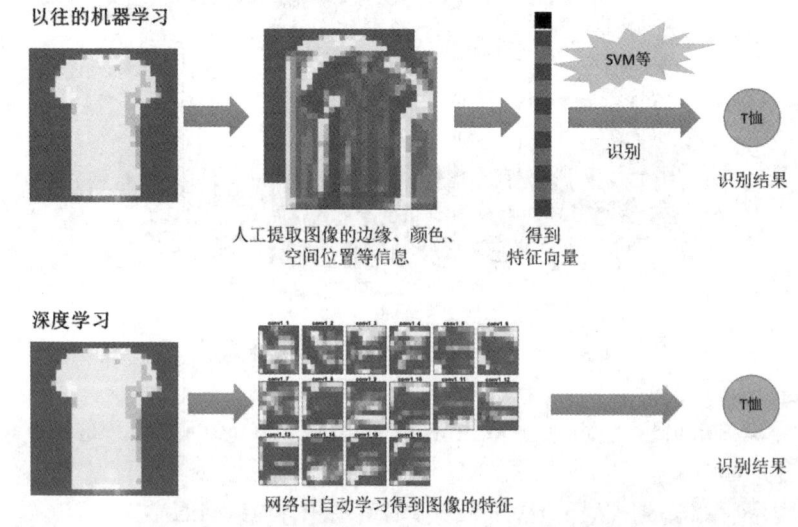

图 12-1 以往机器学习和深度学习过程的比较

本章作为深度学习的入门,以实际应用为出发点,使用卷积神经网络进行图像识别,使用循环神经网络进行文本分类,以此展示深度学习的原理和使用方法。

在R中,keras包是简单易懂、使用较多的深度学习包。该包是深度学习算法的高层封装API(应用程序编程接口),通过该包中的函数能够非常方便地构造、训练和测试所建立的深度学习模型,解决所面临的问题。通过R调用keras包的网址为https://github.com/rstudio/keras。

12.1 卷积神经网络

卷积神经网络是一类包含卷积计算且具有深度结构的前馈神经网络，通常用于处理图像数据，它在其他领域也有广泛应用，是深度学习的代表算法之一。典型的卷积神经网络都会包括卷积层、池化层和全连接层，其全连接层与第11章介绍的全连接神经网络是一致的，这里就不再详细介绍了。

在卷积神经网络中，有两个非常重要的操作步骤，那就是卷积和池化。

1. 卷积

卷积是对两个实值函数的一种数学运算，可以看作输入和卷积核之间的内积运算。在卷积运算中，通常使用卷积核将输入数据进行卷积运算得到输出作为特征映射，其运算过程如图12-2所示。

图 12-2 卷积运算过程

图12-2是一个二维卷积的例子，可以发现，卷积操作能够将周围几个像素的取值统一作用到一个像素上。

在图像识别中使用卷积具有稀疏连接、参数共享、等变表示三个好处，正是这些好处让卷积神经网络在图像处理算法中脱颖而出。

全连接神经网络的层与层之间是全连接的，即每个输入单元和输出单元会有交互，而卷积神经网络则不同，它使用了尺度远远小于输入的卷积核来进行卷积操作，使输入单元和输出单元之间的连接是稀疏的，这样能够减少很多需要训练的参数，大大加快了网络的优化速度。

参数共享表示在模型中同一组参数被多个函数或者操作共同使用，在卷积神经网络中，卷积运算会使用同样的卷积核来获得输出。这种参数共享的特点是，只需要训练一个参数集，而不需要对每个位置学习一个参数集，由于卷积核的大小可以远远小于输入的大小，从而又省去了很多需要学习的参数，针对每个卷积层，可以使用多个卷积核获取输入的特征映射。

在卷积运算之后，卷积神经网络结构对输入的图像具有平移不变的性质。例如，针对原始图像A和平移变换f，先对图像进行平移，然后进行卷积运算得到结果B；或者先对图像进行卷积计算，再对卷积后的结果进行平移变换f得到结果C，B和C这两个结果是一样的。

2. 池化

池化操作（采样操作）的一个重要的目的就是对卷积后得到的特征进行进一步处理。通常池化层还能起到对数据进一步浓缩的效果、缓解内存压力，即选取一定大小区域，将该区域用一个代表元素表示。常用的池化方式有两种，分别是平均值（average）池化和最大值（max）池化，这两种方式的示意图如图12-3所示。

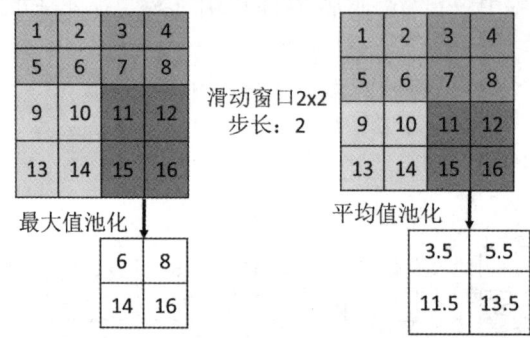

图12-3　最大值池化和平均值池化

由图12-3可以发现，最大值池化是将活动窗口所覆盖的像素使用一个最大值来表示，而平均值池化是将活动窗口所覆盖的像素使用一个平均值来表示。

池化操作最重要的作用是能够提取数据的多尺度信息，这和大脑的认知功能类似，在浅层得到局部特征，在深层则可获取相对的全局特征，同时池化还能增强提取到特征的稳健性。针对输入图像的不一致，很多时候还可以采用池化操作对输入进行降采样，以降低输出的维度。

12.1.1 常见卷积神经网络结构

深度学习的思想提出后，卷积神经网络在计算机视觉等领域得到了快速的应用，有很多基于卷积和池化操作的卷积神经网络被提出。比如，1998年提出的LeNet-5，2012年出现的AlexNet网络，2014年提出的GoogLeNet网络和VGG系列的网络，以及2016年提出的ResNet网络等，其中LeNet-5网络和VGG16网络结构简单、容易理解、使用较多。

1. LeNet-5 网络

LeNet-5卷积网络结构用于处理手写字体的识别时，取得了显著的应用效果，其网络结构示意图如图12-4所示。

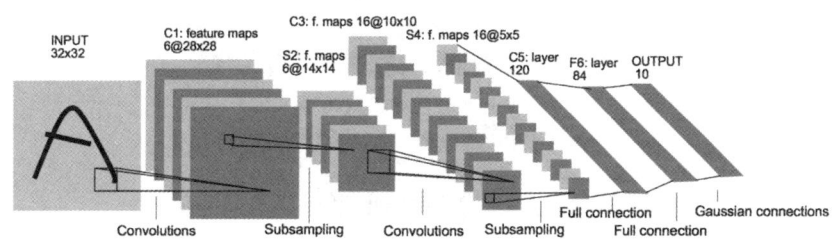

图 12-4　LeNet-5 网络结构

图12-4是文章"Gradient-based learning applied to document recognition"中提到的LeNet-5网络结构。在LeNet-5中，输入的图像为32×32的灰度图像，经过两个卷积层、两个池化层和两个全连接层。

LeNet-5的第一层为卷积层，有6个大小为5×5的卷积核，而且在卷积操作时不使用填补操作，这样针对一张32×32的灰度图像，会输出6个28×28的特征映射。第二层为池化层，会使用大小为2×2的池化核，步长大小为2，从而将6个28×28的特征映射，转化为6个14×14的特征映射。第三层为卷积层，有16个大小为5×5的卷积核，而且在卷积操作时不使用填补操作，这样针对6个14×14的特征映射，会输出16个10×10的特征映射。第四层为池化层，会使用大小为2×2的池化核，步长大小为2，从而将16个10×10的特征映射，转化为16个5×5的特征映射。第五层和第六层，均为全连接层，神经元的数量分别为120个和84个，最后一层为包含10个神经元的输出层。

12.1.2小节将会使用实际的图像数据集，利用R中的keras包来建立LeNet-5卷积网络结构，并训练得到图像分类器分析LeNet-5在图像分类中的效果。

2. VGG16 网络结构

VGG深度学习网络是Oxford的Visual Geometry Group（视觉几何组）于2014年提出的，常用的VGG网络有两种结构，分别是VGG16和VGG19，两者并没有本质上的区别，只是网络深度不同，此处主要介绍VGG16。

VGG16包含了16个隐藏层（13个卷积层和3个全连接层），在卷积操作中使用3×3的小卷积核，这样在保证具有一定感受野（Receptive Field，特征图上的一个点对应输入图上的区域）的条件下提升了网络的深度，在一定程度上提升了神经网络的效果。VGG16的网络结构如图12-5所示。

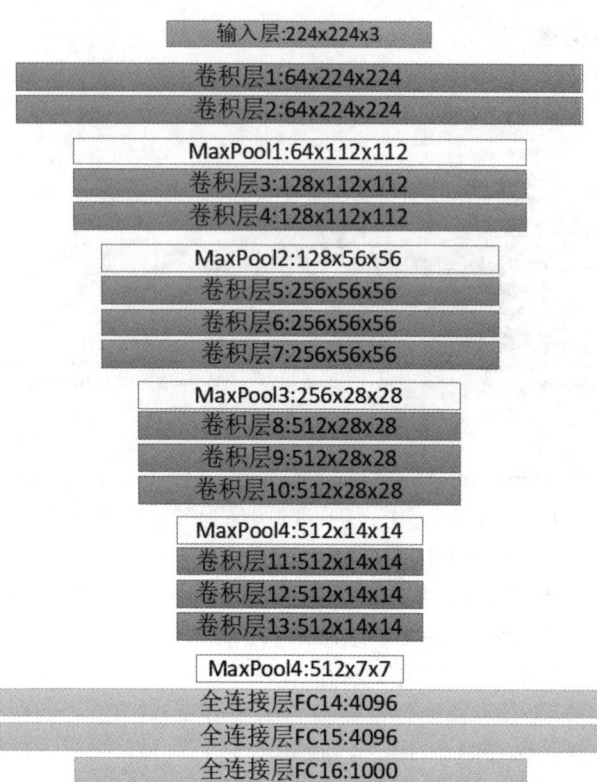

图 12-5　VGG16 网络结构

从图12-5可以看出，VGG16的网络结构非常简洁，因为整个网络使用的卷积核尺寸大小都为3×3，池化是使用2×2的最大值池化。多层小尺寸的卷积核的使用，虽然保证了感受野，但是需要优化更多的参数，耗费更多的计算资源。

使用VGG16进行图像分类或者特征提取时，不需要自己训练新的网络结构，在keras包中包含了基于InageNet预训练好的VGG16模型，可以直接调用。

12.1.2　LeNet-5 网络识别图像

例12.1　请使用R中的keras包搭建LeNet-5卷积神经网络，对数据集fashion minist进行图像识别，该数据集可通过keras包中的dataset_fashion_mnist()函数导入。

解： 首先通过keras包中的dataset_fashion_mnist()函数来加载数据，然后进行数据准备、搭建LeNet-5卷积神经网络、网络训练和预测、可视化卷积特征等步骤。

> 说明：在加载深度学习包keras及调用包中的函数之前，需要先加载TensorFlow环境，其加载方法为：安装Anaconda软件 → 启动Anaconda Prompt → 输入命令 pip install tensorflow后回车，下载完成后即可。

（1）数据准备

```
library(keras);library(caret)
fashion <- dataset_fashion_mnist()
## 数据预处理
x_train <- fashion$train$x / 255.0
y_train <- fashion$train$y
x_test <- fashion$test$x / 255.0
y_test <- fashion$test$y
y_train <- to_categorical(y_train, num_classes = 10)
y_test <- to_categorical(y_test, num_classes = 10)
dim(x_train)
## [1] 60000    28    28
dim(x_test)
## [1] 10000    28    28
dim(y_train)
## [1] 60000    10
class_names=c("T-shirt","Trouser","Pullover","Dress","Coat",
              "Sandal","Shirt","Sneaker","Bag","Ankle boot")
```

在导入的数据中有60000张图像作为训练集，10000张图像作为测试集，每张图像尺寸为28×28。为了提升网络训练时收敛的速度，将图像的取值通过除以255转化到0～1之间。因为LeNet-5卷积神经网络最后是通过softmax层来分类的，所以需要使用to_categorical()函数对类别变量进行One-hot编码，同时使用class_names变量指定每个类别图像的类型。数据集中图片的种类主要有：T恤、连衣裙、外套、凉鞋、运动鞋、包等物品。

从上面的输出可知，训练数据集的维度为60000×28×28，为了方便使用卷积神经网络，需要对数据的维度进行更改，可通过dim()函数将其更改为60000×28×28×1的四维矩阵。程序如下。

```
## 更改图像的数据维度
dim(x_train) <- c(nrow(x_train),28,28,1)
dim(x_test) <- c(nrow(x_test),28,28,1)
```

（2）搭建LeNet-5卷积神经网络

在搭建LeNet-5卷积神经网络结构时，主要使用表12-1所示的函数来完成。

表 12-1　keras 包中的部分函数

函　　数	应　　用
layer_input	网络图的输入层
layer_batch_normalization	块标准化层
layer_zero_padding_2d	用于 2D 输入的零填充层
layer_conv_2d	用于 2D 输入的卷积层
layer_max_pooling_2d	用于 2D 输入的最大值池化层
layer_flatten	展平输入层
layer_dense	全连接层
keras_model	用于连接输入层和网络的函数

```
## 建立LeNet-5网络
inputs <- layer_input(shape = c(28,28,1))
prediction <- inputs%>%
  layer_batch_normalization(name="norm")%>%
  layer_zero_padding_2d(padding = c(2, 2))%>%
  layer_conv_2d(6,kernel_size = c(5,5),strides = c(1,1),
             padding="valid",activation = "tanh",name="conv1")%>%
  layer_max_pooling_2d(pool_size = c(2, 2),strides = c(2,2),
             name ="pool1" )%>%
  layer_conv_2d(16,kernel_size = c(5,5),strides = c(1,1),
             padding="valid",activation = "tanh",name="conv2")%>%
  layer_max_pooling_2d(pool_size = c(2, 2),strides = c(2,2),
             name ="pool2" )%>%
  layer_flatten()%>%
  layer_dense(120,activation="tanh",name="fc1")%>%
  layer_dense(84,activation="tanh",name="fc2")%>%
  layer_dense(10,activation="softmax",name="soft")
model <- keras_model(inputs = inputs,outputs = prediction)
```

上面是搭建LeNet-5卷积神经网络的程序，这里主要通过keras_model()函数将网络的输入节点和深度网络结构连接在一起。

可使用summary()函数来查看网络中每个层的输入维度和参数的数量，从而更深入地了解所建立的网络。程序如下。

```
Summary(model)
## =================================================================
## Layer (type)                    Output Shape                Param #
```

```
##===============================================================
## input_1 (InputLayer)            (None, 28, 28, 1)        0
## norm (BatchNormalization)       (None, 28, 28, 1)        4
## zero_padding2d_1 (ZeroPadding2D)(None, 32, 32, 1)        0
## conv1 (Conv2D)                  (None, 28, 28, 6)        156
## pool1 (MaxPooling2D)            (None, 14, 14, 6)        0
## conv2 (Conv2D)                  (None, 10, 10, 16)       2416
## pool2 (MaxPooling2D)            (None, 5, 5, 16)         0
## flatten_1 (Flatten)             (None, 400)              0
## fc1 (Dense)                     (None, 120)              48120
## fc2 (Dense)                     (None, 84)               10164
## soft (Dense)                    (None, 10)               850
##===============================================================
## Total params: 61,710
## Trainable params: 61,708
## Non-trainable params: 2
```

可以发现，网络中输入层（input_1）、零填充层（zero_padding2d_1）、池化层（pool1、pool2）和展开层（flatten_1）都不需要训练参数，只有卷积层（conv1、conv2）、标准化层（norm）、全连接层（fc1、fc2）和soft层需要训练参数。该网络结构一共有61708个参数需要训练。

虽然网络结构已经搭建完成，但是在训练模型之前需要对模型进行编译，通过编译来指定训练时使用的优化方法、损失函数、预测效果的度量方式等。程序如下。

```
## compile model
model %>% compile(
  optimizer = "rmsprop",
  loss = "categorical_crossentropy",
  metrics = c("accuracy")
)
```

上面的程序中，由于网络结构的目标是进行图像分类，所以使用交叉熵（categorical_crossentropy）作为损失函数，使用识别精度（accuracy）来度量网络的分类能力，使用RMSProp算法进行参数优化。

（3）网络训练和预测

```
## 模型训练，20%的数据作为验证集
fit_history <- model %>%
  fit(x = x_train, y = y_train,batch_size =128, epochs = 10,
```

```
    validation_split = 0.2)
## 可视化训练过程
plot(fit_history)+theme_bw(base_family = "STKaiti")+
  geom_point(aes(shape=data),size=3)+
  ggtitle("LeNet-5模型")
```

上面是模型训练并可视化训练过程的程序。在训练时,使用参数validation_split = 0.2指定将训练数据集x_train的80%作为训练集、20%作为验证集,参数batch_size =128表示在训练过程中每个batch使用128张图像,参数epochs = 10表示将所有的数据训练10轮后,训练过程停止。

模型训练过程中的信息保存在fit_history列表中,其中包含训练过程中训练集和验证集的损失函数值的变化和分类精度的变化情况,可通过plot()函数对其进行可视化,结果如图12-6所示。

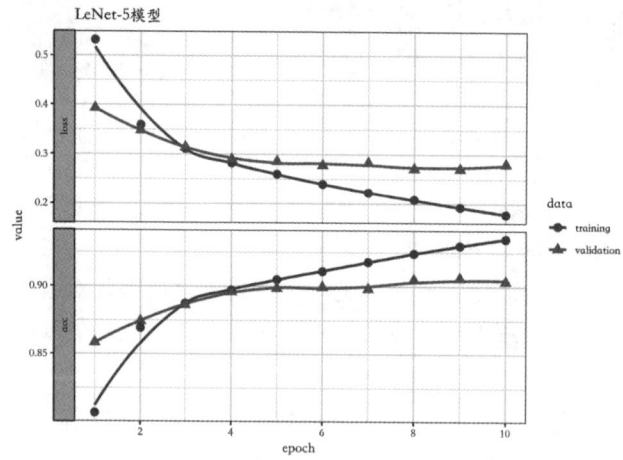

图 12-6 LeNet-5 训练时收敛情况

在图12-6中,圆点表示训练集在训练过程中损失函数和精度的变化情况,三角形表示验证集在训练过程中损失函数和精度的变化情况。可以发现,在训练过程中损失函数一直在减少并逐渐趋于稳定,识别的精度一直在增加并逐渐趋于稳定,而且在验证集上更容易趋于稳定。

使用测试集验证模型的预测和泛化能力,可以使用evaluate()函数计算在测试集上的损失函数大小和识别的精度。程序如下。

```
## 计算模型在测试集上的精度
model %>% evaluate(x_test,y_test)
## $loss
## [1] 0.2947497
```

```
## $acc
## [1] 0.8954
```

从上面的程序输出结果可以发现，训练好的LeNet-5卷积神经网络，在测试集上的识别精度为89.54%，该识别效果较第11章的全连接神经网络MLP的识别精度87.64%更高。

利用可视化预测结果和原始类别的混淆矩阵分析详细的识别情况，程序如下。

```
test_pre <- model %>% predict(x_test)
test_preclass <- as.factor(apply(test_pre,1,which.max) -1)
## 使用混淆矩阵热力图可视化哪些预测正确哪些预测不正确
confum <- confusionMatrix(test_preclass,as.factor(fashion$test$y))
confumat <- as.data.frame(confum$table)
confumat[,1:2] <- apply(confumat[,1:2],2,as.integer)
ggplot(confumat,aes(x=Reference,y = Prediction))+
  geom_tile(aes(fill = Freq))+
  geom_text(aes(label = Freq))+
  scale_x_continuous(breaks = c(0:9),label = class_names)+
  scale_y_continuous(breaks = unique(confumat$Prediction),
                     trans = "reverse",label = class_names)+
  scale_fill_gradient2(low="darkblue", high="lightgreen",
                       guide="colorbar")+
  ggtitle("Lenet-5分类器在测试集的结果")
```

LeNet-5卷积神经网络的混淆矩阵可视化结果如图12-7所示。

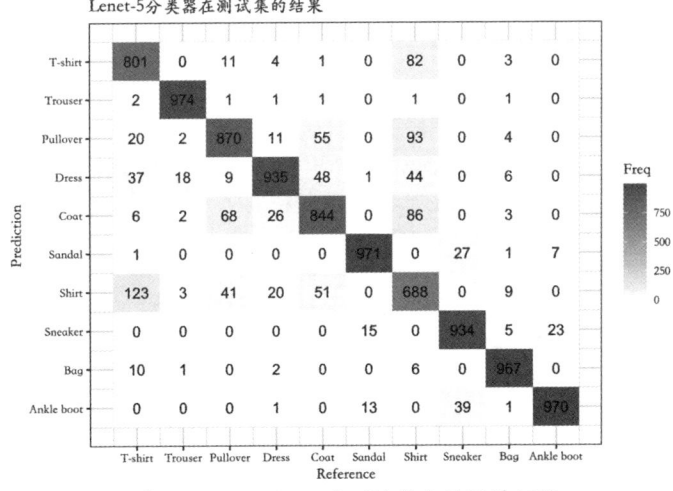

图 12-7 LeNet-5 在测试集上的混淆矩阵

由图12-7可以发现,最容易识别错误的图像是将T-shirt错误识别为Shirt,一共识别错误123张,其他识别错误的图像均少于100张。

(4) 可视化卷积后的特征

为了更详细地了解一张图像经过LeNet-5网络的操作后会得到什么样的输出,可以可视化网络中两个卷积操作后的输出。需要对一张原始的图像进行可视化、对一层卷积后6个feature map进行可视化、对2层卷积后16个feature map进行可视化。

```
## 训练数据的一个样本
testim <- x_train[18,,,]
par(pty = c("s"))
image(testim,xaxt= "n", yaxt= "n")
```

上面的程序是对训练数据集中的一个样本进行可视化,得到的图像如图12-8所示。

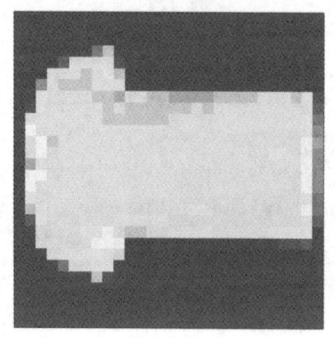

图 12-8 原始图像

下面针对一张图像,分析其在第1个卷积层操作后的输出。程序如下。

```
## 获取第1个卷积层的输出
dim(testim) <- c(1,28,28,1)
layer_name <- "conv1"
media_layer_model <- keras_model(inputs = model$input,
                                 outputs = get_layer(model, layer_name)$output)
media_output <- predict(media_layer_model, testim)
dim(media_output)
## [1]  1 28 28  6
## 可视化第1个卷积层的输出
convnane <- paste("conv1_",1:dim(media_output)[4],sep = "")
par(mfrow = c(2,3),mai=c(0.1,0.1,0.15,0.1))
for(ii in 1:6){
```

```
    image(media_output[1,,,ii],xaxt= "n", yaxt= "n",main = convnane[ii])
}
```

为了获取第1个卷积层后的输出,需要使用keras_model()函数重新定义一个网络结构media_layer_model,它的输出层是通过get_layer()获取的第1层卷积(conv1)的输出。然后通过predict()函数就可以预测一张图像的输出结果,可以发现一张图像经过一次卷积后输出为6个28×28的feature map,对其进行可视化,结果如图12-9所示。

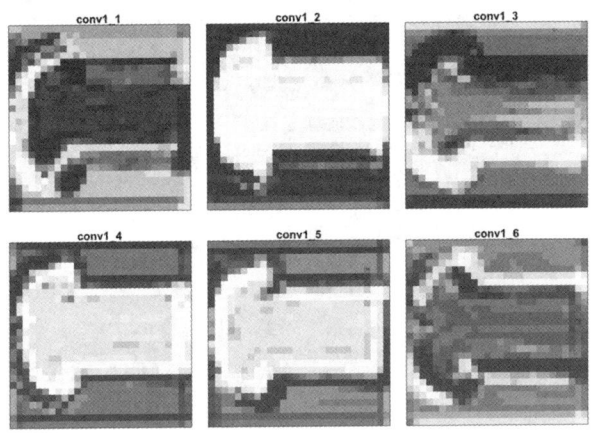

图 12-9　第 1 次卷积后的输出

从图12-9可以发现,在经过一次卷积后,每个特征映射还都保留着原始图像的影子,但是特征映射之间均不相同,这说明每个特征映射都是从不同的角度来反映原始图像的。

```
## 获取第2个卷积层的输出
layer_name <- "conv2"
media_layer_model <- keras_model(inputs = model$input,
                                 outputs = get_layer(model, layer_name)$output)
media_output <- predict(media_layer_model, testim)
dim(media_output)
## [1]  1 10 10 16
## 可视化第2卷积层的输出
convnane <- paste("conv1_",1:dim(media_output)[4],sep = "")
par(mfrow = c(3,6),mai=c(0.05,0.05,0.15,0.05))
for(ii in 1:16){
    image(media_output[1,,,ii],xaxt= "n", yaxt= "n",main = convnane[ii])
}
```

上面的程序是使用同样的方式获取一张图像经过两层卷积操作后的输出。一共有16个10×10的特征影射,将它们可视化后可得到如图12-10所示的图像。

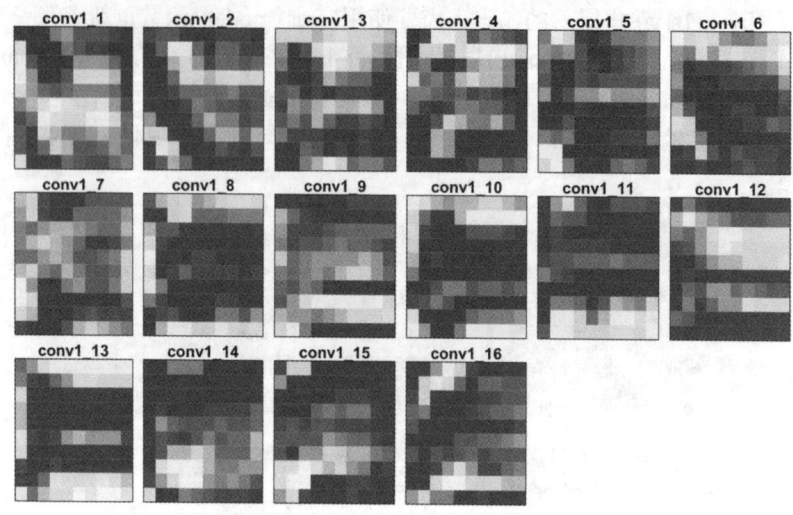

图 12-10　第 2 层卷积后的输出

图12-10中16个特征映射的图像已经完全不能发现原始图像的影子,这是因为经过两层卷积操作后,每个特征映射从原始图像中提取出了更详细的关键特征,所以已不能通过人眼观察获取直观的理解了。

12.2　循环神经网络

卷积神经网络应用在计算机视觉等领域取得了显著的效果,但是它在众多自然语言处理(Natural Language Processing,NLP)的表现却不好,这是因为自然语言之间的语意联系可能会间隔很长的距离,而循环神经网络在此方面已取得了巨大成功并得到了广泛的应用。

循环神经网络(Recurrent Neural Network,RNN)是一类以序列数据为输入,在序列的演进方向进行递归且所有节点(循环单元)按链式连接的递归神经网络,是一种专门处理时间序列和可变长输入序列数据的神经网络。相比一般的神经网络,循环神经网络能够处理序列变化的数据。比如同一个单词的意思会因为上文提到的内容不同而有不同的含义,循环神经网络就能够很好地解决这类问题。

12.2.1 常见循环神经网络结构

最常见、最基本的循环神经网络有RNN和LSTM（长短期记忆）等。接下来将会使用示意图，介绍RNN的通用网络结构和特点，以及LSTM网络的结构。

RNN的简单网络示意图如图12-11所示。

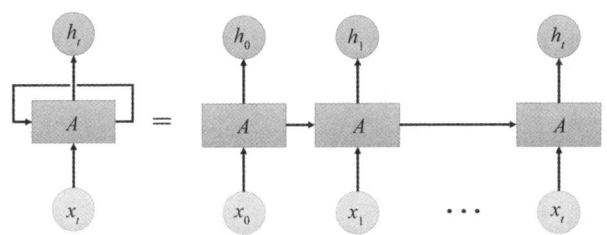

图 12-11　RNN 网络结构

由图12-11可知，虽然在处理问题时RNN对信息有一定的记忆能力，但是单纯的RNN会随着递归次数的增加，出现权重指数级爆炸或消失的问题，从而难以捕捉长期时间关联，而LSTM网络则可以很好地解决这种问题。

LSTM网络（Long Short-Term Memory，LSTM）是一种特殊的RNN，主要是为了解决长序列训练过程中的梯度消失和梯度爆炸问题，其简单的网络示意图如图12-12所示。

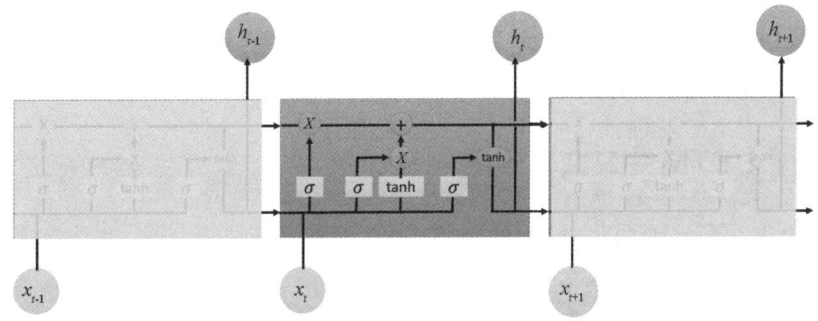

图 12-12　LSTM 网络结构

由图12-12可知，LSTM在信息处理方面主要分为以下三个阶段。

（1）遗忘阶段。该阶段主要是对上一个节点传进来的输入进行选择性忘记，就是会"忘记不重要的，记住重要的"。

（2）选择记忆阶段。该阶段将输入 X_t 有选择性地进行"记忆"。哪些重要则着重记录下来，哪些不重要则少记一些。

（3）输出阶段。该阶段将决定哪些会被当成当前状态的输出。

虽然LSTM通过门控状态来控制传输状态，记住需要长时间记忆的，忘记不重要的信息，而不像普通的RNN那样只能够有一种记忆叠加，这对很多需要"长期记忆"的任务来说效果显著，但是也因多个门控状态的引入，导致需要训练更多的参数，使训练难度大大增加。

根据RNN输入和输出数量之间的对应关系，可以将其分为多种应用方式，图12-13给出了RNN常用的应用方式。

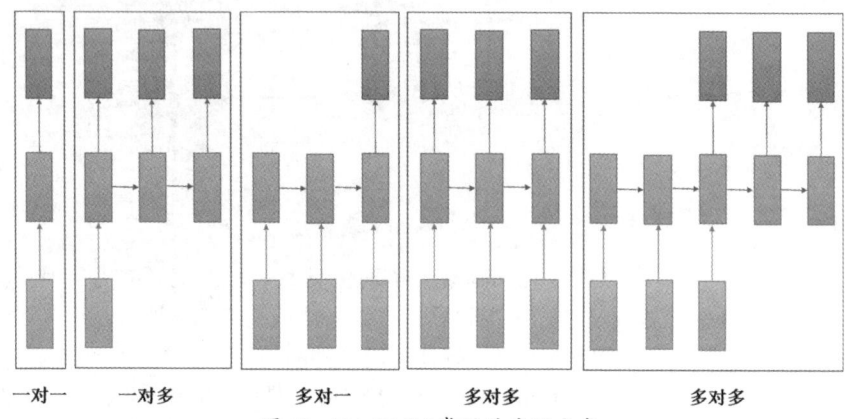

图 12-13　RNN 常用的应用方式

图12-13分别给出了5种RNN网络的输入输出对应情况。其中一对多的网络结构可以用于图像描述，即根据输入的一张图像，自动使用文字描述图像的内容；多对一的网络结构可用于文本分类，即根据一段描述文字，自动对文本内容归类；多对多的网络结构可用于语言翻译，即针对输入的一种语言，自动翻译为另一种语言。

12.2.2 LSTM 中文文本分类

例12.2　新闻数据集THUCNews的一个子集（cnews_*.csv）包含10类文本数据，每个分类有6500条数据，该数据已切分为训练集（5000×10）、验证集（500×10）和测试集（1000×10）三个部分，请使用LSTM网络对其进行文本分类。

解：针对该问题，可以进行如下过程的求解。

（1）数据准备

```
library(readr)
## 读取数据，数据预处理
train_data = read_csv("data/chap12/cnews/cnews_train.csv")
val_data = read_csv("data/chap12/cnews/cnews_val.csv")
test_data = read_csv("data/chap12/cnews/cnews_test.csv")
```

```
head(train_data)
## A tibble: 6 x 4
##   label text                     cutword                cutwordnum
##   <chr> <chr>                    <chr>                       <int>
## 1 体育  马晓旭意外受伤让国奥警惕…  马晓旭 意外 受伤 国奥 警惕…         259
## 2 体育  商瑞华首战复仇心切 中国…  商瑞华 首战 复仇 心切 中国…         526
## 3 体育  冠军球队迎新欢乐派对 黄旭… 冠军 球队 迎新 欢乐 派对…          610
```

上面的程序是读取准备好的文本数据，一共有4列数据，第一列label为文本的类别标签，第二列text为文本的原始内容，第三列cutword为文本经过分词、剔除停用词等预处理后的文本，第四列cutwordnum为原始文本分词后，所保留的词语数量。

使用直方图可以分析训练数据集中每条文本用词数量的分布，程序如下。

```
## 查看每条新闻使用词语数量的分布
hist(train_data$cutwordnum,breaks = 50)
```

得到的直方图如图12-14所示。

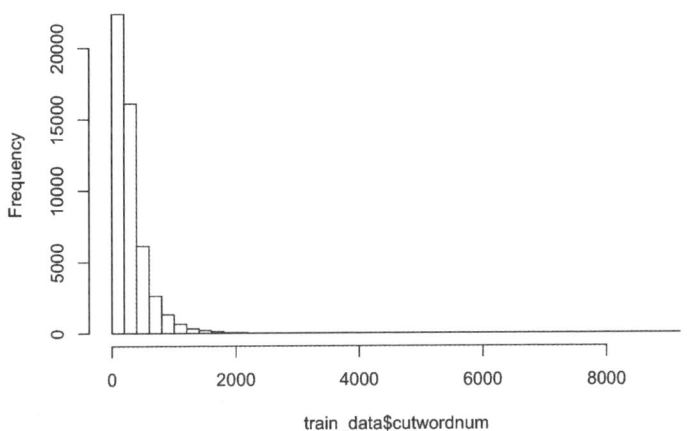

图12-14　新闻文本使用的词语数量分布

```
summary(train_data$cutwordnum)
##    Min. 1st Qu.  Median    Mean 3rd Qu.    Max.
##     4.0   115.0   226.0   300.5   382.0  9083.0
```

从上面的输出结果可以发现，新闻文本中最小长度的词组长为4，最大长度为9083，其中长度的平均值为300.5，长度的中位数为226。

下面查看新闻的分类情况，程序如下。

```
table(train_data$label)
## 财经 房产 家居 教育 科技 时尚 时政 体育 游戏 娱乐
## 5000 5000 5000 5000 5000 5000 5000 5000 5000 5000
```

从输出结果可以发现，数据集包括体育、娱乐、家居、房产、教育、时尚、时政、游戏、科技、财经等类型。训练集中每种类别的数据均有5000条文本。

在建立文本分类模型之前，需要先对每个数据集的类别标签进行预处理，程序如下。

```
labelname <- names(table(train_data$label))
## 对数据集中的标签数据进行处理
train_lab1 <- factor(train_data$label,levels = labelname,labels = 0:9)
val_lab1 <- factor(val_data$label,levels = labelname,labels = 0:9)
test_lab1 <- factor(test_data$label,levels = labelname,labels = 0:9)
train_lab <- to_categorical(train_lab1,num_classes = 10)
val_lab <- to_categorical(val_lab1,num_classes = 10)
test_lab <- to_categorical(test_lab1,num_classes = 10)
```

使用to_categorical()函数对3个数据集的类别标签进行重新编码。

对类别标签编码后，还需要使用Tokenizer对文本数据进行重新编码。可以使用fit_text_tokenizer()函数创建一个Tokenizer对象，该函数通过空格来识别每个词，并将输入的文本中的每个词进行编号，词频越大编号越小。程序如下。

```
max_words = 6000
max_len = 600
tok = text_tokenizer(num_words=max_words)   ## 使用的最大词语数为6000
tok_fit <- tok%>%fit_text_tokenizer(train_data$cutword)
unlist(tok_fit$word_index[1:10])
## 我们 一个 中国 可以 基金 没有 自己 他们 市场 这个
##   1    2    3    4    5    6    7    8    9   10
```

首先使用text_tokenizer()函数保留频数最大的前6000个词，然后使用fit_text_tokenizer()函数对词进行编码。在得到的tok_fit对象中，使用word_index属性可查看每个词对应的编码，使用word_counts属性查看每个词对应的频数。例如，"我们"的编码为1，"一个"的编码为2。

对要使用的6000个词语进行编码后，需要通过texts_to_sequences()函数将所有的文本数据转化为序列数据。在转化时如果一个文本的长度大于600，那么只保留前600个词语，如果长度不够600，则在序列前使用0来补齐直到长度为600。文本的填充和截断操作可使用pad_sequences()函数完成，程序如下。

```
train_tok <- tok_fit%>%texts_to_sequences(train_data$cutword)%>%
  pad_sequences(maxlen = max_len,padding = "pre",truncating = "post")
val_tok <- tok_fit%>%texts_to_sequences(val_data$cutword)%>%
  pad_sequences(maxlen = max_len,padding = "pre",truncating = "post")
test_tok <- tok_fit%>%texts_to_sequences(test_data$cutword)%>%
  pad_sequences(maxlen = max_len,padding = "pre",truncating = "post")
dim(train_tok)
## [1] 50000   600
dim(val_tok)
## [1] 5000   600
dim(test_tok)
## [1] 10000   600
```

上面的程序分别对训练集、验证集和测试集数据进行预处理操作。在文本截断和填充时，参数padding = "pre"指定在文本前面填充0，参数truncating = "post"指定文本截断从后面开始。文本预处理操作后，可以获得50000×600的训练集、5000×600的验证集和10000×600的测试集。

（2）定义LSTM模型

在定义LSTM文本分类模型时，主要使用了表12-2所示的函数来搭建网络结构。

表12-2　LSTM 结构所使用的函数

函　　数	应　　用
layer_input	用于构造输入层
layer_embedding	将索引转换为固定大小的密集向量
Layer_lstm	长短期记忆单位
layer_dropout	随机丢弃，防止过拟合
layer_dense	全连接层
keras_model	用于连接输入层和网络图的函数

使用上面的几个函数搭建LSTM模型的程序如下。

```
## 定义LSTM模型
lstminputs <- layer_input(shape=max_len)
lstmprediction <- lstminputs%>%
  layer_embedding(input_dim = max_words+1,output_dim = 64,
                  input_length = max_len)%>%
  layer_lstm(128,activation = "tanh")%>%
  layer_dropout(0.5)%>%
  layer_dense(128,activation="relu",name="FC1")%>%
```

```
    layer_dropout(0.5)%>%
    layer_dense(64,activation="relu",name="FC2")%>%
    layer_dense(10,activation="softmax",name="soft")
lstmmodel <- keras_model(inputs = lstminputs,outputs = lstmprediction)
summary(lstmmodel)
## Layer (type)                    Output Shape              Param #
## input_5 (InputLayer)            (None, 600)               0
## embedding_4 (Embedding)         (None, 600, 64)           384064
## lstm_4 (LSTM)                   (None, 128)               98816
## dropout_7 (Dropout)             (None, 128)               0
## FC1 (Dense)                     (None, 128)               16512
## dropout_8 (Dropout)             (None, 128)               0
## FC2 (Dense)                     (None, 64)                8256
## soft (Dense)                    (None, 10)                650
## Total params: 508,298
## Trainable params: 508,298
## Non-trainable params: 0
```

从LSTM文本分类模型的输出可以发现，一共需要训练508298个参数，其中长短期记忆单元（layer_lstm）使用的激活函数为tanh函数，而全连接层（layer_dense）使用的激活函数为relu函数，最后的分类层使用softmax分类器进行分类。

与卷积神经网络类似，在使用数据集训练模型之前需要对模型进行编译，程序如下。

```
## compile model
lstmmodel%>%compile(loss="categorical_crossentropy",
                    optimizer=optimizer_adam(),
                    metrics="accuracy")
```

针对该文本分类问题，在优化过程中仍然使用交叉熵作为损失函数，使用精度作为模型性能度量指标，但是该模型在优化时使用Adam算法（optimizer_adam）进行优化。

（3）LSTM训练与预测

在LSTM文本分类模型的网络结构定义好并编译完成后，就需要使用fit函数进行模型训练，并可视化模型在训练过程中损失函数和分类精度的变化情况。

```
lstm_history <- lstmmodel%>%fit(x=train_tok,y=train_lab,batch_size = 128,
                                epochs = 10,
                                validation_data = list(val_tok,val_lab))
## 可视化训练的过程
plot(lstm_history)+theme_bw(base_family = "STKaiti")+
```

```
geom_point(aes(shape=data),size=3)+
    ggtitle("LSTM新闻分类模型")
```

使用参数validation_data = list(val_tok,val_lab)来指定训练时使用的验证集，得到的训练过程可视化图像如图12-15所示。

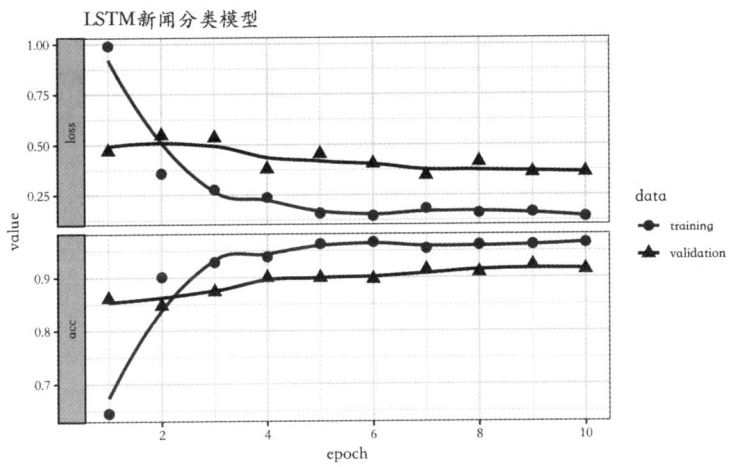

图 12-15　LSTM 模型收敛情况

由图12-15可以发现，LSTM文本分类模型在训练集和验证集上都得到了收敛，而且训练集和验证集上的识别精度都超过了90%。

为了验证模型的泛化能力，可使用evaluate()函数计算模型在测试集上的精度。程序如下。

```
## 计算模型在测试集上的精度
lstmmodel %>% evaluate(test_tok,test_lab)
## $loss
## [1] 0.2904222
## $acc
## [1] 0.9309
```

从输出结果可知，训练的LSTM文本分类模型在测试集上的预测准确率达到93.09%。

为了更好地分析哪些类别的文本之间容易识别错误，可以可视化混淆矩阵进行对比分析。程序如下。

```
test_pre <- lstmmodel %>% predict(test_tok)
test_preclass <- as.factor(apply(test_pre,1,which.max)-1)
confusionMatrix(test_preclass,test_lab1)
## 使用混淆矩阵热力图可视化哪些预测正确哪些预测不正确
```

```
confum <- confusionMatrix(test_preclass,test_lab1)
confumat <- as.data.frame(confum$table)
confumat[,1:2] <- apply(confumat[,1:2],2,as.integer)
ggplot(confumat,aes(x=Reference,y = Prediction))+
  geom_tile(aes(fill = Freq))+
  geom_text(aes(label = Freq))+
  scale_x_continuous(breaks = c(0:9),labels = labelname)+
  scale_y_continuous(breaks = unique(confumat$Prediction),
                     trans = "reverse",labels = labelname)+
  scale_fill_gradient2(low="darkblue", high="lightgreen",
                       guide="colorbar")+
  ggtitle("LSTM新闻分类")
```

得到的可视化混淆矩阵是如图12-16所示的热力图。

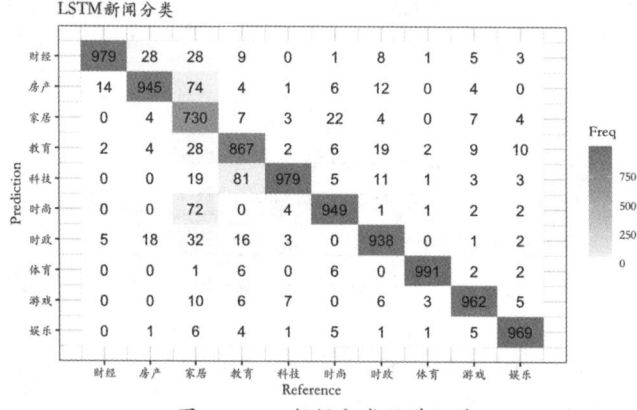

图 12-16 新闻分类混淆矩阵

由图12-16可以看出，只有"家居"类别的新闻识别的准确率较低，而其他类别的识别准确率都较高。而且最容易将"家居"类的新闻识别为"房产"和"时尚"类的新闻。这也和人们的直观认知相符，因为"家居"和"房产"的相关性本来就很大，很多时候有些新闻会同时包含"家居"和"房产"的内容。

12.3 使用预训练好的模型

大型深度学习模型的训练往往耗时很长，很多情况下使用者没有必要重新训练一个常用的深度模型框架的条件。在keras包中，已经包含了多个基于ImageNet数据集预训练好的深度学习框架，以方便使用者随时调用。

12.3.1 keras包中的预训练模型

在keras包中，预训练好的网络结构主要有如表12-3所示的网络框架。

表 12-3　keras 包中预训练好的网络结构

函　　数	应　　用
application_vgg16	VGG16 网络模型
application_vgg19	VGG19 网络模型
application_xception xception_preprocess_input	Xception V1 网络模型
application_inception_v3 inception_v3_preprocess_input	Inception V3 网络模型，使用 ImageNet 预训练权重
application_inception_resnet_v2 inception_resnet_v2_preprocess_input	Inception-ResNet V2 网络模型，使用 ImageNet 预训练权重
application_resnet50	ResNet50 网络模型
application_mobilenet mobilenet_preprocess_input mobilenet_decode_predictions mobilenet_load_model_hdf5	MobileNet 网络模型
application_mobilenet_v2 mobilenet_v2_preprocess_input mobilenet_v2_decode_predictions mobilenet_v2_load_model_hdf5	MobileNet V2 网络模型
application_densenet application_densenet121 application_densenet169 application_densenet201 densenet_preprocess_input	DenseNet 网络架构

表12-3中包含了多种网络架构的调用、准备等函数，上述深度学习网络架构的基本使用情况如下：

VGG16和VGG19。权值通过ImageNet进行预训练，模型默认输入图像尺寸是224×224。

Xception V1。权值通过ImageNet进行预训练，默认输入图像尺寸是299×299。

Inception V3和Inception-ResNet V2。权值通过ImageNet进行预训练,模型默认输入尺寸是299×299。

ResNet50。权值通过ImageNet进行预训练,模型默认输入图像尺寸是224×224。

MobileNet和MobileNet V2。权值通过ImageNet进行预训练,模型默认输入尺寸是224×224。

DenseNet。权值通过ImageNet进行预训练,模型默认输入图像尺寸是224×224。

上面提到的这些模型都可用于图像分类、图像特征提取等操作。

12.3.2 使用 VGG16 模型

VGG16深度学习网络是keras包中已经预训练好的网络之一,可直接调用该网络进行图像识别、特征提取等操作。

例12.3 针对从ImageNet图像库下载的老虎图像(见图12-17),请从keras包中直接导入VGG16网络,然后进行图像识别和特征提取。

图 12-17 ImageNet 库中的老虎图像

解:针对该问题,求解过程如下。

（1）图像识别

```
library(keras)
## 使用VGG16识别图像
model <- application_vgg16(weights = "imagenet", include_top = TRUE)
## 读取数据并将图像处理为224×224大小进行预处理
img <- image_load("data/chap12/tiger.jpg", target_size = c(224,224))
imgx <- image_to_array(img)
imgx <- array_reshape(imgx, c(1, dim(imgx)))
imgx <- imagenet_preprocess_input(imgx)
## 使用VGG16预测类别
vgg16cla <- model %>% predict(imgx)
imagenet_decode_predictions(vgg16cla, top = 3)[[1]]
##   class_name class_description        score
## 1  n02129604             tiger 0.8723027110
## 2  n02123159         tiger_cat 0.1276341677
## 3  n02128925            jaguar 0.0000537035
```

上面是利用VGG16深度学习框架进行图像识别的程序。从输出结果可以发现，VGG16网络认为该图87.23%的可能性是老虎（tiger），12.76%的可能性是虎猫（tiger_cat），只有很小的可能性是美洲豹（jaguar）。

上述程序从图像读取到识别出结果使用了多个函数，它们的作用如表12-4所示。

表 12-4 VGG16 识别图像的相关函数

函　　数	应　　用
application_vgg16	导入 VGG16 网络模型，参数 weights = "imagenet" 表示使用 imagenet 包预训练得到的权重，参数 include_top = TRUE 表示包含后面的全连接层
Image_load	根据路径读取图像，并可通过参数 target_size = c(224,224)，将图像重新转化为指定的图像尺寸
image_to_array	将读取的图像转化为数组
array_reshape	变化数组的维度
imagenet_preprocess_input	在利用 VGG16 进行预测前，对图像数组进行预处理，转化为网络可用的输入
predict	使用指定的模型对图像进行预测
imagenet_decode_predictions	将预测结果进行编码，得到 imagenet 中所对应的图像类别

（2）提取图像的特征

接下来使用VGG16来获取图像的卷积特征映射，程序如下。

```
## 导入模型
model <- application_vgg16(weights = "imagenet", include_top = FALSE)
img <- image_load("data/chap12/tiger.jpg", target_size = c(224,224))
x <- image_to_array(img)
x <- array_reshape(x, c(1,dim(x)))
x <- imagenet_preprocess_input(x)
features <- model %>% predict(x)
dim(features)
## [1]   1   7   7 512
```

在导入VGG16模型时，参数include_top = FALSE表示不导入后面的全连接层，在对图像数据进行预测后，输出了512张7×7的特征映射。

```
Par(mfrow = c(20,20),mai=c(0.005,0.005,0.005,0.005))
## 可视化前400个特征映射
for(ii in 1:400){
  image(features[1,,,ii],xaxt= "n", yaxt= "n",main = "VGG16 features")
}
```

上面的程序是对512个7×7的特征映射中前400个进行可视化，结果如图12-18所示。

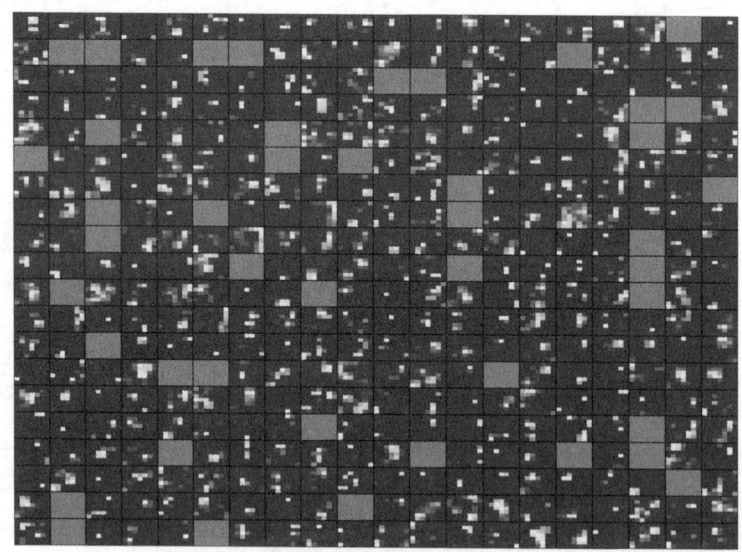

图12-18　图像经过VGG16后获得的特征映射

虽然图12-18中400个特征映射的图像已经完全不能发现原始图像的影子，但每个特征映射已经从原始图像中提取出了非直观的关键特征。

12.4　本章小结

本章主要介绍了怎样使用R中的keras包进行深度学习的相关应用实例。深度学习是最近几年非常流行的机器学习算法，它在计算机视觉、自然语言等领域都取得了很好的效果。本章只是介绍了深度学习的一些基础内容，讨论了如何使用R语言研究深度学习的相关应用。

（1）本章主要介绍了以下几个主题。

① 卷积神经网络。LeNet-5、VGG16等网络框架。

② 循环神经网络。RNN、LSTM等网络框架。

（2）本章主要介绍了以下几种术语。

① 卷积、池化、LeNet-5、VGG16。

② LSTM、RNN。

（3）本章主要介绍了下面几个应用实例。

① 使用LeNet-5网络对图像数据集进行分类，并对结果进行可视化。

② 使用LSTM模型对文本进行分类，并对结果进行可视化。

③ 使用VGG16网络进行图像识别和特征提取。

习　题　12

12.1　针对习题11.2中使用过的keras包中的MNIST数据集（手写数字图像数据集），请建立一个卷积神经网络模型，尝试对该数据进行训练，获得手写字体分类器，并对建立的模型进行分析。

12.2　针对习题10.1中使用过的20种新闻的数据集（Twenty Newsgroups Data Set），请进行如下分析。

（1）对数据进行预处理。

(2) 使用合适的LSTM模型训练一个分类器,对新闻文本数据进行分类,尽可能地获得一个高精度的分类器。

12.3 利用keras包中已经预训练好的VGG19深度学习模型,对例12.3中使用过的老虎图像进行识别和深度学习特征提取,并与例12.3中VGG16模型的输出结果进行对比分析。

参 考 文 献

[1] Trevor Hastie, Robert Tibshirani, Jerome Friedman. The Elements of Statistical Learning: Data Mining, Inference, and Prediction[M]. Berlin: Springer Science+Business Media, Second Edition, 2009.

[2] Yun Wang. Feature Screening for the Lasso[D]. Princeton : Princeton University, 2015.

[3] O. Nenadić, M. Greenacre. Correspondence Analysis in R, with Two- and Three-dimensional Graphics: The ca Package[J]. Journal of Statistical Software, 2007, 20(3): 1–13.

[4] I. González, S. Déjean, P. G. P. Martin, A. Baccini. CCA: An R Package to Extend Canonical Correlation Analysis[J]. Journal of Statistical Software, 2008, 23(12): 1–14.

[5] Y. LeCun, L. Bottou, Y. Bengio, P. Haffner. Gradient-Based Learning Applied to Document Recognition[J]. Proceedings of the IEEE, 1998, 86(11): 2278–2324.

[6] K. Simonyan, A. Zisserman. Very Deep Convolutional Networks for Large-Scale Image Recognition[C]. International Conference on Learning Representations 2015, May, San Diego,CA, United States: 1–14.

[7] D. Meyer, A. Zeileis, K. Hornik. The Strucplot Framework: Visualizing Multi-way Contingency Tables with vcd[J]. Journal of Statistical Software, 2006, 17(3): 1–48.

[8] 吴喜之. 复杂数据统计方法：基于R的应用[M]. 第3版.北京：中国人民大学出版社，2015.

[9] 贾俊平. 统计学[M]. 第6版. 北京：中国人民大学出版社，2014.

[10] 何晓群, 刘文卿. 应用回归分析[M]. 北京：中国人民大学出版社, 2015.

[11] 盛骤, 谢式千, 潘承毅. 概率论与数理统计[M]. 北京：高等教育出版社, 2008.

[12] 张润楚. 多元统计分析[M]. 北京：科学出版社，2006.

[13] 王燕. 应用时间序列分析[M]. 第4版. 北京：中国人民大学出版社，2016.

[14] 吴喜之,刘苗. 应用时间序列分析：R软件陪同[M]. 北京：机械工业出版社，2014.

[15] 周志华. 机器学习[M]. 北京：清华大学出版社，2016.

[16] 李航. 统计学习方法[M]. 北京：清华大学出版社，2012.

[17] [美] Tom Mitchell. 机器学习[M]. 曾华军, 译. 北京: 机械工业出版社，2008.

[18] [美]兰兹(Lantz, B.). 机器学习与R语言[M]. 李洪成, 许金炜, 李航, 译. 北京：机械

工业出版社，2015.

[19] 李舰, 肖凯. 数据科学中的R语言[M]. 西安：西安交通大学出版社，2015.

[20] 费宇. 多元统计分析：基于R[M]. 北京：中国人民大学出版社，2014.

[21] [美]朱梅尔(Zumel, N.), 芒特(Mount, J.) . 数据科学：理论、方法与R语言实践[M]. 于戈登, 译. 北京：机械工业出版社，2016.

[22] 李柏年, 吴礼斌. MATLAB数据分析方法[M]. 北京：机械工业出版社，2012.

[23] 柳向东. 非参数统计：基于R语言案例分析[M]. 广州：暨南大学出版社，2015.

[24] [英]达伦·库克(Darren Cook) . 基于H2O的机器学习实用方法：一种强大的可扩展的人工智能和深度学习技术[M]. 连晓峰, 等译. 北京：机械工业出版社，2018.

[25] [美]塞巴斯蒂安·拉施卡(Sebastian Raschka) . Python机器学习[M]. 高明, 徐莹, 陶虎成, 译. 北京：机械工业出版社，2017.

[26] [葡]路易斯·托尔戈(Luis Torgo) . 数据挖掘与R语言（原书第二版）[M]. 李洪成, 潘文捷, 译. 北京：机械工业出版社，2018.

[27] [美]茱莉亚·斯拉格(Julia Silge), 戴维·罗宾逊(David Robinson) . 文本挖掘：基于R语言的整洁工具[M]. 刘波, 罗萦, 唐亮贵, 译. 北京：机械工业出版社，2018.

[28] [美]埃里克·D·克拉泽克, 加博尔·乔尔迪. 网络数据的统计分析：R语言实践[M]. 李杨, 译. 西安：西安交通大学出版社，2016.

[29] [美]哈德利·威克姆 (Hadley Wickham) . ggplot2：数据分析与图形艺术[M]. 统计之都, 译. 西安：西安交通大学出版社，2013.

[30] [美]伊恩·古德费洛, [加]约书亚·本吉奥, [加]亚伦·库维尔. 深度学习[M]. 赵月剑, 等译. 北京：人民邮电出版社，2017.

[31] [德]西蒙·蒙策尔特 (Simon Munzert), 克里斯蒂安·鲁巴 (Christian Rubba), 彼得·迈博纳 (Peter Meipner), 多米尼克·尼胡斯 (Dominic Nyhuis). 基于R语言的自动数据收集[M]. 吴今朝, 译. 北京：机械工业出版社，2016.

[32] 唐进民. 深度学习之PyTorch实战计算机视觉[M]. 北京：电子工业出版社，2018.

[33] [捷克]埃夫任·科琴达, 亚历山大·切尔尼. 时间序列分析：方法和应用[M]. 王倩, 译. 北京：化学工业出版社，2018.

[34] 欧高炎, 朱占星, 董彬. 数据科学导引[M]. 北京：高等教育出版社，2017.

[35] 汤银才. R语言与统计分析[M]. 北京：高等教育出版社，2008.

[36] 薛毅, 陈立萍. R语言实用教材[M]. 北京：清华大学出版社，2014.